高等职业教育"十三五"重点规划教材
铁道运输行业重点规划教材

高速铁路
概论（AR版）

主　编　陈锦生　应夏晖
副主编　程　佳　李朝阳
　　　　汪恒明　王　瑛
主　审　曹　毅　李怀兵

西南交通大学出版社
·成都·

图书在版编目（CIP）数据

高速铁路概论：AR 版 / 陈锦生，应夏晖主编. — 成都：西南交通大学出版社，2019.1（2025.6 重印）
高等职业教育"十三五"重点规划教材
ISBN 978-7-5643-6553-0

Ⅰ. ①高… Ⅱ. ①陈… ②应… Ⅲ. ①高速铁路－高等职业教育－教材 Ⅳ. ①U238

中国版本图书馆 CIP 数据核字（2018）第 249615 号

高等职业教育"十三五"重点规划教材

高速铁路概论（AR 版）

主编　陈锦生　应夏晖

责任编辑	张文越
封面设计	墨创文化

出版发行	西南交通大学出版社 （四川省成都市金牛区二环路北一段 111 号 　西南交通大学创新大厦 21 楼）
邮政编码	610031
营销部电话	028-87600564　028-87600533
官网	http://www.xnjdcbs.com
印刷	四川森林印务有限责任公司

成品尺寸	185 mm×260 mm
印张	17.25
字数	431 千
版次	2019 年 1 月第 1 版
印次	2025 年 6 月第 8 次（2025 修订）
定价	49.00 元
书号	ISBN 978-7-5643-6553-0

课件咨询电话：028-81435775
图书如有印装质量问题　本社负责退换
版权所有　盗版必究　举报电话：028-87600562

前　言

近年来，中国高速铁路飞速发展。截至 2020 年底，我国高速铁路通车里程已经达到 3.79 万千米，占世界高速铁路里程的 70% 左右，高铁也成为国家对外交往的一张靓丽名片。中国高速铁路的发展更是掀起了世界高速铁路建设新高潮。而新技术、新设备的大量应用，对高铁产业的人才培养也提出了新的要求。

本书是由广州科技贸易职业学院、湖南高速铁路职业技术学院、西安铁路职业学院等多所院校组成的《高速铁路概论》教材编写团队编写的一本符合新时代铁道类专业学生培养要求的新形态教材，主要介绍了高速铁路的发展历程，高速铁路的线路、车站、动车组、信号、通信、牵引供电、行车组织、客运服务等系列相关知识，可用作高速铁路车、机、工、电、辆、建筑以及城市轨道交通类相关专业学生教材，也可用作铁路相关专业职工的培训教材以及相关工作人员的参考资料。

本书由广州科技贸易职业学院陈锦生副教授和湖南高速铁路职业技术学院应夏晖教授担任主编，由石家庄铁路职业技术学院程佳、湖南高速铁路职业技术学院铁道运输学院院长李朝阳、衡阳车务段段长汪恒明、西安铁路职业技术学院土木工程学院高速铁道工程教研室主任王瑛担任副主编，由湖南高速铁路职业技术学院副校长曹毅、中国铁路广州局集团有限公司运输处副处长李怀兵担任主审。全书共分为九章，其中：第一章，第三章第一、二节，以及第八章第一、二节由广州科技贸易职业学院陈锦生编写；第二章第一、二、三节由湖南高速铁路职业技术学院铁道工程学院陈花林编写；第二章第四节由湖南高速铁路职业技术学院铁道工程学院甄相国编写；第三章第三节由中国路桥蒙内铁路运营公司副总经理黄雄麟、中国铁路广州局集团有限公司人事处经济师陈云麟编写；第四章由湖南高速铁路职业技术学院铁道机电学院尹珊波、伍春发编写；第五章由湖南高速铁路职业技术学院铁道运输学院冯琳玲编写；第六章由湖南高速铁路职业技术学院铁道电信学院聂立文、刘阳编写；第七章由湖南高速铁路职业技术学院铁道机电学院龙剑、上官剑编写，第八章第三节由广州科技贸易职业学院靳丽丽、湖南高速铁路职业技术学院应夏晖、高双喜、徐友良编写；第九章由广州科技贸易职业学院靳丽丽，湖南高速铁路职业技术学院铁道运输学院邓岚、李培锁编写。

全书由陈锦生、应夏晖负责统稿。

  本书在编写的过程中参考引用了许多相关的书籍和规章，得到了中国铁路广州局集团有限公司总工室工程师王东梁、衡阳车务段副段长吕朝晖、高铁广州南车站职教科科长贾振锋、南昌铁路局龙岩车务段郑溢鑫等站段专家和中国铁路广州局集团有限公司、中国铁路北京局集团有限公司、中国铁路南昌局集团有限公司、兰州交通大学等单位许多教授、专家的大力支持，提供了很多宝贵意见；在书稿形成过程中，湖南高速铁路职业技术学院罗斌、王萌萌、赵小红、孙莉、杨雪蓉、王玮、陈清、戚伟文、石悦悦等老师也参与了文字、图片、表格的编辑工作。在此一并表示衷心的感谢。

  由于编写时间较为仓促，且鉴于编写人员知识水平和实践经验的局限，本书内容中不妥之处请读者积极反馈，以便今后修订和完善。我们真诚期待广大读者和同行多提宝贵意见。

编　者
2021 年 3 月

AR 资源目录

序号	章	节	资源名称	资源类型	页码
1	第一章 绪论	第一节 世界高速铁路发展的四个阶段	"八横八纵"铁路规划	动画	P4
2		第四节 高速铁路的优势	高速铁路的优势	动画	P12
3	第二章 高速铁路线路	第一节 高速铁路线路的平纵断面基础知识	铁路线路曲线	动画	P20
4		第二节 高速铁路路基与桥隧结构物	法国高速铁路路堑的断面形式	模型	P26
5			日本高速铁路板式轨道路基的断面形式	模型	P27
6			路基的基本形式	动画	P28
7			浆砌片石明沟断面	动画	P32
8			浆砌片石排水槽断面	动画	P32
9			桥梁的组成	模型	P39
10			隧道压力波的产生过程	动画	P48
11		第三节 高速铁路轨道	有砟轨道结构断面	模型	P50
12			无砟轨道结构断面	模型	P50
13			钢轨接头连接	模型	P52
14			扣板式扣件	模型	P58
15			CRTS I 型板式无砟轨道结构组成	模型	P61
16		第四节 高速铁路道岔	单开道岔组成	模型	P66
17			道岔的有害空间	动画	P67
18	第三章 高速铁路车站	第一节 既有线铁路车站	车站的分类和等级	动画	P73
19		第二节 高速铁路车站	岛式图型	模型	P80
20			对应式图型	模型	P80
21	第四章 高速铁路动车组	高速铁路动车组	动车组的优点	动画	P87
22			动车组六大关键技术	动画	P88
23			CRH2 型动车组编组	模型	P95
24			车辆定位、转向架、车轴及车轮编号的定义	动画	P96
25			受电弓及附属设备	模型	P98
26			动车组转向架	模型	P99

续表

序号	章	节	资源名称	资源类型	页码
27	第五章 高速铁路信号技术	第一节 车站计算机联锁系统	联锁系统层次结构	动画	P107
28		第二节 列车运行控制系统	CTCS系统的应用等级	动画	P112
29			CTCS-2列控系统结构	动画	P113
30			CTCS-3列控系统信息传递	动画	P116
31			完全监控模式	动画	P118
32			目视行车模式	动画	P118
33			引导模式	动画	P119
34			调车模式	动画	P119
35			隔离模式	动画	P120
36			待机模式	动画	P120
37			休眠模式	动画	P121
38			部分监控模式	动画	P121
39			机车信号模式	动画	P122
40		第三节 信号机、道岔转辙设备	ZDJ9型电动转辙机	模型	P125
41	第七章 高速铁路牵引供电系统	第一节 高速铁路牵引供电系统供电方式	牵引供电回路	动画	P172
42			直接供电方式	动画	P174
43			带回流线的直接供电方式	动画	P175
44			自耦变压器供电方式	动画	P176
45		第二节 牵引变电所	避雷器结构	模型	P184
46		第三节 高速铁路接触网	高速铁路接触网的组成	动画	P185
47			预应力钢筋混凝土支柱	模型	P186
48			腕臂结构	模型	P187
49			组合定位器	模型	P187
50			受电弓过无交叉线岔	动画	P191
51	第八章 高速铁路行车组织	第一节 行车闭塞法	单线铁路站间区间	动画	P208
52			双线铁路站间区间	动画	P208
53			双线铁路所间区间	动画	P209
54			双线铁路自动闭塞分区	动画	P210
55			信号机常态点灯的CTCS-2级自动站间闭塞区段特殊情况下办理发车的行车凭证	动画	P212
56			安全距离	动画	P218
57	第九章 高速铁路客运组织与服务	第一节 高速铁路旅客运输计划	高速铁路旅客运输计划的种类	动画	P224
58			直接吸引区	动画	P227
59			高速铁路客流调查方法	动画	P228
60		第三节 高速铁路客运站工作组织	自动售票机	动画	P242

目 录

第一章 绪 论 … 1
　第一节 世界高速铁路发展的四个阶段 … 1
　第二节 日本、法国、德国高速铁路概况 … 6
　第三节 我国高速铁路概况 … 9
　第四节 高速铁路的优势 … 12
　第五节 高速铁路未来发展趋势 … 16
　复习思考题 … 18

第二章 高速铁路线路 … 19
　第一节 高速铁路线路的平纵断面基础知识 … 19
　第二节 高速铁路路基与桥隧结构物 … 25
　第三节 高速铁路轨道 … 50
　第四节 高速铁路道岔 … 64
　复习思考题 … 71

第三章 高速铁路车站 … 72
　第一节 既有线铁路车站 … 72
　第二节 高速铁路车站 … 75
　第三节 高速铁路与既有线枢纽的衔接 … 82
　复习思考题 … 85

第四章 高速铁路动车组 … 86
　复习思考题 … 105

第五章 高速铁路信号技术 … 106
　第一节 车站计算机联锁系统 … 106
　第二节 列车运行控制系统 … 111
　第三节 信号机、道岔转辙设备 … 122
　第四节 电源系统及综合防雷 … 127
　第五节 CTC系统及信号数据网络 … 130
　复习思考题 … 134

第六章　GSM-R 无线通信技术 ·· 136
　　第一节　GSM-R 系统结构及设备组成 ······································ 137
　　第二节　GSM-R 工程组网技术 ·· 168
　　复习思考题 ··· 170

第七章　高速铁路牵引供电系统 ·· 171
　　第一节　高速铁路牵引供电系统供电方式 ··································· 171
　　第二节　牵引变电所 ·· 177
　　第三节　高速铁路接触网 ·· 184
　　第四节　高速铁路牵引供电系统 SCADA 系统 ······························ 196
　　第五节　高速铁路牵引变电所综合自动化技术 ······························ 202
　　复习思考题 ··· 206

第八章　高速铁路行车组织 ·· 207
　　第一节　行车闭塞法 ·· 207
　　第二节　动车组列车接发 ·· 218
　　第三节　动车组运行 ·· 220
　　复习思考题 ··· 223

第九章　高速铁路客运组织与服务 ·· 224
　　第一节　高速铁路旅客运输计划 ·· 224
　　第二节　高速铁路旅客列车开行方案编制 ··································· 233
　　第三节　高速铁路客运站工作组织 ·· 236
　　第四节　高速铁路旅客列车乘务组织 ·· 249
　　第五节　高速铁路客运服务 ·· 256
　　复习思考题 ··· 263

附　录 ··· 264
　　附录一　高速铁路常用术语 ·· 264
　　附录二　常用缩写词语 ·· 266
　　附录三　高速铁路常用计量单位 ·· 267

第一章 绪 论

铁路是人类社会文明进步的重要产物,也是促进世界经济社会发展的重要基础设施。铁路的发展史,从根本上说是不断提高运输速度的创新历程。19世纪蒸汽机车的发明,使铁路成了新型交通工具,这对推动社会和经济发展发挥了重要的作用。随着内燃机车、电力机车的出现,蒸汽机车逐渐退出了历史舞台。当今社会,每个人都意识到时间就是金钱,公路和航空业的不断成熟,使铁路的竞争力明显下降。长途运输受到了航空运输的排挤,短途运输逐渐被公路运输所取代,铁路一度陷入了"夕阳产业"的被动局面。这就迫使人们重新认识提高铁路行车速度的重要性。提高列车运行速度也是铁路赖以生存和适应社会发展的唯一出路,高速铁路是世界铁路发展的一个大趋势。

高速铁路,简称"高铁",是指通过改造既有线路,使运营速度达到200 km/h,或者专门修建新的"高速新线",使营运速度达到250 km/h的铁路。中国铁路总公司对"高速铁路"的定义分为两部分:既有线改造达到200 km/h和新建速度200~250 km/h的线路,在这部分线路上运营的速度不超过250 km/h的列车称为"动车组";以及新建的速度为300~350 km/h的线路,在这部分线路上运营的速度达到300 km/h及以上的列车称为"高速动车组"。

高速铁路是世界铁路一项重大技术成就,它集中反映了一个国家铁路牵引动力、线路结构、列车运行控制、高速运输调度指挥和经营管理等方面的技术进步,也体现了一个国家的科技和工业水平。高速铁路是社会经济发展和运输市场竞争的需要,它促进了地区经济的发展和城市化进程,在经济发达、人口密集地区的经济效益和社会效益尤为突出。

高速铁路运营速度目标值一直在提高。20世纪60年代到80年代初,列车速度由210 km/h提高到250 km/h以上,80年代中到90年代末,列车速度由250 km/h提高到300 km/h。武广高速铁路运营九年多以来用事实告诉我们,高速列车和线路运行速度达到350 km/h已是成熟的技术。国外许多国家即将修建的高速铁路大多瞄准这个目标值。

第一节 世界高速铁路发展的四个阶段

自从1964年日本建成了东京至大阪世界上第一条真正意义上的高速铁路以来,高速铁路发展经历了不同的阶段。归纳起来,高速铁路发展可以划分为四个不同的阶段。

一、高速铁路发展的初期阶段（1964—1990）

1959 年 4 月 5 日，世界上第一条真正意义上的高速铁路东海道新干线在日本破土动工，经过 5 年建设，于 1964 年 3 月全线完成铺轨，同年 7 月竣工，1964 年 10 月 1 日正式通车。东海道新干线从东京起始，途经名古屋、京都等地终至（新）大阪，全长 515.4 千米，运营速度高达 210 km/h，它的建成通车标志着世界高速铁路新纪元的到来。随后法国、意大利、德国纷纷修建高速铁路。继东海道新干线之后，日本又修建了山阳、东北和上越新干线；法国修建了东南 TGV 线、大西洋 TGV 线；意大利修建了罗马至佛罗伦萨线。以日本为首的第一代高速铁路的建成，大力推动了沿线地区经济的均衡发展，促进了房地产、工业机械、钢铁等相关产业的发展，降低了交通运输对环境的影响程度，铁路市场份额大幅度回升，企业经济效益明显好转，从而推动了高速铁路的第一次建设高潮。

二、高速铁路建设的第二次高潮（1990—20 世纪 90 年代中期）

这一时期高速铁路表现出新的特征。一是已建成高速铁路的国家进入高速铁路网规划建设阶段。这一时期，日、法、德等国对高速铁路网进行了全面规划。法国 1992 年公布全国高速铁路网的规划，20 年内新建高速铁路总里程 4700 km。德国于 1991 年 4 月批准了联邦铁路公司改建、新建铁路计划，包括 13 个项目，其中新建高速铁路 4 项。1986 年意大利政府批准了交通运输发展规划纲要，修建横连东西、纵贯南北、长达 1230 km 的"T"形高速铁路网。二是跨越国境的高速铁路建设成为趋势。1994 年，英吉利海峡隧道把法国与英国连接在一起，开创了第一条高速铁路国际联结线。1997 年，从巴黎开出的"欧洲之星"又将英国、法国、比利时连接在一起。欧洲国家大规模修建本国或跨国界高速铁路，逐步形成了欧洲高速铁路网络。这次高速铁路的建设高潮，不仅仅是铁路行业提高内部企业效益的需要，更多的是国家能源、环境、交通政策的需要。1991 年，欧洲议会批准了泛欧高速铁路网的规划该规划提出在各国边境地区实施 15 个关键项目，这将有助于各个国家独立高速线之间的联网。三是高速铁路技术创新实现新突破。高速铁路建设在日本等国所取得的成就影响了很多国家，促进了各国对高速铁路的关注和研究。1991 年瑞典开通了 X2000 摆式列车；1992 年西班牙引进法、德两国的技术建成了 471 km 长的马德里至塞维利亚高速铁路。为赶超日本，法国和德国先后着手进行过高速铁路试验。1988 年西德 ICE 试验速度达 406.9 km/h，1990 年法国的 TGV 又创造了 515.3 km/h 的世界纪录，目前，高速轮轨铁路的速度纪录保持者是法国的 TGV-V150（2007 年 4 月 3 日，574.8 km/h）。欧洲国家高速铁路技术的进展反过来又"刺激"了日本，使之加强了技术研究和新型车辆的开发，山阳新干线和东海道新干线的运行速度分别提高到现在的 275 km/h 和 300 km/h。

三、高速铁路建设的第三次高潮（20 世纪 90 年代中期—2005）

1998 年 10 月在德国柏林召开的第三次世界高速铁路大会 Eurailspeed98 上，美国 Galgary 大学公共政策研究所的教授 An-thony. Perl 一篇题为《高速地面交通系统的全球化和普及》的发言，掀起了世界高速铁路发展的第三次高潮。自 1992 年以来，俄罗斯、韩国、澳大利亚、英国、荷兰等国家和中国台湾地区均先后开始了高速铁路新线的建设。为了配合欧洲高速铁路网的建设，东部和中部欧洲的捷克、匈牙利、波兰、奥地利、希腊以及罗马尼亚等国家也进行了干线铁路改造，全面提速。

与前两次的建设高潮所不同的是，参与第三次高速铁路建设高潮的各个国家和地区所表现出的特征主要体现在以下几个方面：

（1）大多数国家在高速铁路新线建设的初期即拟订了修建高速铁路的全国规划。

（2）虽然建设高速铁路所需资金巨大，但从社会效益、能源节约、治理环境污染等诸方面分析，修建高速铁路对整个社会具有很好的效益，这一点得到各国政府的共识。

（3）高速铁路促进地区之间的交往和平衡发展，欧洲国家已经将建设高速铁路列为一项政治任务，各国呼吁在建设中携手打破边界的束缚。

（4）高速铁路从国家公益投资转向多种融资方式筹集建设资金，建设高速铁路出现了多种形式融资的局面。

（5）高速铁路的技术创新正在向相关领域辐射和发展。

四、中国掀起的高速铁路建设新高潮（2004—）

2004年1月，国务院常务会议讨论通过了《中长期铁路网规划》，建设客运专线1.2万千米以上，客车速度目标值达到每小时200千米及以上。具体建设内容为：

1. "四纵"客运专线

（1）北京—上海客运专线，贯通京津至长江三角洲东部沿海经济发达地区；

（2）北京—武汉—广州—深圳客运专线，连接华北和华南地区；

（3）北京—沈阳—哈尔滨（大连）客运专线，连接东北和关内地区；

（4）杭州—宁波—福州—深圳客运专线，连接长江、珠江三角洲和东南沿海地区。

2. "四横"客运专线

（1）徐州—郑州—兰州客运专线，连接西北和华东地区；

（2）杭州—南昌—长沙客运专线，连接华中和华东地区；

（3）青岛—石家庄—太原客运专线，连接华北和华东地区；

（4）南京—武汉—重庆—成都客运专线，连接西南和华东地区。

3. 三个城际客运系统

环渤海地区、长江三角洲地区、珠江三角洲地区城际客运系统，覆盖区域内主要城镇。

2016年《中长期铁路网规划》中提到中国将建设八横八纵铁路通道，即八条东西向和八条南北向高速铁路干线，其中包括2008年版《中长期铁路网规划》中提到的"四横四纵"。规划期为2016—2025年，远期展望到2030年。到2025年，铁路网规模将达17.5万千米左右，其中高速铁路3.8万千米左右，基本实现内外互联互通、区际多路畅通、省会高铁连通、地市快速通达。具体八横八纵向规划（图1-1）如下：

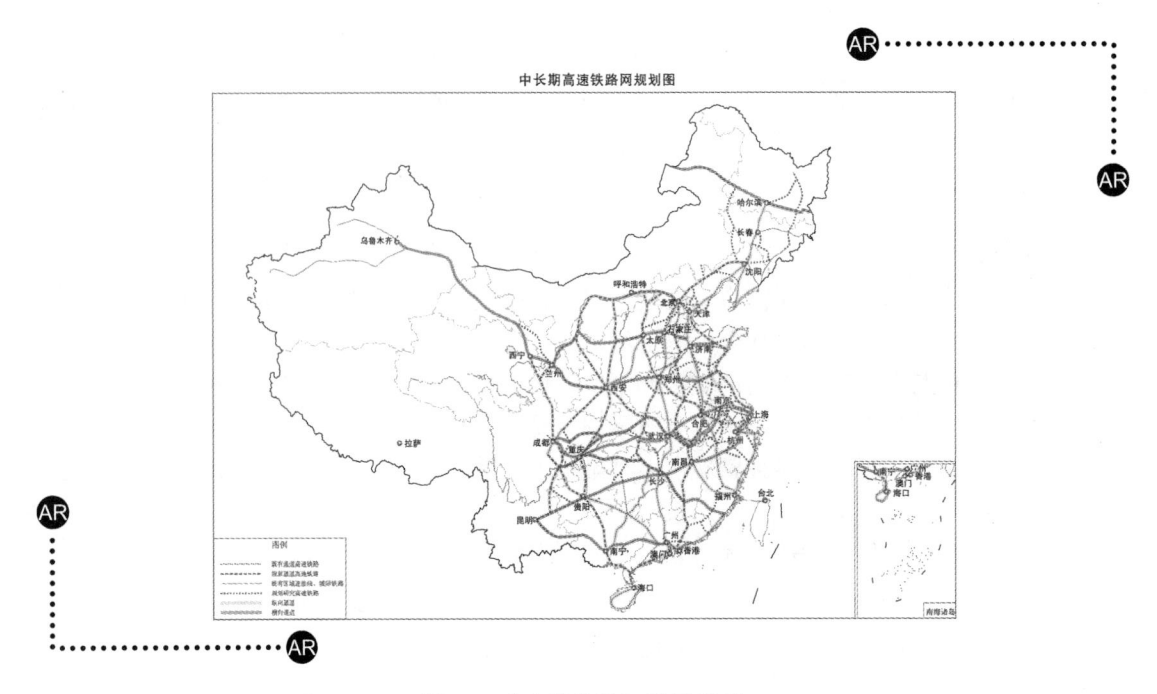

图 1-1 "八横八纵"铁路规划
审图号：GS〔2017〕2703 号

1．八横通道

（1）绥满通道。绥芬河—牡丹江—哈尔滨—齐齐哈尔—海拉尔—满洲里高速铁路。连接黑龙江及蒙东地区。

（2）京兰通道。北京—呼和浩特—银川—兰州高速铁路。连接华北、西北地区，贯通京津冀、呼包鄂、宁夏沿黄、兰西等城市群。

（3）青银通道。青岛—济南—石家庄—太原—银川高速铁路（其中绥德至银川段利用太中银铁路）。连接华东、华北、西北地区，贯通山东半岛、京津冀、太原、宁夏沿黄等城市群。

（4）陆桥通道。连云港—徐州—郑州—西安—兰州—西宁—乌鲁木齐高速铁路。连接华东、华中、西北地区，贯通东陇海、中原、关中平原、兰西、天山北坡等城市群。

（5）沿江通道。上海—南京—合肥—武汉—重庆—成都高速铁路，包括南京—安庆—九江—武汉—宜昌—重庆、万州—达州—遂宁—成都高速铁路（其中成都至遂宁段利用达成铁路），连接华东、华中、西南地区，贯通长三角、长江中游、成渝等城市群。

（6）沪昆通道。上海—杭州—南昌—长沙—贵阳—昆明高速铁路。连接华东、华中、西南地区，贯通长三角、长江中游、黔中、滇中等城市群。

（7）厦渝通道。厦门—龙岩—赣州—长沙—常德—张家界—黔江—重庆高速铁路（其中厦门至赣州段利用龙厦铁路、赣龙铁路，常德至黔江段利用黔张常铁路）。连接海峡西岸、中南、西南地区，贯通海峡西岸、长江中游、成渝等城市群。

（8）广昆通道。广州—南宁—昆明高速铁路。连接华南、西南地区，贯通珠三角、北部湾、滇中等城市群。

2. 八纵通道

（1）沿海通道。大连（丹东）—秦皇岛—天津—东营—潍坊—青岛（烟台）—连云港—盐城—南通—上海—宁波—福州—厦门—深圳—湛江—北海（防城港）高速铁路（其中青岛至盐城段利用青连、连盐铁路，南通至上海段利用沪通铁路），连接东部沿海地区，贯通京津冀、辽中南、山东半岛、东陇海、长三角、海峡西岸、珠三角、北部湾等城市群。

（2）京沪通道。北京—天津—济南—南京—上海（杭州）高速铁路，包括南京—杭州、蚌埠—合肥—杭州高速铁路，同时通过北京—天津—东营—潍坊—临沂—淮安—扬州—南通—上海高速铁路，连接华北、华东地区，贯通京津冀、长三角等城市群。

（3）京港（台）通道。北京—衡水—菏泽—商丘—阜阳—合肥（黄冈）—九江—南昌—赣州—深圳—香港（九龙）高速铁路；另一支线为合肥—福州—台北高速铁路，包括南昌—福州（莆田）铁路。连接华北、华中、华东、华南地区，贯通京津冀、长江中游、海峡西岸、珠三角等城市群。

（4）京哈—京港澳通道。哈尔滨—长春—沈阳—北京—石家庄—郑州—武汉—长沙—广州—深圳—香港高速铁路，包括广州—珠海—澳门高速铁路。连接东北、华北、华中、华南、港澳地区，贯通哈长、辽中南、京津冀、中原、长江中游、珠三角等城市群。

（5）呼南通道。呼和浩特—大同—太原—晋中—长治—晋城—郑州—襄阳—常德—益阳—邵阳—永州—桂林—南宁高速铁路。连接华北、中原、华中、华南地区，贯通呼包鄂榆、山西中部、中原、长江中游、北部湾等城市群。

（6）京昆通道。北京—石家庄—太原—西安—成都（重庆）—昆明高速铁路，包括北京—张家口—大同—太原高速铁路。连接华北、西北、西南地区，贯通京津冀、太原、关中平原、成渝、滇中等城市群。

（7）包（银）海通道。包头—延安—西安—重庆—贵阳—南宁—湛江—海口（三亚）高速铁路，包括银川—西安以及海南环岛高速铁路。连接西北、西南、华南地区，贯通呼包鄂、宁夏沿黄、关中平原、成渝、黔中、北部湾等城市群。

（8）兰（西）广通道。兰州（西宁）—成都（重庆）—贵阳—广州高速铁路。连接西北、西南、华南地区，贯通兰西、成渝、黔中、珠三角等城市群。

随着京津城际高铁、京广高铁、京沪高铁、郑西高铁、沪宁高铁、沪杭高铁、京沪高铁等众多高铁线路的开通运营，我国已成为世界上高速铁路系统技术最全、集成能力最强、运营里程最长、运行速度最高、在建规模最大的国家。截至2018年3月，我国已建成并开通运营的高速铁路已达2.5万千米，占全球三分之二，遥遥领先于世界其他各国，超过世界其他国家和地区高速铁路的总和，成为世界上高速铁路投产运营里程最长、在建规模最大的国家，中国高速铁路初步成网。

我国高速铁路建设在国际上引起强烈反响，党和国家领导人也多次力推中国高铁。目前，美国、俄罗斯、巴西、沙特、土耳其、波兰、委内瑞拉、印度、缅甸、柬埔寨、老挝、泰国等几十个国家都希望我国参与其国内铁路项目的合作，有些合作项目已经开始实施。我国高速铁路的快速发展掀起了世界高速铁路发展的新高潮。

第二节　日本、法国、德国高速铁路概况

一、日本高速铁路

日本是世界上第一个建成高速铁路的国家。早在 1946 年日本就开始酝酿修建高速铁路，直至 20 世纪 50 年代中叶，其国民经济复兴后旅客运输量和货物运输量急剧增长，而东海道既有线运输能力又面临全面饱和，在这种条件下，修建新的东海道铁路运输通道、提高铁路运输能力已成为迫在眉睫的问题。从 1958 年开始，经过 5 年多时间的建设，1964 年 10 月 1 日，正当第 18 届奥运会的火炬在日本东京点燃之时，世界铁路运营史上的第一条高速铁路诞生了。"光"号列车以 210 km/h 的最高速度行驶在日本东海道新干线上。这条专门用于客运的电气化、标准轨距的双线铁路，代表了当时世界第一流的高速铁路技术水平，标志着世界高速铁路由试验阶段跨入了商业运营阶段。东海道新干线（轨距 1435 mm）全长 515.4 km，使东京—大阪的运行时间从 6 h 30 min 缩短到 3 h 10 min，票价比飞机便宜，从而吸引了大量旅客，迫使东京—名古屋间的飞机航班停运，这在世界上也是首例。

东海道新干线的建成和运营，使"铁路是夕阳产业"的论调破产，给世界铁路的复苏带来了生机，促进了高速铁路发展的进程。继东海道新干线（图 1-2）之后，日本又陆续建成了山阳新干线（全长 553.7 km）、东北新干线（496.5 km）、上越新干线（全长 269.5 km）、长野新干线（全长 117.4 km）以及长度 275.9 km 的山形、秋田小型新干线（小型新干线是在既有线上增设第三轨，拓宽了轨距，使新干线列车能直通运行到更多城市）等。2013 年，日本铁路客运量已占全国总客运量的 30%，而其中新干线约占铁路总客运量的 30.3%，收入约占总收入的 45%。在准时性方面，尽管接连不断地发生地震等自然灾害，新干线列车平均晚点仍保持在 1 min 之内，业绩非常突出，成为日本陆地交通运输网的主力。高速新干线已不仅仅是速度高的现代化铁路，而且是日本铁路的发展核心，是支持日本经济发展的支柱，也成为日本人民日常生活和文化生活中不可缺少的一部分。日本自 20 世纪 60 年代以来，就建立起尖端的新干线网络。过去日本曾将新干线技术输出卖给我国台湾，如今日本政府希望能够凭着这项基础设施技术抢下海外市场，包括美国、巴西和越南。不过，日本还得面对中国、法国及德国等多家高铁建造商的激烈竞争。日本最新的新速铁路列车"隼鸟号"如图 1-3 所示。

图 1-2　日本东海道新干线的车站　　　　图 1-3　日本最新的高速铁路列车"隼鸟号"

二、法国高速铁路

铁路作为一种安全快速的交通工具，一直是法国交通运输系统中的骨干。但由于在 20 世纪 70 年代受到民航和高速公路的冲击，行车速度一直在 160 km/h 的法国铁路面临着严峻的挑战。在日本新干线的刺激下，法国也开始思考从提高列车运营速度上来提高铁路的竞争力。

法国是世界上从事提高列车速度研究较早的国家，1955 年即利用电力机车牵引创造了 331 km/h 的世界纪录。在日本建成东海道新干线之后，他们开始从更高起点研究开发高速铁路并确定了适合本国国情的速度目标值。其目标是要研制一种高性能、高速度并面向大众的新型列车，建造一条高质量的铁路新线，向旅客提供一种安全、舒适、快捷的出行方式，解决铁路干线运输能力饱和及竞争力下降的问题。为此，1976 年法国开始了东南线高速铁路（TGV）的建设，从此以后，TGV 高速铁路系统走上了迅速发展的道路，在技术、经济、商业等方面都取得了巨大的成功，30 多年来，一直居于世界铁路运输的前沿。

法国高速铁路对速度目标值的追求是独具特色和遥遥领先的。1981 年，TGV 高速列车在东南线南段部分投入运营，试验纪录达到 380 km/h，打破了传统铁路运行速度的概念。20 多年来，它从未停止过为实现更高的速度目标而进行的一切努力，1990 年 5 月，TGV 列车在大西洋线上的试验速度达到了 515.3 km/h，更值得一提的是，2007 年 4 月法国阿尔斯通公司制造的 TGV3-V150 列车在巴黎东南部的一段经特殊加固的铁路线上，达到了时速 574.8 千米，创下新的有轨铁路行驶速度的世界纪录。1990 年建成并投入运营的地中海高速线，列车运行速度可达 350 km/h，与此同时，速度为 300 km/h 的高速双层列车也已问世。现已研制出性能更高、速度达 350 km/h 的第四代动力分散式 AGV 型高速列车。

法国在 1981 年建成了它的第一条高速铁路（TGV 东南线），该线包括联络线在内全长 417 km。东南线上运行的 TGV-PSE 型高速动车组允许最高速度为 270 km/h，超过了当时日本东海道新干线最高速度 220 km/h。1990 年 10 月大西洋线全部投入运营，该线全长 282 km，大西洋线 TGV-A 型高速动车组允许最高速度为 300 km/h，该线采用的高速动车组是第二代 TGV，515.3 km/h 的世界第二快速度就是 1990 年在大西洋 TGV 西南支线上创造出来的。1993 年，TGV 北方线（也称北欧线）全线开通，全长 333 km。北方线由巴黎以北的喀内斯到里尔，在里尔分为两条支线：一条向西穿越英吉利海峡隧道到达英国伦敦；另一条通向比利时的布鲁塞尔，东连德国的科隆，北通荷兰的阿姆斯特丹，成为一条重要的国际通道。被称为"欧洲之星"的高速列车于 1994 年 11 月在法、英、比三国首都间正式投入运营。1997 年 12 月以巴黎、布鲁塞尔、科隆、阿姆斯特丹四个城市字首命名的 TGV-PBKA 高速列车开始运行。1994 年 5 月大巴黎区外环线建成后，北方线、东南线和大西洋线可绕过巴黎相对联结成为一个高速铁路网系统。法国的高速铁路后来居上，在一些技术、经济指标上超过日本居世界领先地位。从法国第一条高速铁路 TGV 东南线全线通车至今已有 30 多年，这一期间，法国高速铁路获得了前所未有的飞跃发展，1999 年已拥有高速铁路新线 1280 km，2001 年地中海高速线开通，法国高速铁路新线里程已达 1576 km，高速列车 TGV 可以提供服务的路网范围达 5900 km。法国高速列车见图 1-4。

图 1-4 法国高速列车

三、德国高速铁路

德国的高速铁路技术储备不亚于法国，1988 年他们电力牵引的行车试验速度突破 400 km/h 大关，达到 406.9 km/h。但是德国的实用性高速铁路直到 20 世纪 90 年代初才开始修建，原因是政府及公众的错误性认识：德国客运量最集中的地区城市密布，高速公路已经发达完善，再修建高速铁路显然达不到吸引客流的目的。因此，虽然高速铁路的优越性无论从东方的日本还是从近邻的法国已经被证明，他们对发展高速铁路的争论还是持续了十几年。直到 20 世纪 80 年代中期，由于欧洲共同体统一市场的形成，欧洲国家之间的联系越来越密切，为了适应这一国际形势，建立欧洲高速铁路网络已经势在必行，德国才开始着手大力发展高速铁路。德国国家铁路建立的 ICE（Inter-City Express，是德国国铁为迈向国际化所注册的英文名字，简称 ICE）系统，是一个从列车、接触网、牵引供电、安全系统、线路（曲线、桥梁、隧道）、道床直到检测系统各个环节都相互关联和匹配的整体工程。它是一项由联邦德国工业界和铁路合作研制的成果，以不污染环境、快捷舒适为主要目标点，并设定了列车运行速度的目标值：在客货两用的高速线路上，最高速度为 280 km/h；在 ICE 客运专线上，为 300 km/h，甚至 350 km/h。

截止 2014 年年底，德国建成的高速铁路线路已达 4800 千米，其运营线路主要有：汉堡—汉诺威—法兰克福—斯图加特、柏林—法兰克福—曼海姆—巴塞尔、波恩—科隆—杜塞尔多夫—汉诺威—柏林、多特蒙德—科隆—法兰克福—纽伦堡—慕尼黑、慕尼黑—维尔茨堡—汉诺威—汉堡、法兰克福—莱比锡—德累斯顿、慕尼黑—斯图加特—曼海姆—法兰克福、慕尼黑—纽伦堡—莱比锡—柏林。此外，德国开通了不少国际高速铁路线路，如法兰克福—萨尔布吕肯—巴黎东站等。德国高速铁路见图 1-5。

图 1-5 德国高速铁路

第三节 我国高速铁路概况

2004年1月7日，国务院批准了《中长期铁路网规划》（以下简称《规划》）。《规划》提出，在21世纪前20年，建设高速铁路客运专线1.2万千米以上，客车速度目标值达到每小时200千米及以上。2008年原铁道部《中长期铁路网调整规划方案》将客运专线及城际铁路建设目标由1.2万千米调整为1.6万千米以上，2016年铁路发布了新的《中长期铁路网规划》，提出建设中国高速铁路八横八纵高速铁路网骨架，掀起了我国高速铁路建设的新高潮。截至2017年12月底，我国已建成并开通运营的高速铁路已达2.5万千米，占全世界高速铁路运营里程的70%左右，遥遥领先于世界其他各国。

CRH（China Railway High-speed），即中国高速铁路，是原中国铁道部对中国高速铁路系统建立的品牌名称。

一、中国高速铁路速度纪录（表1-1）

表1-1 中国高速铁路速度纪录表（200 km/h以上部分）

时间	动车组类型	试验速度/(km/h)	试验线路
1998年	X2000"新时速"摆式电力动车组	200	广深铁路
1999年9月	DDJ1"大白鲨"电力动车组	223	广深铁路
2000年10月	DJJ1"蓝箭"电力动车组	235.6	广深铁路
2001年11月11日	DJF2"先锋"电力动车组	249.6	广深铁路
2002年9月10日	DJF2"先锋"电力动车组	292.8	秦沈客运专线
2002年11月27日	DJJ2"中华之星"电力动车组	321.5	秦沈客运专线

续表

时间	动车组类型	试验速度/(km/h)	试验线路
2008年4月24日	CRH2C "和谐号" 电力动车组	370	京津城际铁路
2010年2月6日	CRH2C "和谐号" 电力动车组	394.2	郑西客运专线
2009年12月9日	CRH3C "和谐号" 电力动车组（两列重联）	394.2	武广客运专线
2008年6月24日	CRH3C "和谐号" 电力动车组	394.3	京津城际铁路
2010年9月28日	CRH380A "和谐号" 电力动车组	416.6	沪杭客运专线
2010年12月5日	CRH380BL "和谐号" 电力动车组	457	京沪客运专线
2010年12月3日	CRH380AL "和谐号" 电力动车组	486.1	京沪客运专线
2011年1月9日	CRH380BL "和谐号" 电力动车组	487.3	京沪客运专线

二、我国已建成的高速铁路介绍

1. 秦沈客运专线

秦沈客运专线是我国第一条高速铁路客运专线，也是我国铁路步入高速化的起点。秦沈客运专线的设计、施工、运营，为建设京沪等其他高速铁路提供了大量的数据及资料，从而进一步加快了中国铁路高速化的进程。

秦沈客运专线是连接秦皇岛与沈阳两座城市的高速铁路，自河北省秦皇岛市起，经辽宁省绥中县、兴城市、葫芦岛市、锦州市、台安县、辽中县，至沈阳市沈阳北站，全线总长404千米。由2006年12月31日起，秦沈客运专线和京秦铁路、原哈大铁路哈尔滨至沈阳段合并为京哈铁路。

2. 京津城际铁路

京津城际铁路是中国最早开工建设并最先建成的第一条高标准高速铁路客运专线，全长约120千米，连接首都北京和天津两大直辖市，于2005年7月4日开工建设，2007年12月15日全线铺通，2008年8月1日运营，启用了代表城际高速列车的C字头车次。

京津城际铁路（图1-6）线路中有113.5千米路段为无砟轨道，采用了从德国博格公司（Max Bogl）引进的板式无砟轨道技术，全线共使用了36 092块博格式轨道板；为节省宝贵的土地资源，采用了桥梁替代传统路基，桥梁长度占线路总长度的87%；京津城际高速列车开通运营初期同时使用CRH2C型及CRH3C型两种和谐号动车组运营，每列列车采用8节编组，定员约600人，至2009年4月6日，全部京津城际列车车次均改用CRH3型动车组担当，动车组的列车检修和整备在北京西动车运用所进行；在信号与通信方面，京津城际铁路全线采用GSM-R铁路数字移动通信系统，实现了移动话音通信和无线数据传输，并采用了CTCS-2级列车运行控制系统，设计最小发车间隔为3 min；在运营调度方面，应用分散自律型调度集中系统（CTC），对全线运行列车实现集中调度控制。

图 1-6 京津城际铁路

3. 京广高速铁路

京广高铁于 2012 年 12 月 26 日全线通车，它由京石、石武、武广高铁三段组成，是铁路"四纵四横"铁路网中的"一纵"，也是目前世界上运营里程最长的高速铁路。京广高铁始于北京西站，经过北京、河北、河南、湖北、湖南、广东 6 省（直辖市）到达广州南站，全线共设 36 个车站，全长 2298 千米，设计速度 350 km/h，运营速度 300 km/h。沿途设有北京西站、石家庄站、郑州东站、武汉站、长沙南站、广州南站等站点，从北京到广州铁路出行的时间由原来的 20 多个小时缩短至 8 h。京广高铁的开通运营有效带动了铁路沿线各地的经济发展。

4. 京沪高铁

京沪高速铁路，又称京沪客运专线，作为京沪快速客运通道，是中国"四纵四横"客运专线网的其中"一纵"。是新中国成立以来一次建设里程长、投资大、标准高的高速铁路。线路由北京南站至上海虹桥站，全长 1318 千米，总投资约 2209 亿元，设 24 个车站，设计时速为 350 km/h，一年单向输送乘客可达 8000 万人，于 2008 年 4 月 18 日由时任中共中央政治局常委、国务院总理温家宝宣布正式开工，并于 2011 年 6 月 30 日建成通车，目前在线运行的列车主要有 CRH380A、CRH380B、CRH380AL、CRH380BL、CRH380C 及 CRH380CL 等车型。

京沪高铁线路中，桥梁长度约 1140 km，占正线长度的 86.5%；隧道长度约 16 km，占正线长度的 1.2%；路基长度 162 km，占正线长度 12.3%。全线铺设无砟正线约 1268 千米，占线路长度的 96.2%；有砟轨道正线约 50 千米，占线路长度的 3.8%。京沪高铁使用了以无砟轨道和长大桥梁为显著特点的轨道结构，在高速动车组及其检修基地、满足高速运行的牵引供电技术、实现运行时速 350 km；且最小间隔 3 min 的列车运行控制系统、调度指挥系统，以及客运服务系统、经验管理和防灾预警系统等方面均具有开创性的意义。

5. 兰新高铁

兰新高速铁路，又称兰新高铁、兰新客运专线，是世界上一次性建成通车里程最长的高速铁路，是我国中长期高速铁路规划网中八纵八横高速铁路网陆桥通道重要组成部分，全长

1776 千米，东起甘肃兰州与徐兰高速铁路相接，途经青海西宁，甘肃张掖、酒泉、嘉峪关，新疆哈密、吐鲁番，西至新疆乌鲁木齐，旅客列车设计最高时速 250 km。

兰新高速铁路的建成，使新疆与内地间形成一条高质量、大能力的高速铁路通道。此通道大幅缩短了行车时间，是世界上首条在高原、高海拔、高寒风沙地区修建的高速铁路，这也为该类区域发展高速铁路积累了宝贵的探索经验。

第四节　高速铁路的优势

高速铁路之所以广泛受到人民青睐绝非偶然，发展高速铁路直接有效地解决了大量旅客快速输送的问题。高速铁路的开通运营产生了巨大的社会效益，对沿线地区经济发展起到了推进和均衡作用；促进了沿线城市经济发展和国土开发，沿线企业数量增加使国税和地税相应增加，且节约能源和减少环境污染。高速铁路与高速公路汽车运输和航空运输比较，在各项技术经济指标中具有明显的优势，主要表现在以下几个方面（图 1-7）：

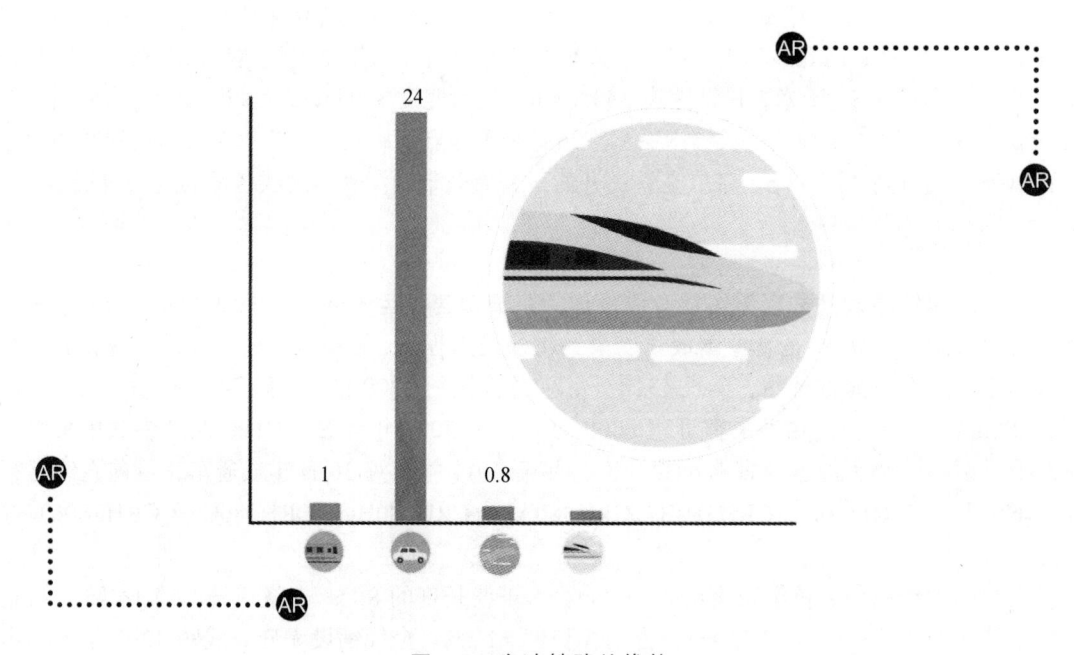

图 1-7　高速铁路的优势

1. 输送能力大

目前，各国高速铁路几乎都能满足最小行车间隔时间 4 min 及以下（我国武广高铁采用的 CTCS-3 级列控系统，满足最小行车间隔时间 3 min）的要求，扣除夜间天窗维修时间 4 h，则每天可开行的旅客列车约为 300 对；以我国 CRH1 型动车组为例，仅按 8 节小编组计算，每列车定员 670 人，年均单向输送能力接近 7400 万人；如果采用 16 节长编组动车，年载客量高达 1.5 亿人。4 车道高速公路客运专线，单向每小时可通过小轿车 1250 辆，全天工作

20 h，可通过 25 000 辆。如大轿车占 20%，每平均乘坐 40 人，小轿车占 80%，每车乘坐 2 人，则年均单向输送能力约为 8760 万人。航空运输主要受机场容量限制，如一条专用跑道的年起降能力为 12 万架次，采用大型客机的单向输送能力只能达到 1500 万~1800 万人。目前在京广高铁武广段、京沪高铁等客流密集线路，越来越多地采用了 16 节大编组，以适应客流量上升的需要。

2. 速度快，旅行时间短

高速铁路的最大优势就是在于它的速度，速度是高速铁路技术水平的最主要标志，各国都在不断提高列车的运行速度。1988 年意大利在 TAV 线上试验速度达到了 319 km/h，同年德国的 ICE 更是达到了 406 km/h，1996 年日本东海道新干线山阳新干线上的 JR500 型电车试验速度达到了 443 km/h，法国 TGV-LGV 东欧线更是在 2007 年创造了 574.8 km/h 的世界最高纪录。2010 年 9 月我国在沪杭客运专线上 CRH380A 跑出了 416.6 km/h 的试验速度，2011 年 1 月 CRH380BL 动车创造了 487.3 km/h 的国内最快纪录。除运行速度外，在旅客的出行当中，首先考虑的就是出行的总的旅行时间，而旅行时间是由旅行速度决定的。以北京至上海为例，在正常天气情况下，乘飞机的旅行全程时间（含市区至机场、候检等全部时间）为 5 小时左右，如果乘高速铁路的直达列车，全程旅行时间则为 5~5.5 h，与飞机相当；如果乘既有铁路列车，则需要 15~16 h；若与高速公路比较，以上海到南京为例，沪宁高速公路 274 千米，汽车平均时速 91 千米，行车时间为 3 h，加上进出沪、宁两市区一般需 2 h，旅行全程时间为 5 h，而乘高速列车，则仅需 1.2 h。在旅行距离为 200~1000 km 范围内，高速铁路具有巨大的优势。

3. 安全性好

人们在出行的过程中，最关心的一个问题就是出行的安全性。有资料表明，从各国的交通运输统计中，铁路、公路、民航运输的事故率（每百万人千米的伤亡人数）之比大约为 1：24：0.8。高速铁路由于在全封闭环境中自动化运行，又有完善的列车运行控制系统，所以其安全程度是任何交通工具都无法比拟的。高速铁路问世 35 年以来，日、德、法三国共运送了 50 亿人次旅客。除 1998 年 6 月 3 日德国的 ICE 高速列车发生事故外，各国高速铁路都未发生过重大行车事故，也没有因事故而引起人员伤亡。这是各种现代交通运输方式所罕见的。几个主要高速铁路国家，一天要发出上千对的高速列车，即便计入德国发生的事故，其事故率及人员伤亡率也远远低于其他现代交通运输方式。因此，高速铁路被认为是最安全的。与此成对比的是，其他交通方式事故不断。根据国际道路联合会粗略统计，全世界由于公路交通伤亡事故每年约死亡 80 万~100 万人；国际航空运输协会（IATA）统计数据显示，2014 年 250 家航空公司共计 12 起空难，641 人死亡。2009—2013 年 5 年内平均每年 19 起空难，每年平均死亡 517 人。

4. 受气候变化影响小，正点率高

高速铁路全部采用自动化控制，可以全天候运营，除非发生地震和山体滑坡等情况。据日本新干线风速限制的规范，若装设挡风墙，即使在大风情况下，高速列车也只要减速行驶，比如风速达到每秒 25~30 m，列车限速在 160 km/h；风速达到每秒 30~35 m（类似 11、12

级大风），列车限速在 70 km/h，而无须停运，但风速达到极限值时，也需要停运。机场和高速公路等，在浓雾、暴雨和冰雪等恶劣天气情况下，则必须关闭停运。

正点率高也是高速铁路深受旅客欢迎的原因之一。所有旅客都希望正点抵达目的地，只有列车始发、运行和终到正点，旅客才能有效安排自己的时间。由于高速铁路各种设备运行的可靠性和智能的调度指挥，在很大程度上保证了旅客列车的正点率。西班牙规定高速列车晚点超过 5 min 就要退还旅客的全额车票费；日本规定到发超过 1 min 就算晚点，当列车晚点 5 min，列车长要作晚点的声明道歉，并且铁路公司出具相关证明，1997 年东海道新干线列车平均晚点只有 0.6 min。我国的武广高铁运行两年的时间里，列车的正点率达到了 98.6%。高速列车极高的正点率深得旅客信赖。

5. 舒适方便

高速铁路车站和列车的设计一般都很人性化，从购票、候车、进站、车内服务等方面都提供了一个舒适的环境（图 1-8）。宽敞明亮的车站，动车内宽大、舒适的座椅，先进和人性化的卫生间、洗漱间，乘务员动人的笑容，亲切的态度让人有着说不出的惬意。高速铁路在发车间隔也很短，例如长沙南到广州南，平均每 13 min 就有一趟高铁列车，非客流高峰时段，旅客基本上可以随到随走，不需要长时间候车。为方便旅客乘车，高速列车运行已规律化，站台按车次已固定化等。高速铁路舒适方便的特性使得它在与公路和航空的竞争中更具有竞争力。

图 1-8 舒适的高铁车站环境

6. 能耗低

根据法国和德国的研究表明，以人·km为单位的换算能耗，公路是铁路的1.8～2.4倍。参照日本新干线、公路运输、航空运输能耗有关资料，按人·km标准计算，各运输方式每人千米能耗为：高7速铁路为569.4 J，公路为2641.8 J，航空运输为2989.4 J。因此，高速铁路的能耗大大低于小汽车和飞机。尽管高速铁路的能耗一般要高于普通铁路，但是由于高速铁路的作业效率要远远高于普通铁路，从整体而言，高速铁路节能效应要优于普通铁路。高速列车、汽车、飞机每人千米的能量消耗如图1-9所示。

我国高速铁路技术已经成熟，在节能方面已初现成效，表现在两个方面：

首先，高速铁路由于使用动车组，节能效果更为明显。比如，"和谐号"CRH380型动车组，由于采用了流线型车体和轻量化技术，质量比一般铁路客车轻30%以上，降低能耗效果显著。根据测算，CRH380型"和谐号"动车组列车每小时人均耗电仅15 kW·h，从北京南站到天津站人均耗电7.5 kW·h，是陆路运输方式中最节能的。

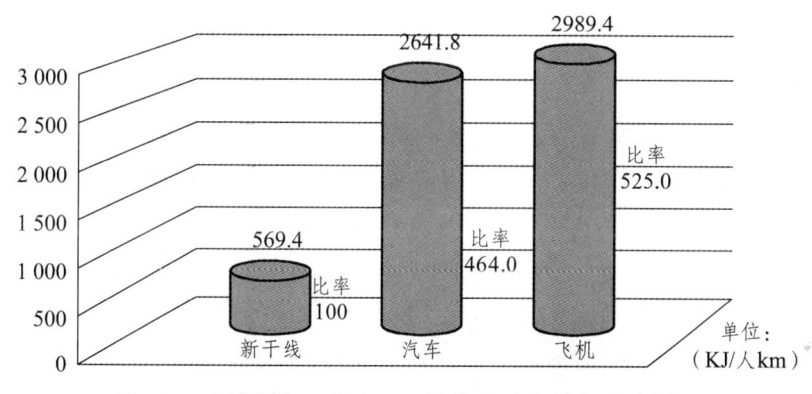

图1-9 高速列车，汽车，飞机每人千米的能量消耗图

其次，高速铁路除了使用电力机车，能实施"以电代油"工程外，其新式的站房设计由于采用了新技术，实现了节能环保。比如，已建成并投入使用的北京南站、天津站均设计了超大面积的玻璃穹顶，在各层地面还做了透光处理，充分利用自然光照明。北京南站还采用了太阳能光伏发电技术，充分利用了太阳能。

7. 环境污染小

高速铁路动车组列车采用电力牵引，相比汽车、飞机等交通工具，具有明显的低碳排放特性。如果以每位乘客每千米的碳排放量计算，高铁的碳排放量只是飞机和汽车的15%至25%（图1-10），可大大减低对环境的影响。高速铁路电气化及采用无砟轨道后，基本上消除了粉尘、油烟和其他废气污染。

在噪声污染方面，根据日本的研究数据显示，若以航空运输每千人千米产生的噪声为1，那么轿车则为0.2，而高速铁路仅仅为0.1，特别是我国高铁，在高速列车经过的噪声敏感地带，如居民区、学校、医院、城区，武广全线设置了大量不低于3 m的新型吸声式隔音窗、声屏障，加上线路两旁合理的植物搭配绿化带，有效减少了噪声的干扰，从而达到降噪环保和自然景观的协调。

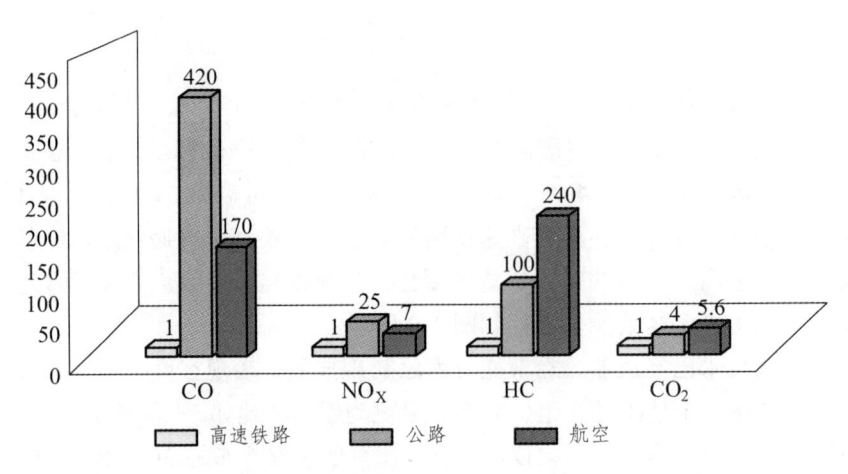

图 1-10 三种交通工具排放有害物质统计图（单位：克）

8. 经济效益与社会效益好

高速铁路倍受旅客青睐，其经济效益也十分可观。日本东海道新干线开通后仅 7 年就收回了全部建设资金，2014 年，东海道新干线总利润约达 4000 亿日元。单纯从高速铁路运营收益来说，目前我国高速铁路基本处于亏损状况，主要是因为我国高铁还处于客源培养阶段，高速铁路还没有形成网络。但实际上，高速铁路产生的效益不仅仅体现在高铁本身。在铁路既有线上货运是赚钱的，客运是赔钱的。既有线上是客货运混跑，由于存在速度的差别，使得相互影响很大，效率很低。修建高铁，除了高铁自身的盈利点外，可以将普通铁路的货运能力释放出来。既有线上一列客车要影响三列货车，京沪铁路一年货运量将近 3 千万吨，客货分离以后，运量可以从 3 千万吨一下提高到 1 亿吨。

从我国已经开通运营的几条线路分析来看，高铁沿线已经成为中国经济发展最活跃和最具潜力的地区。高速铁路在支撑区域协调发展、优化资源配置和产业布局、构建高效综合运输体系、降低社会物流成本、促进城镇一体化进程和经济可持续发展等方面，都将发挥了巨大的作用。

第五节　高速铁路未来发展趋势

在未来的高速铁路建设中，将呈现以下几个发展趋势：

1. 线路中桥隧所占比重越来越大

随着高速铁路设计的速度越来越快，由于离心力及超重和失重的作用，高速行驶的列车对线路曲线半径和竖曲线的要求也越来越高，这对于非平原地区来说线路的设计只能依靠提高线路中桥梁和隧道的比例来实现。此外，为了有效保护铁路沿线宝贵的耕地资源以及减少高铁噪音对居民的影响，在未来的高速铁路线路设计中也会尽量采用以桥代路的方式。这点在已经开通运营的高铁线路中已经得到了验证。例如：京沪高铁线路中，桥梁长度约 1140 km，占正线长度 86.5%；而武广高铁全线有隧道 226 座 177.2 km，占线路全长的 18.3%。

2. 车站、列车服务智能化

目前我国新建的高速铁路车站已经向服务智能化发展，比如自动售票系统、自动检票验票系统等智能服务系统的投入使用，已经实现车站部分服务功能的智能化。但随着科技的进步，独立的智能化系统并不是发展方向，未来的高速铁路必定会使票务系统、旅客服务系统、市场营销系统、安全防灾系统、列车服务系统等各个独立的智能系统通过互联形成综合的车站与列车智能化服务系统，在旅客出行前、进站、候车、乘车、换乘、出站等各环节提供全方位的智能服务。

3. 设计节能化

随着全球气候的变暖，未来高速铁路设计必定会朝着节能的方向发展。像武汉站、广州南站已经建成超大面积玻璃穹顶，在高架层进行透光处理，充分利用自然光照明，并采用光伏一体化照明及太阳能利用技术、空调节能控制与建筑热环境调控技术，这些节能的设计必定会是未来高速铁路车站设计的主导方向。

4. 高速铁路向真空管道发展

高速列车随着速度的增加，空气阻力也越来越大，因此，常规的高速铁路在速度的提高上受到很大限制。目前，美国、瑞士、中国等国家都在积极研制一种真空管道高速交通。所谓的真空管道高速交通，就是建造一条与外部空气隔绝的管道，将管内抽为真空后，在其中运行磁悬浮列车（图 1-11），由于没有空气摩擦的阻碍，列车速度将达到每小时上千千米，由于管道是密封的，可以在海底及气候恶劣地区运行而不受任何影响。中国在此项研究中已经走在世界前列，2007 年，真空管道磁悬浮项目被列为国家自然科学基金项目，申请的大量相关专利已被受理，一场交通运输革命即将开始。

图 1-11　真空管道磁悬浮设计图

复习思考题

1. 简述世界高速铁路的发展史。
2. 高速铁路与公路、航空、水运之间各有什么优缺点？
3. 我国已经建成的高速铁路有哪些？并说说这些高铁线的基本情况。
4. 你觉得未来高速铁路的发展方向有哪些？举例说明。
5. 你认为目前高铁的票价是偏高还是偏低，"晚点无赔偿"是否合理，为什么？

第二章　高速铁路线路

高速铁路线路是列车运行的基础，它直接承受机车车辆传来的压力。为了保证列车能按规定的最高速度安全、平稳和不间断地运行，铁路线路必须经常保持完好的状态。因此，高速铁路的平、纵断面设计的标准要以提高线路的平顺性为主，尽可能地降低列车的横向与竖向加速度，减小列车各种振动叠加的可能性，从而提高旅客乘坐的舒适度，同时也要考虑在运行安全的前提下，减少工程量，降低造价，便于施工、运营、维修等。

高速铁路线路由路基、桥梁、隧道、轨道四部分组成。

第一节　高速铁路线路的平纵断面基础知识

高速铁路线路在空间的位置是用它的线路中心线表示的。线路中心线在水平面上的投影，叫作高速铁路线路的平面；线路中心线在垂直面上的投影，叫作高速铁路线路的纵断面。

高速铁路的线路平面和纵断面的设计，更须满足行车安全平顺，保证旅客舒适和便于线路维修等的要求，而且必须力求在工程和运营两方面，经济上是最为合理的。因此，铁路线路，不论就其整体来说，还是就各个组成部分来说，都应该具有一定的坚固性和稳定性。

一、高速铁路线路平、纵断面的一般规定

（1）线路平、纵断面设计应重视线路空间曲线的平顺性，提高旅客乘坐舒适度。

（2）全部列车均停站的车站两端减加速地段，可采用与设计速度相应的标准；部分列车停站的车站两端减加速地段，应根据速差条件，采用相适应的技术标准，满足舒适度要求。

（3）线路平、纵断面设计应满足轨道铺设精度要求。

二、高速铁路线路平面

高速铁路线路的平面由直线、圆曲线、缓和曲线组成。

1. **圆曲线半径**

铁路线路在转向处应采用圆曲线相连，圆曲线的基本要素有：曲线半径（R）、曲线转向角（α）、曲线长度（L）、切线长度（T），如图 2-1 所示。

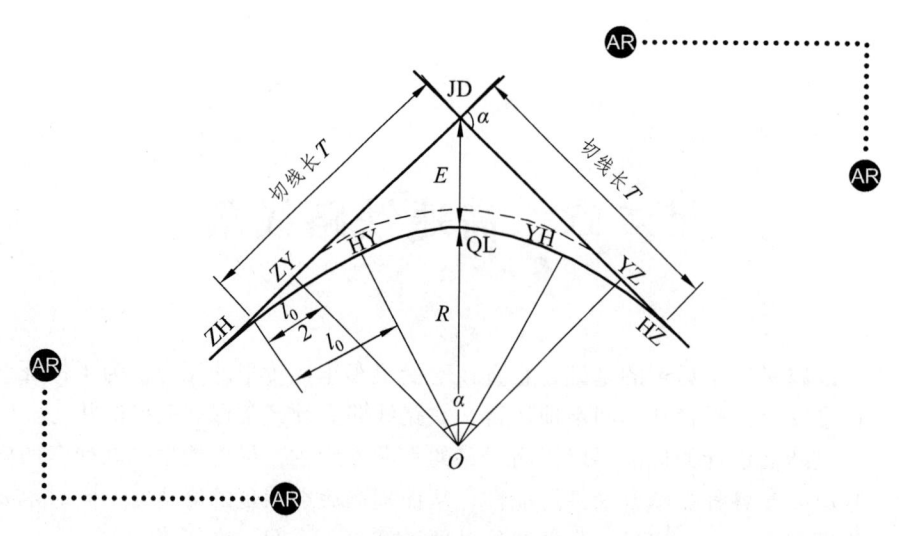

图 2-1 铁路线路曲线

铁路线路平面的曲线半径应因地制宜，合理选用与设计速度匹配的平面曲线半径。为了测设、施工和养护的方便，曲线半径一般应取 50 m、100 m 的整倍数。

圆曲线半径的大小，反映了曲线弯曲度的大小。圆曲线半径越小，弯曲度越大，曲线附加阻力也就越大，运营条件就越差。为了保证线路的通过能力，并有一个良好的运营条件，还对铁路线路的最小曲线半径做了具体规定，如表 2-1 ~ 2-3 所示。

表 2-1 铁路区间线路最小曲线半径　　　　　　　　　单位：m

铁路等级	I			II	
设计行车速度/（km/h）	200	160	120	120	80
一般	3 500	2 000	1 200	1 200	600
困难	2 800	1 600	800	800	500

表 2-2 车站平面最小曲线半径

设计行车速度/（km/h）	最小曲线半径/m		
	区段站	中间站、会让站、越行站	
		一般	困难
80	800	600	600
120		1 200	800
160	1 600	2 000	1 600
200	2 000	3 500	2 800

表 2-3 高速铁路区间线路最小曲线半径

设计行车速度/（km/h）		最小曲线半径/m	
200	客运专线	一般	2 200
		困难	2 000
250	有砟轨道	一般	3 500
		困难	3 000

续表

设计行车速度/（km/h）		最小曲线半径/m	
250	无砟轨道	一般	3 200
		困难	2 800
300	有砟轨道	一般	5 000
		困难	4 500
	无砟轨道	一般	5 000
		困难	4 000
350	有砟轨道	一般	7 000
		困难	6 000
	无砟轨道	一般	7 000
		困难	5 000

2．缓和曲线

为了保证列车安全，使列车平顺地由直线过渡到圆曲线或由圆曲线过渡到直线，以避免离心力的突然产生和消除，在直线与圆曲线间应设置一条曲率半径变化的曲线，这个曲线称为缓和曲线。缓和曲线的线形采用三次抛物线。缓和曲线长度应根据设计速度、曲线半径和地形条件按表2-4合理选用。

表2-4　缓和曲线长度（m）

曲线半径/m	设计行车速度/（km/h）								
	350			300			250		
	（1）	（2）	（3）	（1）	（2）	（3）	（1）	（2）	（3）
12 000	370	330	300	220	200	180	140	130	120
11 000	410	370	330	240	210	190	160	140	130
10 000	470	420	380	270	240	220	170	150	140
9000	530	470	430	300	270	250	190	170	150
8000	590	530	470	340	300	270	210	190	170
7000	670	590	540	390	350	310	240	220	190
	680	610	550						
6000	670	590	540	450	410	370	280	250	230
	680	610	550						

续表

曲线半径/m	设计行车速度/（km/h）								
^	350			300			250		
^	（1）	（2）	（3）	（1）	（2）	（3）	（1）	（2）	（3）
5 500	670	590	540	490	440	390	310	280	250
^	680	610	550	^	^	^	^	^	^
5 000	—	—	—	540	480	430	340	300	270
4 500	—	—	—	570	510	460	380	340	310
^	^	^	^	585	520	470	^	^	^
4 000	—	—	—	570	510	460	420	380	340
^	^	^	^	585	520	470	^	^	^
3 500	—	—	—	—	—	—	480	430	380
3 200	—	—	—	—	—	—	480	430	380
3 000	—	—	—	—	—	—	480	430	380
^	^	^	^	^	^	^	490	440	400
2 800	—	—	—	—	—	—	480	430	380
^	^	^	^	^	^	^	490	440	400

注：表中（1）栏为舒适度优秀条件值，（2）栏为舒适度良好条件值，（3）栏为舒适度一般条件值。

3. 夹直线

相邻两曲线之间应该设置夹直线，相邻两曲线间的夹直线与两缓和曲线间的圆曲线最小长度应根据下列公式计算确定，并不得小于表2-5的规定。

一般条件下：$L \geq 0.8v$

困难条件下：$L \geq 0.6v$

式中　L——夹直线和圆曲线长度（m）；

　　　v——设计速度数值（km/h）。

表2-5　圆曲线或夹直线最小长度

设计行车速度/（km/h）	350	300	250
圆曲线或夹直线最小长度/m	280（210）	240（180）	200（150）

注：括号内为困难条件下采用的最小值。

4. 线间距

相邻两股道（区间及站内两相邻）线路中心线之间的最短距离为线间距。线间距是根据有关限界、相邻线路间设置的与行车有关的技术设备和办理不同性质作业而确定的,其规定如表 2-6 所示。

$v \leqslant 160$ km/h 的客货共线铁路曲线地段,线间距应按曲线半径的大小,根据有关规定计算其加宽值。高速铁路曲线地段线间距不应加宽。

表 2-6 高速铁路线间距

顺序	名称及对应速度阈值		线间最小距离/mm
1	区间双线	$v \leqslant 120$ km/h	4 000
		120 km/h $< v \leqslant 160$ km/h	4 200
		160 km/h $< v \leqslant 200$ km/h	4 400
		200 km/h $< v \leqslant 250$ km/h	4 600
		250 km/h $< v \leqslant 300$ km/h	4 800
		300 km/h $< v \leqslant 350$ km/h	5 000
2	三线及四线区间的第二线与第三线		5 300
3	站内正线	$v \leqslant 250$ km/h	4 600
		250 km/h $< v \leqslant 300$ km/h	4 800
		300 km/h $< v \leqslant 350$ km/h	5 000
4	站内正线与相邻到发线		5 000
5	到发线与到发线		5 000
6	到发线与其他线		5 000

三、高速铁路线路纵断面

为了适应地面的起伏,铁路线路上除了平道以外,还修成不同的坡道。因此,高速铁路线路的纵断面由平道、坡道及连接不同坡道的竖曲线组成。

1. 坡道的坡度

坡道的陡与缓常用坡度值表示。坡度是指坡道线路中心线与水平夹角的正切值,如图 2-2 所示。坡道坡度的大小通常用千分率来表示。

$$i(‰) = h/L = \tan \alpha$$

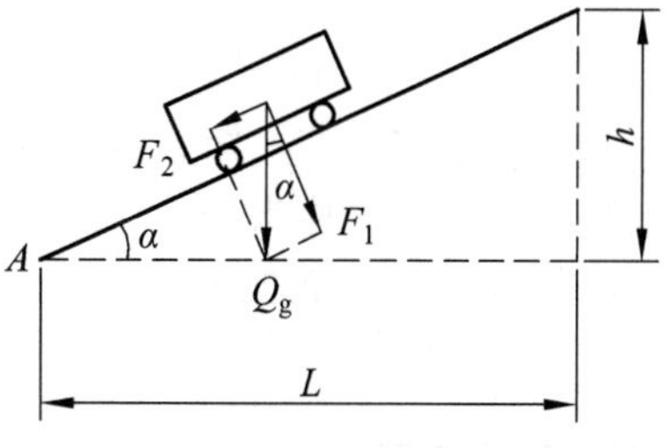

由于坡道的存在,列车在坡道上运行时,会受到一种由坡道引起的阻力,这一阻力叫坡道阻力。坡道阻力的大小与坡度值成正比。由此可见,坡度越大,列车上坡时的坡道阻力也就越大,同一台机车在运行速度相同的条件下所能牵引的列车质量也就越小。

图 2-2 坡度与坡道阻力示意图

在一个区段上,决定一台某一类机车所能牵引的货物列车质量(最大值)的坡度,叫限制坡度(i_{max}‰)。限制坡度的大小,影响一个区段甚至全铁路线的运输能力。限制坡度的选定是一个很重要的问题，要经过仔细的综合研究，才能得出合理的结论。我国铁路区间线路的最大限制坡度的数值如表 2-7 所示。

表 2-7　铁路区间线路最大限制坡度（‰）

铁路等级		Ⅰ		Ⅱ	
		一般	困难	一般	困难
牵引种类	电力	6.0	15.0	6.0	20.0
	内燃	6.0	12.0	6.0	15.0

高速铁路区间正线线路的最大坡度，不宜大于 20‰，困难条件下经技术经济比较，不应大于 30‰。动车组走行线的最大坡度不应大于 30‰，困难条件下不应大于 35‰。当动车组走行线的最大坡度大于 30‰ 时，宜铺设无砟轨道。

车站必须设在坡道上时，其坡度不应超过 1‰；在地形特别困难的条件下，会让站、越行站可设在不大于 6‰ 的坡道上，且不应连续设置，并保证列车的起动。

2. 坡段长度

高速铁路线路宜设计为较长的坡段，最小坡段长度按表 2-8 选用。一般条件的最小坡段长度不宜连续采用。困难条件的最小坡段长度不得连续采用。

表 2-8　高速铁路的最小坡段长度

设计行车速度/（km/h）	350	300	250
一般条件/m	2 000	1 200	1 200
困难条件/m	900	900	900

3. 坡段间的竖曲线

平道与坡道、坡道与坡道的交点叫作变坡点。列车经过变坡点时，由于坡度的突然变化，车钩内产生附加应力，坡度变化越大，附加应力越大，两车上下错移量越大，越容易发生断钩、脱钩等事故。为了保证列车的运行平稳与安全，当相邻两坡段的坡度变化太大时，应在其变坡点用竖曲线相连。竖曲线的设置应符合以下规定。

（1）普速铁路规定，在 Ⅰ、Ⅱ 级线路上，相邻坡段的坡度代数差的绝对值大于 3‰ 时，应采用竖曲线连接，竖曲线半径为 10 000 m；Ⅲ 级线路上，相邻坡段的坡度代数差的绝对值大于 4‰ 时，应采用竖曲线连接，竖曲线半径为 5 000 m。

（2）高速铁路线路相邻坡段的坡度差大于或等于 1‰ 时，应采用圆曲线形竖曲线连接，最小竖曲线半径应根据设计速度按表 2-9 选用，最大竖曲线半径不应大于 30 000 m。最小竖曲线长度不得小于 25 m。

表 2-9　最小竖曲线半径

设计行车速度/（km/h）	350	300	250
R_{sh}/m	25 000	25 000	20 000

（3）动车组走行线相邻坡段坡度差大于 3‰ 时设置圆曲线形竖曲线，竖曲线半径一般为 5 000 m，困难条件为 3 000 m。

第二节 高速铁路路基与桥隧结构物

路基和桥隧建筑物都是轨道的基础，它们直接承受轨道的重量，以及车辆及其荷载的压力。路基与桥隧建筑物的状态与线路质量的关系极其密切。所以，路基和桥隧建筑物应当平顺，应有足够的宽度，以符合轨道的铺设、附属构筑物的设置和线路养护维修作业的要求。

一、高速铁路路基

1. 高速铁路路基的特点

路基是铁路线路的重要组成部分，它直接承受轨道传递来的压力。路基的稳定性与坚固性直接关系到整个线路的质量与列车的正常运行及安全。因此，高速铁路要保证线路的快速、安全、平稳运行，就必须具备良好的路基基础。与普通铁路路基相比，高速铁路路基主要有以下特点：

（1）高速铁路路基的多层结构系统。

高速铁路线路结构，已经突破了传统的轨道、道床、土路基这种结构形式，既有有砟轨道，也有无砟轨道。对于有砟轨道，在道床和土路基之间，已抛弃了将道砟层直接放在土路基上的结构形式，作成了多层结构系统（见图 2-3 ~ 2-8）。

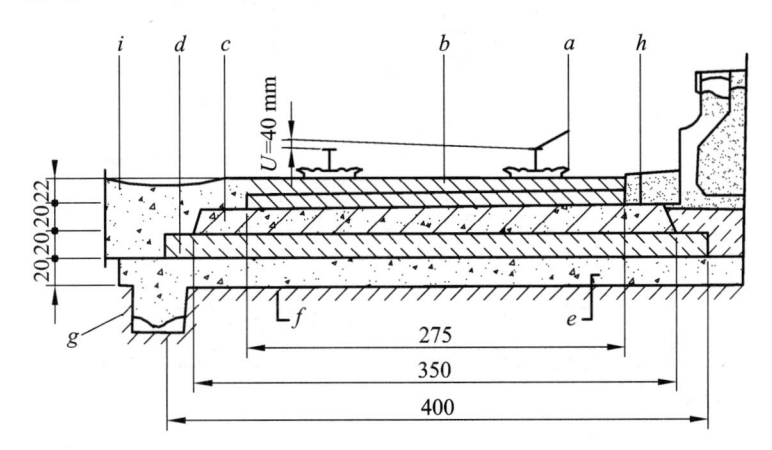

图 2-3 德国高速铁路无砟轨道路堤的断面形式

a—UIC60 钢轨扣件；b—钢筋混凝土连续板；c—混凝土绝热层及支持层；d—素混凝土；
e—矿碴混凝土；f—下伏土层；g—透水材料；h—冷沥青层；i—道砟

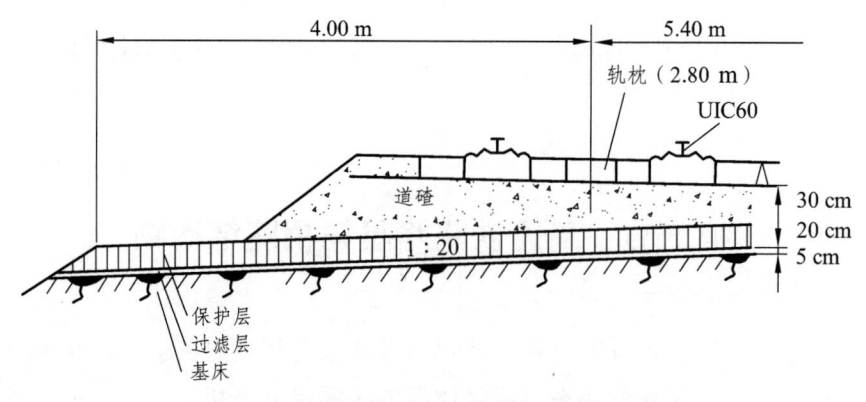

图 2-4　德国高速铁路有砟轨道路堤的断面形式

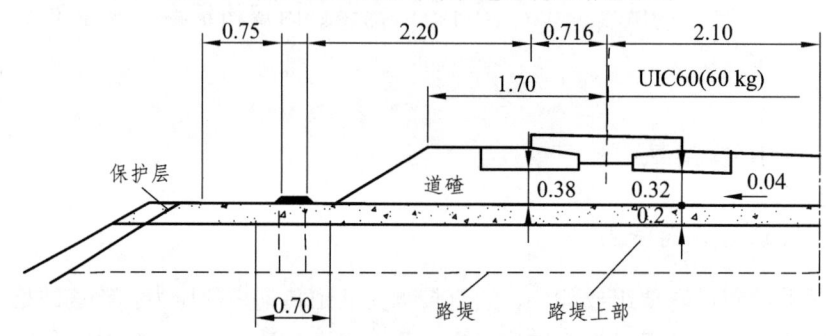

图 2-5　法国高速铁路路堤的断面形式（单位：m）

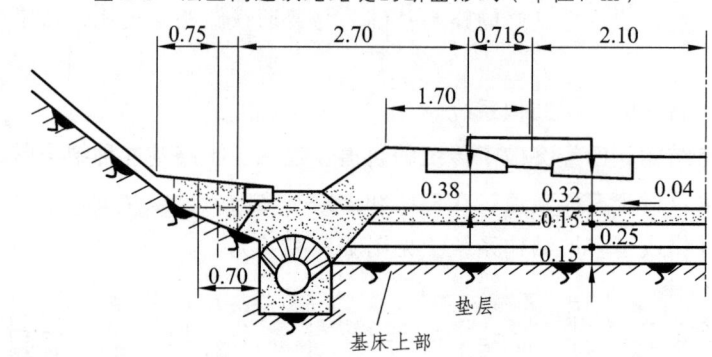

图 2-6　法国高速铁路路堑的断面形式（基床土质差）（单位：m）

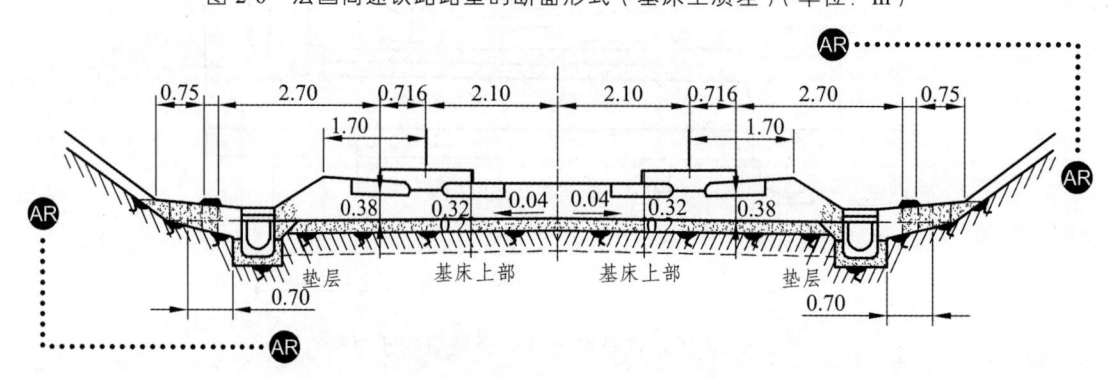

图 2-7　法国高速铁路路堑的断面形式（基床土质好）（单位：m）

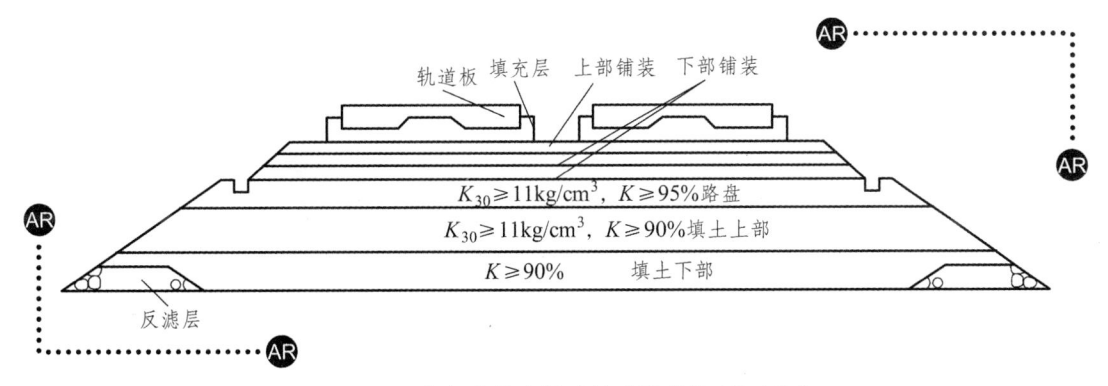

图 2-8 日本高速铁路板式轨道路基的断面形式

（2）控制变形是路基设计的关键。

高平顺性是高速铁路得以正常运营的保证。因此，高速铁路对轨道的不平顺管理标准要求非常严格。路基是铁路基础工程的重要组成部分，承受着轨道结构重量和列车荷载，路基的变形，自然会引起轨道的几何不平顺。特别是有砟轨道，其轨下基础是散体材料组成的道床与路基，它是整个线路结构中最薄弱、最不稳定的环节，是轨道变形的主要来源。它在多次重复荷载作用下所产生的累积永久下沉（残余变形）将造成轨道的不平顺，同时其刚度对轨道面的弹性变形也起关键性的作用，因而对列车的高速走行有重要影响。因此，高速铁路路基除了应具备一般铁路路基的基本性能外，还需要满足高速铁路轨道对基础的性能要求，满足静态平顺和列车运行状态下的动态平顺。

所以，在路基设计中，一般铁路路基是以强度控制设计的。对于高速铁路路基，控制变形是路基设计的关键。因为路基在达到强度破坏前，可能已经出现了过大的有害变形。

（3）保证路基刚度的均匀性。

列车速度越高，路基的刚度要求越大，弹性变形越小。因此，弹性变形过大，就会导致高速行驶的列车无法正常运行；同样，刚度也不能过大，刚度过大就会导致列车的振动和噪声加大，也不利于车辆的平稳运行。研究表明，由刚度变化引起的列车振动和速度的平方成正比。列车速度越高，刚度变化越急剧，引起的列车振动越强烈，影响列车高速运行的舒适性和安全性。所以，高速铁路要求路基在线路上做到刚度均匀、变化缓慢，不允许出现刚度突变。

（4）路基结构的稳定性。

在列车运营时，路基不仅要承受轨道结构和附属建筑物的静荷载，还要承受列车多次的反复作用。同时，还要抵抗气温变化、雨雪作用、地震破坏等自然因素的侵蚀和破坏。因此，为了保证高速行车，路基工程必须要具有抵抗这些不良因素的能力，保证强度不降低，弹性不改变，变形不加大。真正做到寿命长、维修少。只有这样，才能保证高速行车，减少维修费用，并增加行车的舒适性与安全性。

2. 高速铁路路基结构

高速铁路路基工程主要由路基本体工程、路基排水工程、路基防护与加固工程三部分组成。

（1）高速铁路路基的基本形式。

在高速铁路线路工程中，路基常见的两种基本形式是路堤与路堑，如图 2-9 所示。

- 27 -

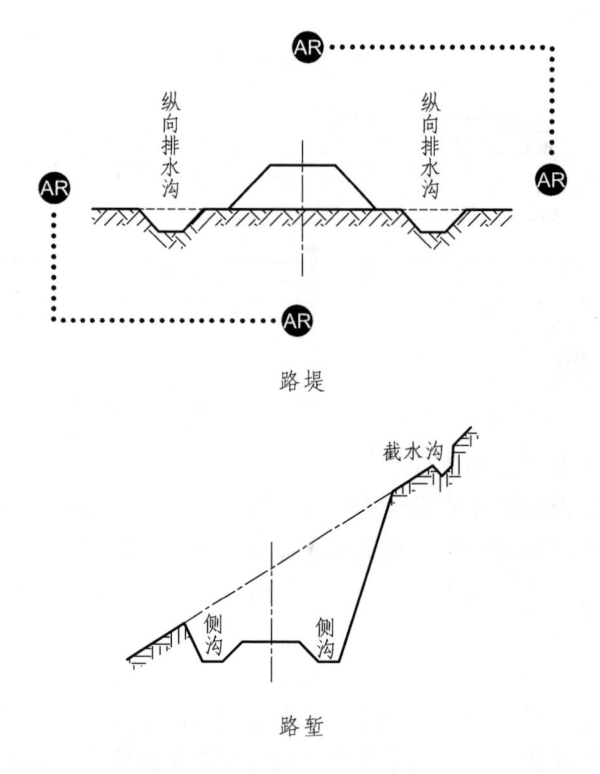

图 2-9 路基的基本形式

① 路堤。

当路肩的设计标高高于地面标高时，路基以填筑的方式构成，形成路堤。路堤的组成包括路基面、边坡、护道、取土坑或纵向排水沟等。

② 路堑。

当路肩的设计标高低于地面标高时，路基以挖方的方式构成，形成路堑。路堑的组成包括路基面、边坡、护道、弃土坑或截水沟等。

（2）高速铁路路基本体工程。

① 高速铁路路基面形状。

无砟轨道支承层（或底座）底部范围内路基面可水平设置，支承层（或底座）外侧路基面两侧设置不小于 4% 的横向排水坡。有砟轨道路基面形状应为三角形，由路基面中心向两侧设置不小于 4% 的横向排水坡。曲线加宽时，路基面仍应保持三角形。

② 高速铁路路基面宽度。

路基横断面宽度和布置形式要考虑路基稳定的需要、线间距、轨道结构形式、曲线超高设置、路肩宽度、通信信号和电力电缆布置、接触网立柱基础位置设置、声频障基础等因素，并应综合考虑路基防排水问题。我国高速铁路路基直线地段标准路基面宽度应符合表 2-10 的规定。

路基面在无砟轨道正线曲线地段一般不加宽，当轨道结构和接触网支柱等设施的设置有特殊要求时，根据具体情况分析确定；有砟轨道正线曲线地段加宽值应在曲线外侧按表 2-11 的规定加宽。曲线加宽值应在缓和曲线内渐变。

表 2-10　路基面标准宽度

轨道类型	设计最高速度 /(km/h)	双线线间距 /m	路基面宽度 单线/m	路基面宽度 双线/m
无砟轨道	250	4.6	8.6	13.2
无砟轨道	300	4.8	8.6	13.4
无砟轨道	350	5.0	8.6	13.6
有砟轨道	250	4.6	8.8	13.4
有砟轨道	300	4.8	8.8	13.6
有砟轨道	350	5.0	8.8	13.8

表 2-11　有砟轨道曲线地段路基面加宽值

设计最高速度/（km/h）	曲线半径 R/m	路基外侧加宽值/m
250	$R \geqslant 10\,000$	0.2
250	$10\,000 > R \geqslant 7\,000$	0.3
250	$7\,000 > R \geqslant 5\,000$	0.4
250	$5\,000 > R \geqslant 4\,000$	0.5
250	$R < 4\,000$	0.6
300	$R \geqslant 14\,000$	0.2
300	$14\,000 > R \geqslant 9\,000$	0.3
300	$9\,000 > R \geqslant 7\,000$	0.4
300	$7\,000 > R \geqslant 5\,000$	0.5
300	$R < 5000$	0.6
350	$R > 12000$	0.3
350	$12\,000 \geqslant R > 9\,000$	0.4
350	$9\,000 \geqslant R \geqslant 6\,000$	0.5
350	$R < 6\,000$	0.6

③ 高速铁路路基标准横断面。

无砟轨道双线路堤标准横断面示意图（图 2-10）。

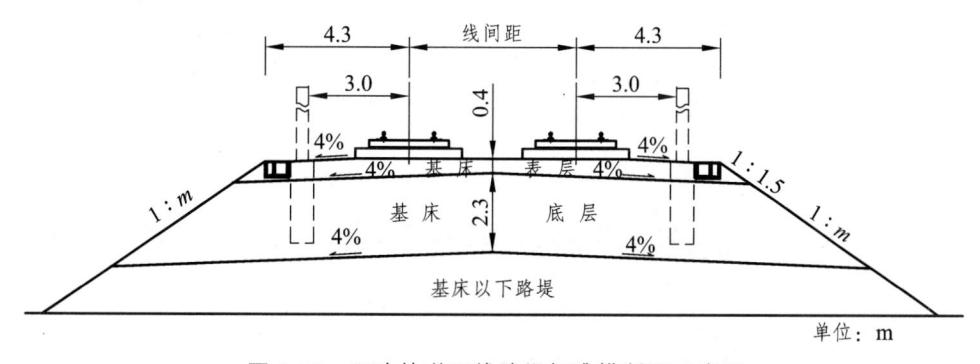

图 2-10　无砟轨道双线路堤标准横断面示意图

无砟轨道双线路堑标准横断面示意图（图 2-11）。

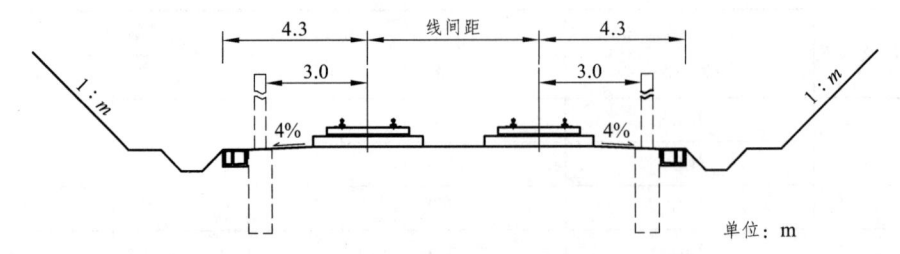

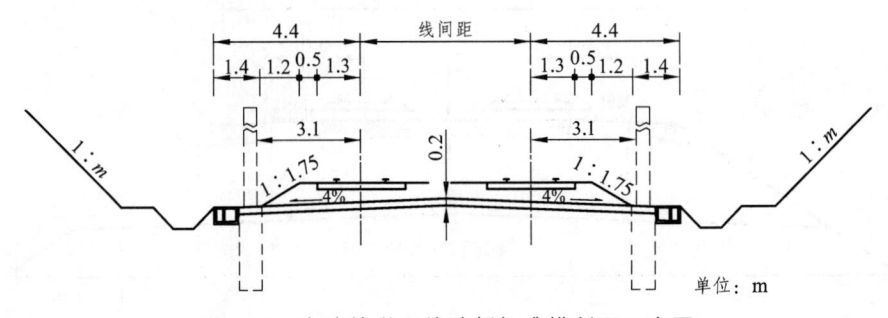

图 2-11　无砟轨道双线路堑标准横断面示意图

无砟轨道单线路堤标准横断面示意图（图 2-12）。

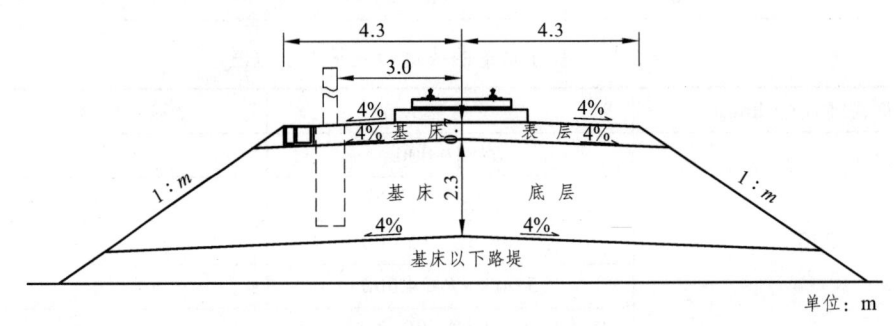

图 2-12　无砟轨道单线路堤标准横断面示意图

有砟轨道双线路堤标准横断面示意图（图 2-13）。

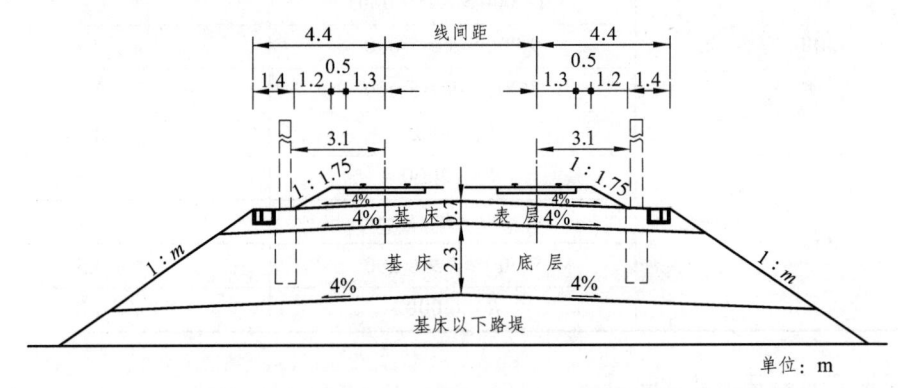

图 2-13　有砟轨道双线路堤标准横断面示意图

有砟轨道双线路堑标准横断面示意图（图 2-14）。

图 2-14　有砟轨道双线路堑标准横断面示意图

有砟轨道单线路堤标准横断面示意图（图 2-15）。

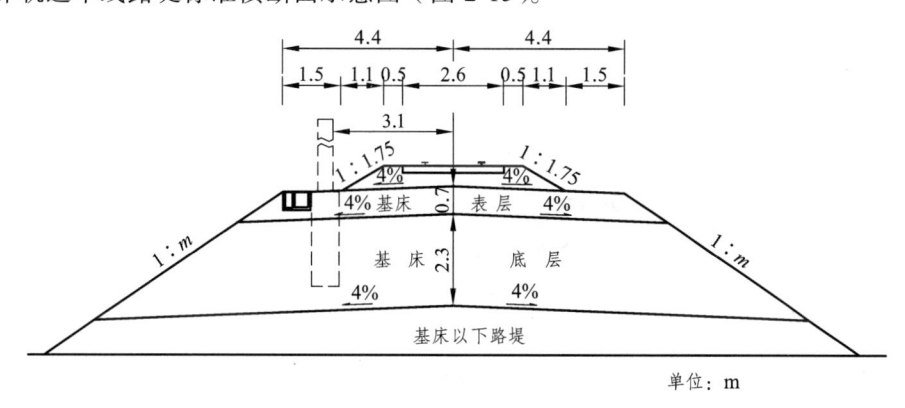

图 2-15　有砟轨道单线路基标准横断面示意图

④ 高速铁路路基基床结构。

高速铁路路基基床是由基床表层和底层组成的两层结构。我国高速铁路路基基床表层厚度无砟轨道为 0.4 m，有砟轨道为 0.7 m，基床底层厚度为 2.3 m。其中，基床表层由 5~10 cm 厚的沥青混凝土和 65~60 cm 厚的级配碎石或级配砂砾石组成；基床底层一般采用 A、B 组填料或改良土填筑。基床以下路堤优先采用 A、B 组填料和 C 组块石、碎石、砾石类填料，当选用 C 组细粒土填料时，应根据填料的性质进行改良后填筑。

（3）路基排水。

为保持路基经常处于干燥、坚固和稳定的状态，路基上设有一套完整的排水设备，包括地面排水设施与地下排水设施。

① 面排水设施：纵向排水沟、侧沟、截水沟、天沟、跌水、急流槽、缓流井等，如图 2-16 所示。

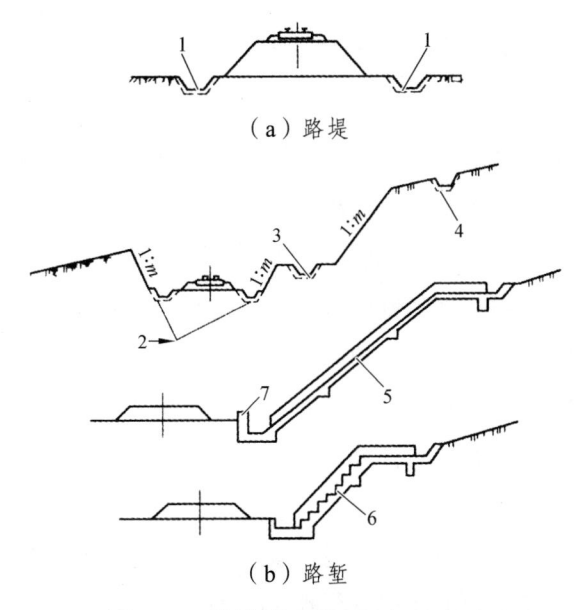

（a）路堤

（b）路堑

图 2-16　路基地面排水设备示意图

1—排水沟；2—侧沟；3—截水沟；4—天沟；5—急流槽；6—跌水；7—挡水墙

② 地下排水设施：为了拦截地下水，降低地下水位，采用明沟、排水槽、暗沟、渗沟、渗井和渗管等排水设施，如图 2-17 所示。

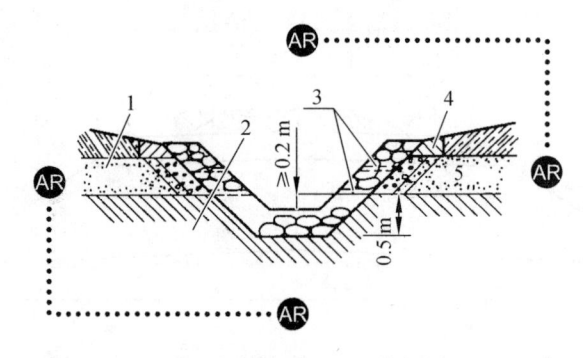

（a）浆砌片石明沟断面

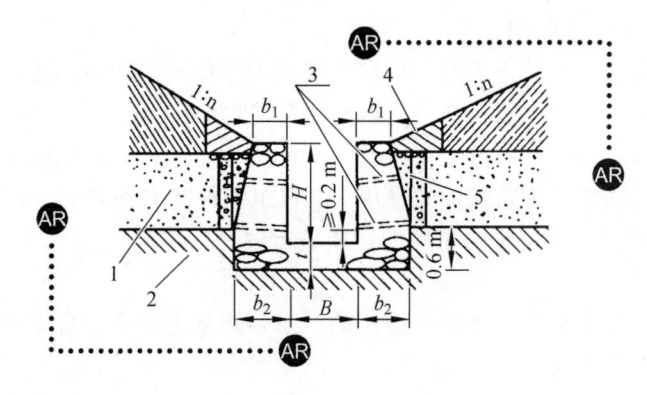

（b）浆砌片石排水槽断面

图 2-17 明沟与排水槽

1—含水层；2—不透水层；3—渗水孔；4—填土夯实；5—反滤层

（4）路基防护与加固。

① 路基防护工程。

由岩土修筑的铁路路基，大面积地暴露于自然中，长期遭受各种自然因素的强烈作用，在这种不利的水、温条件下，岩土的物理力学性质常发生较大变化。雨水冲刷和地下水浸入，使路基浸水和表层失稳，易造成和加剧路基的水毁病害。在近旁河流的冲击、淘蚀和侵蚀作用下，路基也会被损坏。因此，路基防护就显得非常重要。路基防护是保证路基强度和稳定性的重要措施之一，其防护的重点是路基边坡，必要时也包括路肩表面，以及同路基稳定有直接关系的近旁河流与山坡。路基防护分坡面防护和冲刷防护两种。

a. 坡面防护。

坡面防护应根据路基边坡的土质、岩性、水文地质条件、边坡坡度与高度等，选用适宜的防护措施。路基边坡坡面防护工程常用类型有植物防护、喷护、挂网喷护、干砌片石护坡、浆砌片石护坡、浆砌片石或混凝土骨架护坡和浆砌片石护墙等，如图 2-18 所示。

（1）植物防护　　　　　　　　　　　（2）喷护

（3）挂网喷护　　　　　　　　　　　（4）干砌片石防护

（5）浆砌片石防护　　　　　　　　　（6）混凝土骨架护坡

图 2-18　坡面防护类型

b. 冲刷防护。

路基冲刷防护分为直接防护和间接防护两种。直接防护是对路基边坡直接加固，以抵抗水流的冲刷和淘刷作用，其类型有植物防护（铺草皮、种植防水林、挂柳）、抛石防护、干砌片石护坡、浆砌片石护坡、石笼防护和浸水挡土墙等。间接防护是用导流或阻流的方法来改变水流的性质，或者迫使主流流向偏离被防护的地段，或者降低被防护地段的流速，或者改变河槽中冲刷和淤积的部位，以间接地防护河岸或路基，其类型有丁坝（又称挑水坝）和顺坝等。

② 路基加固工程。

路基加固建筑物是指各种使路基本体稳定，或者使与路基本体性状有关的周围土体稳定而修建的建筑物，常用的有挡土墙。

根据挡土墙的结构形式可将挡土墙分为重力式挡土墙和轻型挡土墙。重力式挡土墙依靠墙体自重来维持稳定，如图 2-19 所示。轻型挡土墙有多种类型，常见的有锚杆挡土墙、锚定板挡土墙、桩板挡土墙、薄壁挡土墙和加筋土挡土墙等，如图 2-20 所示。

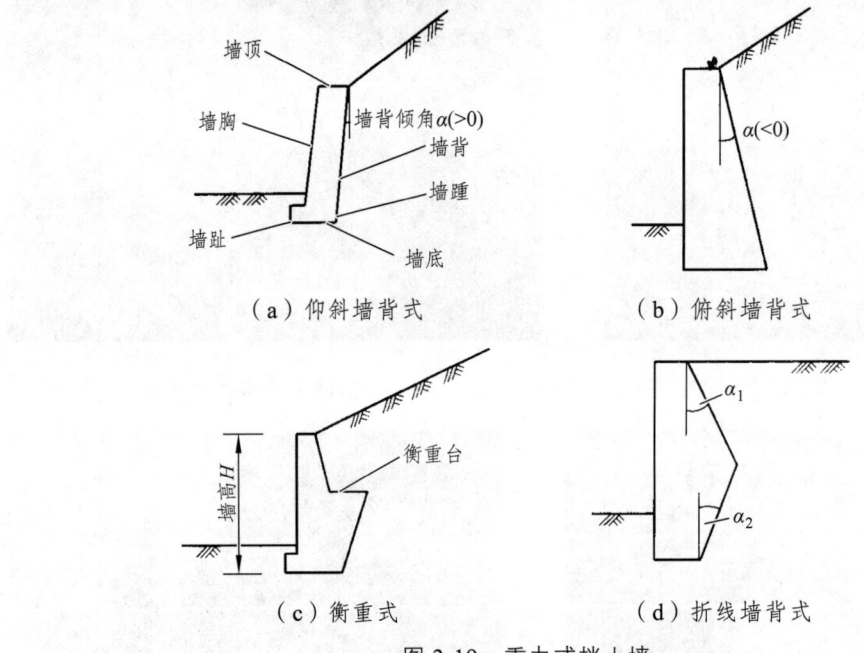

（a）仰斜墙背式　　（b）俯斜墙背式

（c）衡重式　　（d）折线墙背式

图 2-19　重力式挡土墙

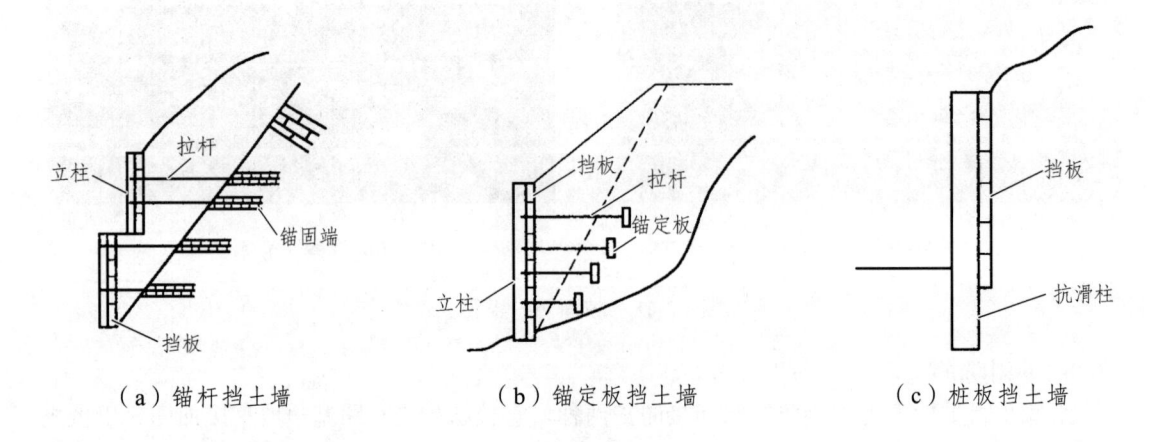

（a）锚杆挡土墙　　（b）锚定板挡土墙　　（c）桩板挡土墙

（d）薄壁挡土墙　　　　　　（e）加筋土挡墙

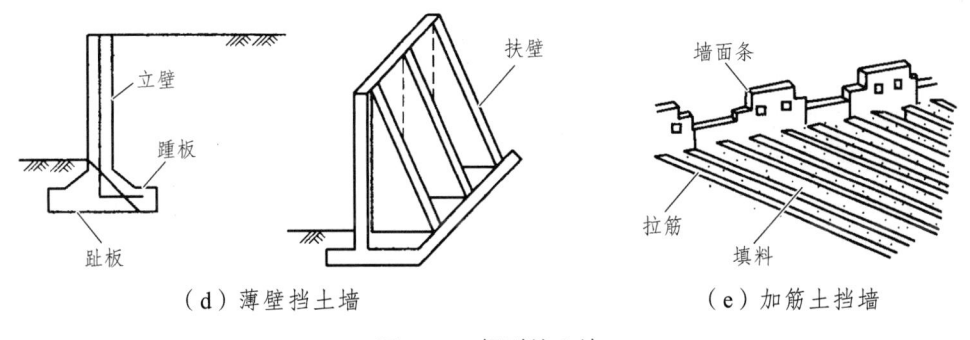

图 2-20　轻型挡土墙

（5）过渡段。

铁路线路是由不同特点、性质迥异但又相互作用、相互依存、相互补充的构筑物（桥、隧、路基等）和轨道构成的。由于组成线路的结构物强度、刚度、变形、材料等方面的差异巨大，因此必然会引起轨道的不平顺。为了满足列车平稳舒适且不间断地运行，必须将其不平顺控制在一定范围之内。例如，与桥梁连接处的路堤一直是铁路路基的一个薄弱环节，由于路基与桥梁刚度差别很大，一方面引起轨道刚度的变化，另一方面，路基与桥台的沉降也不一致，在桥路过渡点附近极易产生沉降差，导致轨面发生弯折。当列车高速通过时，必然会增加列车与线路的振动，引起列车与线路结构的相互作用力的增加，影响线路结构的稳定，甚至危及行车安全。

在路基与桥梁之间设置一定长度的过渡段，可使轨道的刚度逐渐变化，并最大限度地减少路基与桥梁之间的沉降差，达到降低列车与线路的振动，减缓线路结构的变形，保证列车安全、平稳、舒适运行的目的。

二、高速铁路桥涵

铁路桥涵是跨越河流、山谷及其他障碍的建筑物，包括桥梁与涵洞。在修建铁路时，桥梁的工程量一般占有相当大的比重，而大桥的施工期限，往往还成为新建铁路能否按期通车的关键。在高速铁路线路中，桥梁的比重越来越大。我国京沪高速铁路中桥梁总延长占80%以上，合计超过 1 000 km，尤以高架桥为主。

1. 高速铁路桥梁的特点

（1）结构动力效应大。

（2）桥上无缝线路与桥梁共同作用。

修建高速铁路要求一次铺设跨区间无缝线路，以保证轨道的平顺和稳定。桥上无缝线路可看作不能移动的线上结构，而桥梁在列车荷载、列车制动作用下和温度变化时要产生位移。当梁轨体系产生相对位移时，桥上钢轨会产生附加应力。

高速铁路桥梁必须考虑梁轨共同作用，尽量减小桥梁的位移与变形，以限制桥上钢轨的附加应力，保证桥上无缝线路的稳定和行车安全。

（3）满足乘坐舒适度。

与普通铁路不同，高速铁路要求高速运行的列车过桥时有很好的乘坐舒适度，舒适度的评价指标为车厢内的垂直振动加速度。

（4）使用寿命长。

高速铁路桥梁首次提出在预定作用和预定的维修和使用条件下，主要承力结构要有100年使用年限的耐久性要求，设计者应据此进行耐久性设计。

（5）维修养护时间少。

相比普通铁路，高速铁路采用全封闭行车模式，高速铁路桥梁维修养护的重点以检查为主，维修养护时间减少。

2. 铁路桥梁的类型

桥梁的种类很多，形式多样，一般可以按照桥梁的建筑材料、桥梁长度、桥梁外形以及桥梁跨越的障碍等加以分类。

（1）按建筑材料分，有钢桥、钢筋混凝土桥、石桥等。

（2）按桥梁长度（L）分，有小桥（$L<20\ \text{m}$）、中桥（$20\ \text{m} \leqslant L < 100\ \text{m}$）、大桥（$100\ \text{m} \leqslant L < 500\ \text{m}$）和特大桥（$L \geqslant 500\ \text{m}$）等。

（3）按桥梁外形分，有梁桥、拱桥、桁架桥、斜拉桥、悬索桥等形式，如图 2-21～2-25 所示。

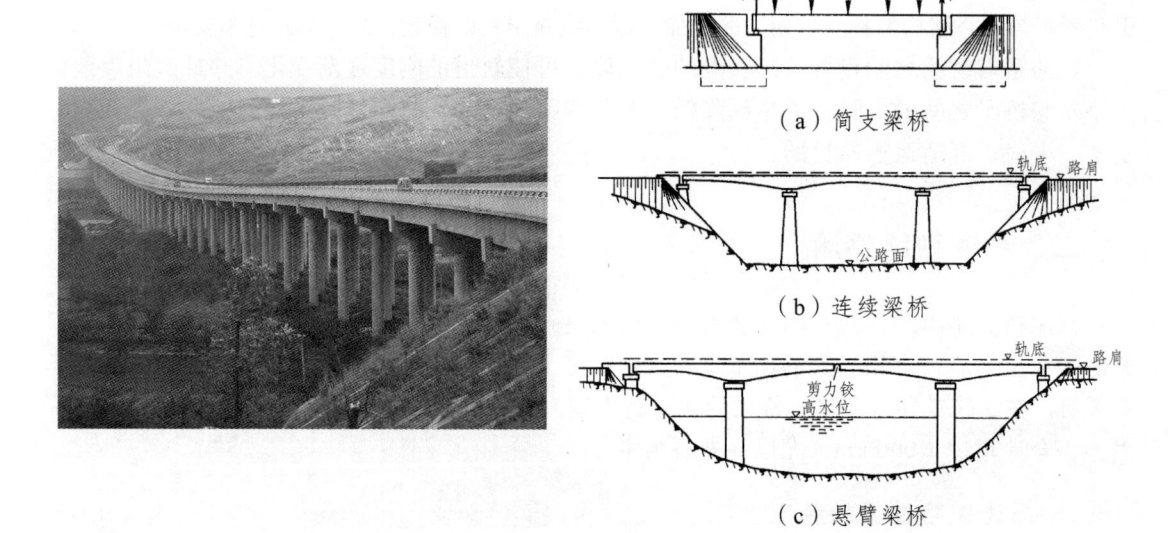

（a）简支梁桥

（b）连续梁桥

（c）悬臂梁桥

图 2-21 梁桥

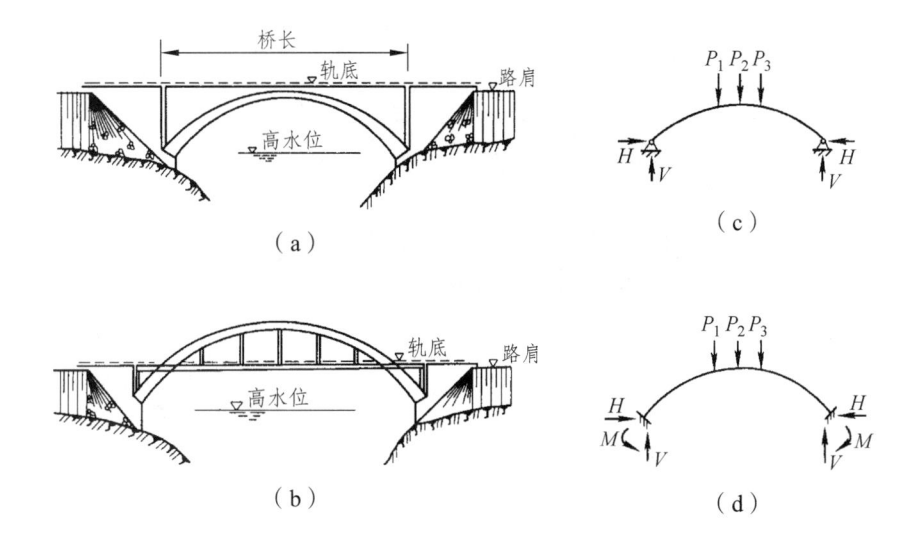

图 2-22 拱桥

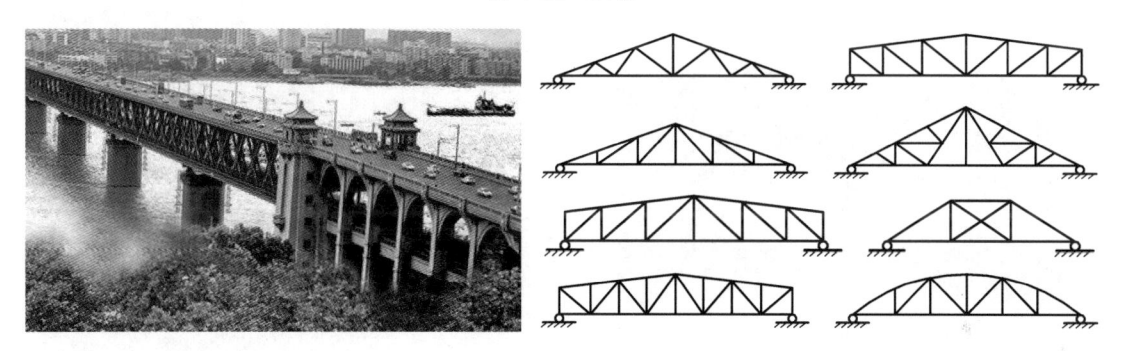

图 2-23 桁架桥

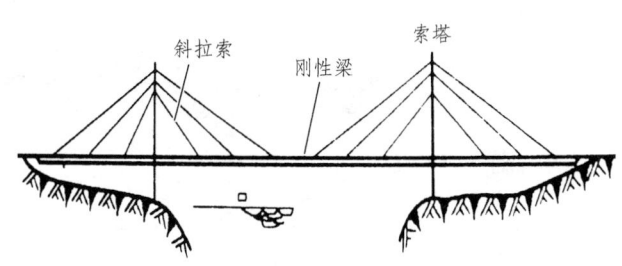

图 2-24 斜拉桥

（4）按桥梁跨越的障碍分，有跨河桥——跨越江河、湖泊；跨线桥——又称立交桥，铁路、公路相互交叉时所建的桥梁；高架桥——又称栈桥或旱桥，跨越宽谷、深沟的桥梁，如图 2-26、图 2-27 所示。

2. 高速铁路桥梁结构组成

高速铁路桥梁的结构与普通桥梁基本相同，同样由桥跨、桥面、支座、墩台、基础等部分组成，如图 2-28 所示。

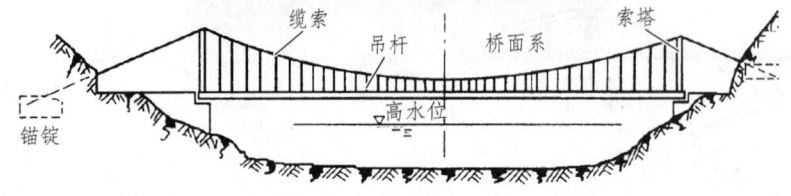

高速铁路概论（AR版）

图 2-25 悬索桥

图 2-26 高架桥 　　　　　图 2-27 跨线桥

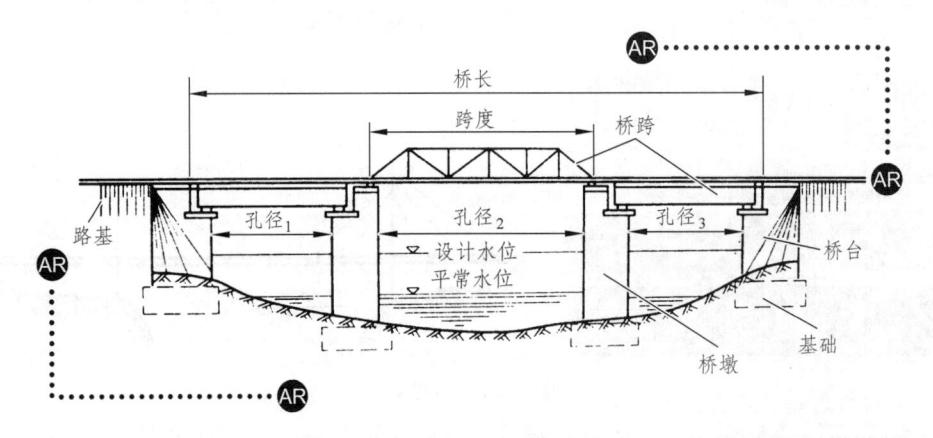

图 2-28 桥梁的组成

1）桥跨

高速铁路桥梁常用跨度桥梁选择的考虑因素有刚度大、变形小，能够满足各种使用要求，品种、规格简洁，便于快速施工和质量保证，力求经济与美观的统一。

高速铁路桥梁桥跨的形式主要以箱形梁桥为主，另外还有桁架桥、斜拉桥与系杆拱桥等结构形式。

- 38 -

（1）应力混凝土简支箱梁桥。

常用跨度桥梁以等跨布置的 32 m 双线整孔预应力混凝土简支箱梁为主型结构，少量配跨采用 24 m 简支箱梁。施工方法主要采用沿线设置预制梁厂进行箱梁预制，运梁车、架桥机运输架设，部分采用移动模架、膺架法桥位灌注。我国新建高速铁路桥梁中 90% 以上为 32 m 预应力混凝土简支箱梁结构，如图 2-29 所示。

（2）应力混凝土连续箱梁桥。

跨越公路、站场、河流等跨度较大的桥梁主要采用预应力混凝土连续箱梁，预应力混凝土连续箱梁常见跨径根据结构跨度布置、类型和工期要求，多采用悬臂、膺架法施工，如图 2-30 所示。

图 2-29 预应力混凝土简支箱梁 　　　图 2-30 预应力混凝土连续箱梁

（3）其他大跨度及特殊桥梁结构。

预应力混凝土连续刚构、各种拱结构、斜拉桥及梁-拱组合结构等，为保证列车的安全和乘坐舒适，对大跨度桥梁的竖向刚度提出了严格的限制。

2）桥面

（1）桥面布置规定。

① 桥上有砟轨道轨下枕底道砟厚度不应小于 0.35 m。

② 桥上应设置挡砟墙或防护墙，其高度采用与相邻轨道轨面等高。直线和曲线、曲线内侧和外侧可采用不同的高度。

有砟轨道桥梁，直线上时线路中心线至挡砟墙内侧净距不应小于 2.2 m。

③ 曲线地段桥上建筑限界加宽按有关规范办理。

④ 桥面应为主要设备的安装预留位置。

⑤ 桥上栏杆高度不应小于 1.0 m。

⑥ 强风口地段应设置防风设施，当设置防风设施时，桥上栏杆或声屏障与防风设施要结合考虑，同时要考虑旅客观光需要。

⑦ 线路中心线距接触网支柱内侧最小距离不应小于 3.0 m。曲线地段接触网支柱内侧边缘至线路中心净距应满足建筑限界加宽的要求。当接触网支柱设置在桥面上时，不宜设在梁跨跨中。

⑧ 主梁翼缘悬臂板端部宜设遮板。

⑨ 桥面宽度应按照建筑限界、作业维修通道及电缆槽、接触网立柱构造宽度的要求计算确定。

桥长超过 3 km 时，应结合地面道路条件，每隔 3 km（单侧 6 km）左右，在线路两侧交错设置 1 处可上下桥的救援疏散通道。救援疏散通道侧对应的桥上栏杆或声屏障位置应预留出口。

桥涵结构构造应便于检查和养护，根据需要设置检查设施；桥梁必须设置性能良好的防、排水设施。

梁部或墩台的表面形状应有利于排水，对于可能受雨淋或积水的水平面做成斜面。桥梁顶面宜设置不小于 2% 的横向排水坡。桥梁墩台的顶面应设置不小于 3% 的排水坡，桥梁端部应采取有效防水构造措施，防止污水回流污染支座和梁端表面。

（2）桥面布置图。

速度为 350 km/h 的高速铁路桥面布置如图 2-31 所示。

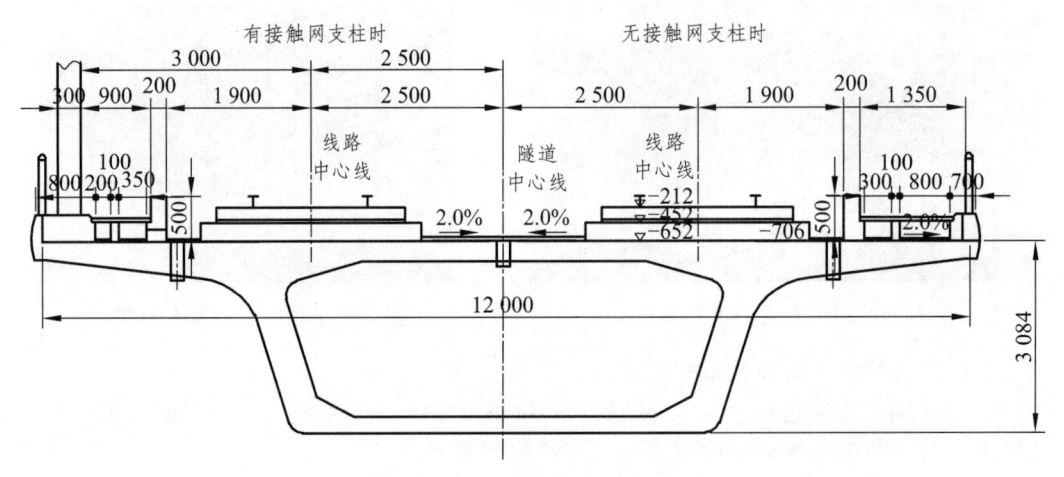

图 2-31 速度 350 km/h 高速铁路桥面布置（单位：mm）

3）支座

（1）桥梁支座的功能。

桥梁支座设置在梁体与墩台之间，起承上启下的作用。

① 传递梁体作用的反力：竖向力、水平力。

② 适应桥梁的位移需要：温度伸缩位移（双向）；混凝土收缩徐变位移（单向性）；列车活载引起梁体下翼缘伸长所产生的位移；位移可分为顺桥向和横桥向。

③ 满足桥梁梁端转角的要求：恒载转角、活载转角、梁体安装误差引起的初始转角、转角设计余量。

（2）桥梁支座的类型。

① 按支座用材料可区分为：钢支座、橡胶支座、聚四氟乙烯滑板支座。

② 按支座类型可区分为：钢铰轴、辊轴支座，板式橡胶支座，盆式橡胶支座，球形钢支座，柱面支座（双曲面支座）。

③ 按支座受力功能可区分为：固定支座，活动支座，纵向活动、横向活动和多向活动支座。

（3）支座的设置。

① 桥梁支座宜采用盆式橡胶支座或钢支座，橡胶支座应水平设置。对于沉降难以控制区段的桥梁，经技术经济比较，可采用可调高支座。

② 横向宽度较大的梁，其支座部分必须能横向移动及转动，否则在计算支座时应考虑端横梁和末端横框架固定端弯矩在支承线上所引起的约束作用。

③ 对斜交梁，支座纵向位移方向应与梁轴线或切线一致。

④ 支座设置应满足检查、维修和更换的要求，采用架桥机架设箱形梁，要保证四支点在同一平面上。支承垫石到墩台边缘距离及垫石高度应考虑顶梁的空间。

⑤ 支座垫板纵向和横向最外边缘到墩台边缘的距离，应大于表2-12的规定。

表2-12 支座板边缘至墩台边缘的距离

跨度/m	$L<16$	$16\leqslant L<20$	$20\leqslant L<32$	$32\leqslant L<40$	$L\geqslant 40$
距离/cm	15	20	25	35	40

⑥ 每孔简支箱梁的四个支座采用四种型号。四个支座分别为：固定、纵向活动、横向活动及多向活动。目前，我国高速铁路用的盆式橡胶支座主要有ALGATMT、KTPZ、TGPZ等类型。预制简支箱梁采用改变上支座板顶面坡度的方式以适应梁体坡度（20‰）的要求，当坡度大于20‰时，采用梁底调整，现浇简支梁采用梁底调整，简支箱梁的每个支撑垫石内侧装有防落梁装置，并做接地处理。

4) 桥梁墩台

桥梁墩台宜采用混凝土或钢筋混凝土结构。承台桩基布置在满足刚性角的情况下，承台底部应布置一层钢筋网，当钻孔桩桩径为$\phi 1.00$ m时钢筋直径不小于20 mm；当钻孔桩桩径为$\phi 1.25$ m或$\phi 1.50$ m时钢筋直径不小于25 mm；钢筋间距均为10 cm。

混凝土实体桥墩应设置护面钢筋，竖向护面钢筋直径不宜小于14 mm，间距不大于15 cm；环向箍筋直径不小于10 mm，间距不大于20 cm，墩底加密区采用10 cm。空心桥墩的箍筋间距，在固端干扰区为10 cm，其他区段不大于20 cm。桥墩台顶面尺寸应满足架设、检查、养护、维修和支座更换及顶梁的要求，并应设排水坡。

5) 基础

基础作为桥梁结构物的一个重要组成部分，起着支承桥跨结构、保持体系稳定、把桥梁自重及各种动荷载传递给地基的重要作用。基础施工的质量直接决定着桥梁的强度、刚度、稳定性、耐久性和安全度。高速铁路桥梁主要的基础形式有扩大基础、钻孔灌注桩基础、沉井基础等形式。

(1) 扩大基础

扩大基础的土方采用人工配合挖掘机开挖，石方开挖采用风动凿岩机钻眼，浅眼爆破法开挖，开挖时采用预裂控制爆破，以保证基岩的完整性不被破坏。做好开挖时的防水措施并及时浇筑混凝土，基础施工完成后及时回填，避免地基受到浸泡而降低承载力。施工时严禁基坑边堆渣，以防止发生边坡坍塌，如图2-32所示。

(2) 孔桩基础。

陆上桩基础采用常规方法进行钻孔成桩施工，浅水钻孔桩采用填土筑岛、草袋围堰等方法施工；深水区钻孔桩采用双壁钢围堰或钢板桩围堰进行施工，在钢围堰上搭设钻孔平台，冲击钻机完成钻孔作业。桥址位于岩溶发育地段的钻孔桩施工时采用钢护筒跟进、注浆、开挖回填混凝土等方案施工，使钻孔顺利通过岩溶地层。钻孔桩成桩后采用无损检测法对其成桩质量进行检测，如图 2-33 所示。

（3）沉井基础。

沉井是建造在墩址所在地面上或筑岛面上的井筒状结构物。它从井孔内取土，借自重克服土对井壁的摩擦力而沉入土中，这样逐节接筑、下沉，直至设计位置后封底，再进行井内填充及修筑顶盖。沉井基础的施工可概括为旱地施工、水上筑岛施工、浮运沉井三种方法，前两种方法是在无水或浅水处就地制造和下沉，后一种是在深水中采用岸边制造、浮运就位下沉的特定施工方法，如图 2-34 所示。

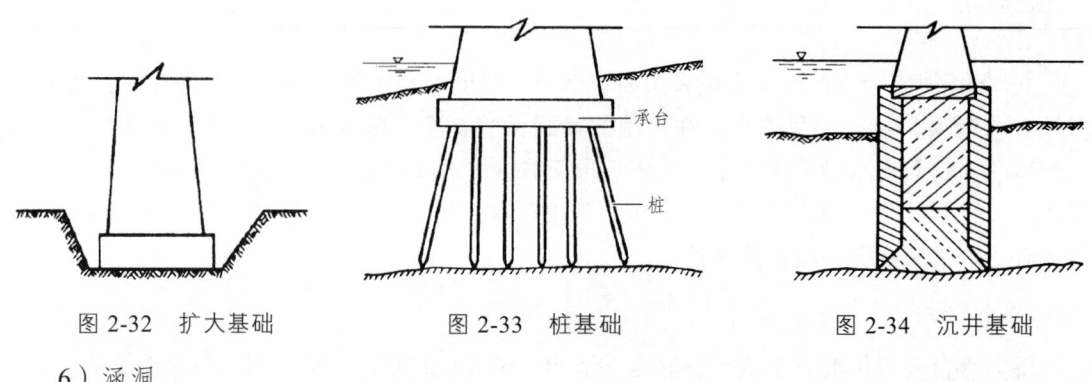

图 2-32　扩大基础　　　　图 2-33　桩基础　　　　图 2-34　沉井基础

6）涵洞

涵洞顶至轨底的高度不宜小于 1.5 m，涵洞可布置成斜交，但斜交涵洞的斜交角度不宜大于 45°。

涵洞宜采用钢筋混凝土框架箱涵，沉降缝不应设在轨枕或无砟轨道板下方，可设在两线中间，轨下涵节长度不宜小于 5 m。软弱地基上的涵洞，涵洞地基处理方式应与两侧路基地基处理方式相协调。

三、高速铁路隧道

隧道通常是指修建在地层中的地下通道等工程建筑物。隧道的修建使用，克服了平面、高程、江河等障碍，改善了运输条件，缩短了历程，节省了运费，提高了运输能力，使线路更加平缓顺直，从而能更好地满足高速行车的要求，取得了理想的经济效果，因而大量隧道应用于铁路和公路等交通运输中。目前隧道单座长度不断向长隧道发展，首先在技术上要解决一系列重大问题，而单座隧道长度是衡量隧道工程技术发展水平的重要标志之一。

1. 铁路隧道分类

（1）按隧道所处的地质条件，可以分为土质隧道和石质隧道。

（2）按隧道的长度，可以分为短隧道（$L \leqslant 500$ m）、中长隧道（$500 \text{ m} < L \leqslant 3000 \text{ m}$）、长隧道（$3\,000 \text{ m} < L \leqslant 10\,000 \text{ m}$）和特长隧道（$L > 10\,000$ m）。

（3）按隧道横断面面积的大小，可以分为极小断面隧道（$2 \sim 3 \text{ m}^2$）、小断面隧道（$3 \sim 10 \text{ m}^2$）、中等断面隧道（$10 \sim 50 \text{ m}^2$）、大断面隧道（$50 \sim 100 \text{ m}^2$）和特大断面隧道（大于 100 m^2）。

（4）按隧道所在位置，可以分为山岭隧道、水底隧道和城市隧道。
（5）按埋置的深度，可以分为浅埋隧道和深埋隧道。

2. 隧道的基本构造

隧道能充分利用岩土地层的固有性质，达到最有效修建隧道的目的，从而获得良好的社会效益和经济效益。隧道一般由主体结构物和附属结构物两大部分组成，如图 2-35 所示。

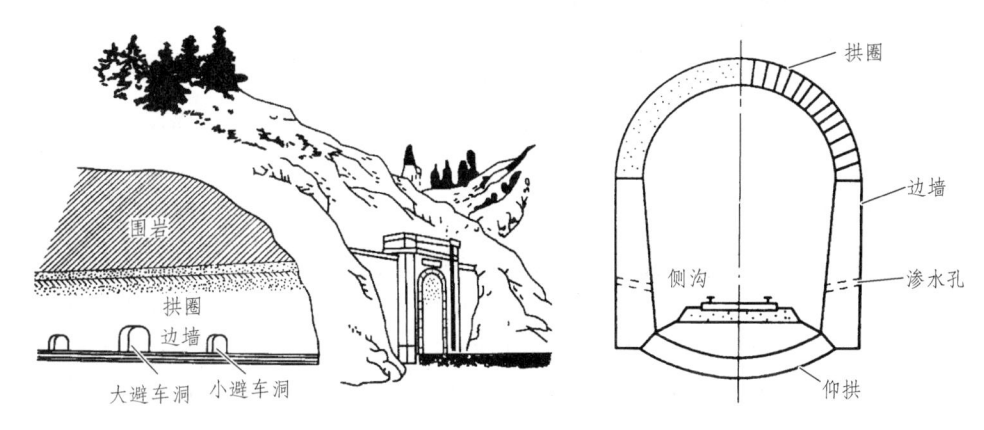

图 2-35　隧道结构图

1）隧道主体结构物

主体结构物由围岩和支护结构共同组成，用来保持岩体的稳定和隧道在使用中的安全。支护结构又包括初期支护和二次衬砌，如图 2-36 所示。

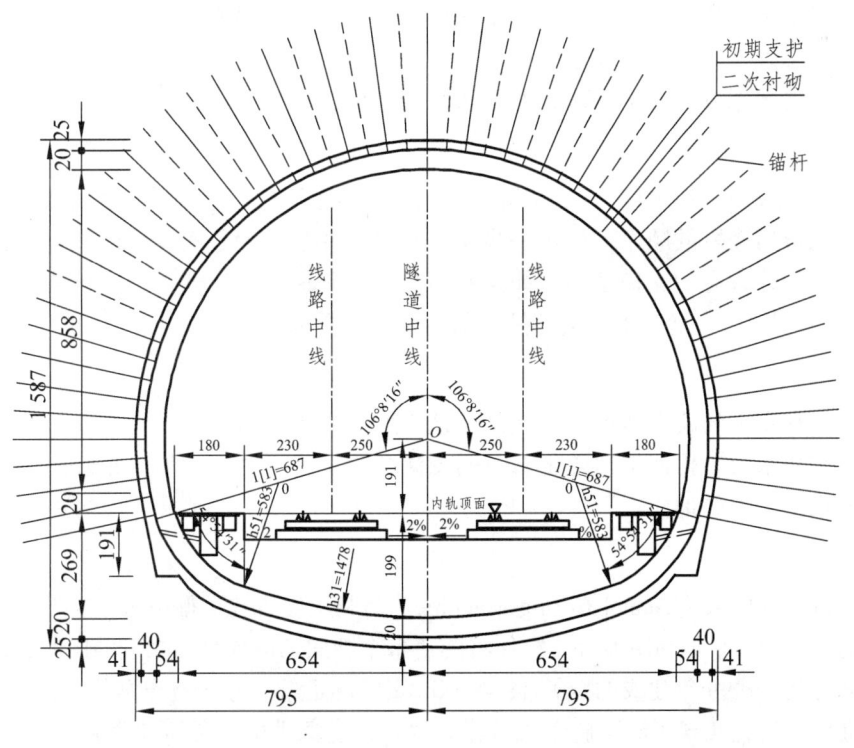

图 2-36　隧道的初期支护与二次衬砌（单位：mm）

（1）初期支护。

隧道开挖后，为了有效控制和约束围岩的变形，根据不同围岩的稳定状态，及时施作喷射混凝土、锚杆、钢筋网、钢纤维混凝土、钢支撑等结构组成起来的初期支护，以充分调动和发挥围岩的自承能力。同时，凭借初期支护良好柔性的特点，使得它在与围岩共同变形的过程中，能有效地调整围岩应力，控制围岩做有限度的变形，进而将围岩与初期支护构成统一的承载体系，提高围岩与支护的共同作用。

（2）二次衬砌。

二次衬砌可以用喷射混凝土柔性支护，也可以采用模筑混凝土施作，起到增加安全度，保护防水层，防止喷射混凝土层或围岩的风化并作为安全储备的作用，确保隧道主体结构的永久稳定和安全。

2）隧道附属结构物

为了使隧道能够正常使用，保证车辆安全通行，还要设置一些附属结构物来配合。其中包括：隧道通风建筑物、安全避让设备、避难救援通道、防排水设备、照明设施和电力及通信信号的安全设备等。由此可见，隧道附属结构物是为运营管理、维修养护、给水排水、供需发电、通风、照明、通信、安全而设置的。隧道主体结构物与附属结构物一同构成隧道永久性的建筑物。

3. 隧道施工方法简介

在长期的隧道工程实践中，已经积累了相当丰富的理论和经验，特别是新奥法"充分利用围岩自身的支护能力，及时施工初期支护"原则，在隧道工程中的推广运用。伴随着施工机械的不断现代化，高效易行的支护技术的巨大进步，逐步形成了"爱护围岩，内实外美，重视环境，动态施工"的施工理念。

当前，隧道施工方法有矿山法、明挖法、掘进机法、沉管法、盾构法等。

1）矿山法

矿山法仍是我国应用最广、最成熟的山岭隧道修建方法。施工时严格按照"钻孔→装药→爆破→通风→出渣"的顺序，一步一步循环开挖，并趋向大断面少分部开挖，辅以简单易行、安全可靠的强有力的支护结构。如全断面法、台阶法、环形开挖预留核心土法、中隔壁法（CD、CRD法）、双侧壁导坑法都是当前主要的开挖方法。

2）明挖法

明挖法是在露天的路堑地面上，或是从地表向下开挖的基坑内，先修建衬砌结构物，然后敷设外贴式防水层，再回填覆盖土石。明挖法多用于地下铁道、城市市政隧道、山岭隧道等埋深浅但难以暗挖的地段。

3）掘进机法

岩石隧道掘进机法（Tunnel Boring Machine）是利用岩石隧道掘进机在岩石地层中暗挖隧道的一种施工方法。它是利用刀具一次便将隧道整个断面切削成型，掘进的同时，还兼有出渣及自动推进功能。1999年建成的全长18.457 km秦岭隧道的1号线隧道则是用直径为8.8 m的全断面掘进机开挖，实现了隧道施工机械化。岩石隧道掘进机的断面外径大，可达10 m多，小则仅 1.8 m，并且岩石掘进机和辅助施工技术日臻完善，以及现代高科技成果的应用（液压新技术、电子技术和材料科学技术等），大大提高了岩石掘进机对各种困难条件的试用性。

4）盾构法

盾构法（Shield）应用于软土、流沙、淤泥等特殊地层。盾构法隧道施工的基本原理是用一个有形的钢质组件沿隧道设计轴线开挖土体，并向前推进。这个钢质组件在初步或最终隧道衬砌建成前，主要起防护开挖出的土体，保证作业人员和机械设备安全的作用。这个钢质组件简称为盾构。盾构的另一个作用是能够承受来自地层的压力，防止地下水或流沙的入侵。上海、广州地铁线的施工表明，盾构施工不仅不受地面交通、河道、潮汐、气候条件影响，而且盾构的推进、出土、衬砌拼装等可实现自动化、智能化和施工远程控制信息化，掘进速度较快，施工劳动强度较低，并且有显著的环保功能。

5）沉管法

沉管法是将预制好的隧道管段拖航浮运到隧址，沉入基槽并进行水下连接，从而形成隧道。珠江和涌江这两座水下隧道的成功修建，标志着我国已具备了用管段沉放法修建水下隧道的能力，并掌握了相关技术。

3. 高速列车在隧道内运行引起的空气动力学效应问题

1）空气动力学效应产生的影响

高速列车进入隧道后将隧道内原有的部分空气排开，由于空气黏性和隧道内壁、列车外表面摩阻力的存在，被排开的空气不能像明线空气那样及时、顺畅地沿列车周侧形成绕流，列车前方的空气受到压缩，而列车尾部进入隧道后会形成一定的负压，因此产生了压力波动过程。这种压力波动以声速传播至隧道口，大部分发生反射，产生瞬变压力；而另一部分则形成向隧道外的脉冲状压力波辐射，即微气压波。这些都会对高速列车运营、人员舒适度和环境造成一系列影响：

① 高速列车经过隧道时，瞬变压力造成旅客和乘务人员耳膜明显不适、舒适度降低，并对铁路员工和车辆产生危害；

② 高速列车进入隧道时，会在隧道出口产生微气压波，发出轰鸣声，使隧道口附近建筑物门窗发生振动，产生扰民的环境问题；

③ 行车阻力增大，从而使运营能耗增大，并要求机车动力增大；

④ 形成空气动力学噪声（与车速的 6~8 次方成正比）；

⑤ 列车风加剧，影响隧道维修养护人员的正常作业；

⑥ 列车克服阻力所做的功转化为热量，在隧道中积聚引起温度升高等。

因此，在高速铁路设计时，应从车辆及隧道两方面采取措施，以减缓空气动力学效应。

2）降低空气动力学效应的措施

（1）车辆方面的措施。

① 车辆的密封性。

舒适度是车内旅客乘车的舒适度，因此我们更关心的是车内压力变化情况。在其他条件相同的情况下，车辆密闭性能越好，车辆内的最大瞬变压力就越小。

② 车辆的外形。

车辆外形的改善可从车辆的横断面和车头形状考虑：在隧道横断面净面积不变的前提下，减小车辆的横断面面积可降低阻塞比，有效降低隧道内的瞬变压力，进而可缓解车内的瞬变压力。

（2）隧道构造措施。

① 设置缓冲段。

在隧道的口部设置缓冲段可减小列车进入隧道时产生压缩波的波前压力梯度，因为压缩波的波前压力梯度与列车速度的三次方成正比，所以减小压力梯度的效果可转换成降低列车速度的效果，进而可以明显地降低微气压波以及由此而产生的噪声对环境的影响。

进口缓冲结构的设置应根据出口微压波峰值的大小来确定。当出口外 50 m 范围内无建筑物、出口外 20 m 处的微压波峰值大于 50 Pa 时，应设置缓冲结构；当出口外 50 m 范围内有建筑物且建筑物处的微压波峰值大于 20 Pa 时，应设置缓冲结构；当建筑物对微压波峰值有特殊要求时，缓冲结构应进行特殊设计。

缓冲段的横断面形状可为拱形或门形，要求在其两侧可按一定的比例开孔；沿其纵向可做成逐渐扩大的形式或喇叭形。

② 设置横洞。

对于双洞单线隧道，每隔一定的距离采用横洞连通，以起到减压风道的作用。在英法海峡隧道中就采用了横向通道来释放压力波（其减压风道间距为 250 m，风道直径为 2 m），这种风道可减少对列车的空气动力阻力。

③ 增加隧道断面面积。

增加隧道断面面积对降低空气动力学效应是不言而喻的，其可以将隧道断面放大，也可以采用单洞双线的隧道。但是前者会增加造价，后者当列车在隧道中会车时，会加剧空气动力效应。

④ 设置竖井。

在隧道内适当位置修建通风竖井（或斜井），以降低压缩波梯度。这种竖井应尽可能利用施工留下的工作井。该竖井的位置应兼顾高速列车行车时降低瞬变压力的要求。

⑤ 噪声。

隧道周壁采用吸音材料贴面，以降低空气动力学噪声。

⑥ 隐蔽及设置。

隧道内设施应尽量隐蔽设置，对在隧道内必须设置的设施采取适当的防护措施，以防列车运行时产生的列车风对设施的破坏。

⑦ 隔热设置。

列车克服阻力所做的功转化为热量，在隧道中积聚引起温度升高。为此可设置通风井，配置风机排出在隧道中因列车克服阻力而产生的热量或其他原因产生的热量，英法海峡隧道亦采用机械通风方法排出隧道内的热量。

⑧ 防水设置。

其他措施还有如在隧道内设置水幕、喷水滴等。

4. 高速铁路隧道断面

1）高速铁路隧道净空有效面积

根据我国不同的行车速度目标值和运行列车的限界，考虑空气动力学效应等各种情况，拟定的隧道净空有效面积如表 2-13 所示。

表 2-13　高速铁路隧道净空有效面积标准（m²）

序号	类　型	单　线	双　线
1	200 km/h 高速铁路兼顾普货运输	52（53.6）	80（85）
2	250 km/h 高速铁路	58（60）	92
3	300～350 km/h 高速铁路	70	100
括号内数值为高速铁路兼顾双层集装箱运输条件下，考虑特定接触网高度等因素的面积			

2）高速铁路隧道内轮廓

新建高速铁路隧道内轮廓如图 2-37、图 2-38 所示。

大断面隧道对维修管理的检测技术提出了较高的要求，发现结构变异更加困难。因此，一些检测技术都向着自动化、数值化等方向发展。

5. 高速铁路隧道进出口缓冲段的设置

在高速运行的条件下，高速列车通过隧道时会产生一系列的空气动力学效应，如压力波动、出口微压波、洞内行车阻力增大等，这些对隧道横断面的确定具有重要意义。

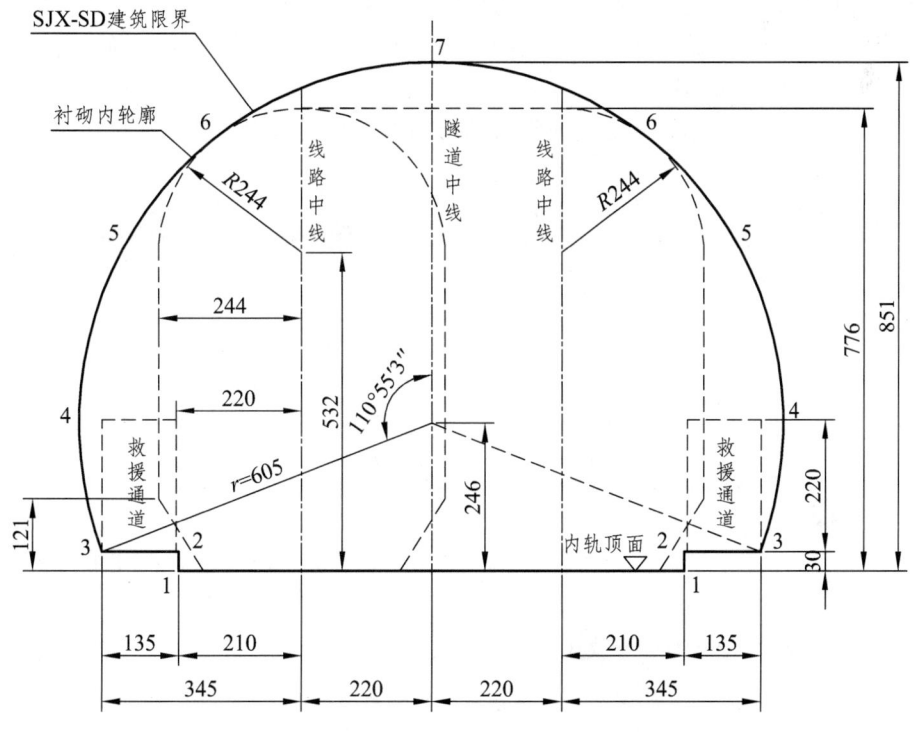

图 2-37　250 km/h 高速铁路双线隧道内轮廓

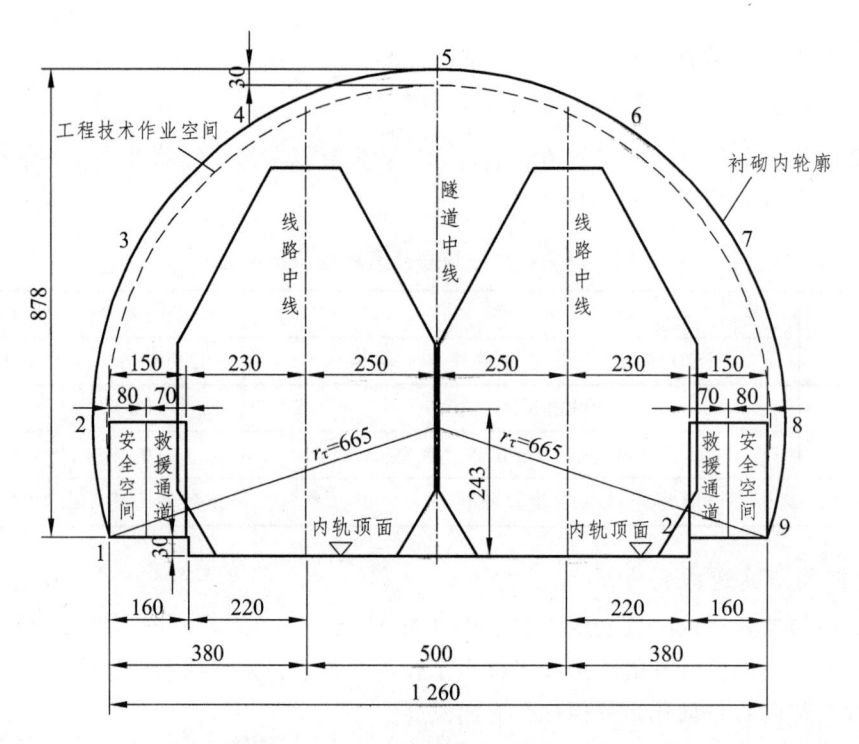

图 2-38　350 km/h 双线隧道内轮廓

当高速列车进入隧道时，强烈冲击处于隧道中的静止空气柱，压力脉冲作为纵向运动的波以声速通过隧道，并在隧道的另一端（即开放端）发生反射，由正压变为负压，同样以声速沿列车运行相反的方向向回运动，遇到列车后空气阻力在大气压力（100 kPa）附近发生波动，使旅客的耳朵发生明显不适。研究表明：当车速越快、堵塞比（列车断面积与隧道断面积之比）越大，这种现象越明显。

隧道的微气压波是列车突入隧道时形成的压缩波，在隧道内传播到达出口时向外放射脉冲状的压力波，其发生的实态如图 2-39 所示。

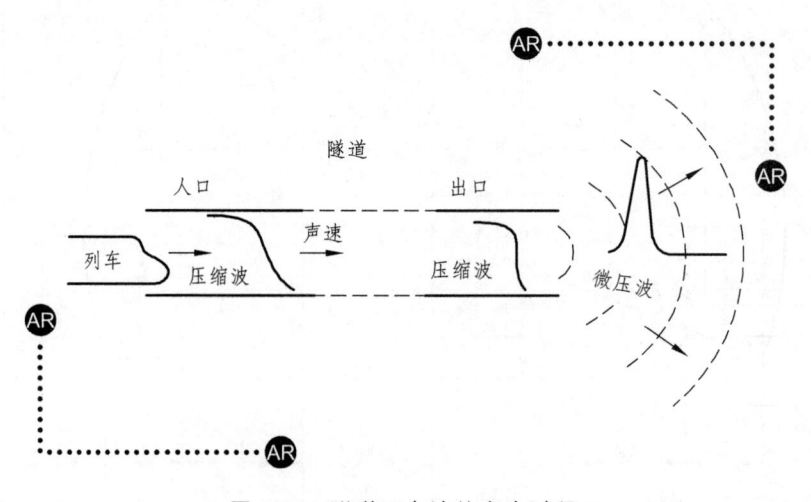

图 2-39　隧道压力波的产生过程

隧道的横断面面积通常是根据隧道建筑限界和列车运营的要求决定的。但在高速铁路的条件下，还必须考虑满足列车空气动力学的要求。

应该指出，为降低微气压波的影响，在列车进洞速度超过 160 km/h 时，都要采取相应措施。一种措施是扩大隧道断面到一定程度，采用 90～100 m² 的隧道断面面积。另一种方法是不增加隧道断面面积，而在隧道入口设置相应的缓冲段。如图 2-40 所示为隧道洞口形式及缓冲结构。表 2-14、表 2-15 分别为缓冲段设置基准和缓冲段建议长度。

（a）隧道洞口形式

（b）隧道洞口缓冲段

图 2-40 隧道洞口及缓冲结构图

表 2-14 缓冲段设置基准

条 件	说 明		微气压波峰值/Pa
洞口有建筑物	建筑物无特殊环境要求	建筑物处	小于 20
	建筑物有特殊环境要求	建筑物处	按要求
洞口无建筑物	住宅距洞口大于 50 m	距洞口 20 m	小于 50

表 2-15 缓冲段建议长度

隧道断面面积/m²	堵塞比/%	列车速度/（km/h）	缓冲段长度/m
70	0.14	350	13
100	0.10	350	11

第三节 高速铁路轨道

轨道是铁路线路的组成部分,作为一个整体性工程结构,轨道铺设在路基之上,起着列车运行的导向作用,直接承受机车车辆及其荷载的巨大压力。在列车运行的动力作用下,它的各个组成部分必须具有足够的强度和稳定性,保证列车按照规定的最高速度,安全、平稳和不间断地运行。轨道有传统的有砟轨道与新型的无砟轨道两种基本形式,如图 2-41、2-42 所示。

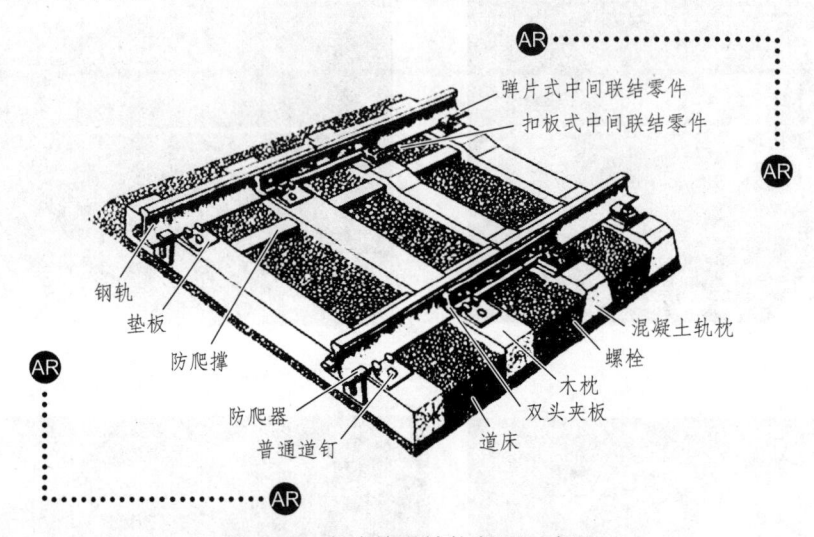

图 2-41 有砟轨道结构断面示意图

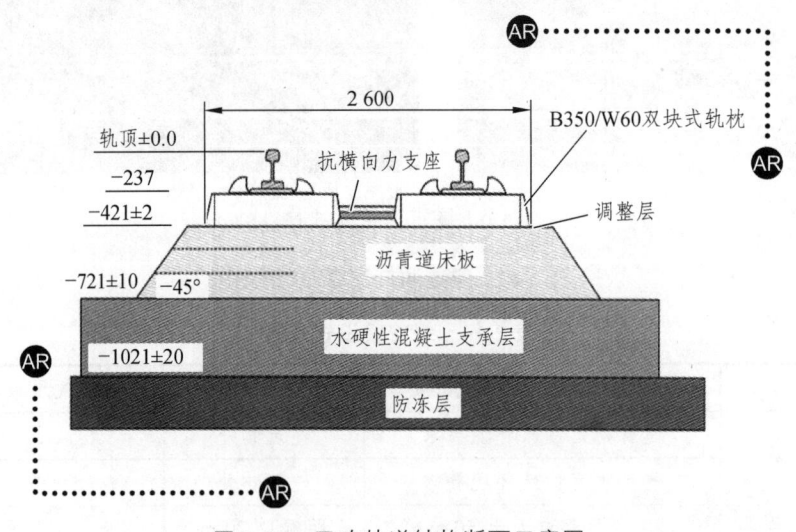

图 2-42 无砟轨道结构断面示意图

一、有砟轨道结构

高速铁路有砟轨道与一般铁路轨道的结构基本相同,包括钢轨、轨枕、联结零件、道床、防爬设备、道岔等。

1. 钢 轨

1）钢轨的功用及类型

（1）钢轨的功用。

钢轨是铁路轨道的主要组成部件。它的功用在于引导机车车辆运行，承受车轮的巨大压力并传递到轨枕上，为车轮提供连续、平顺和阻力较小的滚动表面。在电气化铁路或自动闭塞区段，钢轨还可兼作轨道电路之用。

（2）钢轨类型。

目前，钢轨的类型以每米长钢轨的质量（kg/m）来表示。我国铁路钢轨的类型主要有 38 kg/m、43 kg/m、50 kg/m、60 kg/m、75 kg/m。我国铁路将 50 kg/m 及以上的钢轨称之为重型钢轨（简称重轨），50 kg/m 以下，如 38 kg/m、45 kg/m 等称之为轻轨。我国铁路干线与高速铁路主要采用 60 kg/m 钢轨，站线采用 50 kg/m 钢轨，大秦线等重载铁路采用 75 kg/m 钢轨，如图 2-43 所示。在一些专用线上采用 38～45 kg/m 钢轨，在地铁或城市轨道上多数采用 50～60 kg/m 钢轨。

（a）60 kg/m 钢轨　　（b）75 kg/m 钢轨

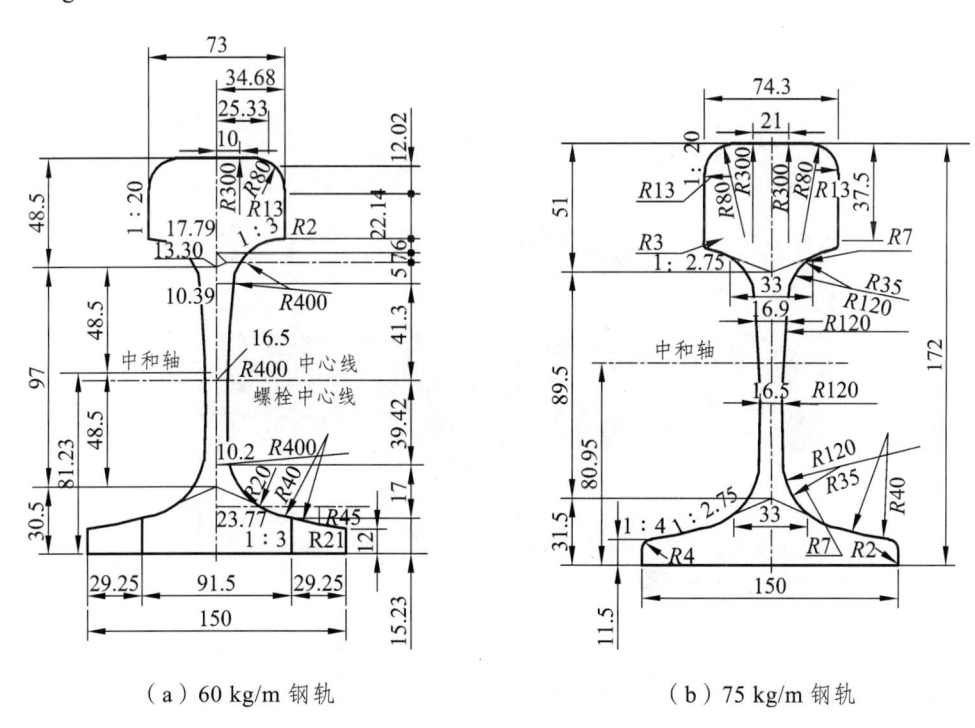

图 2-43　60 kg/m、75 kg/m 钢轨断面尺寸（单位：mm）

2）钢轨断面及长度

钢轨断面形状为工字形，由轨头、轨腰、轨底三大部分组成。钢轨的断面示意图 2-44 所示。

我国钢轨的标准长度有 12.5 m、25 m、50 m 及 100 m。另外，还有用于曲线轨道内股比 12.5 m 标准轨缩短 40 mm、80 mm、120 mm 和比 25 m 标准轨缩短 40 mm、80 mm、160 mm 的六种标准缩短轨。无缝线路轨道应采用 50 kg/m 及以上的焊接长钢轨，优先选用 100 m 轨焊接。

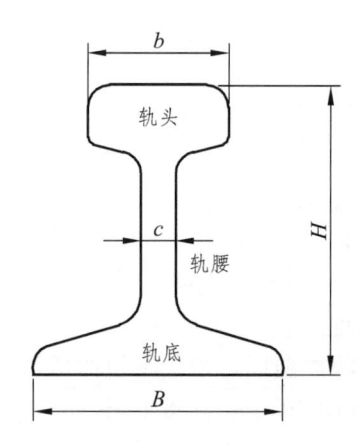

图 2-44　钢轨断面形状

3）钢轨联结

轨道上钢轨与钢轨之间用夹板和螺栓连接，称为钢轨接头（图 2-45）。接头处轮轨动力作用大，养护维修工作量大，接头是轨道结构的薄弱环节之一。

图 2-45　钢轨接头连接示意图

（1）接头的联结形式按其相对于轨枕位置，可分为悬空式（图 2-46）和承垫式（图 2-47）两种。按两股钢轨接头相互位置来分，可分为相对式（图 2-48）和相错式（图 2-49）两种。我国一般采用相对悬空式，两股钢轨接头左右对齐，同时位于两接头轨枕间。

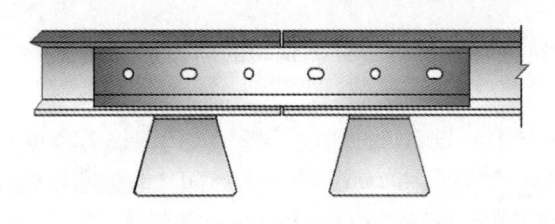

图 2-46　悬空式接头　　　　　　　　　　图 2-47　承垫式接头

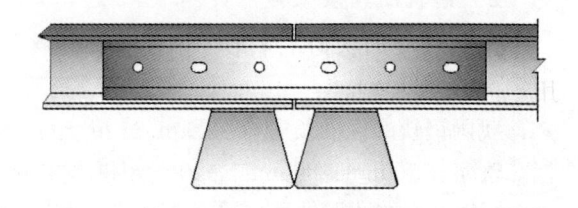

图 2-48　相对式接头

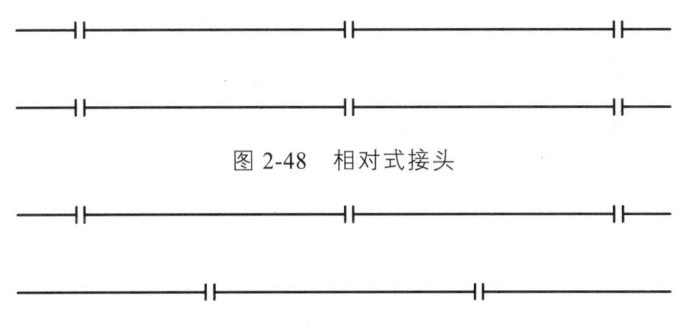

图 2-49　相错式接头

（2）钢轨接头按其用途和性能可分为普通接头、异型接头、绝缘接头、导电接头、伸缩接头、冻结接头、胶结绝缘接头等。

① 普通接头：即同类型钢轨铺设时两钢轨的正常联结接头，如图 2-50 所示。

图 2-50　普通导电接头

② 异型接头：即不同类型钢轨互相联结的接头。异型接头处，应使用异型夹板，如图 2-51 所示。

图 2-51　异型接头

③ 导电接头：用于自动闭塞及电力牵引区段，供传导轨道电流或作为牵引电流回路之用。轨间传导连接装置用两根 5 mm 左右镀锌铁丝组成。

④ 绝缘接头：在钢轨、夹板与螺栓之间，螺栓孔四周以及轨端之间用尼龙绝缘套管和尼龙绝缘垫片将电流隔断，用于自动闭塞分区两端使信号电流不能从一个闭塞分区传到另一个闭塞分区的钢轨接头，如图 2-52 所示。

图 2-52　普通绝缘接头

⑤ 胶结绝缘接头：用高强度绝缘胶黏剂，将钢轨和夹板胶合成一整体的接头，如图 2-53 所示。

图 2-53　胶结绝缘接头

⑥ 伸缩接头：也称尖轨接头或温度调节器。是将接头以尖轨的形式联结，用于联结轨端伸缩量相当大的轨道，如无缝线路及温度跨度大于 100 m 的两跨钢梁活动端的钢轨接头，如图 2-54 所示。

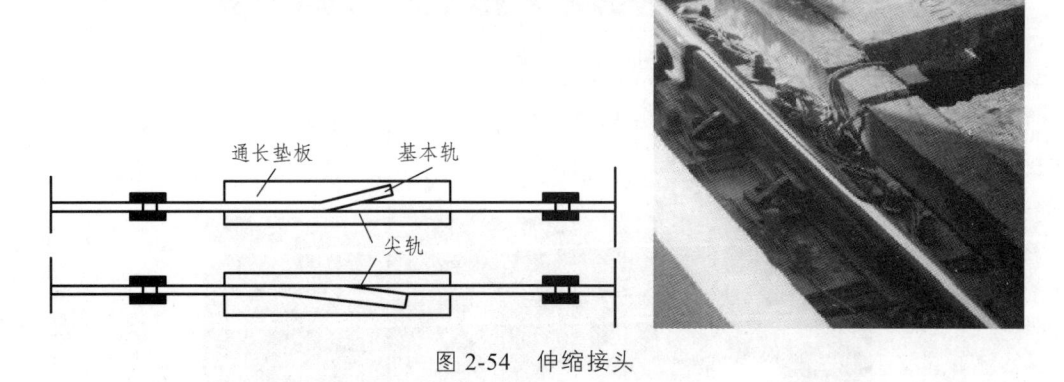

图 2-54　伸缩接头

⑦ 冻结接头：用月牙垫片填塞螺栓孔的方法，阻止钢轨自由伸缩的接头，如图 2-55 所示。

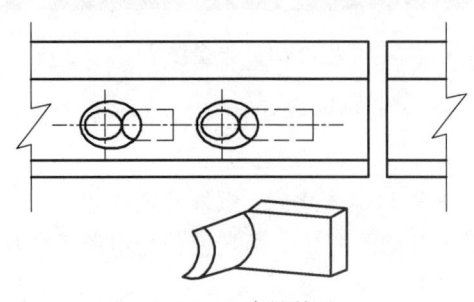

图 2-55　冻结接头

2. 轨 枕

1）轨枕的作用、类型

轨枕承受来自钢轨的各向压力,并弹性地传布于道床,保持钢轨的位置、方向和轨距。因此,轨枕应具有必要的坚固性、弹性和耐久性,并应便于固定钢轨,造价低廉,制作简单,铺设及养护方便。

轨枕常用种类有木岔枕、木桥枕、混凝土普通轨枕、混凝土岔枕、混凝土桥枕。

轨枕类型如图 2-56 所示。

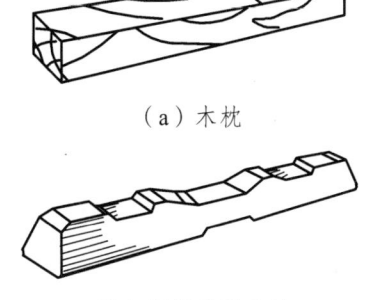

（a）木枕

（b）钢筋混凝土枕

图 2-56 木枕与钢筋混凝土枕

2）轨枕配置

轨枕每千米配置的根数,应根据运量、行车速度及轨道的设备条件确定,并结合钢轨及道床等综合考虑,合理配套,以求在最经济的条件下,保证轨道具有足够的强度和稳定性。轨枕密一些,道床、路基面、钢轨以及轨枕本身的受力都可以小一些。同时,使轨距、方向易于保持,对于行车速度高的地段尤为重要。但也不能太密,太密则不经济,而且净距过小也会在一定程度上影响捣固质量。

我国铁路规定了每千米线路最多铺设的轨枕根数,即:木枕 1 920 根; Ⅰ型、Ⅱ型混凝土枕 1 840 根;Ⅲ型混凝土枕 1 667 根。

符合下列条件之一的正线轨道应加强,增加轨枕配置根数:

① 曲线地段的木枕轨道半径不大于 800 m,混凝土枕轨道半径不大于 600 m;
② 陡于 12‰ 的下坡制动地段;
③ 长度不小于 300 m 的隧道内。

加强办法是混凝土枕每千米增加 80 根;木枕每千米增加 160 根。条件重合时只增加一次,但不能超过前述允许的最大铺设数量。

3. 碎石道床结构

碎石道床通常指的是轨枕下面,路基面上铺设的石砟（道砟）垫层。主要作用是支承轨枕,把来自轨枕上部的巨大荷载,均匀地分布到路基面上,大大减少了路基的变形。道砟是直径 20～70 mm 的小块状花岗岩,块与块之间存在着空隙和摩擦力,使得轨道具有一定的弹性,这种弹性不仅能吸收机车车辆的冲击和振动,使列车运行比较平稳,而且大大改善了机车车辆和钢轨、轨枕等部件的工作条件,延长了使用寿命。道床依靠本身和轨枕间的摩擦,起到固定轨枕的位置,阻止轨枕纵向或横向的移动。由于道砟块状间的空隙,使得地表水能够顺畅地通过道床排走,这样路基表面就不会长期积水,所以道砟还有排水作用。

道床断面包括道床厚度、顶面宽度及边坡坡度三个主要特征。图 2-57、图 2-58 所示为道床断面示意图。

（1）道床厚度

道床的厚度是指直线上钢轨或曲线上内轨中轴线下轨枕底面至路基顶面的距离。道床厚度应以满足压力传布不超过路基面上容许的最大压力为度,道床过厚既有碍作业,也不经济,一般为 30～50 cm。

（2）道床顶面宽度 b

道床顶面宽度与轨枕长度和道床肩宽有关。轨枕长度基本上是固定的，因此道床顶面宽度主要取决于道床肩宽。适当的肩宽可保持道床的稳定，并提供一定的横向阻力。一般情况肩宽在 450～500 mm 已能满足要求，再宽则作用不大。

（3）道床边坡坡度

坡度大小对保证道床的坚固稳定，有十分重要的意义。国内外的运营实践表明，边坡坡度 1∶1.5 不能长期保持稳定，因此我国铁路规定正线区间边坡坡度均为 1∶1.75（见表 2-16）。

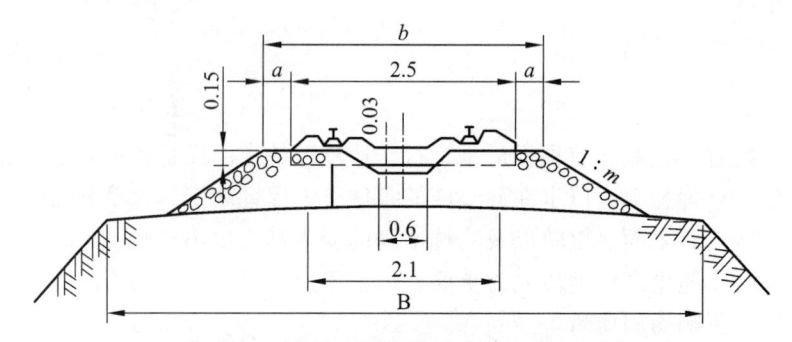

图 2-57 直线地段道床断面（单位：m）

图 2-58 碎石道床

表 2-16 道床顶面宽度及边坡坡度

线路类别			顶面宽度/m	曲线外侧道床加宽		碴肩堆高/m	边坡坡度
				半径/m	加宽/m		
正线	无缝线路	v_{max} > 160 km/h	3.5			0.15	1∶1.75
		v_{max} ≤ 160 km/h	3.4	≤600	0.10	0.15	1∶1.75
	普通线路	年通过总重不小于 8 Mt	3.1	≤800	0.10		1∶1.75
		年通过总重小于 8 Mt	3.0	≤600	0.10		1∶1.75
站　线			2.9				1∶1.50

4. 中间联结零件

1）联结零件类型与构造

钢轨与轨枕间的联结是通过中间联结零件实现的。中间联结零件也称扣件，扣件必须具有足够的强度、耐久性和一定的弹性，能长期有效地保持钢轨与轨枕的可靠联结，阻止钢轨相对于轨枕的移动，并能在动力作用下充分发挥其缓冲减震性能，延缓轨道残余变形积累。此外，扣件还应构造简单，便于安装、拆卸和养护维修。联结零件有木枕扣件和混凝土枕扣件。

（1）木枕扣件。

木枕扣件主要有分开式和混合式两种。分开式扣件如图 2-59 所示，又称"K"形分开式扣件。分开式扣件扣压力大，可有效防止钢轨爬行。其缺点是零件多，用钢量大，更换钢轨麻烦。分开式扣件主要用在无砟桥上。混合式扣件如图 2-60 所示，零件有道钉和五孔双肩铁垫板。它除用道钉将钢轨、垫板和木枕一起扣紧外，还另用道钉将垫板与木枕单独扣紧。这种扣紧方式可减轻垫板的振动，且零件少，安装方便。其缺点是扣压力小，且钢轨受荷载后向上挠曲时，易将道钉拔起，降低扣压力。

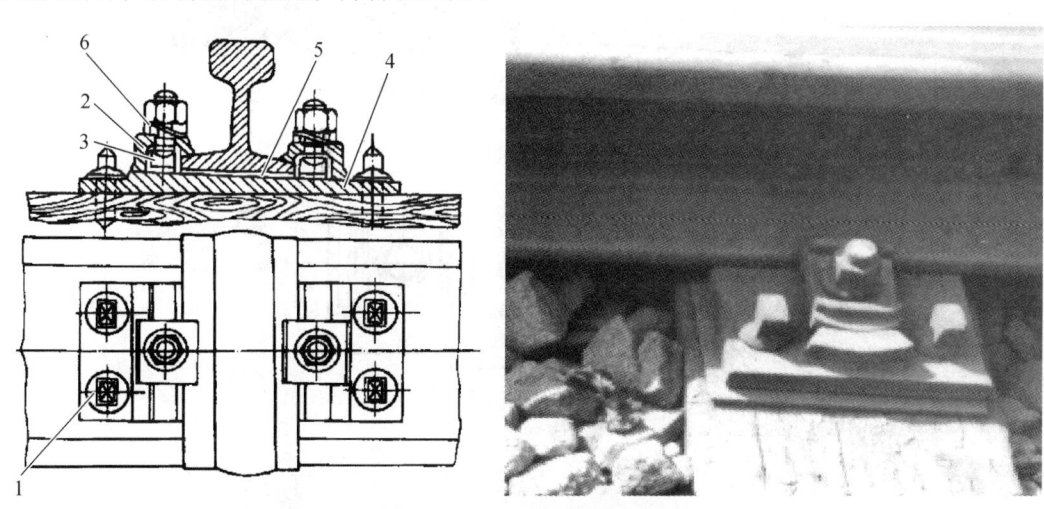

图 2-59 "K"形分开式扣件

1—螺纹道钉；2—扣轨夹板；3—底脚螺栓；4—垫板；5—木片；6—弹簧垫圈

图 2-60 混合式扣件

（2）混凝土枕扣件。

混凝土枕扣件应具备足够的扣压力、适当的弹性、具有一定的轨距和水平调整量，还要具有绝缘性能。我国混凝土枕扣件主要使用扣板式、弹条式扣件。扣板式扣件零件简单，调整轨距比较方便，但弹性和扣压力较低，在使用过程中容易松劲，适用于50 kg/m及以下钢轨的线路上（图2-61）。弹条式是使用弹条扣压住钢轨，该形式具有大的扣压力和弹性的特性。混凝土枕扣件的不同类型如图2-62~2-64所示。

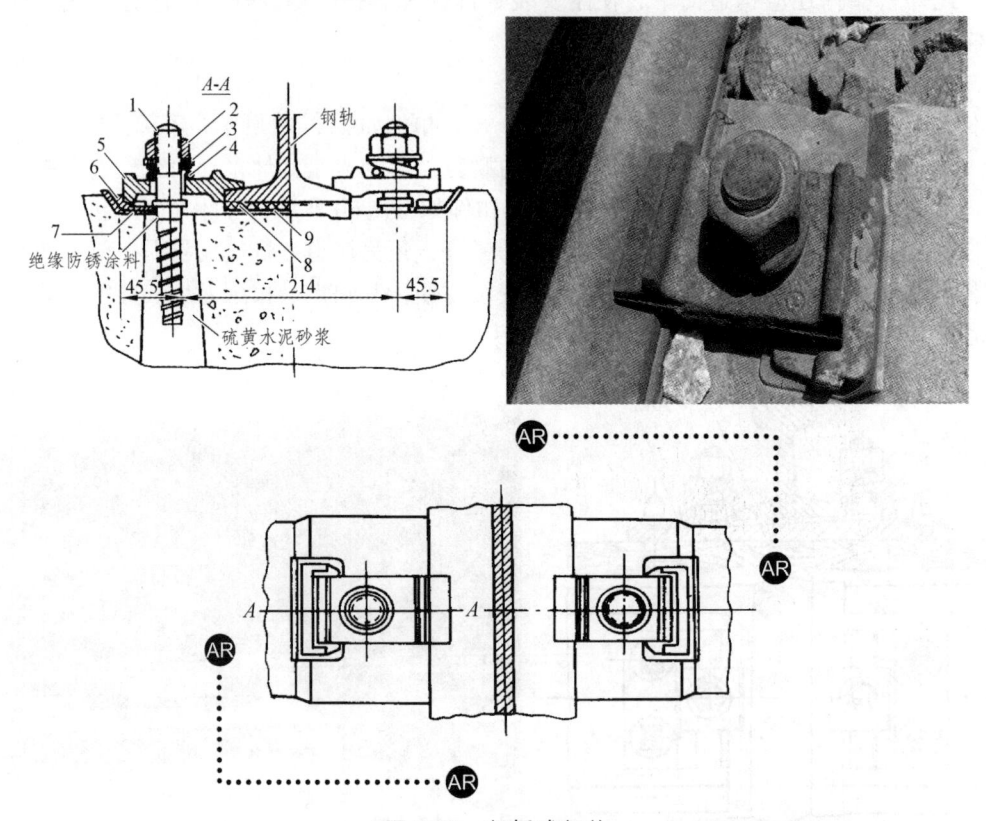

图2-61 扣板式扣件

1—螺纹道钉；2—螺帽；3—平垫圈；4—弹簧垫圈；5—扣板；6—铁座；
7—绝缘缓冲垫片；8—绝缘缓冲垫板；9—衬垫

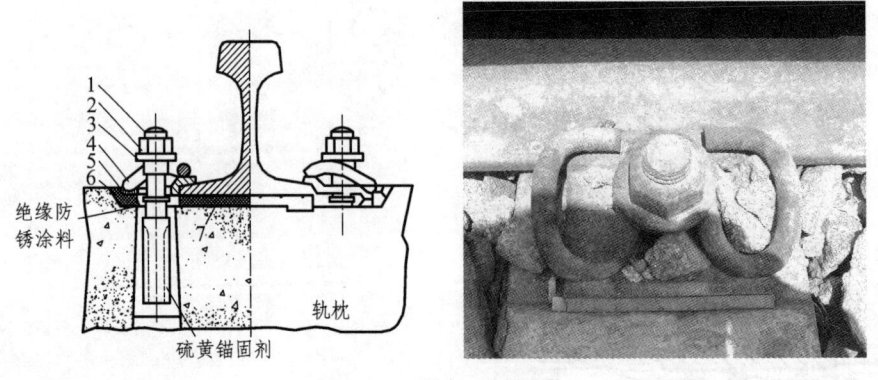

图2-62 弹条Ⅰ型扣件

1—螺纹道钉；2—螺母；3—平垫圈；4—弹条；5—轨距挡板；6—挡板座；7—橡胶垫板

图 2-63 弹条Ⅱ型扣件

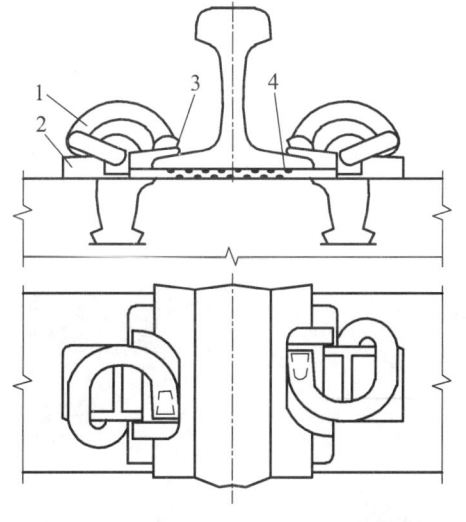

图 2-64 弹条Ⅲ型扣件

1—弹条；2—预埋铁座；3—绝缘轨距块；4—橡胶垫板弹条

二、无砟轨道结构

国外高速铁路的运行经验和试验研究表明，列车速度达到 300 km/h 时，有砟轨道仍能保证列车的安全运行，所以法国、日本和德国的高速除了无砟轨道还有有砟轨道。道砟能为线路提供一定的弹性，吸收轮轨的冲击振动，而且有良好的吸收噪声作用。但其不足之处是在列车荷载反复作用下，轨道的残余变形积累很快，并且沿轨道纵向分布又是很不均匀的，从而导致轨道高低不平顺，影响旅客乘坐的舒适性，增大轨道养护维修的工作量。

高速度、高密度、长距离跨线运输是我国客运专线的主要运营特点。为满足行车安全、乘车舒适和准点行车的要求，铁路线路必须具有结构连续、平顺、稳定、耐久和少维修的性能。无砟轨道在国外高速铁路行车性能方面显示出明显的优越性，取得了良好的技术和经济效益，因此采用无砟轨道技术是必要的。

与有砟轨道相比，无砟轨道具有以下特点：

（1）轨道稳定性好，线路养护维修工作量显著减少（50%以上）；

（2）耐久性好，服务期长；

（3）可减轻桥梁二期恒载，降低隧道净空；

（4）初期投资相对较大（下部基础与轨道部分）；

（5）一旦基础变形下沉，修复困难；

（6）在维修作业困难、公铁交叉、减振降噪与环境要求高的区段、优质道砟短缺的地区适于铺设。

1. 无砟轨道的类型

我国无砟轨道的主要结构形式有CRTSⅠ、Ⅱ型板式，CRTSⅠ、Ⅱ型双块式以及道岔区轨枕埋入式和板式无砟道床等。

1）CRTSⅠ型板式无砟轨道

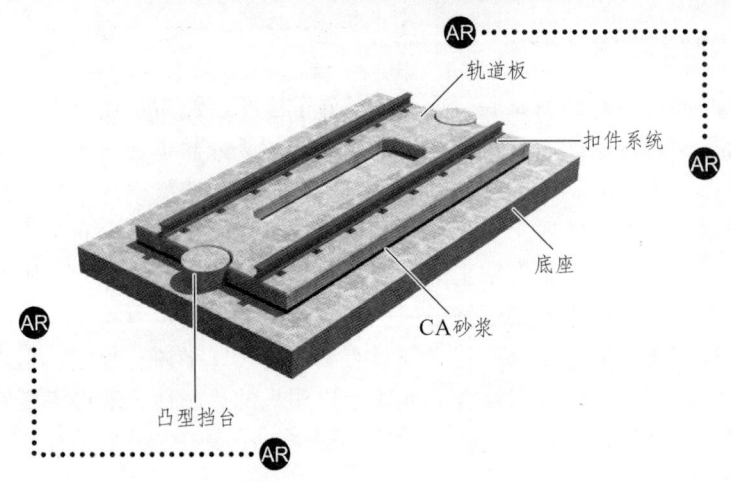

CRTSⅠ型板式无砟轨道结构从上至下由钢轨、扣件、充填式垫板、轨道板、水泥乳化沥青砂浆调整层、混凝土底座、凸形挡台及其周围填充树脂等组成，如图2-65所示。

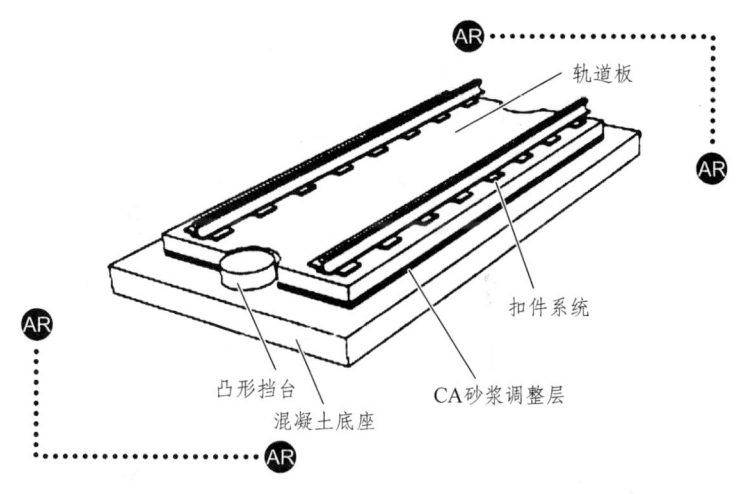

图 2-65　CRTS Ⅰ型板式无砟轨道结构组成

2）CRTS Ⅱ型板式无砟轨道

CRTS Ⅱ型板式无砟轨道由钢轨、扣件、轨道板、水泥乳化沥青砂浆充填层、支承层等部分组成，如图 2-66 所示。

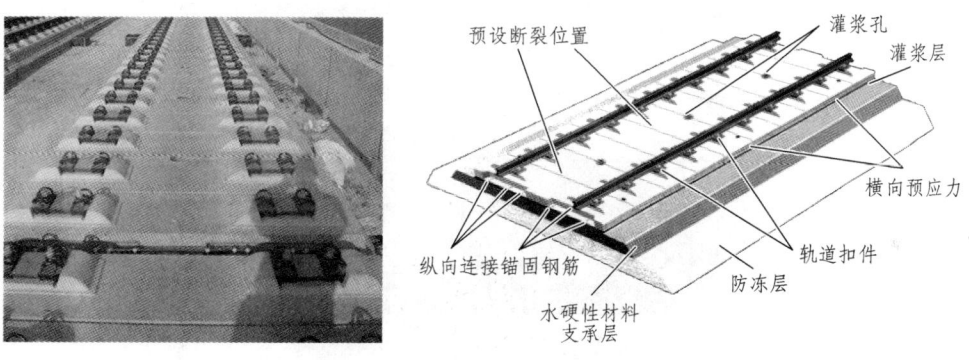

图 2-66　CRTS Ⅱ型板式无砟轨道

3）CRTS Ⅰ、Ⅱ型双块式无砟轨道

CRTS Ⅰ、Ⅱ型双块式无砟轨道系统由钢轨、弹性扣件、带有桁架钢筋的双块式轨枕、现浇混凝土道床板、支承层或底座等组成，如图 2-67、图 2-68 所示。

图 2-67　CRTS Ⅰ型双块式无砟轨道

图 2-68　CRTS Ⅱ型双块式无砟轨道

4）轨枕埋入式无砟轨道结构

轨枕埋入式无砟轨道由钢轨、扣件、轨枕、道床板及混凝土支承层等部分组成。轨枕埋入式无砟轨道适于在道岔区铺设，如图 2-69 所示。

图 2-69　长枕埋入式无砟轨道结构

2. 无砟轨道的扣件

无砟轨道主要采用 WJ-7 型、WJ-8 型和 300-1 型，按无砟道床形式分为有挡肩和无挡肩扣件，如表 2-17 所示。

表 2-17　无砟轨道扣件类型

扣件类型	无砟道床形式
WJ-7 型扣件	无挡肩
WJ-8 型扣件	有挡肩
300-1 型扣件	有挡肩

1）WJ-7 型分开式扣件

WJ-7 型扣件由 T 形螺栓、螺母、平垫圈、弹条、绝缘块、铁垫板、轨下垫板、绝缘缓冲垫板、重型弹簧垫圈、平垫块、锚固螺栓和预埋套管等组成；为满足高低调整需要，还包括轨下调高垫板（或充填式垫板）、铁垫板下调高垫板，如图2-70所示。

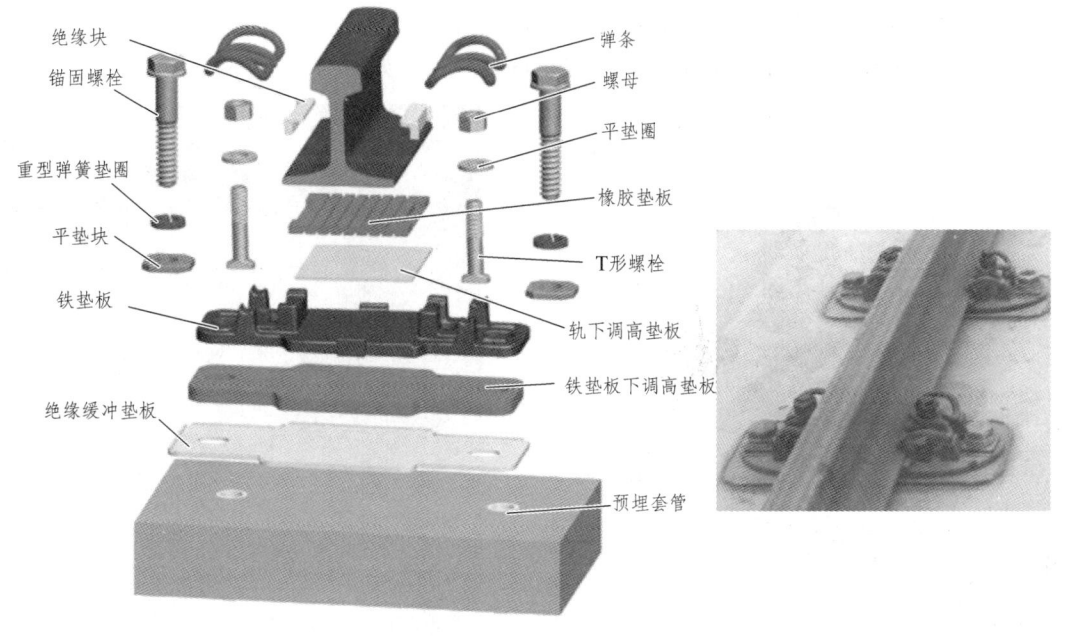

图2-70　WJ-7型扣件部件组成

2）WJ-8型扣件

WJ-8型扣件由螺旋道钉、平垫圈、弹条、绝缘轨距块、轨距挡板、轨下垫板、铁垫板、铁垫板下弹性垫板和预埋套管等组成；为满足高低调整需要，还包括轨下微调垫板和铁垫板下调高垫板，如图2-71所示。

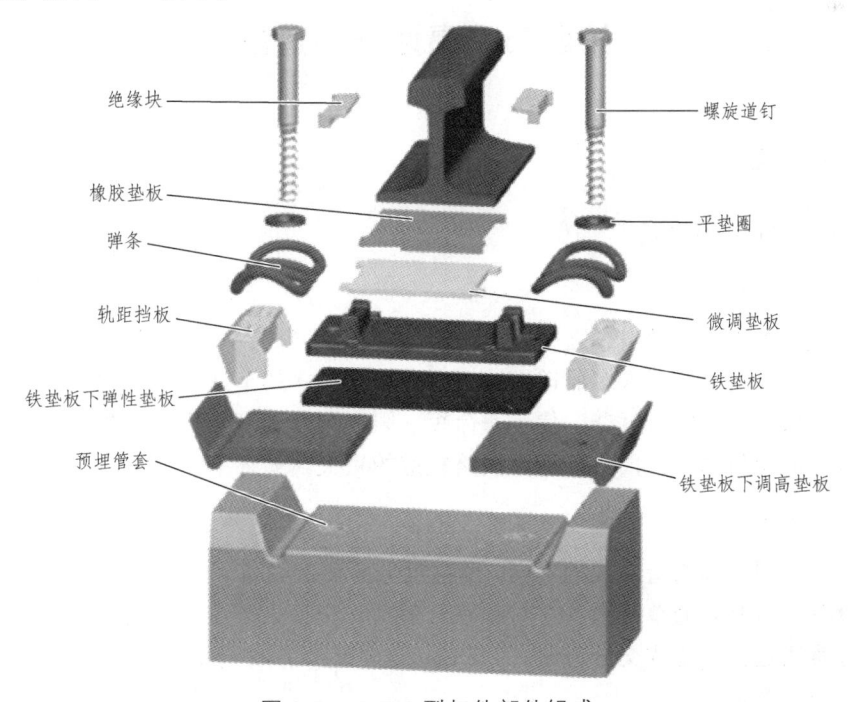

图2-71　WJ-8型扣件部件组成

3）W300-1 型扣件

W300-1 型扣件由弹条、绝缘垫片、轨距挡板、螺栓、轨下垫板、铁垫板、弹性垫板和预埋套管等组成；为满足高低调整需要，还包括调高垫板，如图 2-72 所示。

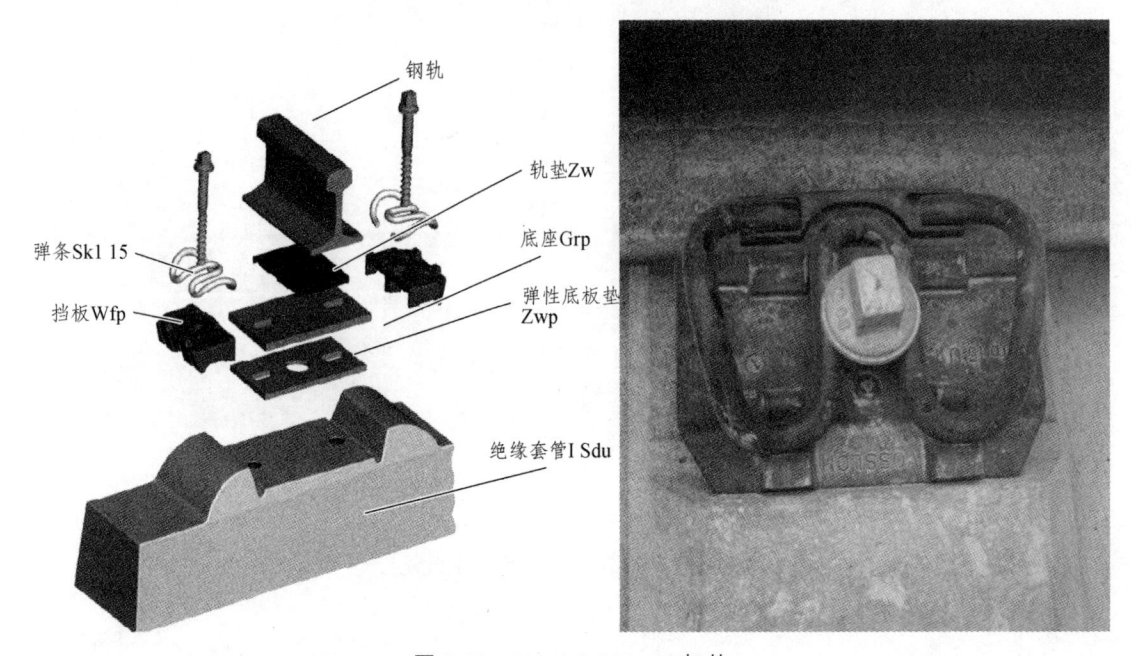

图 2-72　Vossloh 300-1U 扣件

第四节　高速铁路道岔

一、概　述

1. 道岔的作用和分类

1）道岔的作用

把两条或两条以上的轨道，在平面上进行连接或交叉的设备，统称为道岔。根据用途和条件不同，可以利用道岔把许多股道连接组合成不同形式的车站或车场。

道岔具有数量多、构造复杂、使用寿命短、限制列车速度、行车安全性低、养护维修投入大等特点。道岔与曲线、接头并称为铁路轨道的三大薄弱环节。

2）道岔的分类

根据道岔的用途和构造形式的不同，道岔可分为连接设备、交叉设备、连接与交叉设备。

连接设备主要有普通单开道岔、对称双开道岔，交叉设备主要有菱形交叉，连接与交叉设备主要有渡线道岔、复式交分道岔。

（1）普通单开道岔。

普通单开道岔又称单开道岔，是以直线为主线，侧线向主线的左侧或右侧分支的道岔，如图 2-73 所示。

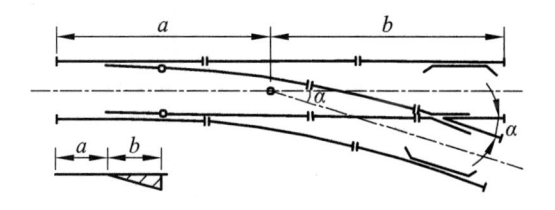

图 2-73 普通单开道岔

（2）对称双开道岔。

对称双开道岔是把直线轨道分为左右对称的两条轨道的道岔，如图 2-74 所示。

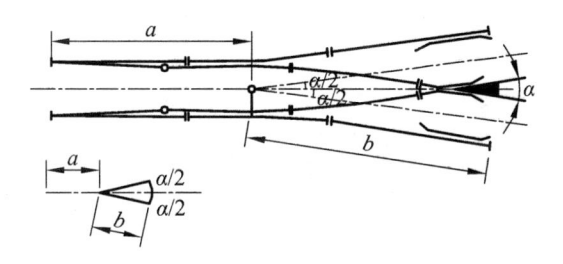

图 2-74 对称双开道岔

（3）菱形交叉。

菱形交叉是两条轨道在同一平面相交成菱形的交叉，如图 2-75 所示。

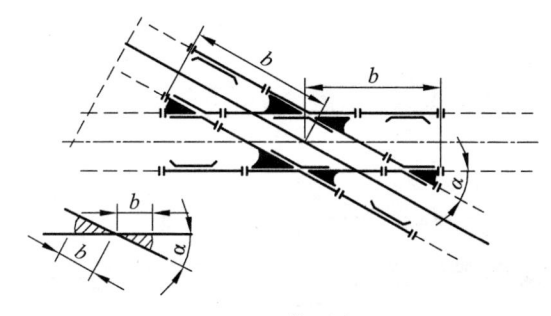

图 2-75 菱形交叉

（4）渡线。

渡线是连接两条平行股道的轨道设备，分为单渡线［如图 2-76（a）所示］和交叉渡线［如图 2-76（b）所示］。

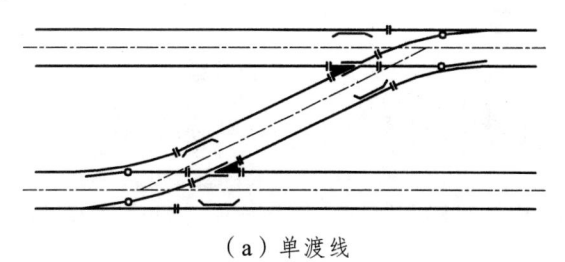

（a）单渡线

（b）交叉渡线

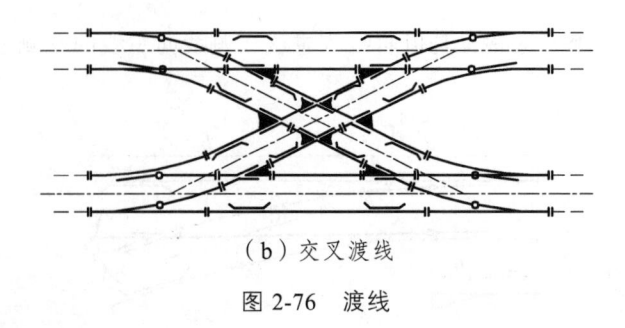

图 2-76 渡线

（5）复式交分道岔。

在菱形交叉的基础上，增设两组双转辙器和两个方向不同的侧线，让机车车辆既可以沿交叉轨道直向运行，又可以沿曲线转入侧线的道岔，如图 2-77 所示。

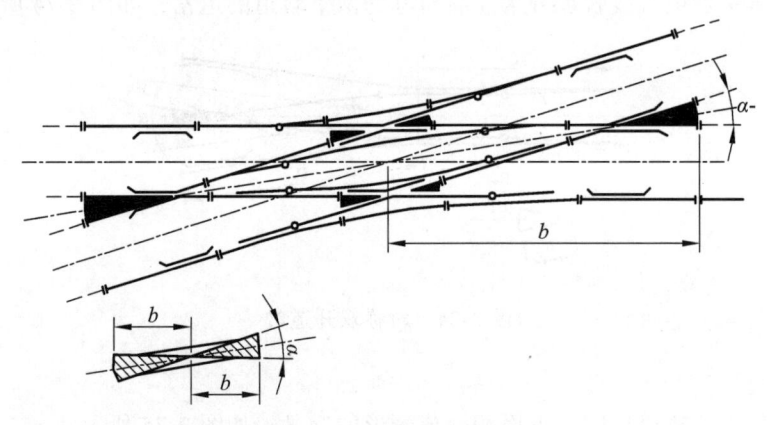

图 2-77 复式交分道岔

2. 普通单开道岔的构造

单开道岔由转辙器、连接部分、辙叉及护轨组成，如图 2-78 所示。

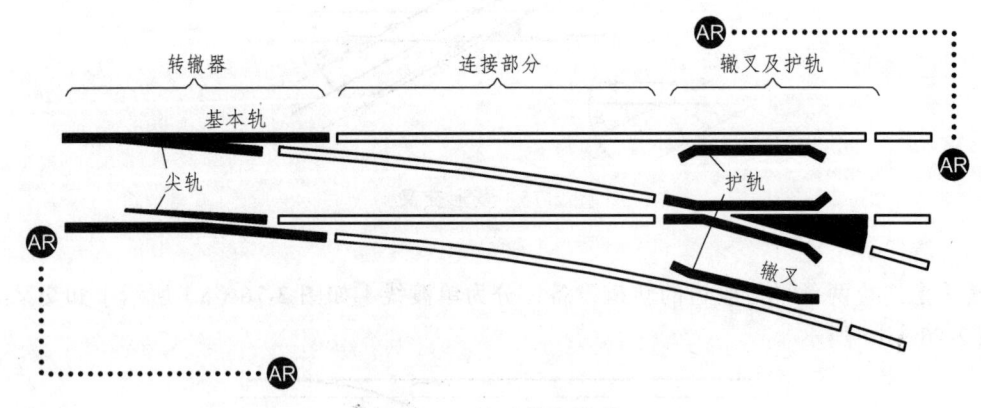

图 2-78 单开道岔组成

尖轨尖端前基本轨端轨缝中心处称道岔始端（或称岔头），辙叉跟端轨缝中心处则称道岔终端（或称岔尾）。

列车通过道岔时，凡由道岔终端驶向道岔始端时，称顺向通过岔；由始端驶向终端时，称逆向通过道岔。

站在道岔始端面向道岔终端，凡侧线位于直线左方的称左开道岔；侧线位于直线右方的称右开道岔。

1）转辙器

转辙器是引导列车进入道岔不同方向的设备。其作用是通过将尖轨扳动到不同的位置，使列车沿直线或侧线行驶。

2）辙叉及护轨

辙叉及护轨包括辙叉、护轨、主轨（安装护轨的基本轨）及其他联结零件。辙叉与护轨共同配合发挥作用。辙叉是道岔中两股线路相交处的设备，其作用是使列车能够按确定的行驶方向，跨越线路正常通过道岔。护轨设置在辙叉两侧，是固定型辙叉的重要组成部分。其作用是控制车轮运行方向，使之正常通过"有害空间"（图 2-79）而不错入轮缘槽，防止轮缘冲击或爬上辙叉心轨尖端，保证行车安全。

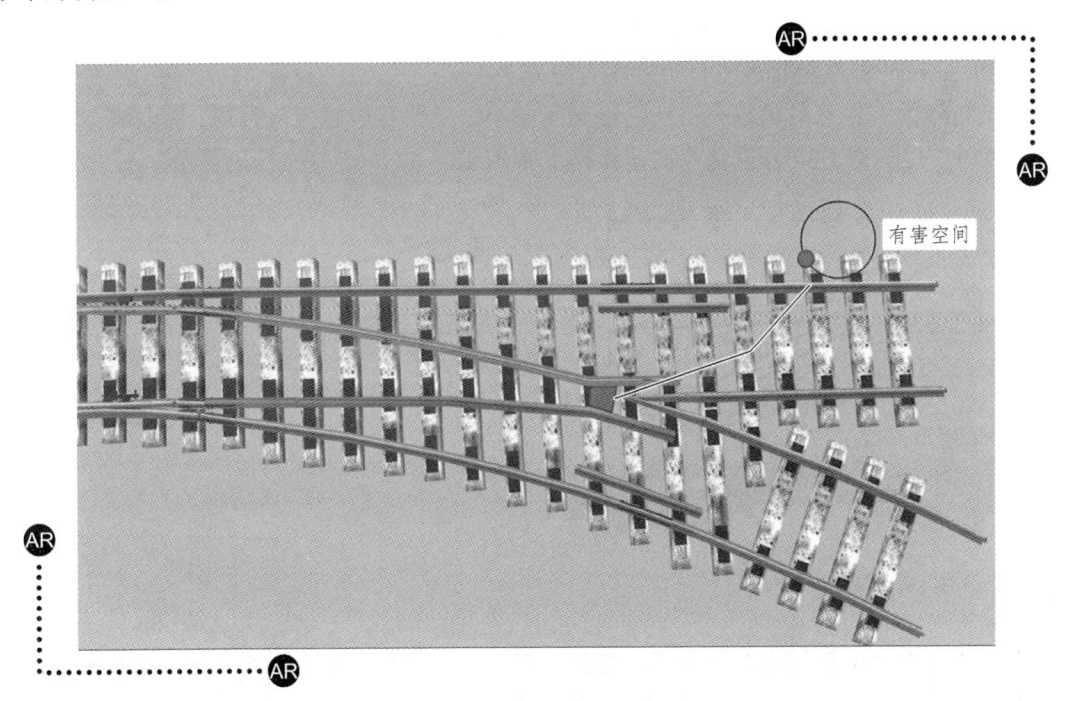

图 2-79 道岔的有害空间

3）道岔连接部分

连接部分是转辙器和辙叉之间的连接线路，包括直股连接线和曲股连接线（亦称为导曲线）。直股连接线与区间线路构造相同，单开道岔的导曲线，由于长度和限界的限制，一般不设超高和轨底坡。

3. 道岔的辙叉号数

辙叉号数也称道岔号数，是表示辙叉角大小的一种方法。因为辙叉角是以度、分、秒表示的，运用不方便，故在实际工作中都以辙叉号数 N 表示。

辙叉号数 N 与辙叉角 α 的关系，我国规定是以辙叉角的余切表示辙叉号数的。

1)直线辙叉(图 2-80)

$$N = \cot\alpha = \frac{AC}{BC} \qquad (2\text{-}1)$$

式中　N——辙叉号数(道岔号数);
　　　α——辙叉角;
　　　BC——叉心工作边任一点 B 至另一工作边的垂直距离;
　　　AC——由叉心理论尖端至垂足 C 的距离。

2)曲线辙叉(图 2-81)

$$N = \cot\alpha = \frac{BD}{BC} \qquad (2\text{-}2)$$

式中　D——曲边跟端 C 点的切线与直边工作边的交点;
　　　BC——跟端 C 至直边工作边的垂直距离。

辙叉角越大,道岔号数越小;反之辙叉角越小,道岔号数越大。目前,我国普速铁路上大多使用 9、12、18、30 号道岔。高速铁路上常用 18、42、62 等大号码道岔。

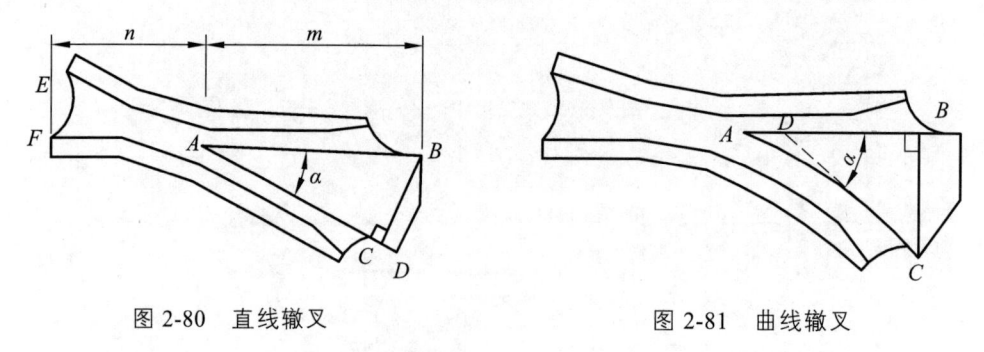

图 2-80　直线辙叉

图 2-81　曲线辙叉

二、高速道岔

高速道岔在功能和结构上与常速铁路道岔相比,虽然没有原则上的区别,但它们的安全性和舒适性要求更高。近年来,各国铁路根据高速运行时机车和车辆与道岔相互作用的特点,对高速道岔的平纵断面、结构、制造工艺、道岔范围内的轨下基础及养护维修均进行了大量研究,设计和制造出一系列适用于不同运行条件的的高速道岔。

1. 高速道岔的种类

高速道岔均为单开道岔,其种类可以按采用的技术系列、容许通过速度、轨下基础类型进行分类。

(1)高速道岔按直向容许通过速度分为 250 km/h 和 350 km/h 两种。

(2)从技术系列上,有客专线、CN、CZ 三个系列,其中客专线系列有 18 号、42 号、62 号三种号码道岔,对应侧向容许速度分别为 80 km/h、160 km/h 和 220 km/h;CN 系列有

18 号、39.113 号、42 号和 50 号四种号码道岔，对应侧向容许速度分别为 80 km/h、160 km/h、160 km/h 和 220 km/h；CZ 系列有 18 号和 41 号两种号码道岔，对应侧向容许速度分别为 80 km/h 和 160 km/h。

（3）按轨下基础类型可分为有砟道岔和无砟道岔。有砟道岔轨下基础和普速铁路道岔相同，采用碎石道床结构。无砟道岔的轨下基础结构形式分为轨枕埋入式和道岔板式两种。轨枕埋入式的轨下基础结构自下而上由混凝土支撑层、现浇混凝土道床、预制混凝土岔枕（带钢筋桁架的预应力结构）组成。板式道岔的轨下基础结构自下而上由混凝土底座、自流平混凝土填充层和预制道岔板构成。这两种道岔的上部结构则完全相同。

2. 高速道岔构造

高速道岔主要由转辙器、辙叉和导曲线三部分组成。尖轨和心轨使用矮型特种断面钢轨（60D40 钢轨或 Zul60 钢轨）制造，客专线系列的高速道岔翼轨使用特种断面轧制翼轨制造，心轨为拼装结构，扣件系统采用硫化设计；CZ 系列的高速道岔翼轨采用锰钢铸造结构，心轨采用拼装结构；CN 系列的高速道岔翼轨采用 60 kg/m 钢轨制造，心轨前端为合金钢整体锻造结构，扣件系统垫板采用硫化设计。

（1）转辙器部分主要由转辙机、外锁闭及安装装置、密贴检查器、曲尖轨与直基本轨组件、直尖轨与曲基本轨组件等部分组成，如图 2-82 所示。

图 2-82 转辙器部分

（2）可动心轨辙叉。

主体结构采用长翼轨、钢轨拼装式可动心轨辙叉结构，如图 2-83 所示。采用长翼轨使心轨与翼轨成为整体，便于温度力的传递，心轨受到的温度力通过跟端固定装置传至翼轨，使心轨的伸缩得到有效控制。

3. 高速道岔关键技术

高速道岔的特点是具有高安全性、高平顺性、高稳定性和较高的容许通过速度，保证列车平稳、舒适运行，因此高速道岔均采用 18 号以上的单开道岔、可动心轨辙叉，适用于跨区间无缝线路。

图 2-83 可动心轨辙叉

1）平面线形设计

通过直线与圆曲线、圆曲线与缓和曲线的合理匹配，科学确定高速道岔的平面线形，保证高速道岔平面线形的最优化和列车侧向过岔的舒适性。在 18 号道岔的平面设计上采用大半径单圆曲线的平面线形，其他大号码道岔，则采用圆曲线与缓和曲线的组合平面线形，以保证曲线间的圆顺连接。

2）尖、心轨纵坡设计

尖轨与基本轨、心轨与翼轨间的降低值，对列车通过道岔时的速度有重要影响，高速道岔在设计中采取了缩短轮载过渡段长度和合理设置尖轨、心轨顶面降低值的方式，保证列车通过道岔时轮载的平稳过渡。

3）轨道刚度设计

岔区的轨道刚度对列车运行时的舒适性具有重要影响，高速道岔在设计中根据具体的运营条件设置了合理的扣件系统刚度并根据道岔的结构特点在岔区范围内进行了轨道整体刚度的均匀化设计，保证了道岔区轨道刚度的一致性。

4）扣件精调设计

高速道岔的扣件设计充分考虑了轨道精确调整的要求：一是在垫板上部通过采用扣件系统进行轨距调整；二是在垫板下设置偏心调距块（或在铁垫板外侧设置月牙轨距挡块）进行轨距调整；三是通过轨下调高垫板进行高低调整。通过上述设计实现了道岔区轨道几何尺寸的全面调整。

5）无缝结构设计

高速道岔选择了牢靠的扣件系统，设计了限位器、间隔铁等坚实的纵向力传递结构，同时采用了大位移伸缩的转换与锁闭装置，能够很好地传递和抵御温度力，满足跨区间无缝线路铺设需要。

复习思考题

1. 高速铁路线路由哪几部分组成？
2. 铁路线路的平面与纵断面分别由哪些要素组成？
3. 铁路路基有哪些形式？由哪些部分组成？
4. 高速铁路桥梁由哪几部分组成？
5. 高速铁路隧道由哪些部分组成？隧道开挖的施工方法有哪些？
6. 有砟轨道由哪些部分组成？
7. 无砟轨道有哪些类型？
8. 钢轨类型是怎样表示的？我国铁路钢轨标准类型有哪几种？钢轨标准长度是多少？
9. 铁路道岔由哪些部分组成？
10. 什么是有害空间？有害空间有何危害？如何防止有害空间的影响？

第三章　高速铁路车站

第一节　既有线铁路车站

一、车站的定义和作用

车站是铁路上设有配线的分界点。在车站办理列车的接发和会让，通常还办理客货运输业务。车站在铁路运输过程主要有以下作用：

（1）车站是铁路运输业的基层生产单位，拥有铁路线路、站场、通信、信号等技术设备和行车、客运、货运、装卸等方面的工作人员。

（2）车站是办理客货运输的始发、中转和终到作业的地点，是铁路与运输有关的行车、客运、货运、机务、供电等部门协调进行生产活动的场所。

（3）车站是将铁路线路划分为若干个区段和区间。例如，图3-1中的甲、乙、丙站，将该铁路线路划分为甲—乙和乙—丙区段；A、B、C、D等站，将甲—乙区段划分为A—B、B—C、C—D等区间。

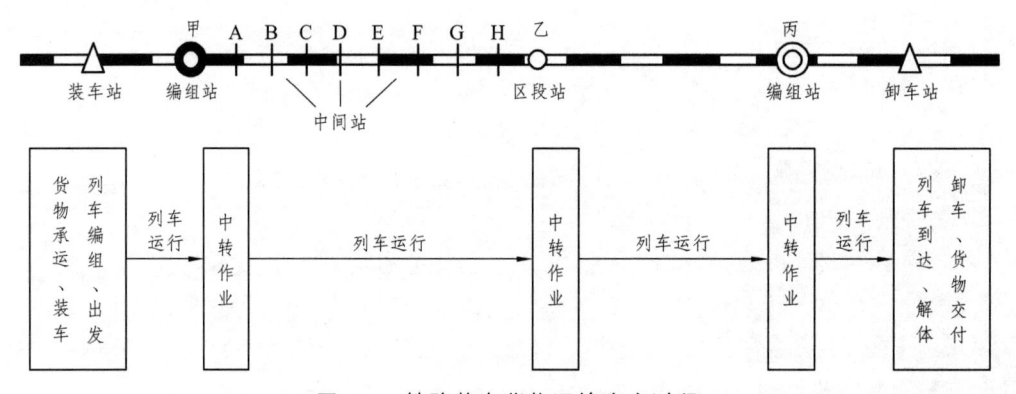

图 3-1　铁路整车货物运输生产过程

（4）车站在贯彻党的方针政策、执行铁路规章制度、合理利用现有技术设备、不断改进工作方法、保证客货运输安全、提高运输效率、完成铁路运输任务等方面均有重要作用。

二、车站的分类与等级

1. 按业务性质分类

车站按业务性质可以分为客运站、货运站、客货运站、非营业站，如图3-2所示。

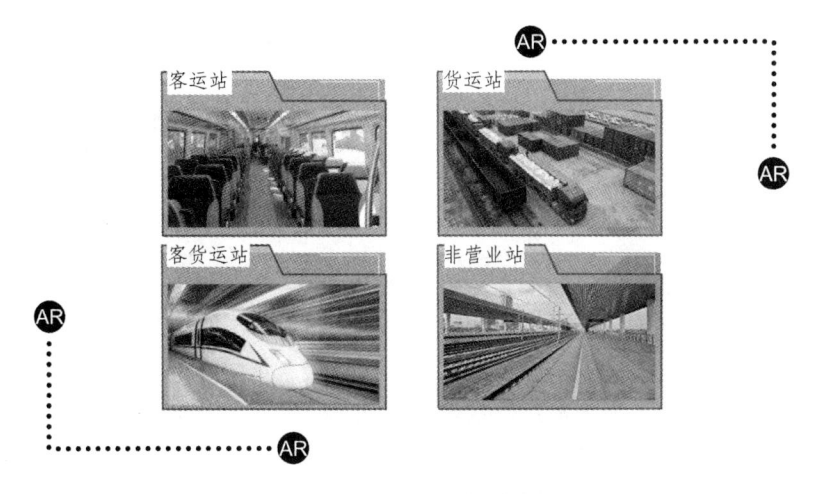

图 3-2　车站的分类和等级

（1）客运站：专门为办理旅客运输而设的车站称为客运站。客运站通常设在大中城市或旅游胜地等大量旅客到发的地点，主要担当旅客列车的始发、终到作业，并为旅客提供旅行服务的业务。例如北京西站、北京南站、广州南站、龙岩站。

（2）货运站：专门为办理货物运输而设的车站称为货运站。货运站一般设在大城市、工矿地区和港口等有大量货物装卸的地点，主要担当货物列车的始发、终到作业以及货运有关的业务。例如衡阳西站、衡阳北站、龙岩东站。

（3）客货运站：既办理客运业务也办理货运业务的车站称为客货运站。铁路网上绝大多数的车站都属于客货运站（衡阳站、漳平站、兰州西站）。

（4）非营业站：不办理客运和货物运输的车站。

2. 按技术作业分类

车站按技术作业分为编组站、区段站、中间站。

（1）编组站：担当大量中转车流改编作业，编组直达、直通、区段、摘挂等列车的车站称为编组站。编组站通常设在大量车流集中或消失的地点或几条铁路线的交叉点，如衡阳北站、株洲北站、向塘西站、兰州西站。

（2）区段站：设于划分货物列车牵引区段的分界处或区段车流的集散地点，一般只改编区段到发车流，解体与编组区段的车站，称为区段站，如郴州北站、铁山洋站。

（3）中间站：一般设在技术站之间的区段内，办理列车接发、会让和通过作业，摘挂列车的调车和装卸作业的车站，称为中间站，如图 1-1 中的 ABCD 等车站。（茶山坳、周家坳）

此外，车站还可以按其他一些特征加以区分。例如，位于两铁路局管辖分界的车站，称为分界站。

3. 车站等级

车站按其他担负客货运量和技术作业量的大小以及在政治、经济和铁路网上所处的地位，划分为特等站和一、二、三、四、五等站。

三、车站办理的作业和设备

中间站、区段站、编组站在铁路网上所处的位置不同，它们所担当的作业量和配置的设备也就不同。

1. 中间站

中间站是铁路网上数量最多的车站，除了办理客运、货运业务外，主要还办理以下行车作业：

（1）接发列车是中间站最主要的行车工作，包括接车、发车和通过列车作业。

（2）车辆摘挂及向货物装卸地点取送车辆的调车作业。某些装卸作业大量或干支线衔接的中间站，还办理一些列车的解编调车作业。

（3）例如，位于长大上下坡道前的中间站，对车辆自动制动机进行持续一定时间的全部试验、凉匣或更换匣瓦；使用补机地段两端的中间站，还要办理补机的摘挂作业等。

中间站的设备视其作业内容和工作量的大小而定，一般有以下客运、货运和行车设备：

（1）站线，包括列车到发线和货物装卸线，调车作业量较大的中间站还有调车线和牵出线。

（2）客运设备，包括旅客站舍，旅客站台。旅客到发较多的中间站还有雨棚和跨越设备如天桥、地道等。

（3）货运设备，包括货物仓库、站台和货运室等。

（4）其他设备，包括信号、联锁、闭塞、通信、照明设备和装卸机具等；电气化铁道的中间站还有牵引供电设备。

单线、双线铁路中间站的布置图，如图3-3、图3-4所示。

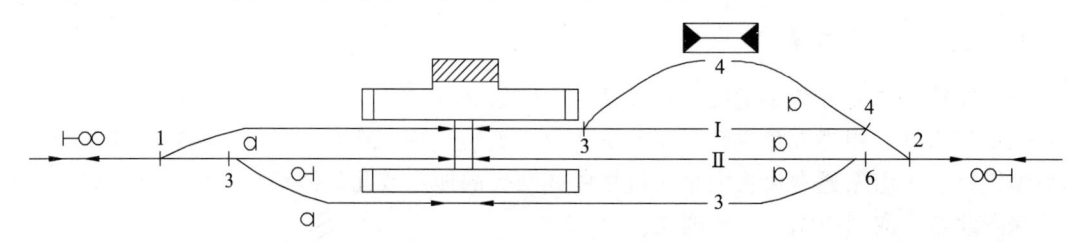

图3-3 单线铁路车站布置示意图

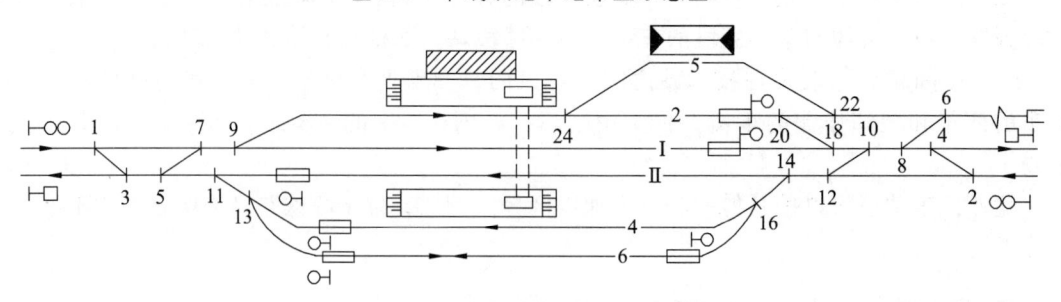

图3-4 双线铁路中间站布置示意图

2. 区段站

区段站设在机车牵引区段的分界处，除办理客货业务外，主要还办理以下行车作业：

（1）接车和发车作业。区段站一般不办理货物列车通过作业。
（2）中转列车作业。这是区段站的主要行车工作。为保证列车继续运行的安全和货物完整，货物列车要在区段站进行更换机车、检查车辆技术状态和货物装载情况中转列车作业。
（3）区段列车、摘挂列车到达、解体、编组与出发作业。
（4）向货物装卸地点取送车辆的调车作业。

区段站除有中间站的全部设备外，还有以下主要技术设备：
（1）运转设备，包括列车到发场、调车场、牵出线、驼峰。
（2）机务设备，包括机务段或折返段内的机车检修与整备设备、站内的机车走行线和待机线等。
（3）车辆设备，包括车辆段或列车检修所、站修线和制动检修设备。单线横列式区段站布置图 3-5 所示。

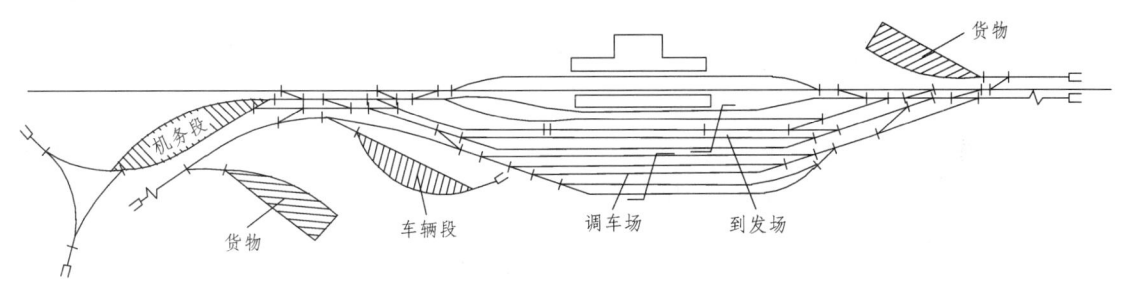

图 3-5　单线横列式区段站布置图

3．编组站

编组站除办理区段站的全部作业外，其主要行车工作是解体和编组列车。编组站拥有比区段站数量更多、规模更大的列车到发场，具有线路更多的调车场，采用驼峰调车，一般都设有机务段和车辆段。编组站一般有双向三级三场、双向三级六场、双向两级五场等布置形式。双向二级四场编组站的布置图 3-6 所示。

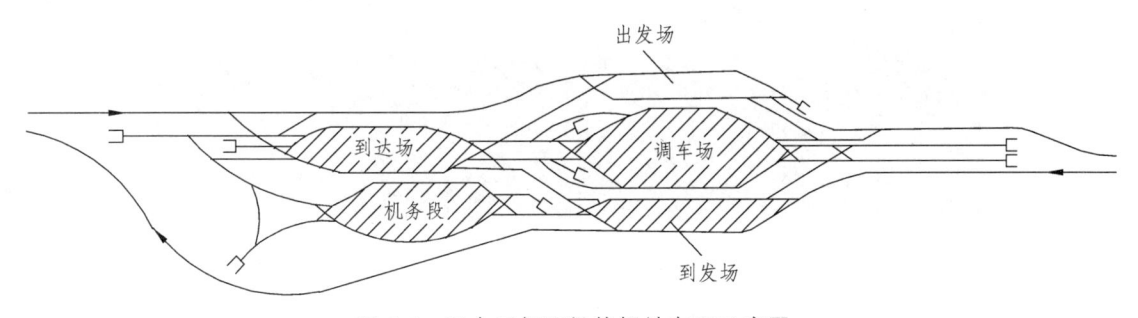

图 3-6　双向二级四场编组站布置示意图

第二节　高速铁路车站

高速铁路车站是高速铁路运输生产的基层单位，也是城市的窗口，更是高速铁路技术的标志。高速铁路车站在满足铁路运输的同时，更应该与城市的各种交通运输方式协调发展，为旅客的方便出行提供优质的服务。因此，高速铁路车站的设计显得尤为重要。

一、高速铁路车站类型

根据有关规定，我国高速铁路车站分类按技术作业性质分为越行站、中间站和始发站。

越行站是专为办理本线旅客列车越行跨线旅客列车而设的车站，基本上是中国客运专线铁路特有的，设于站间距离较长的区间，为中速列车待避高速列车越行而设置的车站，武广高铁中设计的乌龙泉东站即是一个越行站。越行站不办理客运业务，一般仅设 2 条到发线，原则上不设置站台，也可设置为车站接发列车用的小站台 1 座。日本、法国等国高速铁路，也有不同等级速度的列车运行，速度较低的列车也要在一些车站待避高速列车越行通过，但这些车站都兼办客运业务，因此没有单纯的越行站。

中间站主要办理列车通过、旅客上下、越行及少量的列车折返作业。一般是通过列车多于停站列车，办理旅客上、下车及换乘，一般具有 2~4 条到发线和 2~3 座旅客站台。较大的一些中间站还办理少量始发、终到或立即折返的高速列车作业。这些车站或车站附近都设有与既有站（线）衔接的联络线，在车站或附近办理高、中速列车的转线或可能的中速车换挂机车作业。车站规模较大，一般具有 4~6 条到发线、8 条站台站线（包括正线）停靠客车，配设有高速列车运用维修所等机车、车辆设施，武广高铁中的衡阳东站即是一个中间站（图 3-7）。

图 3-7 武广高铁衡阳东站

始发站主要办理列车始发、终到作业及客运业务并设有动车段（所）。一般位于客运专线铁路的起讫点，如武广高铁中的广州南站（图 3-8）所示。办理全部始发（终到）列车到发作业，具有全线最大的客运量，一般没有不停站通过列车，但有少量停站通过列车。如广州南站担任武汉至深圳方向的停站折返通过列车作业。始发站是全线高速列车主要检修基地和运营指挥机构所在地的车站，一般设有高速列车动车段和管理机构等。

按技术作业性质划分三种车站的目的是为根据列车技术作业需要，如越行、折返、始发及终到等确定站型、车站到发线数量及其他线路数量。

图 3-8 武广高铁广州南站

车站按办理的客运量大小分为特大型站、大型站、中型站、小型站。按照车站最高聚集人数划分：10 000 人以上为特大型站；3000～10 000 人为大型站；600～3000 人为中型站；100～600 人为小型站。划分特大、大、中、小型站的目的是为确定客运设备规模、数量及其有关尺寸。

二、高速铁路车站分布

高速车站的分布主要取决于城市分布和市场需求情况。如果在一条高铁线上车站过多、过密，消耗的停车附加时分和起动附加时分使得停站列车运营速度难以提高，通过列车运行在过密集的咽喉区将影响旅客的舒适度和增加不安全因素，也给线路的维修养护增加难度。高速铁路车站造价较高，特别是受客观因素控制时需要设高架站或拆迁大量建筑物，使得一个中间站的造价高达亿元以上。车站过密将增加大量投资。但由于高速铁路列车运行速度并不相等，高速列车也需越行较低速度的列车，如果站间距离过长，而不能进行待避越行，则将降低通过能力。因此，既要保证高速铁路有足够的运量又要合理设置车站。从我国实际情况出发，高速客运站的设站条件应是具有较多的到发客运量和地市（省辖市）级城市包括经济发达的一些县级城市。根据有关规定，我国高速铁路车站站间距一般为 30～100 km，在已经开通运营的线路中，武广高速铁路车站的平均站间距为 62.8 km，最大站间距 84.27 km，京沪高铁的平均站间距为 57.3 km。日本东海道新干线平均 36.8 km，最长的区间为 68.1 km，山阳新干线最短的站间距为 10.55 km。法国最长的站间距离超过 100 km，而最短的仅 9.9 km（里昂附近的机场站）。国内外高速铁路车站间距表如表 3-1 所示。

表 3-1 国内外高速铁路车站间距表

国家及地区	线 名	总长度 /km	车站个数 /个	平均站间距 /km	最大站间距 /km	最小站间距 /km
日本	东海道	515	15	36.8	68.1	15.9
	山阳	554	18	32.6	55.9	10.5
	东北	496.5	18	29.2	49.0	14.5
	上越	269.5	9	33.7	41.8	23.6
	北陆	117.4	6	23.5	33.2	17.6

续表

国家及地区	线 名	总长度/km	车站个数/个	平均站间距/km	最大站间距/km	最小站间距/km
法国	巴黎-里昂	417	4	104		
	里昂-瓦朗斯	121	2	121	121	
	瓦朗斯-马赛	303	3	156		
	大西洋	281	4	70	168	15
	北方线	333	3	111		
德国	汉诺威-威尔茨堡	327	5	82		
	曼海姆-斯图加特	105	2	105	105	
	法兰克福-科隆	219	5	55		
	汉诺威-柏林	264	5	66	130	10
中国	武广高铁	1068	18	62.8	84.27	36.46
	京沪高铁	1318	24	57.3	108	25

一般来说，高速铁路车站的布局一般遵循以下原则：

（1）始发站、终到车站应该设置在两站间具有大量直达客流的大城市或特大城市，以满足客流和运营效益的需求。

（2）沿线车站应该最大限度满足周边重要城市旅客出行量和跨线客流需求。

（3）车站位置应该既要考虑与既有线的衔接，同时也要考虑与其他交通运输方式的衔接，以便最大限度缩短旅客出行时间，吸引更多的客流。

（4）如果高速线与既有线基本并行修建时，若既有线站场有条件扩建的条件下，高速铁路车站应该尽量与既有线合并设置，可以充分利用既有客运设施、减少投资，同时还避免了跨线客流的换乘。例如广州北站，就是一个既有线与高速线合并的一个车站，车场分为普速场和高速场。

三、高速铁路车站办理的业务

1. 办理车站的接发列车作业

高速铁路车站最主要的的业务就是办理动车组列车的到达、出发、通过、会让与越行作业。

2. 办理客运业务，不办理货运业务

目前我国的高速铁路基本上都属于客运专线，只办理客运业务，包括售票、检票、安检、候车、换乘、列车上水等客运业务，不办理货物运输作业。主要是由客货同线运输存在以下问题：

（1）货车轴重问题。我国货车轴重大多在 21 t 及以上，并正将发展 25 t 轴重。高速铁路上的列车轴重不宜超过 18 t。

（2）速度差问题。根据运行图铺划结果显示：当时速 300 km/160 km 匹配、160 km/h 速度的列车占总列车的 20%～30% 时其扣除系数为 5～6。而目前我国的货物列车速度只能达到 80～90 km/h，轻快货物列车速度也只能达到 100～120 km/h。如此大的速差，扣除系数就更大，成为不合理的运输组织。因此，客货车共线运行迫使降低旅客列车速度。

（3）信号适应问题。高速铁路无地面信号，行车控制靠 CTCS 和 CTC，而货运机车没有相应匹配的车载设备。

3. 不办理行包和邮件装卸业务

我国普通客车多挂有行李、邮包车厢。列车到达较大车站时，要进行邮件和行李（托运的包裹）的装、卸作业，车站站台上、沿站台的纵横向均须设行李和邮件拖车的走行通道，列车繁忙的大站通常须设横越股道、站台和纵向贯通车站的地下车道。而在高速铁路车站不办理行包和邮件装卸作业，但在每节车厢两端均有较宽敞的行李架供旅客放置自带的行包。

高速铁路不办理行包和邮件装卸业务主要是由于办理行包、邮件装卸会延长列车停站时间，这与高速铁路追求最短的旅行时间是相违背的。

四、高速铁路车站设备

高速铁路车站的设备（表 3-2）主要取决于车站办理的业务，但一般来说具有的设备主要有：

（1）正线与站线：包括用于接发通过列车的正线、接发停车列车的到发线、检修线、出入段线、联络线等其他站线。

（2）客运设备：包括站前广场、旅客站房、站台、天桥、雨棚、地下通道、上水等客运设备。

（3）其他设备：包括信号、联锁、闭塞（简称信联闭设备）设备、通信设备、照明设备、牵引供电设备、检测检修设备。

表 3-2　高速铁路车站主要设备配备表

序号	车站设备	越行站	中间站	始发（终到）站
1	正线、到发线	★	★	★
2	安全线	▽	▽	▽
3	旅客站房、站台	★	★	★
4	信联闭、通信、照明、牵引供电设备	★	★	★
5	检测检修设备	○	▽	★
6	站台间跨线设备	▽	★	★
7	转场牵出设备	○	○	★
8	存车线路设备	○	○	★

注：表中"★"为必需设备，"▽"为可选设备，"○"为不需要的设备。

五、高速铁路车站图型

1. 中间站图型

中间站是高速铁路中数量最多的车站，它的图型是高速车站的主要图型。中间站的基本图型有两种。一种是中间站台设在正线和到发线之间，站台一侧靠正线、另一侧靠到发线，这种图型称之为岛式图型如图 3-9 所示。这种图型的优点在于停靠正线时，列车经过道岔直股位置通过车站咽喉区，旅客有较高的舒适度；缺点是：当站台上有旅客停留而正线通过高速列车时，由于站台接近正线增加了旅客的危险性，因此要设置防护栅栏。且当列车在正线停靠站台时，会影响后续追踪列车通过，降低区段的通过能力。因此，一般只有在运输量少、线路能力富裕的线路为了利用正线作到发线和停站列车可以不侧向通过道岔，才有可能采用岛式图型。

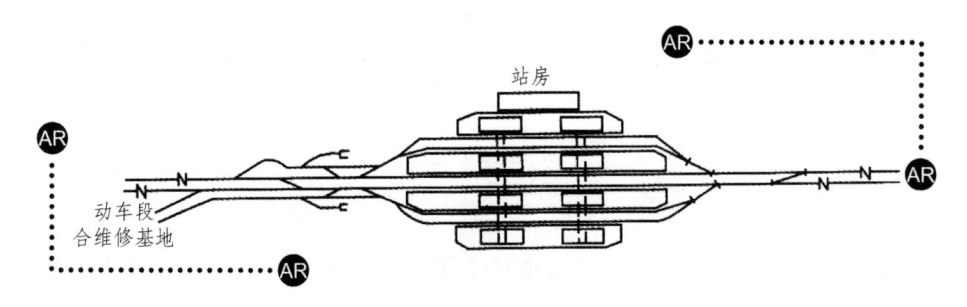

图 3-9 岛式图型

另一种是中间站台设在到发线外侧或在到发线之间，站台不靠正线，称之为对应式图型如图 3-10 所示。这种布置图型的优点是站台不靠近正线，高速列车自正线通过车站时，不影响站台上旅客的安全，其缺点是停站列车要经过车站咽喉区曲股位置的道岔，离心力的作用使得旅客有一定的不适感。我国高速铁路中间站绝大多数采用对应式图型。

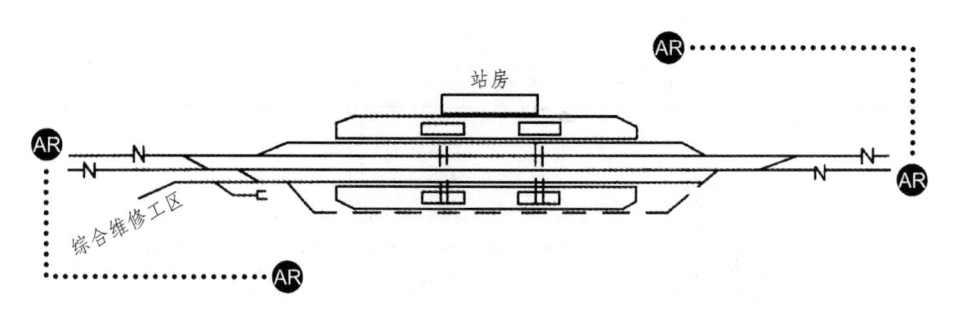

图 3-10 对应式图型

2. 越行站图型

越行站主要是以列车通过和越行为主，个别车站也办理少数的客运业务，作业相对简单，一般只需要两条正线和两条用于待避列车用的到发线即可，为节约车站建设成本，原则上不设站台，基本图型如图 3-11 所示。

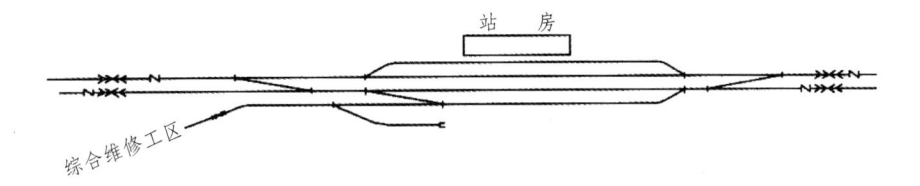

图 3-11　越行站图型

3. 始发站图型（图 3-12、图 3-13）

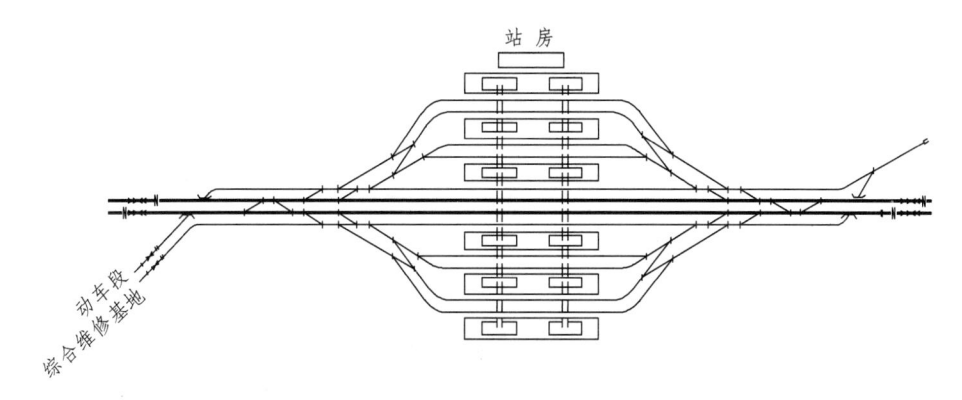

图 3-12　始发站图型 1

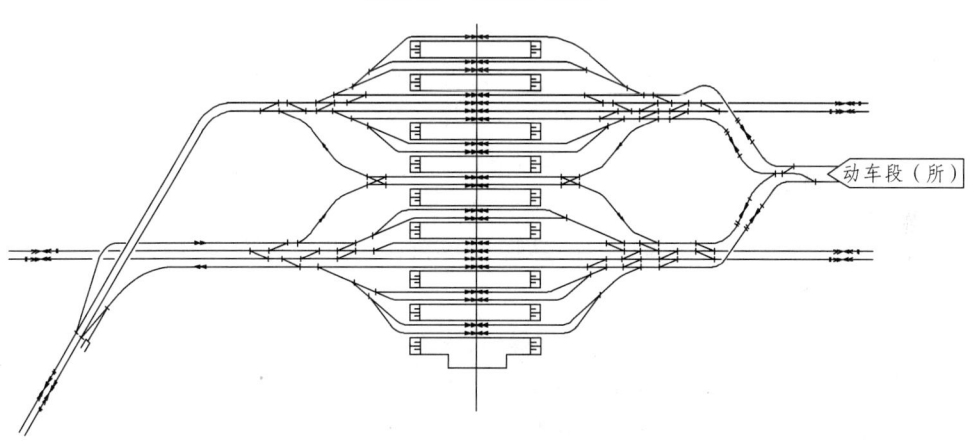

图 3-13　始发站图型 2

　　始发站图型的选用，一般应考虑高速铁路网的规划，将来是否另有客运专线引入的可能；城市站前广场和城市交通之间的衔接；动车段与车站的相互位置等因素。广州南站的平面示意图（图 3-14）所示。

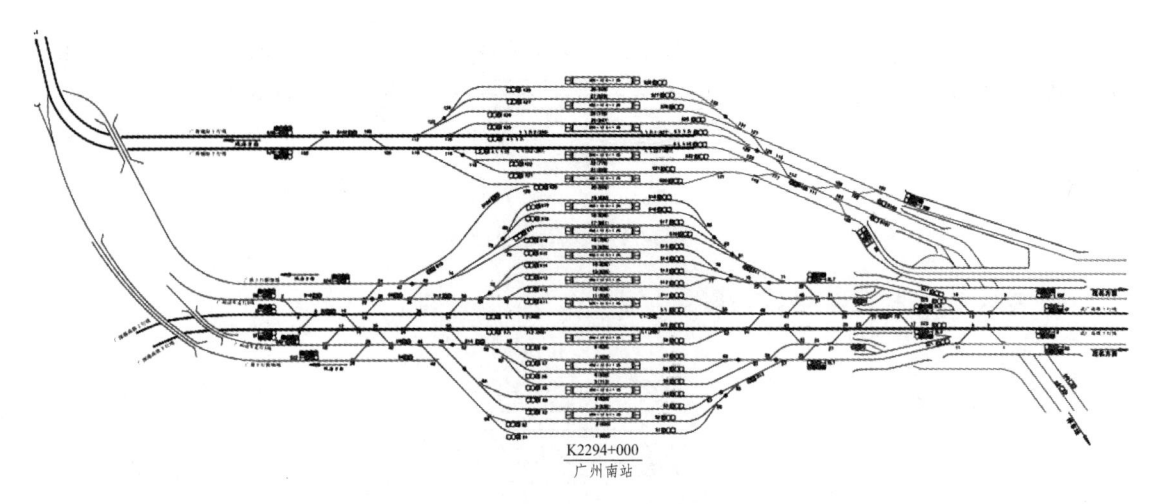

图 3-14　广州南站平面示意图

第三节　高速铁路与既有线枢纽的衔接

高速铁路的起讫点都是在大城市，由于旅客出行的起讫点并不都在高速铁路网络里，为最大程度方便旅客出行，减小旅客的换乘，将高速铁路与既有线枢纽进行合理的衔接设计是时非常有必要的。而且将高速铁路引入既有线有其自身的优点：

（1）有利于吸引更多的旅客乘坐高速动车组。既有线客运站一般都位于城市的中心地段，对于旅客出行来说无疑是最便捷的。

（2）有利于充分利用既有客运站的站场设备和客运服务系统，节省工程投资和建设用地。

（3）最大程度方便旅客换乘。既有线与高速线上的旅客可以在同个车站实现无缝换乘，无需乘坐其他交通工具换乘，节省了旅客换乘时间，同时也减轻了城市的交通压力。

高速铁路引入既有线枢纽虽然有其优势，但是，真正实施起来有很大困难，主要是因为它是个复杂的系统工程，它将对城市规划和枢纽布局产生重大影响。因此，高速铁路引入既有枢纽时主要应考虑满足以下要求：

（1）高速铁路线的走向要与城市规划密切配合：高速铁路线的走向应尽量顺直通过枢纽，其技术条件应尽量保证高速列车"高进高出"，即不降低原有速度通过枢纽，缩短市内走行时间；当条件困难时，为减少城市拆迁工程量，也可以适当降低技术标准，高速列车"高进低出"或"低进低处"通过枢纽。高速线要尽量与枢纽内既有线并行，以免造成对城市区域功能的破坏；要尽量避开城市居民密集区，减少列车噪声对居民的干扰。

（2）枢纽内客运系统与货运系统宜采用"客货分线、客内货外"布置。高速线的引入应尽量不影响既有货运的总体布局。客运系统的进路与货运系统的进路应采用立交疏解布置，避免相互间的交叉干扰。

（3）枢纽内高速铁路车站要与其他客运站密切配合：当枢纽内设有两个及以上的客运站时，首先高速线应尽量引入枢纽内的既有主要客运站，以便减少换乘的不便，吸引更多的旅客乘坐高速列车；其次要保证充分利用既有的客运站的设施，减少改扩建工程，节省工程费用，充分发挥既有客运设备的能力；适当调整枢纽内各客运站的分工，制订各客运站接发各种列车的合理方案并保证客站间宜有便捷的联系通路。

（4）高速线要考虑近远期新线引入枢纽问题：引入枢纽的新线包括普速线和高速线。要保证引入的新线与高速站有方便的通路，高速线与引入新线在枢纽内的进站线路疏解要提前规划；近期高速线与远期高速线在枢纽内客运站的作业分工应互相结合；近、远期动车段及综合维修基地应统筹安排。

高速铁路引入既有枢纽的方式，按其引入线的平、纵断面不同，有平面引入、高架引入、地下引入三种方式；按其引入客运站类别不同，有引入既有站（高速铁路与既有铁路共用车站的方案）和引入新建站（分设方案）的两种方式。按高速铁路引入枢纽内的走向和既有线的关系不同分为并行引入、并线引入和分线引入三种方式。

（1）并行引入方式。

高速铁路线 A′B′ 与既有线 AB 在枢纽内并行设计，在既有客运站旁设高架（或地面）高速车场，与既有客运车场横向并列。

这种引入方式对城市功能不产生重新分割。站房可共用，旅客不必出站换乘，可充分利用既有客运设施和市政公用设施。但高速线穿越市区与城市干道交叉，拆迁工程量较大，工程费用较高，高速线在枢纽内的技术条件受到城市建筑限制，将会影响高速列车在枢纽内的运行速度。

（2）并线引入方式。

图 3-15 所示为高速铁路在枢纽后方站（即进入枢纽前的一个车站）与既有线合并后，再利用既有正线引入枢纽（图 3-16）内主要客运站。

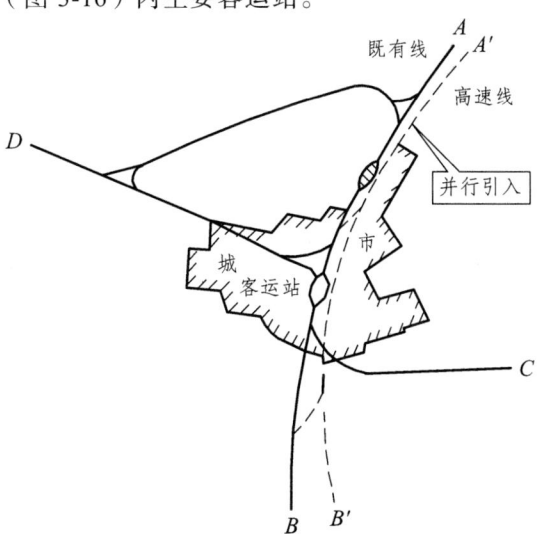

图 3-15 高速铁路并行引入枢纽站示意图

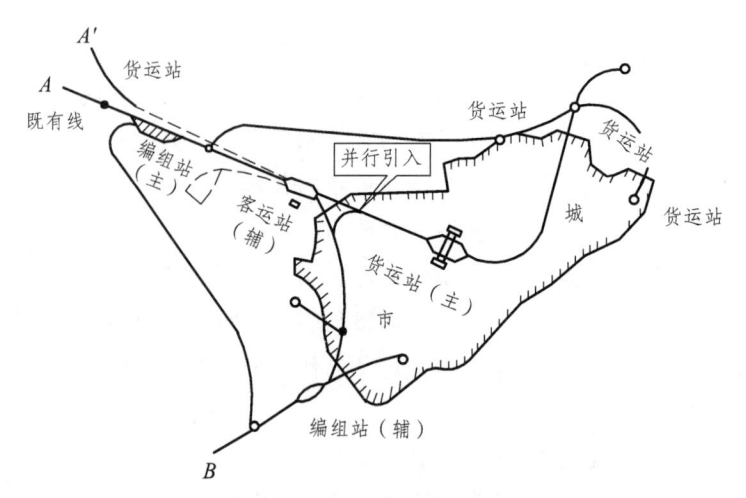

图 3-16 高速线与既有线并线引入枢纽示意图

这种引入方式工程量较小，节约城市用地，拆迁工程量也少，高速线对城市干扰小。但高速列车在枢纽内的合并区间，受到曲线半径等技术条件制约需减速运行，且由于该区间客、货混跑，造成通过能力紧张，这种方式在既有线有较大富余通过能力时适合采用。

（3）分线引入方式。

图 3-17 所示为高速铁路在枢纽内走行时与既有线分开，进入枢纽内新建的高速车站，图中高速线 $A'B'$ 进出枢纽都与既有线 AB 分开。高速线 $A'B'$ 在大江上游新桥过江后，引入城市南侧边缘新建高速站，在枢纽内编组站附近再与既有线并行，在枢纽进出口处用 a、b 联络线与既有线相联接。

这种引入方式对城市环境影响少，拆迁工程量小，有利于扩大枢纽的客运能力，高速线的施工不影响运营。但新建高速站远离城市中心，不利于吸引客流，且与既有主要客运站相隔较甚远，不利于旅客换乘。

选择何种引入方式，应根据以上所述的一些基本原则和要求并根据现有的城市规划和现有枢纽的具体条件进行多种方案比选后予以确定。

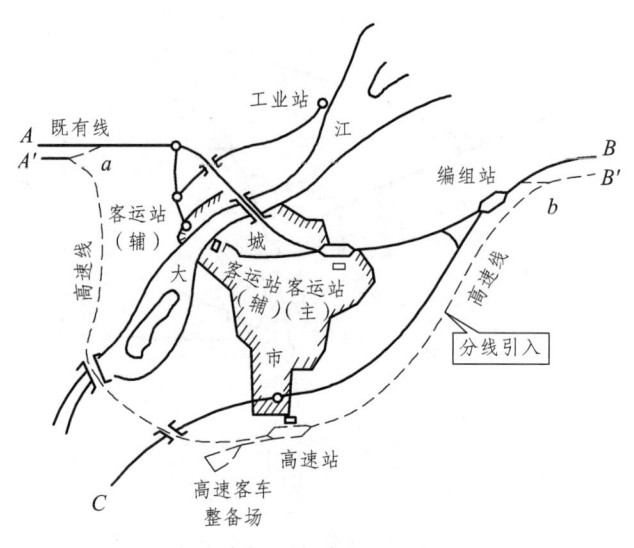

图 3-17 高速线与既有线分线引入枢纽示意图

复习思考题

1. 车站按照业务性质和按照技术作业性质如何分类？
2. 目前铁路总公司对铁路车站等级如何划分？
3. 简单叙述编组站的作业内容，有哪些设备？
4. 说说编组站、区段站、和中间站之间的区别在哪里？有哪些共同点？
5. 我国高速铁路车站主要有哪些类型？
6. 高速铁路车站间距有何要求？
7. 说说高速铁路车站有哪些设备？办理哪些业务？
8. 高速铁路与既有线衔接需要考虑哪些方面？

第四章　高速铁路动车组

一、高速铁路动车组的特点

1. 铁路速度的划分

根据铁路线路允许运行的最高时速作以下划分：
普通铁路：100～160 km/h；　　快速铁路：160～200 km/h；
高速铁路：>200 km/h（既有线改造），>250 km/h（新建线）。

2. 动车组的概念

把动力装置分散安装在每节车厢上，使其既具有牵引力，又可以载客，这样的客车车辆便叫作动车。而动车组就是几节自带动力的车辆加几节不带动力的车辆编成一组。带动力的车辆叫动车，不带动力的车辆叫拖车组。动车组技术源于地铁，是一种动力分散技术。一般情况下，我们乘坐的普通列车是依靠机车牵引的，车厢本身并不具有动力，是一种动力集中技术。而采用了"动车组"的列车，车厢本身也具有动力，运行的时候，不光是机车带动，车厢也会"自己跑"，这样把动力分散，更能达到高速的效果。作为一种适合铁路中短途旅客运输的现代化交通工具。因此可以概括的讲，动车组是自带动力的，固定编组的，能够两端同时驾驶，配备现代化服务设施的旅客列车单元。

3. 动车组的优点

单纯就原理来讲，动车组不比传统列车更有优势，反而增加了编组和维护的麻烦。但在实际应用中，具体车型与具体应用环境的恰当结合能让动车组拥有传统列车不具备的巨大优势。动车组一般具有加速能力强、爬坡能力强、换向方便等优点，如图4-1所示。

1）加速能力强

在中国，与传统列车相比，动车组比较突出的优点可发挥的牵引力更大。中国铁路上的传统客运列车一般是一台机车牵引大编组客车，机车88 t或132 t，客车编组880 t～1100 t，动力集中，动拖比非常小，导致列车可发挥牵引力很小。而动车组多为动力分散；即使偶有动力集中型号，其动拖比仍然大于传统的大编组客运列车，在功率充足和技术条件相仿的情况下做同吨位折算，在车轮出现空转之前，动车组能比传统列车发挥出更大的牵引力。这同时导致两个特征：动车组加速能力更强，也能更从容地应付陡坡。

加速能力强，列车出站或通过限速缓行区段后能在短时间内恢复到正常运营速度。对于旅客而言，这意味着列车在同样的运行时间里能停靠更多车站，方便出行，或者在线路良莠

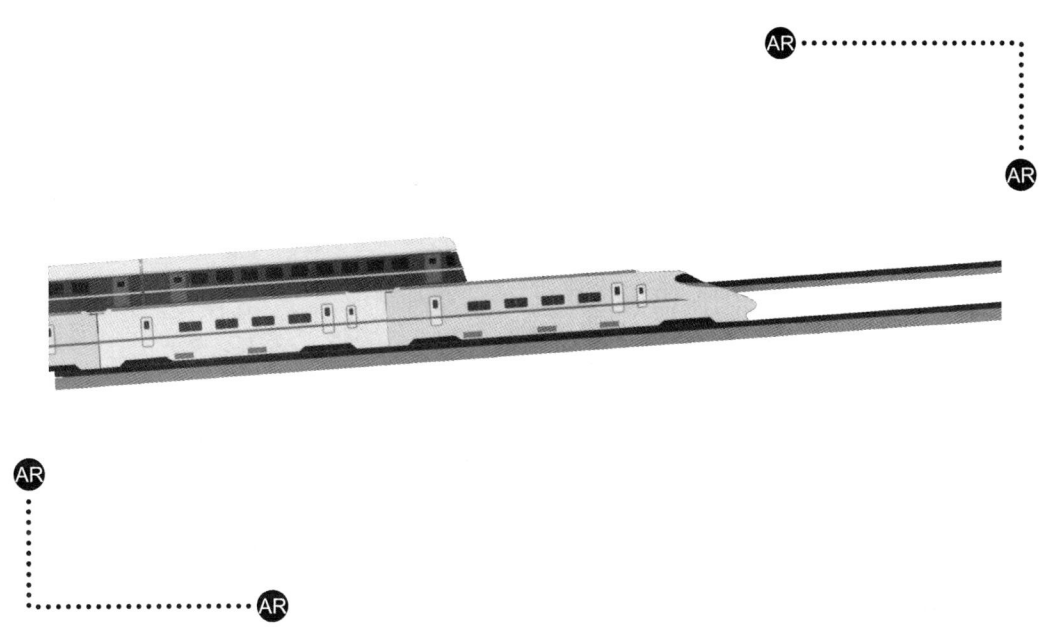

图 4-1 动车组的优点

不齐时旅行时间比传统大编组客车更短；对于技术管理部门，这意味着列车起动、加速附加时间稍，更容易调度，更容易提高铁路的运用效率；而对于生产厂家，这意味着不必为了保证列车平均速度而拼命去提高列车最高允许速度的独木桥——这同时节省了造车成本和修路成本。动车组的动力分散化程度越高，这个特征越明显。

小编组的传统列车、双机车牵引的传统列车和某些双节机车牵引的传统列车确实可以进入弱动力分散领域，拥有较高的加速能力，但在国内这样的列车只是少数，没有普遍意义。

2) 爬坡能力强

这个特征在上以特征中已附带提及。同样，动车组的动力分散化程度越高，这个特征越明显。强分散动力动车组在功率充足的情况下能在 2% 的连续坡道上仍然能保持准高速或者高速运行的能力，而动力集中的传统列车只能慢慢蹭上去。

CRH 系列的高速列车都是动力分散动车组，强悍的爬坡能力为高速铁路的选线提供了极大便利，能有效降低线路修建与维护成本。传统列车不具备在连续大坡度线路上以高速或准高速通过的能力，所以是靠更先进的动力分散技术来实现。

3) 换向方便

中国的传统列车，运营中的换向步骤是"进站停车-摘除前端机车-列尾重新挂上机车-再次开出"。而动车组，只要仍然保持在正常的成组运营状态，则列车两端必然由司机室，每个司机室都可以操控整列车上的动力与制动设备，换向时只需要司机前往列车另一端的司机室。这省掉了机车调车作业的步骤，从而节省了换向时间，也减少了车站线路被机车调车占用的时间，还降低了因摘车、挂车事故导致人身伤害的几率。传统列车也确实可以做到这一点。列车两端都挂上机车，或者一端挂机车而另外一端挂带司机室的控制车，再用重联缆线贯通整列车，让两端的司机室都能操控整个列车的运行于制动能力，即可实现换向不摘挂。但国内不存在这种运营模式，所以运营中换向不摘挂在国内只是动车组的专利。

- 87 -

4. 动车组六大关键技术上特点

动车组的六大关键技术包括集成创新、牵引技术、高速制动技术、车体轻量化技术、高速转向架技术和网络及列车运行自动控制技术，其特点如图4-2所示。

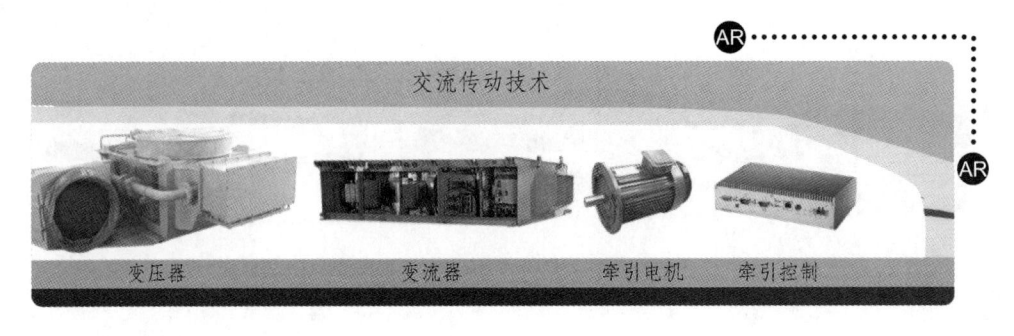

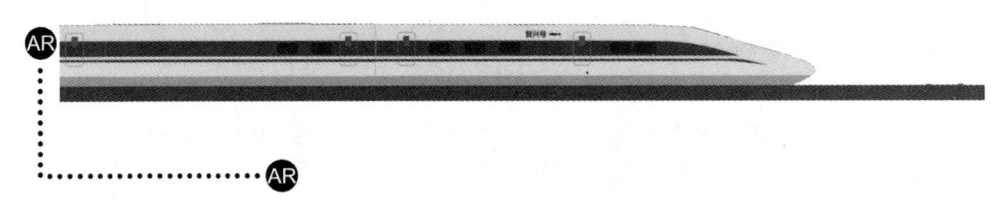

图4-2 动车组六大关键技术

1）集成创新

一列动车组大约有8000个零部件组成，涉及电子、微电子、计算机技术、网络技术、通讯技术，涉及到机械加工、非金属等等。再生产过程中，直接设计的企业有100多个，中国人用自己的智慧完全掌握了系统集成的技术。我们在第六次大提速的动车组全部使用国产化生产的。

2）牵引技术

交流传动技术，交流传动技术是世界上高速列车的核心技术之一。我们通过引进消化吸收，完全掌握了大功率的交流传动技术，现在的动车组——列车交流传动的功率可以做到单个电机功率586 kW，而且采用世界上最先进的电流IPG技术。在这里它有变压器、变流器、牵引电机、牵引控制四个关键技术。

3）高速制动技术

高速列车的制动技术是涉及行车安全的，我国现在采用的制动是再生制动，列车速度在250 km/h实施制动以后，从200 km降到90 km左右完全是靠电机反向旋转，利用列车的巨大惯性产生电能再往上输电，这一段是没有任何机械磨损的，是一个非常绿色的、环保的技术，只有当列车的速度降到90 km以下才开始实施第二阶段的机械制动。200 km的列车制动距离小于2000 m，完全达到世界先进水平。

4）车体轻量化技术

高速列车重要技术之一是要轻量化，列车运行每牵引1 t质量大约要消耗12个kW，到

300 km 的时候,每牵引一吨大约要消耗 16~17 kW,因此,世界各国都在轻量技术上进行了竞争。我国生产的动车组,车体重量比传统客车减轻一半,轻量化技术达到标准。

5) 高速转向架技术

专项化技术也就是走行技术。走行技术简单的讲,要求动车组在 200 km、350 km 运行的时候,要有比较好的稳定技术,这是安全性指标。还要有很好的平稳性,这是舒适性指标。还要有比较好的曲线通过能力,在转向技术方面我国已经达到了世界先进水平,现在的转向架技术最高运营速度可以达到 380 km/h。

6) 网络及列车运行自动控制技术

在动车组上为旅客提供的大量的服务设施是要靠电子计算机来控制的,整个列车实行两级网络,对全列车所有设施设备进行监控、控制。计算机、通信、控制技术与信号技术集成为一个自动化水平很高的列车运行自动控制系统(简称列控系统)。列控系统不仅在行车安全方面提供了根本保障,而且在行车自动化控制、运营效率的提高及管理自动化等方面,提供了完善的功能,并向着运输综合自动化的方向发展,列控系统技术是现代化铁路的重要标志之一。列车运行控制系统是保证列车安全、高效运行的重要设备。自动列车控制系统 ATC 是(automatic train control system),ATP,ATO,ATS 都是在 ATC 下的子系统,ATP 为(automatic train protection)自动列车防护系统,ATO(automatic train operation)自动列车运行系统,ATS(automatic train supervision)自动列车监督系统. 联锁系统已经部分的归到 ATP 中,如 ATP 计算机产生轨道速度低频码,主要功能是超速防护实施紧急制动,ATO 的作用主要是实现自动驾驶,包括按运行曲线运行,车门控制和停车校准,列车折返。ATS 分为控制中心和车站设备。ATC 已经成为国际通用规程。

二、我国的 CRH 型动车组

高速动车组已在日本、德、法等国家广泛运营,我国已从这些国家引进了技术,自己生产。我国研发的动车组代码为 CRH(China Railway High-speed),是中国高速铁路的缩写。目前已生产有 CRH1、CHR2、CRH3、CRH5、CRH380 等几种型号。其时速均在 200 km 以上,具有安全、高速、高效、便捷、环保的特点。车组中车辆缩写分别为汉语拼音:一等座车 ZY,二等座车 ZE,软卧 RW,硬卧车 YW,餐车(酒吧)CA,二等/餐车 ZEC、餐车卧车合造车 CW,一列车组为 8 个车固定编组。运用状态不得解编,两列同型动车组可重联运行组成 16 车编组。否则不可重联。

CRH 是中国高速铁路的简称,就像法国高铁称 TGV,德国高铁称 ICE,日本称新干线一样。按照铁道部的指示,所有 CRH 车辆均会被命名为"和谐号"。

现在中国高铁有六种车型。

CRH1:由四方厂和加拿大庞巴迪公司联合生产;

CRH2:由四方厂和日本川崎重工联合生产;

CRH3:由唐山机车厂和德国西门子公司联合生产,也在中国跑的最快在京津城际铁能跑 350 km/h;

CRH5：长春客车厂和法国阿尔斯通公司生生产；

CRH380：我国在上述四种的基础上经我国自主研发形成了一种新型车。

1. CRH1 型动车组

铁道部为国营铁路进行第六次大提速，于 2004 年起向庞巴迪运输和青岛四方–庞巴迪–鲍尔铁路运输设备有限公司订购的高速列车车款之一（图 4-3）。

图 4-3　CRH1 型动车组

CRH1A：CRH1 型动车组的原型车是庞巴迪运输为瑞典 SJ AB 提供的 Regina C2008 型。首批订购 40 组，合同编号 790，动车编号为 CRH1-001A ~ CRH1-040A，编组方式是全列 8 节，包括 5 节动车配 3 节拖车（5M3T），最高运营速度为 200km/h，全部由青岛四方–庞巴迪–鲍尔铁路运输设备有限公司（BSP）生产。第一组 CRH1 于 2006 年 8 月 30 日在广深线进行测试。CRH1 型也是广深线首次使用电联车。2007 年 2 月 1 日，CRH1 正式开始在广深线投入服务。

CRH1B：BSP 在 2007 年 10 月 31 日再获得铁道部 40 列 16 辆编组动车组新订单，合同编号 796。其中 20 列是以 CRH1 为基础的 16 节车厢的大编组座车动车组，名称为 CRH1B，编号为 CRH1-041B ~ CRH1-060B。编组方式扩大至全列 16 节，包括 10 节动车配 6 节拖车（10M6T），最高运营速度为 200 ~ 250 km/h，而车体外观不变。2009 年 3 月 5 日，第一列 CRH1B 型动车组完成了 BSP 公司内部的环形线测试。3 月 8 日已开始在北京环行铁道试验。按照计划，首批 CRH1B 动车组将会在 3 月底配属上海铁路局，运行上海至南京的城际列车。

CRH1E：而合同中另外 20 列将以庞巴迪新研发的 ZEFIRO 系列为基础，为 16 节车厢的大编组卧铺动车组，每组包括 10 节动车配 6 节拖车（10M6T），最高运营速度为 200 ~ 250 km/h。编组中有豪华软卧车、软卧车、二等座车、餐车。整批 20 列 CRH1E 计划会在 2009 年 5 月至 2010 年 8 月之间交付。

动车组编号解释（其他车型相相似）

列车编号　　xxx：列车编号（001 ~ 060）；

CRH1A 型列车为 001 ~ 040；

CRH1B 型列车为 041 ~ 060。

车厢型号　　ZY：一等座车（First Class Coach）；

ZE：二等座车（Second Class Coach）；
ZEC：二等座车/餐车（Second Class Coach/Dining Car）；
CA：餐车（Dining Car）。
车厢型号的含义　Z：Zuo（拼音），座，座车；
Y：Yi（拼音），一，一等；
E：Er（拼音），二，二等；
C/CA：Can（拼音），餐，餐车。
车厢类型　　　　M：动力车厢，T：拖动车厢。

当中编号00及01的车厢拥有驾驶室，车体两侧标有车身编号CRH1—xxxA（001~040）或CRH1—xxxB（041~060）；8节编组的CRH1A，在编号02及07的车厢拥有集电弓；16节编组的CRH1B，在编号10及15的车厢拥有集电弓；重联运用：CRH1A型列车可透过两组重联方式增至16节。

由青岛四方—庞巴迪—鲍尔铁路运输设备有限公司制造，既有快速、舒适、可靠的特点，又满足了中国铁路客运的和大运量的需求。全车设一等车、二等车、餐车等，配备有残疾卫生间。列车定员668人，两列重联编组或提供1336个座席。全部动力在车底下，动力分散，起动加速很快，停车也快。沪昆线是宽体客车，车厢要宽一些，定员680人，定员比一般车多两节，灯光布置和坐椅较舒适，宽敞明亮，自动化程度较高。

2. CRH2型动车组（图4-4）

图4-4　CRH2型获2007年度全国铁路科学技术奖一等奖

CRH2系列为动力分布式、交流传动的电力动车组，采用了铝合金空心型材车体。CRH2A型电动车组CRH2A基本上与日本的原型车E2系相同，并使用与E2系相同的牵引电动机，按照中国国情及铁路标准而作出适当的改动。首批60列时速200千米级别动车组正式定型为CRH2A（编号CRH2-001A~CRH2060A），编组方式是4节动车配4节拖车（4M4T），每4节为一个单元，时速200 km级别（标称时速200 km/h，最高速度250 km/h）。首批60列CRH2A于2007年11月底全数交付。第六次提速调图后运行于京广、京沪、浙赣、胶济等线上。

CRH2A：第一批CRH2型电动车组为数60列（编号CRH2-001A~CRH2060A），编组方

式是4节动车配4节拖车（4M4T），每4节为一个单元，速度级别属A型（标称时速200 km），最高营运时速为250 km，用于经改造的既有路线上。

CRH2C：第二批CRH2型电动车组编号由CRH2-061C开始，是以CRH2A型设计作为基础上进行修改，改动包括把动车数量增至6节（6M2T），使用DSA350型高速受电弓，以及在电弓两旁加装挡板等。列车速度级别属C型（标称时速300 km），最高营运时速为350 km，会用于新建的高速客运专线上。

CRH2B：除2A及2C型外，四方又设计出16节长大编组的CRH2B型电动车组，（编号CRH2-111B～CRH2-120B），级别属B型（标称时速200 km），最高营运时速为250 km。

CRH2E：除2A、2B及2C型外，四方又设计出16节长大编组的CRH2E型卧铺电力动车组，列车编号由CRH2-121E开始，级别属E型（标称时速200 km），最高营运时速为250 km。

3. CRH3型动车组

CRH3动车组为4动4拖8辆编组，采用电力牵引交流传动方式，由2个牵引单元组成，每个牵引单元按两动一拖构成。动车组具有良好的气动外形，其载客速度为350 km/h，最高试验速度为404 km/h。两端为司机室，列车正常运行时由前端司机室操纵。两列动车组可以联挂运行，自动解编。CRH3动车组（图4-5）设置一等座车一辆、二等座车6辆和一辆带厨房的二等座车。一等车厢座席采取2+2布置，二等车车厢座席采取2+3布置，除带厨房的二等座车采用固定座椅外，其余车型均采用了可旋转座椅，全车定员557人。

图4-5 CRH3型动车组

技术特点：

CRH3车体采用大型挤压中空铝型材焊接而成，司机室采用弯曲铝型材梁和板状铝型材作蒙皮的焊接结构。车体的强度按EN12663进行设计。

防火安全性按DIN5510和EN45545设计，火灾发生后，可以80 km/h的速度运行10 min的要求，车体、电气柜和重要电缆、外端门、重要电缆和系统的防护、材料选择等都采用特殊的设计。

转向架采用经过实践验证、性能优良的 SF500 转向架。为适应车体的加宽和速度的要求，仅对枕梁、减振器、弹簧参数、传动比等进行了适应性的改变和优化。

牵引系统与 Velaro E 动车组基本相同，牵引功率相同为 8800 kW，牵引部件分散配置在 6 辆车上。主变压器设计成单制式的变压器，容量为 5.6 MVA，与 Velaro E 动车组不同的是它取消了辅助绕组。主变压器采用强迫导向油循环风冷方式，当变压器冷却系统的风机故障时，车辆的可用牵引力只减少 25%。牵引变流器采用结构紧凑，易于运用和检修的模块化结构，相模块采用的半导体元件是 IGBT。

辅助供电系统采用列车线供电方式，由分散布置在若干车厢的各电源设备向干线供电。车辆的车载电源的电力是通过牵引变流器的直流环节获得的。辅助变流器（ACU）把直流电转换为车辆的车载电源系统的三相交流电。

网络控制系统由列车控制微机网络系统完成信息传输功能。列车控制网络系统由两级传输组成：MVB 和 WTB。列车通信和控制微机网络系统应为车载分布式计算机网络系统。可由多级网络构成。通讯协议基本上基于标准 VIC556 和 IEC61375-1：1999。

时速 350 km CRH3 型"和谐号"动车组是我国高速客运铁路网的主型车，拥有完全自主知识产权、具有世界先进水平。曾在全长 1069 km 的武广铁路客运专线的两列"重联"长距离高速试运行中，创造了 394.2 km 的世界铁路"重联"运营最高时速，彰显了我国高速动车组技术自主创新的最新成果。

中国北车在研制 CRH3 "和谐号"动车组过程中，系统创新了大断面宽车体、高速轮轨、高速受流、高速制动、人机界面等关键技术，在牵引系统、制动系统、高速转向架、车体空气动力学等方面的技术处于世界领先地位，牵引功率达 8800 kW，具有更好的启动加速和持续高速运行的能力。CRH3 动车组武广高铁正式投入运营后，武广全程运行时间从过去的 10 小时 30 分缩短至 3 小时 08 分，列车最高时速达 350 km，平均时速超过 341 km。

4. CRH5 型动车组

铁道部为中国铁路第六次大提速，向法国的阿尔斯通公司和中国北车集团的长春轨道客车股份有限公司订购的高速电动车组。CRH5 型动车组（图 4-6）技术引进自法国阿尔斯通公司的高速列车车型。

图 4-6 CRH5 型动车组

CRH5 型动车组是以法国阿尔斯通的 Pendolino 宽体摆式列车为基础，但取消了装设的摆式功能，车体以法国阿尔斯通为芬兰国铁提供的 SM3 动车组为原型。由中国北车集团长春轨道客车股份有限公司（联合法国阿尔斯通）负责在国内生产。经中国铁道部证实"阿尔斯通已经同意将 7 项关键技术转移给中国方面。

CRH5 型电动车组采用动力分布式设计，每列编组 8 节车。5 节动车和 3 节拖车(5M/3T)，运营速度 200 km 级别（设计最高营运速度为 250 km/h）。列车可通过两组联挂方式增至 16 节。列车设有一等座车（ZY）、二等座车（ZE）和带酒吧的二等座车/餐车（ZEC）。其中一等座采用 2+2 方式布置，二等座为 2+3 布置。其中有 38 列 CRH5A（编号为 CRH5-013A—CRH5-042A、CRH5-054A—CRH5-060A）的一等、二等座椅均可以回转，其他为固定式样。

CRH5 型动车组对原型车的进行了大改动，正式运营初期的故障率相对比较高。在耐寒性方面较优良，其承受温度最高可达 ±40 °C，因此大多数被安排于中国北方尤其是东北地区运行。

直至 2009 年 10 月，已经出厂的 CRH5A 型动车组被分配往北京、沈阳、哈尔滨、济南、西安、郑州及太原等铁路局投入运营。

5. CRH380 型动车组

CRH380A 型动车组（图 4-7），为营运新建的高速城际铁路及客运专线，2010 年由南车青岛四方机车车辆股份有限公司在 CRH2C(CRH2-300)型电力动车组基础上自主研发的 CRH 系列高速电力动车组，也是"中国高速列车自主创新联合行动计划"的重点项目，是世界上商业运营速度最快、科技含量最高、系统匹配最优的动车组，最高时速 380 km。后期衍生车型有 CRH380AL、CRH380B、CRH380C、CRH380D、CRH380E 等系列。

图 4-7　CRH380 型动车组

三、动车组列车组成和主要参数（以 CRH2 为例）

1. 编组

CRH2 型动车组运营速度为 200 km/h，可在中国铁路既有线路（指定区间）和客运专线上运行。动车组采用 8 辆编组，4 动 4 拖，由两个动力单元组成，每个动力单元由 2 个动车和 2 个拖车(T-M-M-T)组成。CRH2 型动车组编组见图 4-8，动车组编组代号意义参见表 4-1。

动车组前后两端都设有驾驶室，列车通常运行时在前端的驾驶室内进行操作。受电弓设在 4 号和 6 号车上，动车组运行时采用单弓受流，另一受电弓处于折叠状态。两列动车组可联挂运行，联挂时受电弓采取双弓受流。

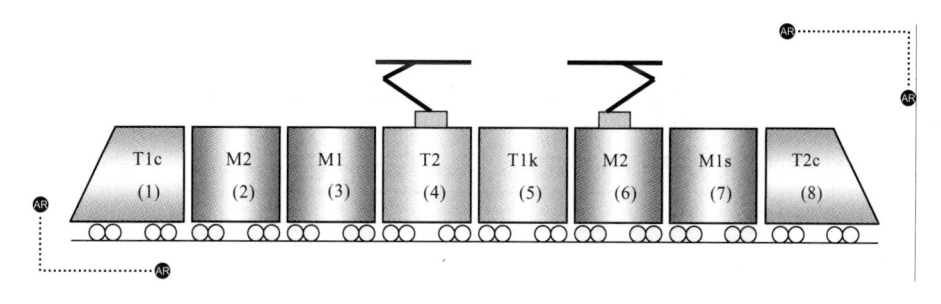

图 4-8 CRH2 型动车组编组示意图

表 4-1 动车组编组代号含义表

车辆代号	类 型	符号意义及说明
T	T1c，T1k	Trailer Coach——拖车
M	M1，M2，M1s	Motor Coach——动车
c	T1c，T2c	Driving Trailer Coach——带驾驶室的拖车（c—cabin）
k	T1k	Stand corner Coach——带餐车的拖车（k—kitchen）
s	M1s	First Class Coach——头等车（s—special）

2. 轴重配置

动车组各车的质量如表 4-2 所示，列车定员 610 人，最大轴重为 14 t，最小轴重 11.7 t。

表 4-2 CRH2 型动车组各车辆的质量

车 号	1	2	3	4	5	6	7	8	备 注
形式代号	T1c	M2	M1	T2	T1k	M2	M1s	T2c	
整备重量/t	42.8	48	46.5	42	44.1	48	46.8	41.5	
定员/人	55	100	85	100	55	100	51	64	合计 610 人
乘客重量/t	4.4	8.0	6.8	8.0	4.4	8.0	4.1	5.1	80 kg/人
定员重量/t	47.2	56.0	53.3	50.0	48.5	56.0	50.9	46.6	编组整体质量 408.5
平均轴重/t	11.8	14.0	13.3	12.5	12.1	14.0	12.7	11.7	

3. 车辆定位

车辆的定位、转向架、车轴及车轮的编号按图 4-9 进行定义。

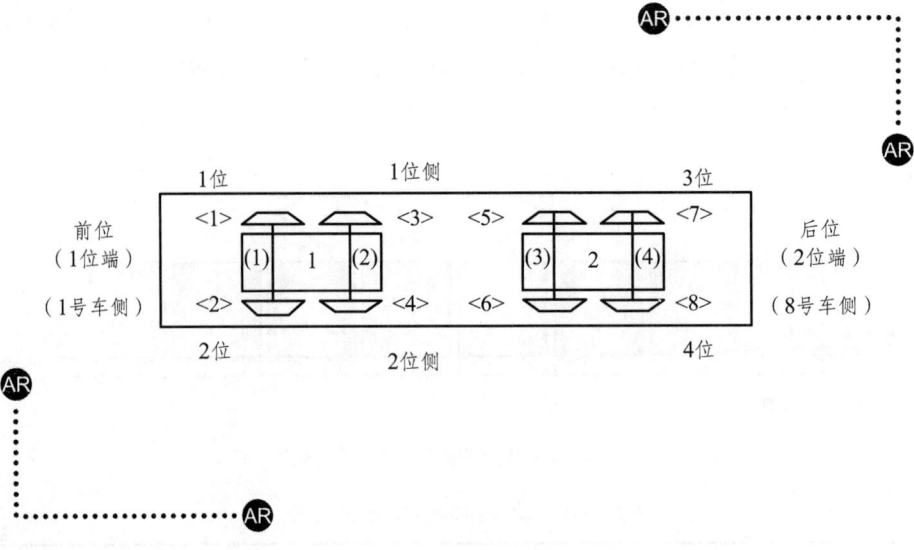

{x}：转向架编号　　(x)：车轴编号　　<x>：车轮编号

图 4-9　车辆定位、转向架、车轴及车轮编号的定义

4. 车内主要设备配置

CRH2 型动车组各车辆的车内主要设备如表 4-3 所示。

表 4-3　各车厢内主要设备

车号	代号	定员	主要设备	其他
1	T1c	55	二等车、司机室 坐式厕所、洗脸间、小便间	禁烟车厢
2	M2	100	二等车、饮水机**	禁烟车厢
3	M1	85	二等车、备品室 坐式厕所、洗脸间、小便间	
4	T2	100	二等车、饮水机**	安装受电弓，禁烟车厢
5	T1k	55	二等车、酒吧餐饮区、电话间 坐式厕所、洗脸间、小便间	禁烟车厢
6	M2	100	二等车、饮水机**	安装受电弓
7	M1s	51	一等车、多功能室、乘务员室、备品室 坐式厕所、洗脸间、小便间	适应残疾人使用的车厢，禁烟车厢
8	T2c	64	二等车、司机室、饮水机**	禁烟车厢

5. 车下设备布置

CRH2 型动车组的大型设备均安装在车下设备舱内，如牵引变压器、牵引变流器、辅助电源装置、控制回路分线箱、蓄电池箱、接触器箱等，各车辆车下布置的设备见表 4-4。

表 4-4　各车厢车下主要设备

车号	代号	主要设备
1	T1c	STM 轨道信号接收装置（2 个）、Balise 天线、换气装置及换气装置逆变器、辅助电源装置（APU）、辅助整流装置、空调装置（2 个）、污物箱组成、水箱装置控制、控制回路接线箱、踏面清扫用电磁阀、制动控制装置、司机室空调室外机
2	M2	牵引变压器（MTr）、牵引变流器、高压设备箱、蓄电池箱、接触器箱、控制回路接线箱（2 个）、接地电阻器、变流器（CT1 和 CT3）、外接电源连接器、空调装置（2 个）、换气装置及换气装置逆变器、牵引电机用送风机、制动控制装置、辅助空气压缩机
3	M1	牵引变流器、控制回路接线箱（2 个）、辅助回路接线箱、接地电阻器、空调装置（2 个）、换气装置及换气装置逆变器、牵引电机用送风机、制动控制装置、主空气压缩机、水箱装置、污物箱装置
4	T2	蓄电池箱、接触器箱、控制回路接线箱（2 个）、空调装置（2 个）、换气装置及换气装置逆变器、制动控制装置、辅助空气压缩机
5	T1k	控制回路接线箱（2 个）、辅助回路接线箱、空调装置（2 个）、换气装置及换气装置逆变器、制动控制装置、主空气压缩机、水箱装置、污物箱装置
6	M2	同 2 号车
7	M1s	牵引变流器、控制回路接线箱（2 个）、辅助回路接线箱、接地电阻器、空调装置（2 个）、换气装置及换气装置逆变器、牵引电机用送风机、制动控制装置、主空气压缩机、水箱装置、污物箱装置
8	T2c	STM 轨道信号接收装置（2 个）、Balise 天线、换气装置及换气装置逆变器、辅助电源装置（APU）、辅助整流装置、空调装置（2 个）、控制回路接线箱、踏面清扫用电磁阀、制动控制装置、司机室空调室外机、蓄电池箱

6. 车顶设备布置

车顶设备主要包括：受电弓及附属装置、接地保护开关、高压电缆、高压电缆连接器、各种无线天线见图 4-10，具体设备见表 4-5。

表 4-5　各车厢车顶主要设备

车号	代号	主要设备
1	T1c	无线天线
2	M2	高压电缆、电缆连接器
3	M1	高压电缆、电缆连接器
4	T2	绝缘子、受电弓、接地保护开关、电缆连接器*、T 形电缆连接器、倾斜型电缆连接器
5	T1k	高压电缆、电缆连接器、倾斜型电缆连接器
6	M2	绝缘子、受电弓、接地接地开关、L 形电缆连接器、三分路电缆连接器
7	M1s	FM 天线
8	T2c	无线天线

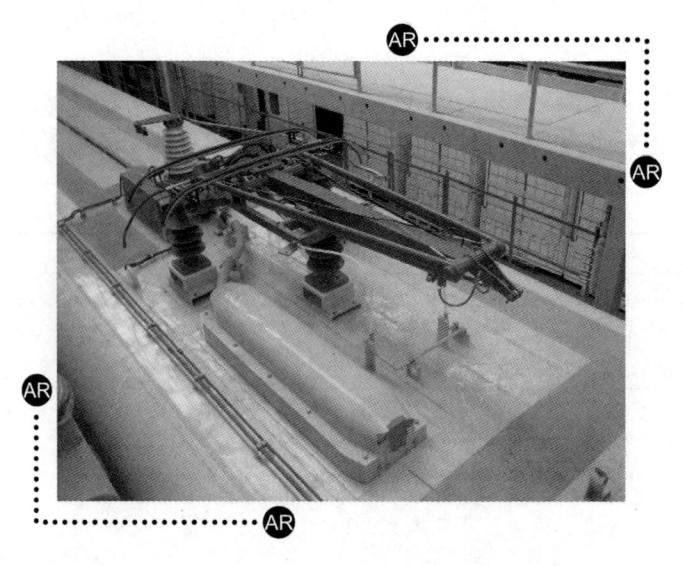

图 4-10 受电弓及附属设备

四、动车组主体结构（以 CRH2 为例）

1. 司机室

动车组两头车各设一个司机室，两个司机室的设备布置相同，设有司机席和助手席；在驾驶室后部设置了两组弹簧升降式座椅，供乘务员乘车时使用；在操作台上分别设有制动和牵引手柄，可以进行自动和手动驾驶，操作台正面有三个显示屏，分别有速度信息、运行信息和列车信息显示，其中列车信息反映的内容比较丰富，包括了列车车门、车内电气和牵引系统等设备的工作状态，有关旅客信息和维修故障信息等。在司机座位的左边有两台电话，一台可以与调度直接联系，以全线铺设的漏泄电缆实现无线通信，一台可向列车广播。

2. 高速转向架

动车组每节车厢下有两个转向架（图 4-11）。动车下是动力转向架，拖车下是拖车转向架。动力转向架由构架、轮对轴箱、牵引装置、基础制动装置、二系悬挂装置、牵引电机、驱动装置组成。每台动力转向架有两根动力轴，电机采用架悬方式。拖车转向架组成结构基本一致，但没有牵引电机和驱动装置。

3. 车钩及缓冲装置

动车组两端设有全自动车钩，车辆间由半自动车钩联接。车钩均采用密接方式，全自动车钩内有机械、空气、电气连接机构和通路，半自动车钩内有机械、空气连接机构和通路。缓冲器采用基层橡胶方式，位于车钩后端，可缓冲车厢间的压缩和拉伸的冲击。车钩及缓冲器可以在不架起车体的情况下拆装和检修。

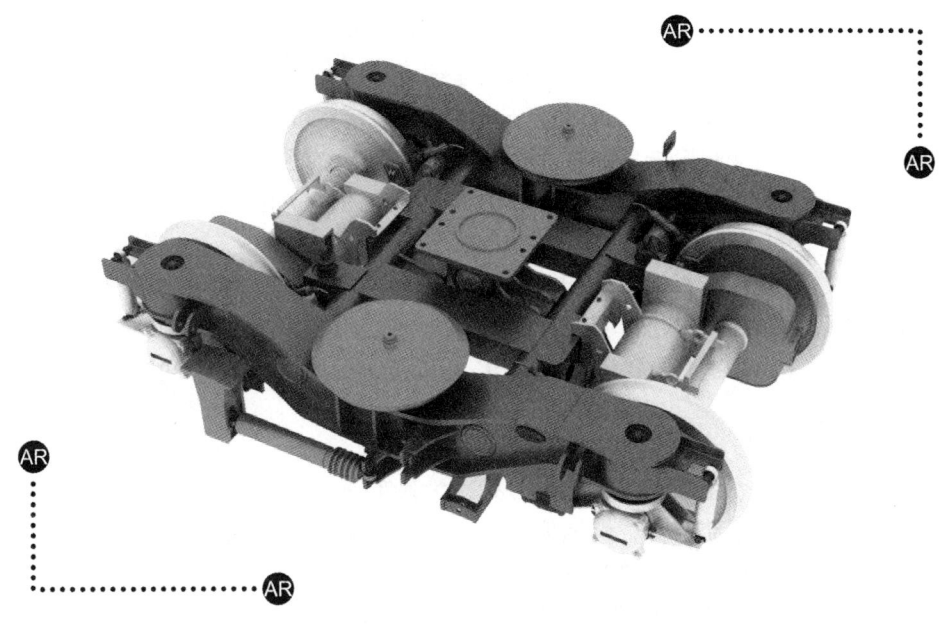

图 4-11 动车组转向架

4. 牵引装置

CRH2 型动车组采用感应电动机 VVVF 逆变器控制方式,有四个动车,共 16 个电机,电机功率 300 kW,动车组牵引总功率 4800 kW,动车组运营速度为 200 km/h,最高试验速度为 250 km/h。定员载荷时动车组平直道上的启动加速度为 0.406 m/s^2;200 km/h 运行时,其剩余加速度为 0.12 m/s^2。动车组损失 25% 的动力时,平直道上的平衡速度大于 200 km/h。动车组在逆风风速 15 m/s 时也能正常营运。

5. 制动装置

CRH2 型动车组的制动采用带滑行控制的电气再生制动和电气指令式空气制动的复合制动方式,利用防滑行控制来提高粘着力。

制动时,进行与速度 - 粘着形式相对应的制动力控制,设置滑行检测和载重调节功能,以保证准确的停车位置。动车组制动方式有:

常用制动——根据指令的阶段控制方式;
紧急制动——平时励磁方式(由指令线断路来使紧急制动动作);
快速制动——平时励磁方式(由环形电路断路来使快速制动动作);
辅助制动——制动控制装置不良时使用,只对两端的车辆起作用;
耐雪制动——防止雪天雪块嵌入制动盘和闸瓦间。
制动可采用 ATP/LKJ 自动控制及手动控制。

对于快速制动,在平坦线路上的制动距离或减速必须满足列车追行间隔的要求,即制动初速度为 200 km/h 时小于 2000 m,制动初速度为 160 km/h 时小于 1400 m。

6. 空调装置

CRH2 型动车组每辆车下均设两台空调机组和一台用于提供新风和排放废气的换气装

置。空调机组的控制由内置的变频控制完成,变频控制通过比较设置在空调显示设定器设定的温度值和客室内检测温度值,对空调机组的压缩机、室外送风机、室内送风机进行变频控制,对电加热器空气处理设备进行通断控制,实现对客室空气的制冷及加热。

为防止客室外压力变化影响客室内,地板下安装了客室通风用供排气一体的换气装置。客室内通风采用换气装置连续进行,并且其结构采用在通过隧道时能控制客室外压力急剧变化的结构。

空调系统能够保证动车组如下性能:夏季,外部气温 33 ℃、相对湿度 80% 及 150% 定员时,客室温度可保持在 26 ℃ 以下;气温 40 ℃、相对湿度 55% 及 100% 定员时,客室温度可保持在 28 ℃ 以下;冬季,气温为 −15 ℃ 时,客室温度可保持在 20 ℃ 以上。

7. 辅助供电系统

动车组的辅助供电系统采用母线供电方式,为列车辅助设备如冷却通风机、空调装置、照明、网络控制系统、制动装置、旅客信息、列车无线等设备提供电源。

牵引变压器的辅助绕组输出单相 AC 400 V/50 Hz 电源,直接给司机室空调、客室空调、换气装置和辅助电源装置提供电源。辅助电源装置的辅助电源箱(APU)和辅助整流器箱(ARf)可以输出下述多种不同电压的电源:稳压 DC 100 V 电源为客室照明、网络控制系统、制动控制、旅客信息、ATP 等设备供电。辅助供电系统采用冗余设计,当一台牵引变压器出现故障时,可采用故障供电方式,由另一台牵引变压器向整列车供电。当一台辅助电源装置出现故障,另一台辅助电源装置可通过故障供电方式向整列车供电。

8. 信息传输系统

CRH2 型动车组信息系统通过贯穿全列车的总线传输信息,并且对列车运行状况及车载设备动作的相关信息进行集中管理,可以有效地实现对司机和乘务员的辅助作用、加强对设备的保养和提高对乘客的服务质量。列车信息控制系统具有控制指令传输、设备状态监视和故障诊断三大功能。系统由中央装置、终端装置、车内信息显示器和 IC 卡组成,系统功能如下:

(1)牵引、制动指令传输功能;
(2)设备的控制、复位指令传输;
(3)显示灯、蜂鸣器控制指令传输;
(4)司乘人员支持功能;
(5)服务设备控制功能;
(6)数据记录功能;
(7)车上试验功能;
(8)自我诊断传输线;
(9)远程控制功能;
(10)列车信息控制装置的自我诊断功能;
(11)画面显示功能。

9. 旅客信息系统

动车组旅客信息系统是一个能够给旅客提供语音、文字信息或音频、视频服务的系统。

系统能给旅客提供列车当前到站、前方到站、正晚点情况、当前时间、运行速度、临时停车等语言信息。同时，通过信息显示装置看到相关的文字信息。用电到站、正晚点情况，如控制电路分线箱、蓄电池箱、接触器箱等。CRH2充分利用动车组计算机通信网络平台，组成了适应高速动车组旅客信息、运行控制、列车运行安全监测和故障诊断要求的列车信息控制系统。CRH2型动车组的旅客信息系统主要由广播联络系统、无线收音系统、车外信息显示设备、车内信息显示设备、车内标识、列车运行信息显示设备等设备组成。

五、车辆检修制度

1. 我国现行列车检修制度

铁路车辆在运用过程中，零部件会逐渐磨耗、腐蚀和损伤，为使车辆经常处于质量良好状态，确保行车安全并延长车辆使用寿命，必须对铁路车辆进行各种检查和修理工作。国际上通行两种检修制度：一种是计划预防修理制度。即首先摸清车辆主要零部件的损伤规律，然后确定其使用期限，再在此基础上确定合理的检修循环结构和检修周期，使车辆零部件在运用中产生的损伤尚未达到极限时，就能加以修复。另一种是按车辆技术状态修理的制度。即在设备工作寿命期内，将运行设备按照规定的状态值来监察其运行参数，只要设备运行参数在规定的状态限界值以内时，就一律不检修。当运行参数超出规定的状态限界值时，就按照规定工艺进行检修，使其恢复到规定的状态值后继续使用。设备达到有效使用寿命期，则予以更新。这种修理制度在保证设备安全前提下，充分发挥运输设备的内在潜力，力图将检修工作量减小到最低限度。这就是先进的状态修，也是中国铁路车辆将逐步实施的检修制度。

目前我国铁路车辆的检修制度是以计划预防为主，状态修为辅的检修制度，即在计划预防的前提下，逐步扩大实施状态修和主要零部件的专业化集中修，计划预防性检修按修理内容分为定期检修和日常维修两类。

1）定期检修

定期修理制度又称计划预防修理制度，是每当车辆运用一定期限（或千米数）后，进行一定内容的修理工作，这样能有计划地使车辆恢复运用性能，保证良好的技术状态，并避免在下一次定期修理前出现重大的故障。车辆实行定期检修，并逐步扩大实施状态修、换件修和主要零部件的专业化集中修。根据车辆影响安全的各主要零部件磨耗特性曲线，如在零件达到最大允许磨耗程度之时进行修复，则可以重新开始正常的工作。由于各种车辆运程、零件安装位置与承受负荷的差异，出现最大允许磨耗的时间也不相同，因而车辆修理分为一下几种修程。

客车定期检修修程为厂修、段修和辅修三种。货车定期检修修程为厂修、段修、辅修、轴检四种。

厂修——对车辆进行全面检查和彻底修理，并进行必要的现代化技术改造。目的在于恢复车辆的基本技术性能，使修理后接近新造车辆水平。主要部件的技术质量应能保证在一个段修期内正常运用。厂修一般在车辆修理工厂进行，必要时可以在有条件的车辆段进行。

段修——对车辆进行全面检查、重点分析。着重分解检查车辆的走行部、车钩缓冲装置和制动装置等部件。消除故障隐患，修复损坏、磨耗的零部件；按规定更换磨损过限的零部件，防止故障扩大。目的是保持车辆的基本性能，延长车辆的使用寿命，保证车辆安全运行。主要零部件的技术质量应能保证一个段修期。段修在车辆段进行。一般货车的每次段修时间为1天，客车为6天。

辅修——主要对车辆的制动装置和轴箱油润装置进行检修，同时对其他部件进行辅助性修理，以保证这些部件在运用中保持良好的状态。客车的辅修一般在客车整备所车库停留时间内进行，工作内容主要是对制动装置和轴箱进行检查、修理工作，以保证列车在运行中的安全；货车的辅修在检修所（线）进行。

轴检——按辅修的要求，对车辆的轴箱油润装置和其他部分进行检修。摘车轴检在站修线进行，不摘车轴检在列车中进行。两种轴检均应保证在下次辅修到期前不发生轴箱油润装置故障。对象：带滑动轴承的货车。

（1）我国客车的定期检修。

根据我国的国情，我国车辆的检修制度实行定期检修，最高运行速度不超过120 km/h的客车分为厂修、段修，辅修。最高运行速度超过120 km/h的客车，修程为A1，A2，A3，A4。

普通客车（速度不超过120 km/h）定期检修的修程：我国普通客车的定期检修修程分厂修、段修、辅修三级修程。各修程周期的规定见表4-6。

表4-6 普通客车定期检修周期表（年）

序号	车　种	厂修	段修	辅修
1	国际联运车	4	1	0.5
2	22、23型车中的硬卧车、硬座车、软卧车、软座车、行李车、邮政车、餐车等	6	1.5	0.5
3	25A、25B、25G型车中的硬卧车、硬座车、软卧车、软座车行李车、邮政车、餐车、空调发电车等	7.5	1.5	0.5
4	公务车、试验车、卫生车、文教车、发电车、特种车等不常用车	10	2.5	0.5

客车扣修定检车应符合下列规定：

为了做到平衡检修计划和调整技术质量状态，各级修程可根据客车质量情况，允许按下列期限提前或延期施修。

厂修：表内第2、3项中所列的各车种可提前或延期一年半，表内第4项中所列的各车种可提前或延期半年。凡提前施行厂修的客车需经铁路局批准。

段修：可提前或延期6个月。

辅修：可提前或延期10天。

客车最高运行速度超过120 km/h的客车按走行公里进行检修，修程分为A1、A2、A3、A4四级修程。

① 以25K型客车的修程为例：

A1级：安全检修，周期为运行20万千米（±2万km），或运行不足20万千米但距上次A1级以上各修程时间超过1年者。

A2级：40万千米段修，周期为运行40万千米（±10万km），或运行不足40万km但距上次A2级以上各修程时间超过2年者。

A3级：80万千米段修，周期为运行80万km（±10万km），或运行不足80万km但已做过1次A2修，距上次A2级修程超过2年者。

A4级：大修，运行超过240万km（+40万km），或距新造或上次A4级修程超过10年者。

② A1、A2、A3、A4修的任务。

A1修：即安全检修，按照客车运用安全要求，通过对安全关键部件实施换件修，其他部位实施状态修，对故障部位进行处理，恢复其基本性能和要求，保障客车运行安全。A1级修程在列车整备线上实施，在状态修中换下的配件检修时执行换件修标准。

A2修：即40万km段修，通过对零部件实施分单元、分部位的换件修和状态修，使车辆上部、下部基本恢复其技术状态，在保证客车安全的同时，提高客车使用效率。A2级修程采用均衡维修方式，利用库停时间分次在整备线、临修线上或段修库内进行检修，对换下配件按A3级检修要求进行集中检修，以压缩休时，保证检修质量；在状态修中更换的配件检修时执行换件修标准。

A3修：即80万km段修，通过对客车重点部位实施大范围的换件检修，确保客车运行安全；对车辆上部实施高标准的状态维修，以全面恢复客车上部设施的功能。A3级修程在车辆段（厂）内进行架车检修，对换下的部件进行异地检测和专业化集中修，以压缩休时，提高台位利用率；在状态修中更换的配件检修时执行换件修标准。

A4修：即240万km大修，A4修一般在车辆工厂施行。按规定应对车辆的各部装置进行全面地分解检查、彻底修理，并进行必要的技术改造工作。经过A4修，车辆各部装置的性能得到全面恢复，使之与新造车质量相当。

（2）高速动车组的定期检修。

① CRH1型动车组：

一级检修：运行里程4000 km或48 h（日常维修）；

二级检修：15天；

三级检修：120万km；

四级检修：240万km；

五级检修：480万km。

② CRH2型动车组：

一级检修：运行里程4000 km或48 h（日常维修）；

二级检修：3万千米或30天；

三级检修：45万千米或1年；

四级检修：90万千米或3年；

五级检修：180万千米或6年。

③ CRH3型动车组：

一级检修：运行里程4000 km或48 h（日常维修）；

二级检修：暂定2万km；

三级检修：120万km；

四级检修：240万km；

五级检修：480万km。

④ CRH5 型动车组：

一级检修：运行里程 4000 km 或 48 h（日常维修）；

二级检修：6 万 km；

三级检修：120 万 km；

四级检修：240 万 km；

五级检修：480 万 km。

其中一级检修为例行或日常检查，在动车段或运用检修所完成。

① 下层工作面。通过目测检查车轮缺损、踏面剥离、探伤检查；检查轴箱及轴箱定位装置；检查基础制动装置配件是否脱落或损坏，各部分螺栓和连接件、开口销是否折损或丢失；检查车辆之间的联结状态；施行列车制动机试验；对转向架、制动、车钩、动力传动部分等部位进行全面检查，重点修理。

② 中层工作面。进行车厢内部清扫工作（包括玻璃擦洗、垃圾清理、厕所排污等），同时留意车厢内是否有部件破损（如扶手、座椅、门、窗等），以及防火、保暖检查，同时进行日常食品及水的补充。

二级检修为重点检查，在动车段或运用检修所完成。

① 下层工作面。首先进行一级检修中的外观检查；重点进行主要部件的检查，包括牵引电机的内外部检查，辅助电机、牵引变压器、主变换装置（逆变器）的外观检查；对密接式车钩、转向架及轮对进行外观检查，进行轮缘厚度和踏面磨耗的检查，必要时可在不落轮的情况下镟轮。此外还要对弹簧装置、传动齿轮和齿轮箱、制动装置、电机悬挂装置、轴箱轴承和轴箱定位装置、油压减振器进行检查。

② 中层工作面。除与一级检修的内容相同外，对整列车的外部进行清洗（在上下两层工作面完成后进行）。

③ 上层工作面。受电弓不解体检修：清扫，检查底架、框架、杆件、铰链座及扇形板等零部件，检查连接螺栓是否坚固。轴、销、套是否有过量磨耗；所有转动关节是否转动灵活，油润状态如何，检查滑板及支架摆动是否灵活，检查传动缸、活塞及传动杆，检查弹簧装置是否出现裂纹、变形和腐蚀。并检查绝缘子表面是否有局部缺损。然后按规定进行试验：升降弓不应有冲撞，最大起升高度、升降弓时间、压力及压力差均应符合规定要求。

三级检修为重要部件检修，在动车段完成。

① 下层工作面。除进行一级检修的外观检查和二级检修中主要部件的检查外，重点对转向架主要部件进行解体检查。

② 中层工作面。同二级检修。

③ 上层工作面。同二级检修。

四级检修为系统分解检修，在动车段完成。

① 下层工作面。转向架解体检查，检查焊缝有无裂纹，综合性尺寸测量；对牵引电机、辅助电机、主变换装置（逆变器）、密接式车钩、传动齿轮和齿轮箱、油压减振器等进行解体检查；对牵引电机还要进行清扫，更换部分零件；对轮对进行全轴超声波探伤检查，轮缘、踏面磨耗或辗堆检修，检查轴颈有无拉伤；对弹簧装置刚度检查；制动装置检查；轴箱、轴承和轴箱定位装置检修。

② 中层工作面。在进行车体内部清扫的同时，对车体内部可观察到的部件进行外观检查

及更换，整列车的外部进行清洗（在上下两层工作面完成后进行）。

③ 上层工作面。对受电弓进行解体检修。

五级检修为对整车全面检修，一般在大修厂完成。

① 下层工作面。更换整个转向架及轮对、齿轮传动系统、制动部件、蓄电池；更换牵引电动机、主开关和电路设备，以及主变压器。

② 中层工作面。车辆照明系统、门和通道的修理，并进行车厢内部检查；同时对车体外部进行检查，对损坏的表面除锈、磨光、油漆；车厢内部进行类似日常检修的清洁工作；完成所有工作面的检修工作后，进行车体外部的大清洗。

③ 上层工作面。对受电弓进行彻底解体检修。

我国客运专线动车组检修制度的制定，结合了国情、路情，以及我国现行机车车辆运用检修的实际做法，以确保动车组快速、安全、舒适、高效地投入运营。

2. 日常维修

客车的日常维修主要基地是库列检，要充分运用客车在库内停留时间，认真检查，彻底修理，消除故障，维护质量，以保证列车往返运行区间车辆故障发生晚点和事故。

客车日常维修的内容包括车底在到达终点站或在始发站出发前，在整备库内进行的技术检查、日常保养和清扫整备作业。其由客车技术整备所（客技站）、旅客列检所和车务乘务组三个部分共同完成，实行"库内为主，沿途为辅"的方针。

客车技术整备所负责对每次运行完毕入库的车底进行全面检查和修理（包括辅修）及整备工作，将达到出库质量标准的列车交给车辆乘务员；旅客列车在沿途由旅客列检所负责进行技术检查和不摘车修理，此外在旅客列车上还设有车辆乘务员，随车进行途中的技术保养工作。客车的日常维修工作集中在旅客列车编成站、更换机车的客运站上进行。由客车技术整备所、旅客列车检修所和车辆检车包乘组共同承担。

动车组的日常维修。日常维修为走行 1 万 km 以内时，剔除日常维修的内容外，重点对走行部、制动系统进行检查、修理或更换。

复习思考题

1. 什么是动车组，世界高速铁路联盟如何定义高速铁路？
2. 动车组与传统车辆相比有什么主要特点？
3. 我国的高速动车组从哪些国家引进了原创技术，这些技术用于我国的哪些型号的动车组。
4. 动车组编号规则是什么？
5. CRH3 型动车组有什么主要的技术特点？
6. 受电弓有什么作用？在车顶与受电弓相关的有哪些主要的设备？
7. 组成动车组基本结构有哪些？
8. 动车组转向架有几种，有什么主要区别？
9. 动车组的制动方式与传统的制动有什么主要区别？
10. 我国铁道车辆的检修制度是什么？
11. 我国的动车组检修有那几个级别？运行多少公里需要进行一级检修？

第五章　高速铁路信号技术

高速铁路信号系统是保障列车运行安全、提高运输效率的关键技术设备，也是创新运输组织形式、提高运输能力、实现铁路运输集中指挥的重要技术条件。

近年来，随着高速铁路建设的快速推进和信息技术的迅猛发展，铁路信号控制技术和装备领域也发生了深刻变化，产品安全性、可靠性、可用性和可维护性逐步提高，向数字化、智能化、网络化和综合化方向迈进，以满足高速铁路的运营要求。

高速铁路信号系统是完成行车控制、运营管理的综合自动化系统，主要由指挥行车的调度集中系统（简称CTC）、用于控制行车间隔的列车运行控制系统（简称列控系统）、车站计算机联锁系统、信号基础设备组成。本章简要介绍高速铁路的计算机联锁系统、列控系统、信号机、道岔、轨道电路、智能电源屏、防雷设备、CTC系统及网络系统结构。

第一节　车站计算机联锁系统

联锁系统是铁路信号的重要组成部分，主要用于车站进路的控制和列车运行安全的保证。随着微电子技术及冗余技术的不断发展，计算机联锁系统的可靠性和安全性得到不断完善，具备信息量大，功耗低的特点，可实现系统自诊断和自检测，便于施工、维护，与其他系统的互联互通性更高。根据高速铁路计算机联锁系统的应用情况，本节分别以E132-JD型计算机联锁系统及DS6-K5B型计算机联锁系统为例，介绍计算机联锁系统组成及功能。

一、计算机联锁系统的基本结构

根据各部分功能和设置的不同，计算机联锁系统结构可划分为人机对话层、联锁层、执行层和室外设备层，具体层次如图5-1所示。

（1）人机会话层设备的功能是接收车站值班员或维修人员的操作指令，向联锁层输入操作信息，接收联锁层输出的反映设备的工作状态和行车作业情况的表示信息。

（2）联锁层是车站计算机系统的核心，它的功能是实现联锁运算。联锁层除接收来自人机对话层的操作信息外，还接收来自执行层的反映转辙机、信号机和轨道电路状态的信息，根据联锁条件，对输入的操作信息和状态信息，以及联锁机当前内部信息进行处理，产生相应的输出信息，即信号控制命令，并交付执行层控制电路予以执行，最终实现动作室外设备的目的。

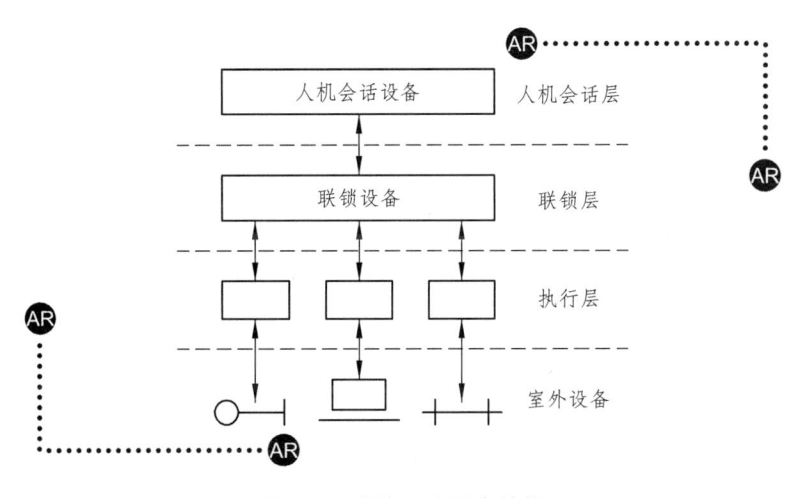

图 5-1 联锁系统层次结构

（3）执行层指联锁层与各个监控对象之间的控制电路这一层，其主要功能是：① 接收来自联锁层的道岔控制命令，驱动道岔转换；② 接收来自联锁层的控制命令，改变信号显示；③ 向联锁层传输信号状态信息、道岔状态信息，以及轨道电路状态信息。以上功能通过信号控制电路和道岔电路实现，所以这些电路必须是故障—安全的。

二、计算机联锁系统的安全性和可靠性结构

对于计算机联锁系统，即要求其具有比较高的可靠性，又要求其具有比较高的安全性。这是因为计算机联锁系统不仅需要昼夜不停地连续运转，而且一旦出现故障，就有可能导致重大损失或灾难。

为了实现计算机联锁系统所要求的高可靠性及高安全性，多重冗余的结构必不可少，目前，计算机联锁系统的多重冗余主要以 2×2 取 2 以及 3 取 2 的结构为主。

1. 2×2 取 2 计算机联锁系统

2×2 取 2 系统结构如图 5-2 所示，利用 4 个 CPU 同时进行联锁运算，每两个 CPU 组成一个系统，一个系统主用，另一系统处于热备状态。2×2 取 2 系统结构采用冗余技术，两个 CPU 各执行一套编码相同的联锁程序，并在码元（bit）一级对两个的操作进行比较以检测故障。

2. 3 取 2 计算机联锁系统

3 取 2 系统中运用 3 台计算机同时进行联锁运算，3 个 CPU 运算的结果两两进行比较，只有当两个 CPU 的运算结果一致时，才认为联锁系统处在安全可靠的运用状态。从功能角度看，相当于有一个 CPU 系统的故障被屏蔽了。对于 3 取 2 系统来说，只有两个 CPU 同时发生相同的故障，才有可能产生危险侧输出，但

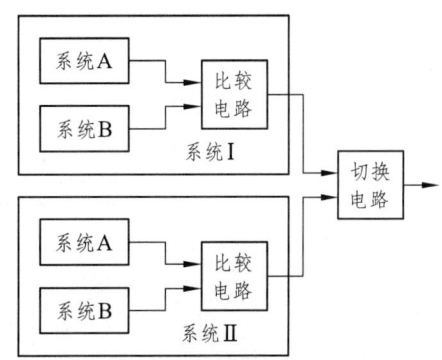

图 5-2 2×2 取 2 计算机联锁系统结构

这种可能性极小,这类似于 2×2 取 2 系统,将危险可能降到最低,3 取 2 系统结构如图 5-3 所示。

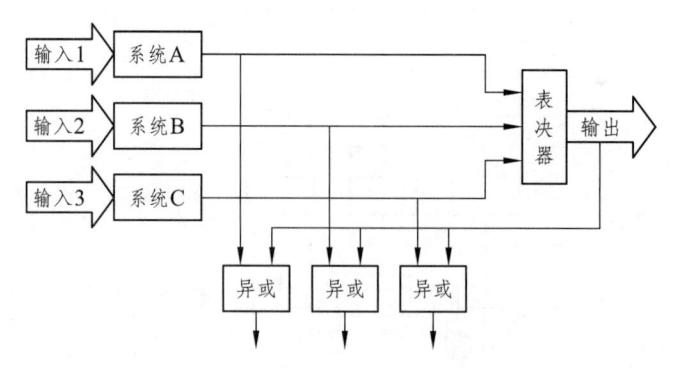

图 5-3 3 取 2 计算机联锁系统结构

三、计算机联锁系统的功能及组成

1. E132-JD 型计算机联锁系统组成、各部件的功能

1) 体系结构

E132-JD 型计算机联锁系统属于分布式计算机控制系统,其特点是分散控制、集中信息管理。系统包括人机对话层(也称操作表示层)、联锁运算层及执行层。另外,与既有线车站所使用的 E312-JD 型计算机联锁系统最大的不同之处是 CTCS-3 级车站 E132-JD 型计算机联锁系统增加了通信前置机,系统结构如图 5-4 所示。

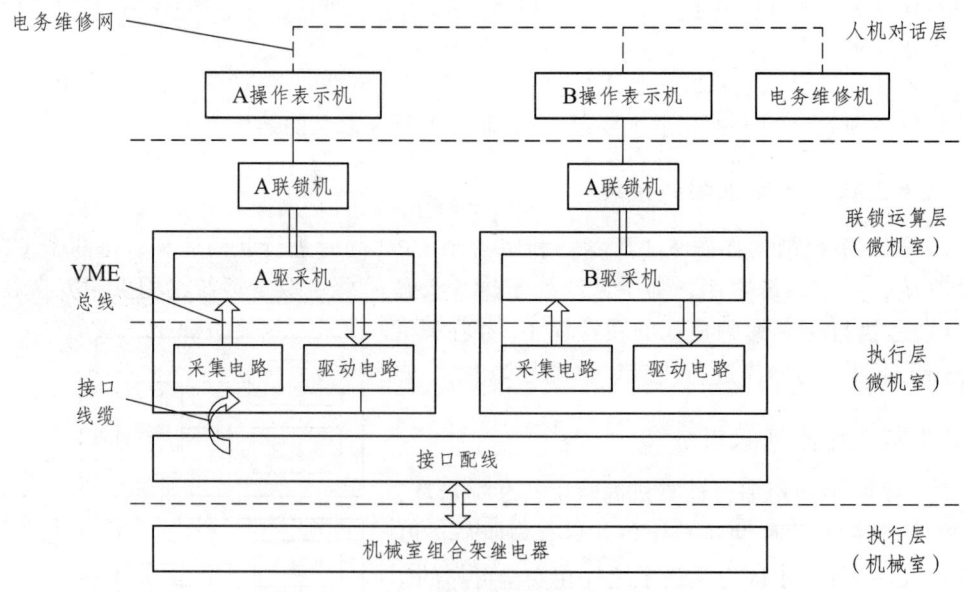

图 5-4 E132-JD 型计算机联锁系统结构

2) 组成及功能

(1) 操作表示机。

操作表示机简称上位机，和联锁机构成上下分层结构，操作表示机有以下功能：

办理进路等操作功能：接收车站值班员的操作按钮信息，将按钮信息通过网络传送给联锁机。

站场及信息显示功能：接收来自联锁机的站场状态数据和提示信息等，在显示器或控制台上显示站场情况、系统工作状况、提示信息、报警信息等，对主要的错误或故障提供相应的语音报警。

信息转发功能：将站场状态数据及提示信息、报警信息、系统状态信息转发给电务维修机。

（2）联锁机。

联锁机也称下位机，两套共 4 个 CPU 构成 2×2 取 2 容错系统。联锁机功能如下：

接收操作表示机下发的操作命令。

进行联锁运算。

根据运算结果，产生控制命令；并通过 LAN 通信，将控制命令传送到驱采机。

通过 LAN 通信，接收驱采机传送的采集站场状态。

将站场状态信息、提示信息、故障信息等传送给操作表示机。

（3）驱采机。

驱动采集计算机为 2×2 取 2 容错结构，驱采机有以下功能：

控制采集电路工作；通过 LAN 通信，将采集到的站场状态传送联锁机；

通过 LAN 通信，接收联锁机传送的控制命令，并根据控制命令控制相应驱动电路。

（4）通信机。

通信机为 2×2 取 2 容错结构，接收联锁主机的通信信息，通过不同的通信通道和主用 RBC 进行通信。

（5）电务维修机。

电务维修机功能如下：

接收操作表示机传来的站场状态信息、操作信息、提示信息、故障信息等。

提示站场运行状况、车站值班员操作信息、故障信息、系统运行状况等。

记录一个月的历史信息，可查看一个月内站场运行状况、车站值班员操作信息，故障信息等。

为信号集中监测等提供接口。

3）动态无缝切换的双系热备系统

系统的联锁机采用双系热备的动态冗余结构，两套联锁机互为主备，没有主次之分，系统运行期间，一套联锁机作为主机运行，另一套则作为并机备用运行。

2. DS6-K5B 型计算机联锁系统

1）计算机联锁系统组成，各部件的功能

（1）体系结构。

DS6-K5B 型计算机联锁系统体系结构如图 5-5 所示。

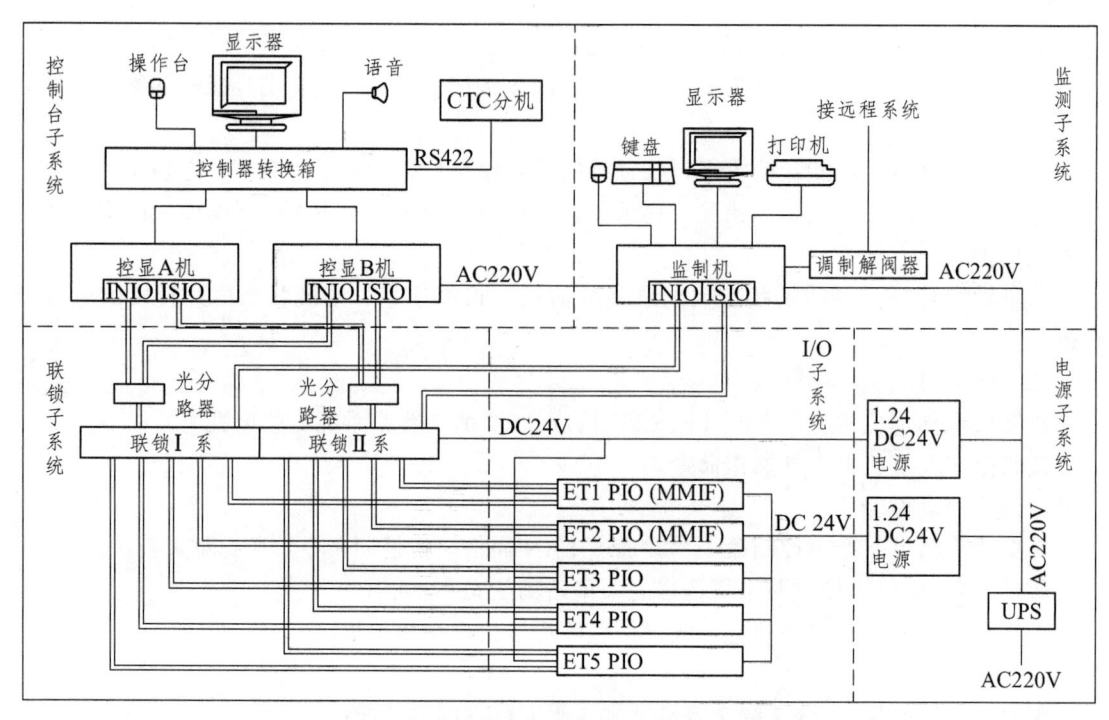

图 5-5　DS6-K5B 型计算机联锁系统体系结构

（2）组成及功能。

① 联锁机。

联锁机包括联锁逻辑部和前置通信机两部分硬件设备，两部分之间通过光纤连接进行数据交换。

联锁逻辑部：DS6-K5B 的联锁两系（Ⅰ系和Ⅱ系）的组成完全相同，每一系由 F486-4 联锁 CPU 板、FSIO1 电子终端及上位机接口板、FSIO2 电子终端通信扩展接口板和 VHSC26 125M LAN 通信扩展板组成。

前置通信机：车站联锁系统采用 DS6-K5B 逻辑部硬件作为前置通信机，实现与外部接口（无线闭塞中心、列控中心系统及邻站联锁）的通信功能。前置通信机两系的硬件组成完全相同。每一系由 IPU6 电源板、F486-4 联锁 CPU 板、FSIO 电子终端、125MLAN 通信板和 Z2ETH 以太网板等电路板组成。各板之间通过机架底板的 VME 总线互连。

② 控制台显示和操作设备。

DS6-K5B 系统控显机箱安装连接操作显示设备的接口板及两块带有光电转换的串行通信接口卡 INIO，用于同联锁机通信。

控显机采用双机互为备用。控显机双机与联锁机的两重系，通过光分路器构成交叉互连的冗余关系。每一台控显双机内安装了两块 INIO 通信卡：INIO1、INIO2。分别用于同联锁机Ⅰ系和Ⅱ系通信。联锁机的每一系有两个与控显机通信的接口。为了实现联锁的每一系都能够与控显双机同时或与其中的任意一台单独通信，在联锁机与控显机之间的通信线路上增设了光分路器（OBU，Optical Branch Unit）。光分路器的作用是将一侧的输入信号分成两路输出。同时将另一侧两路输入的信号合并成一路输出。

③ 电子终端。

DS6-K5B 的表示信息输入和控制输出接口电路称为电子终端（ET）。一个 ET 机架内有 12 个插槽。机架正面左边的两个插槽用于安装两个 ET-LINE 板。其余的 10 个插槽用于安装 PIO 板。ET LINE 板上有 ET 与联锁机的通信接口和 DC 24 V、DC 5 V 电源。ET 为两重系并列结构。在一个 ET 机架内必须安装两个 ET LINE 模块。一个与联锁机 1 系连接。另一个与联锁机 2 系相连。ET 与联锁机的通信采用光纤连接。

③ 电务维护机。

电务维护机由主机、显示器、键盘、打印机等组成。电务维护机机箱内安装两块带有光电转换的串行通信接口卡 INIO。用于同联锁机二重系通信。

电务维护机接收来自联锁二重系的设备动作状态信息和监测报警信息。

电务维护机通过串行通信接口与集中监测设备通信，向其发送开关量信息。

第二节　列车运行控制系统

我国高速铁路采用的中国列车运行控制系统（CTCS，Chinese Train Control System）。这是对列车运行全过程或一部分作业实现自动控制的系统；是靠控制列车运行速度保证列车按照空间间隔制运行的技术方法的方式来实现；是保障高速铁路运营安全、提高运营效率的核心技术装备。其特征为：列车通过获取的地面信息和命令，控制列车运行，并调整与前行列车之间必须保持的距离。

一、CTCS 系统的应用等级

随着列车运行速度的不断提高，以地面自动闭塞为基础、以车载信号为行车凭证的列车运行控制系统势在必行。参照欧洲列车控制系统（ETCS），结合我国国情，铁道部制定了《中国列车控制系统（CTCS）技术规范总则（暂行）》和相应 CTCS 技术条件，提出适合中国国情的 CTCS 标准。根据线路条件、列车特性、运行速度等运输需求，我国列控系统共分为 CTCS-0、CTCS-1、CTCS-2、CTCS-3 及 CTCS-4 等 5 个等级，如图 5-6 所示。

CTCS0 级为既有线的现状，即由目前使用的通用式机车信号和运行监控记录装置构成。

CTCS1 级为面向 160 km/h 以下的区段，由主体机车信号和加强型运行监控记录装置组成。它需在既有设备的基础上强化改造，达到机车信号主体化的要求，增加点式设备，实现列车运行安全监控。

CTCS2 级为面向提速干线和高速新线，采用车地一体化设计，基于轨道电路传输信息的列车运行控制系统。适用于各种限速区段，地面可不设通过信号机，机车乘务员凭车载信号行车。

CTCS3 级为面向提速干线、高速新线或特殊线路，基于无线传输信息并采用轨道电路等方式检查列车占用的列车运行控制系统。点式设备主要传送定位信息。

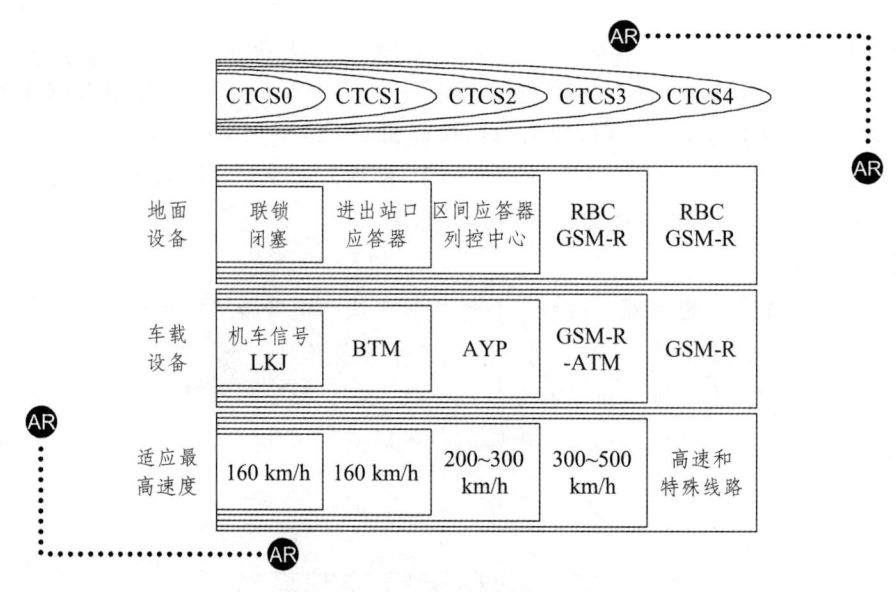

	CTCS0	CTCS1	CTCS2	CTCS3	CTCS4
地面设备	联锁闭塞	进出站口应答器	区间应答器列控中心	RBC GSM-R	RBC GSM-R
车载设备	机车信号 LKJ	BTM	AYP	GSM-R -ATM	GSM-R
适应最高速度	160 km/h	160 km/h	200~300 km/h	300~500 km/h	高速和特殊线路

图 5-6 CTCS 系统的应用等级

CTCS4 级为面向高速新线或特殊线路，是完全基于无线传输信息的列车运行控制系统。地面可取消轨道电路，不设通过信号机，由 RBC 和车载验证系统共同完成列车定位和完整性检查，实现虚拟闭塞或移动闭塞。

二、CTCS 2 系统

CTCS 2 级是基于轨道电路和点式信息设备传输列车运行许可信息并采用目标—距离模式监控列车安全运行的列车运行控制系统。该系统面向提速干线和高速新线，适用于各种限速区段，地面可不设通过信号机。是一种点—连式列车运行控制系统。

CTCS 2 级系统中轨道电路实现列车占用检查及完整性检查，并连续向车载设备传送空闲闭塞分区数量等信息。应答器向车载设备传输定位信息、线路参数、进路参数、临时限速和停车等信息。列控中心具有轨道电路编码、应答器报文储存和调用、区间信号机点灯控制、站间安全信息（区间轨道电路状态、中继站临时限速信息、区间闭塞和方向条件等）传输等功能，根据轨道电路、进路状态及临时限速等信息产生行车许可，通过轨道电路及有源应答器将行车许可传给列控车载设备。车载控制设备根据地面设备提供的信号动态信息、线路参数、临时限速等信息和动车组参数，按照目标—距离模式生成控制速度，监控列车安全运行。

CTCS 2 列控系统由地面系统与车载设备组成，CTCS2 系统设备组成见图 5-7。

1. CTCS-2 级列控系统地面设备

CTCS-2 级列控系统地面设备由 ZPW-2000（含 UM 系列）轨道电路、点式应答器、列控中心、车站联锁组成。

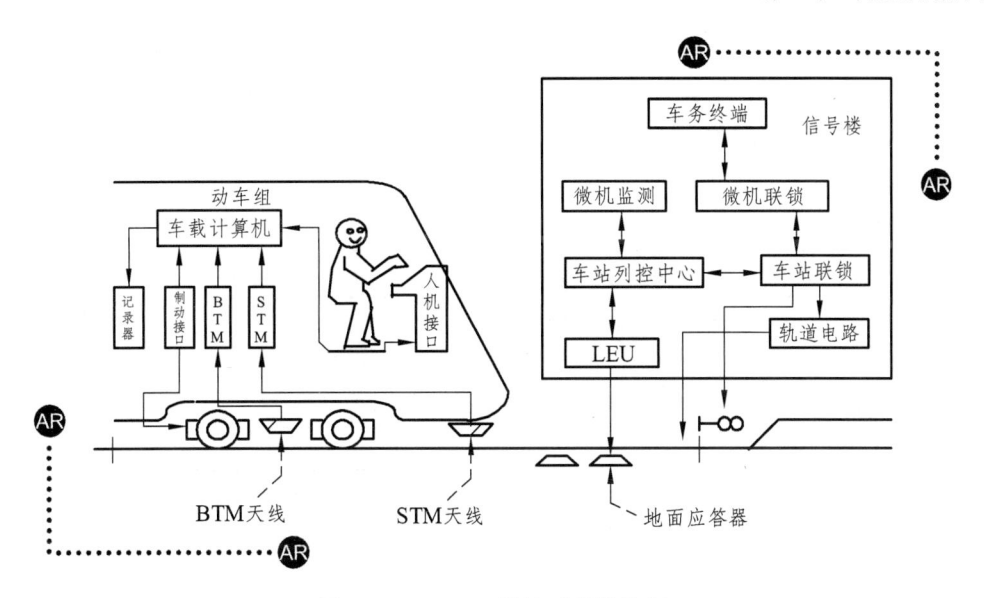

图 5-7　CTCS-2 列控系统结构图

1）ZPW-2000 轨道电路

轨道电路占用检查及连续传输传送列控信息，包括以下信息：行车许可、空闲闭塞分区数量、道岔限速等。

2）应答器

点式信息由有源应答器和无源应答器提供，包括以下的信息：线路长度（以闭塞分区为单位提供）、线路坡度、线路固定限速、临时限速、级间切换、列车定位等。

3）地面电子单元 LEU

LEU 经过 1 个冗余的、安全的串行链路（接口 S）接收列控中心发送的编码，并独立地驱动 4 个有源应答器，向其实时发送进路股道、临时限速信息报文。

4）列控中心

列控中心是 CTCS 的地面设备之一，列控中心分别与车站信号联锁、CTC 或 FDCS、微机监测、地面电子单元（LEU）等设备进行信息交换，获得行车命令、列车进路、列车运行状况和设备状态，通过安全逻辑运算，产生控车命令，通过有源应答器及轨道电路传送给列车，实现对运行列车的控制。

2. CTCS-2 级列控系统车载设备

CTCS-2 级列控系统车载设备的主要功能：列控数据采集，静态列车速度曲线计算，动态列车速度曲线的计算，缓解速度的计算，列车定位，速度的计算和表示，运行权限和限速在 DMI 上的表示，运行权限和限速的监控，在任何情况下防止列车无行车许可运行，防止列车超速运行，防止列车溜逸。列车超速时，车载设备的超速防护具备采取声光报警、切除牵引力、动力制动、空气常用制动、紧急制动等措施。车载设备发生故障时，及时报警提醒机车乘务员并对故障设备进行必要的隔离。司机行为的监控、反向运行防护、CTCS2 信息的记录。车载设备由车载安全计算机（VC）、轨道电路信息接收单元（TCR）、应答器信息接收模块（BTM）、司法记录单元（JRU）、人机界面（DMI）、列车接口单元（TIU）等组成（见图 5-8）。

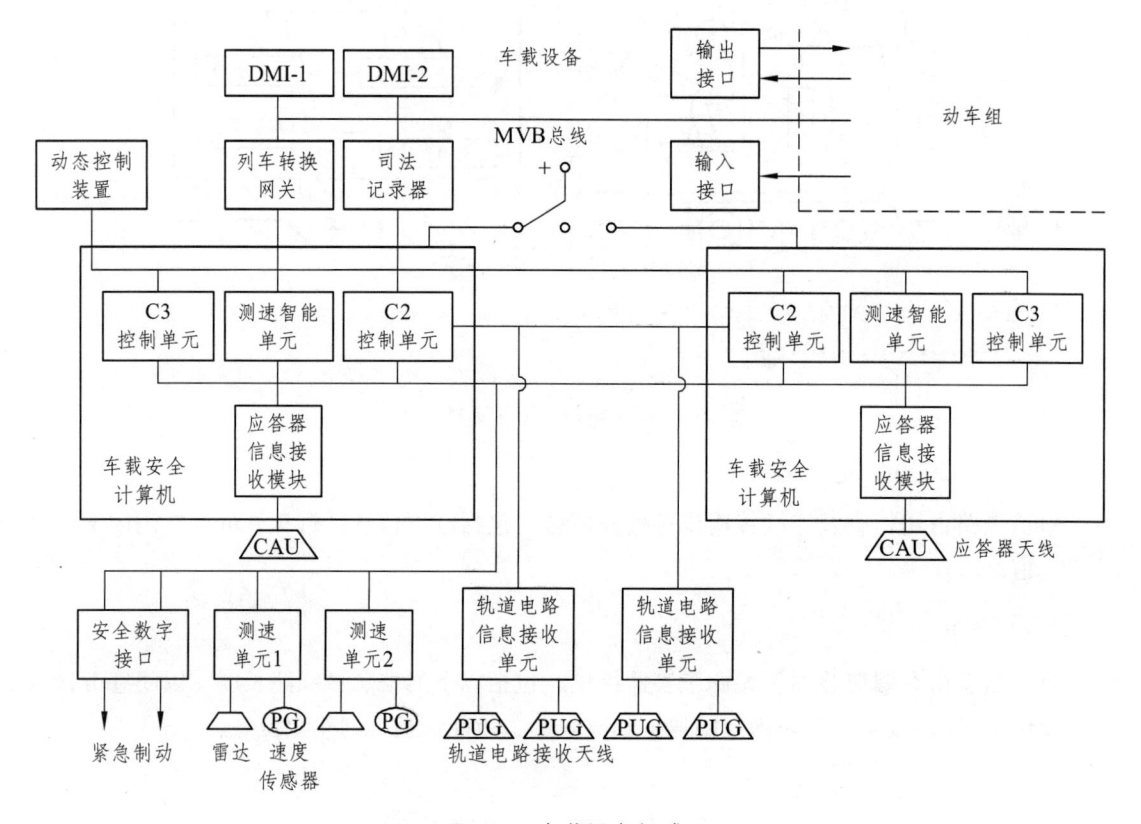

图 5-8 车载设备组成

三、CTCS-3 列控系统

CTCS-3 是在 CTCS-2 基础上，地面增加了无线闭塞中心 RBC，车载 ATP 集成了 CTCS-2 模块和增加了无线接收模块。装备 CTCS-3 车载 ATP 设备的高速动车组在 300 km/h 及以上客运专线上按照 CTCS-3 控车方式运行，当进入 200～250 km/h 线路，通过级间转换应答器组时，列控车载设备自动切换到 CTCS-2 控制方式，按照 CTCS-2 方式运行。CTCS-3 列控系统实现了控车方式由地面固定信号控制向车载移动信号控制的转变，满足高密度、高速度、高舒适度的列车运营需求。

1. CTCS-3 主要技术原则

（1）CTCS-3 级列控系统满足运营速度 350 km/h，最小追踪间隔 3 min 的要求。
（2）CTCS-3 级列控系统满足正向按自动闭塞追踪运行，反向按站间闭塞运行的要求。
（3）CTCS-3 级列控系统满足互联互通的运营要求。

（4）CTCS-3 级列控系统车载设备采用目标距离连续速度控制模式、设备制动优先的方式，监控列车安全运行。

（5）CTCS-2 级作为 CTCS-3 级的后备系统。无线闭塞中心或无线通信故障时，由 CTCS-2 列控系统控制列车运行。

（6）全线无线闭塞中心（RBC）设备集中设置。

（7）GSM-R 无线通信覆盖包括大站在内的全线所有车站。

（8）动车基地及联络线均安装 CTCS-2 列控系统地面设备。

（9）300 km/h 及以上动车组不装设列车运行监控装置（LKJ）。

（10）在 300 km/h 及以上线路，CTCS-3 列控系统车载设备速度容限规定为超速 2 km/h 报警、超速 5 km/h 触发常用制动、超速 15 km/h 触发紧急制动。

（11）无线闭塞中心（RBC）向装备 CTCS-3 车载设备的列车，应答器向装备 CTCS-2 车载设备的列车分别发送分相点信息，实现自动过分相。

2. CTCS-3 控车原理

CTCS-3 列车运行控制系统是基于 GSM-R 无线传输技术的列车运行控制系统，通过应答器实现列车定位，利用 ZPW-2000 轨道电路实现列车占用和完整性检查。在 CTCS-3 列车运行控制系统中，列车与地面通过 GSM-R 无线网络实现双向通信。GSM-R 无线网络向无线闭塞中心 RBC 发送列车位置和列车速度等信息。RBC 根据车载设备发送的信息，结合车站联锁的信号授权及行车指挥中心发出的限速信息，计算列车追踪距离，向列车发送行车许可，实现列车运行的闭环控制。车载设备通过 GSM-R 无线网络，从 RBC 获取行车许可和线路参数等信息，并通过车载安全计算机计算后，生成目标距离连续速度控制模式曲线。按照 DMI 显示规范，在 DMI 上显示允许速度、目标距离等，并根据列车运行情况向司机发出不同的语音提示，降低司机劳动强度，确保行车安全。行车指挥中心对列车运行状态进行监控，并根据不同情况下达调度命令。行车指挥中心与车站联锁和车站列控中心通信，控制车站联锁排列进路和列控中心发送临时限速信息，控制应答器和轨道电路发码。

3. CTCS-3 系统组成与功能描述

CTCS-3 列控系统包括地面设备和车载设备。地面设备由无线闭塞中心、地面列控中心、ZPW-2000 系列轨道电路、应答器（含 LEU）、GSM-R 通信接口设备等组成（见图 5-9）。CTCS-3 列控系统信息传递如图 5-10 所示。

地面列控中心（TCC）是 CTCS-3 系统的核心，负责对车站、区间轨道电路的编码和有源应答器的实时控制。依据在其管辖范围内各列车位置（轨道占用）、联锁进路以及线路限速状态等信息，通过轨道电路发送码序信息，并向有源应答器发送信息，提供列车进路所需的运行许可。

无线闭塞中心 RBC：基于故障–安全计算机平台的信号控制系统，属于 CTCS-3 列控系统的地面核心设备。RBC 的主要功能是控制和管理 CTCS-3 运行的列车，它根据地面子系统或来自外部地面系统的信息，如轨道占用信息、列车进路状态、临时限速信息、灾害防护和线路参数等，产生列车行车许可 MA 信息，并通过 GSM-R 无线通信系统传输给列车的车载设备，保证其管辖范围内列车运行的安全。

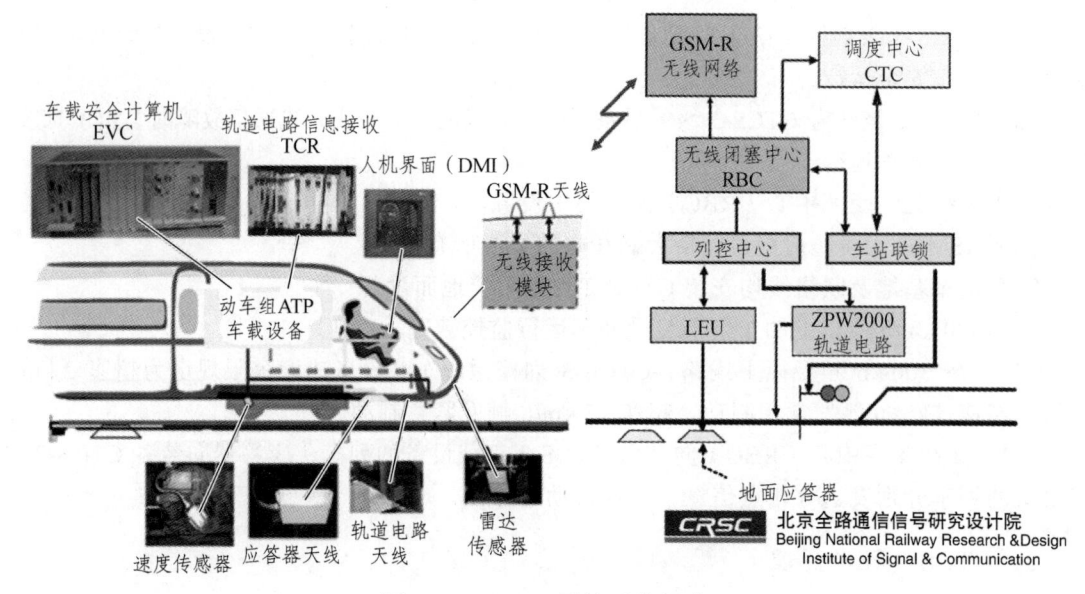

图 5-9 CTCS-3 列控系统组成

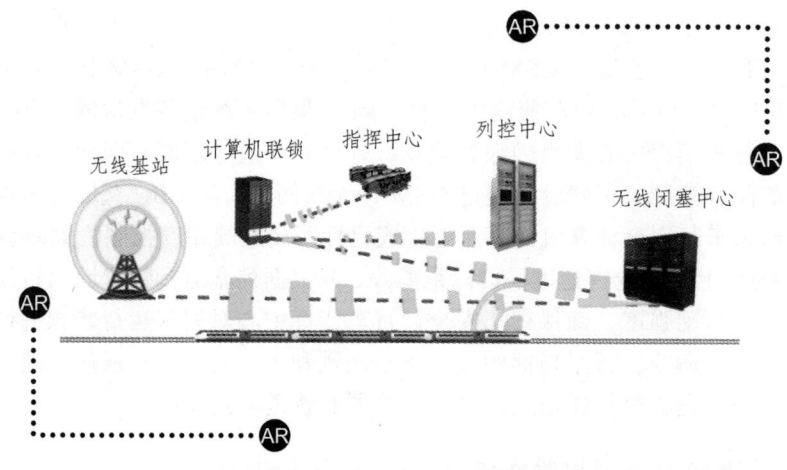

图 5-10 CTCS-3 列控系统信息传递

应答器与地面电子单元：为车载设备提供定位、级间转换、自动过分相等信息，对于以 CTCS-2 模式运行的列车还提供线路参数、临时限速等信息。在车站内，应答器分别设置在进站信号机、出站信号机、反向进站信号机、调车信号机，以及进路信号机位置附近。在区间，应答器设置在中继站、分相点，以及 GSM-R 无线覆盖 CTCS-2 与 CTCS-3 转换边界外方。应答器一般分为无源和有源两种。

（1）无源应答器。无源应答器提供的信息主要包括线路的坡度、闭塞分区或轨道电路长度、载频、线路固定限速等。根据需要在闭塞分区的分界处设置无源应答器，其设置原则是：一处丢失，不影响正常运用。

（2）有源应答器。有源应答器发送实时变化的信息和固定的信息，如临时限速、进路坡度、轨道电路参数、信号点类型等，通过专门电缆与地面电子单元（LEU）连接。当列车经过有源应答器上方，有源应答器接收到车载天线发射的电磁能量，实时向列车发送由 LEU 传来的数据报文。当与 LEU 通信故障时，有源应答器变为无源应答器工作模式，发送存储的默认报文。有源应答器设置于进站口和出站口中继站。

（3）电子单元（LEU）。LEU 的作用相当于功率放大器。LEU 通过串行通信接口与列控中心设备连接，将来自列控中心的报文连续向有源应答器发送，从而实现向车载设备发送可变信息。

轨道电路区间轨道电路：区间采用计算机编码控制的 ZPW-2000 系列无绝缘轨道电路，轨道电路的传输长度满足相关技术条件的要求。站内轨道电路：复杂大站的正线及股道区段采用计算机编码控制的 ZPW-2000 系列有绝缘轨道电路，其他区段采用 25 Hz 轨道电路；一般车站，全站采用与区间同制式的、由计算机编码控制的 ZPW-2000 系列有绝缘轨道电路。为避免邻线轨道电路的干扰，当站内横向相邻同方向载频的轨道电路长度超过 650 m（线间距不小于 5 m）时，应对轨道电路进行分割。

临时限速服务器：临时限速是客运专线列控系统的重要功能，客运专线临时限速命令由临时限速服务器集中管理。临时限速服务器设于靠近调度中心的车站，分别向列控中心（TCC）及无线闭塞中心（RBC）传递临时限速信息。每个调度集中 CTC 行调台对应设置一个临时限速操作终端。临时限速服务器采用统一的通信接口协议，实现与不同型号的 TCC、RBC、CTC 和相邻临时限速服务器互联互通。

车载设备：由车载安全计算机（ATP CU）、GSM-R 无线通信模块（RTM）、轨道电路信息接收单元（TCR）、应答器信息接收模块（BTM）、记录器（JRU）、人机界面（DMI）、列车接口单元（TIU）等组成。车载设备能生成连续速度控制曲线，监控列车安全运行。车载安全计算机中的 CTCS-3 控制单元（ATP CU）和 CTCS-2 控制单元（C2CU）独立设置，CTCS-3 控制单元负责在 CTCS-3 线路正常运行时的核心控制功能，CTCS-2 控制单元负责后备系统的核心控制功能。

（1）车载基本原理：车载安全计算机（ATP CU）是车载设备的核心控制单元，它通过速度传感器、测速雷达检测列车轮轴转速，得到当前列车运行速度值；接收无线闭塞中心传来的前方进路信息、轨道电路占用信息，以及地面应答器传来的临时限速数据，计算出列车安全运行的动态速度模式曲线。车载设备最终通过 DMI 向司机显示目标距离、允许速度，还可以运用声音提示等方式向司机进行报警，提供足够的显示信息，方便司机驾驶。

（2）车载设备功能。

① 防护列车超速；

② 防止列车溜逸；

③ 准确定位列车的实时位置；

④ 接收应答器信息并处理；

⑤ 接收轨道电路信息并处理；

⑥ 为司机提供信息输入及显示功能。

（3）针对列车不同的运行状况，车载模式有以下 9 种。

① 完全监控模式 FS。

完全监控模式 FS 适用于 CTCS-3 车载设备和 CTCS-2 车载设备。当车载设备具备列控所需的全部基本数据（包括列车数据、行车许可和线路数据等）时，列控车载设备生成目标距离连续速度控制模式曲线，并通过人机界面（DMI）显示列车运行速度、允许速度、目标速度和目标距离等信息，监控列车安全运行。完全监控模式如图 5-11 所示。

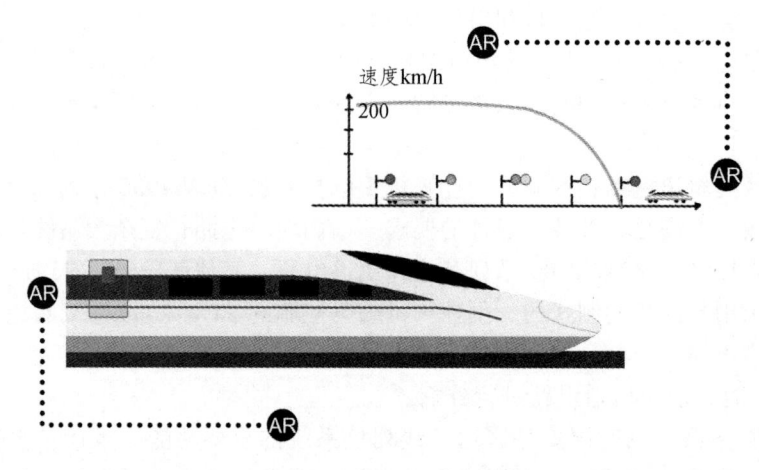

图 5-11　完全监控模式

② 目视行车模式 OS。

目视行车模式 OS 适用于 CTCS-3 车载设备和 CTCS-2 车载设备。当地面设备故障、列控车载设备显示禁止信号且列车停车后需继续运行时，根据行车管理办法，经司机操作，列控车载设备按限制速度 40 km/h 监控列车运行，列车每运行一定距离（300 m）或一定时间（60 s）司机需确认一次。目视行车模式如图 5-12 所示。

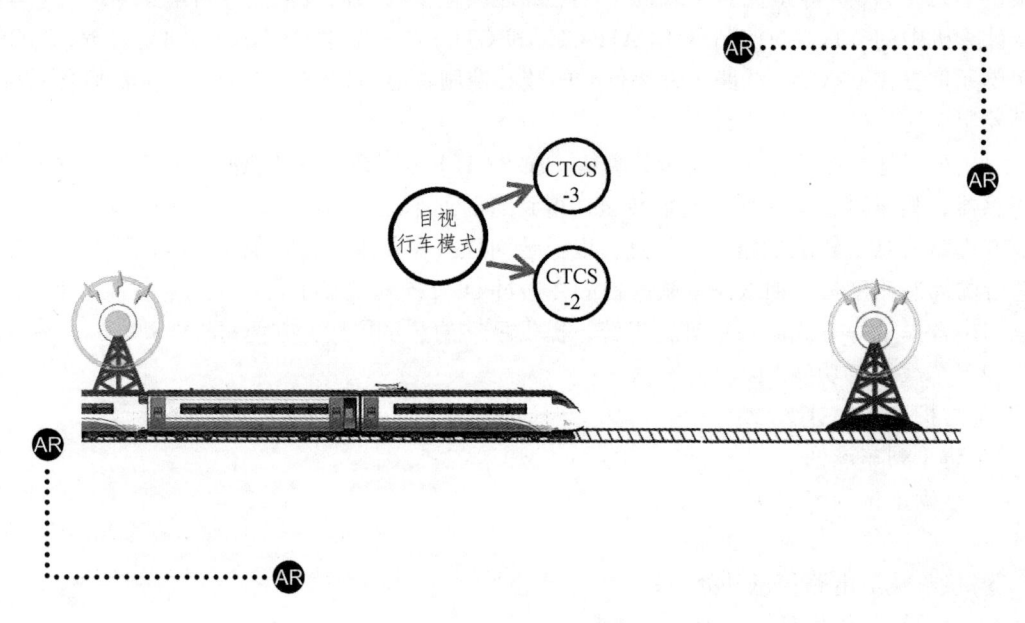

图 5-12　目视行车模式

③ 引导模式 CO。

引导模式 CO 适用于 CTCS-3 车载设备和 CTCS-2 车载设备。当开放引导信号或出站信号机开放，但距列车前端较远（大于 250 m）发车时，CTCS-3 车载设备生成目标距离连续速度控制模式曲线，并通过 DMI 显示列车运行速度、允许速度、目标速度和目标距离等；CTCS-2

车载设备按限制速度 40 km/h 监控列车运行，司机负责在列车运行时检查轨道占用情况。引导模式如图 5-13 所示。

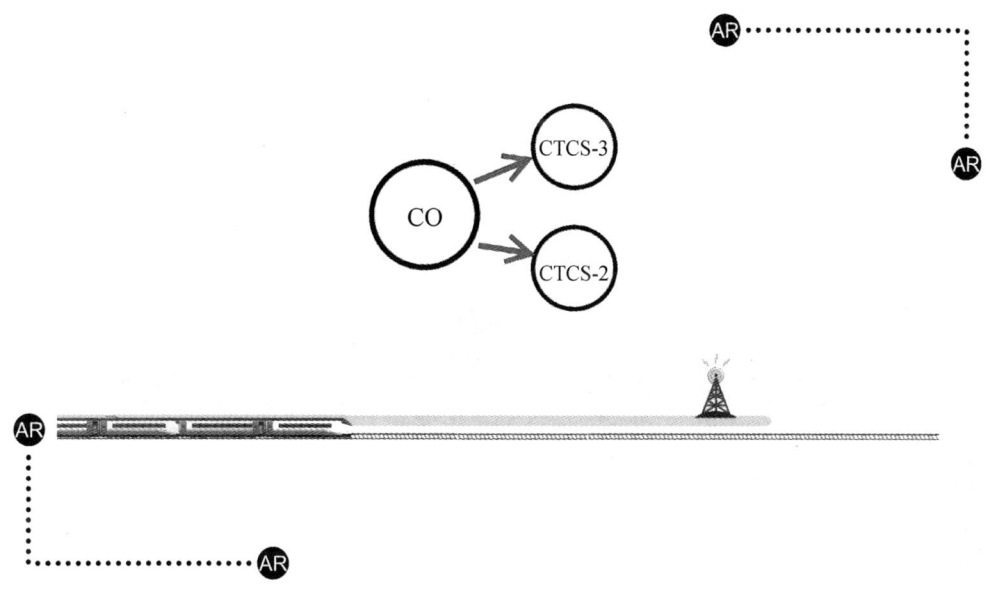

图 5-13　引导模式

④ 调车模式 SH。

调车模式 SH。适用于 CTCS-3 车载设备和 CTCS-2 车载设备。调车作业时，司机按压调车按钮，列控车载设备按限制速度 40 km/h 监控车列前进或折返运行。当工作在 CTCS-3 级时，经 RBC 同意，列控车载设备转入 SH 后与 RBC 断开连接，退出 SH 后再重新与 RBC 连接。调车模式如图 5-14 所示。

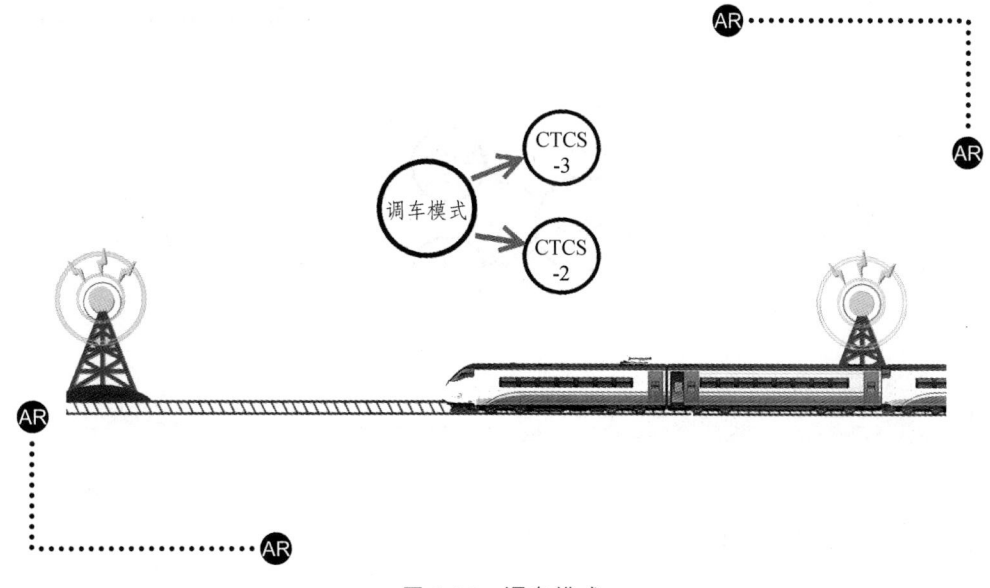

图 5-14　调车模式

⑤ 隔离模式 IS。

隔离模式 IS 适用于 CTCS-3 车载设备和 CTCS-2 车载设备。当列控车载设备停用时，需在停车情况下操作隔离列控车载设备的制动功能。在该模式下，车载设备不具备安全监控功能。隔离模式如图 5-15 所示。

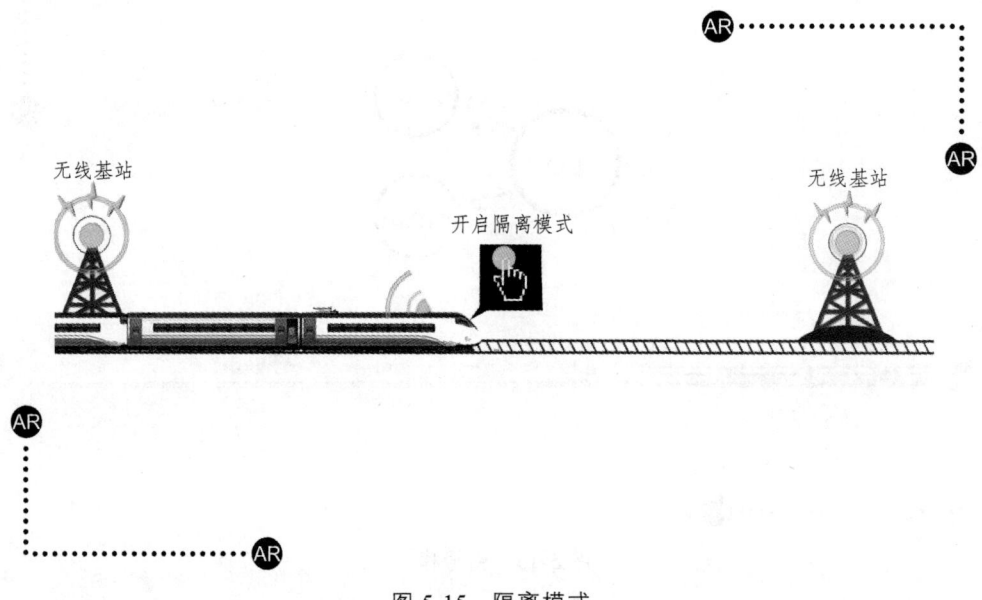

图 5-15　隔离模式

⑥ 待机模式 SB。

待机模式 SB 适用于 CTCS-3 车载设备和 CTCS-2 车载设备。当列控车载设备上电时，执行自检和外部设备测试正确后自动处于待机模式，车载设备禁止列车移动。当司机开启驾驶台后，列控车载设备中的 DMI 投入正常工作。待机模式如图 5-16 所示。

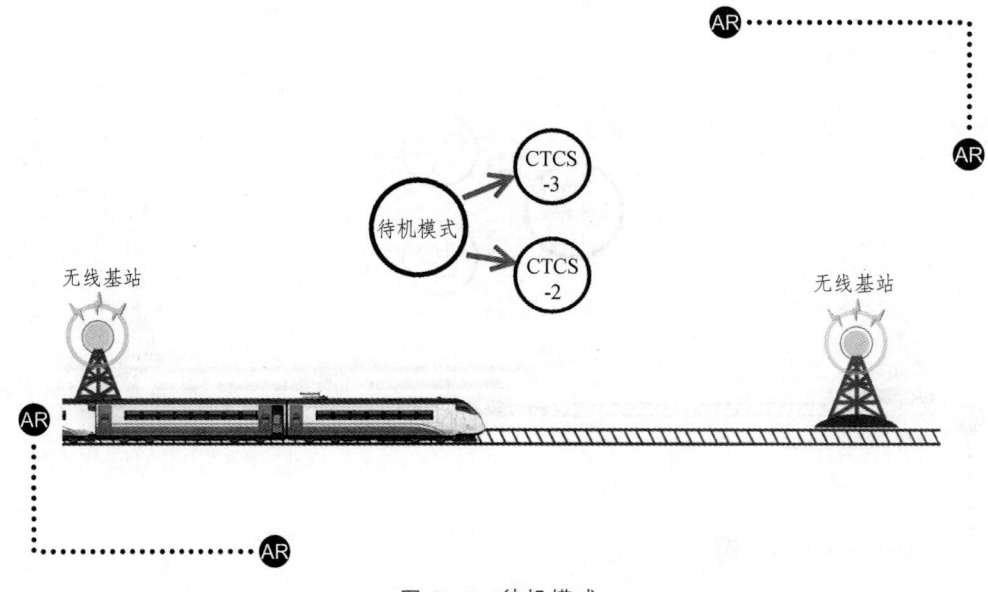

图 5-16　待机模式

⑦ 休眠模式 SL。

休眠模式 SL 适用于 CTCS-3 车载设备。该模式用于非本务端列控车载设备。在该模式下，列控车载设备仍执行列车定位、测速测距、记录等级转换及 RBC 切换信息等功能。当列车立即折返，非本务端升为本务端后，车载设备可自动进入正常工作状态。休眠模式如图 5-17 所示。

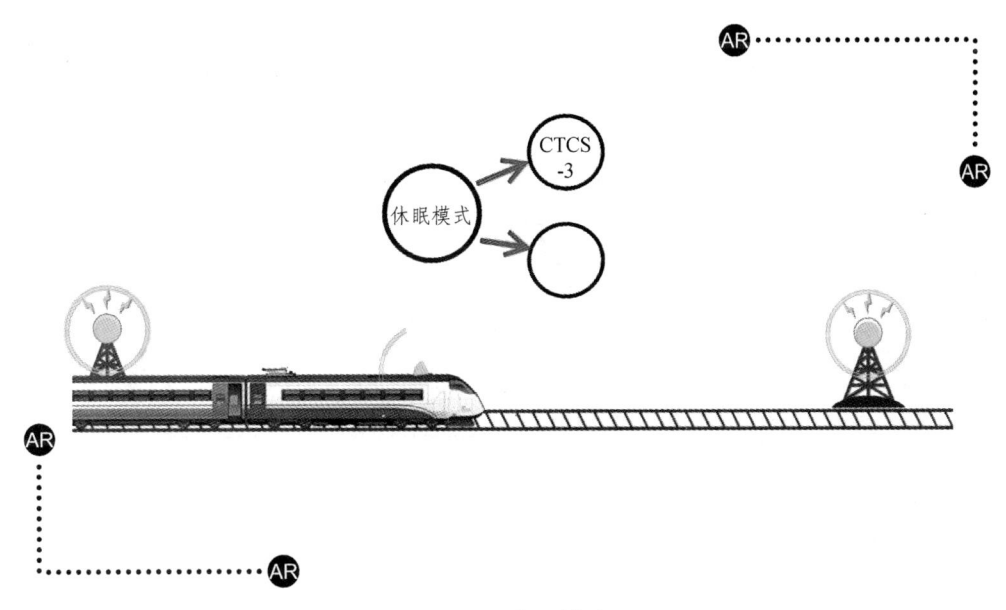

图 5-17 休眠模式

⑧ 部分监控模式 PS。

部分监控模式 PS 适用于 CTCS-2 车载设备。当车载设备接收到轨道电路允许行车信息，而缺少应答器提供的线路数据时，列控车载设备产生一定范围内的固定限制速度，监控列车运行。部分监控模式如图 5-18 所示。

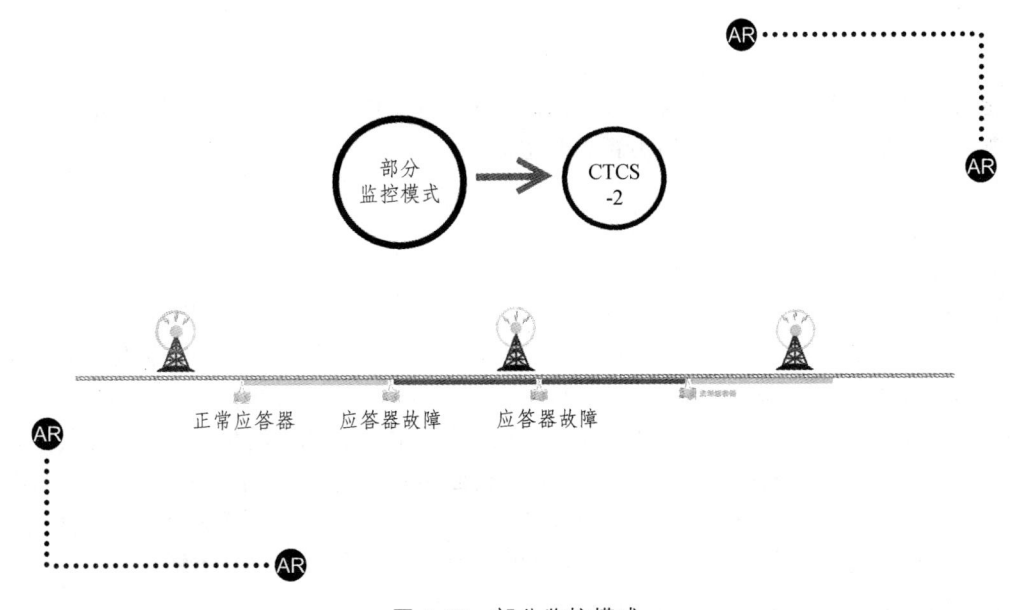

图 5-18 部分监控模式

⑨ 机车信号模式 CS。

机车信号模式 CS 适用于 CTCS-2 车载设备。当列车运行到未配置 CTCS-3/CTCS-2 级列控系统的区段时，根据行车管理办法（含调度命令），经司机操作后，列控车载设备按固定限制速度（最高限速 80 km/h）监控列车运行，并显示机车信号。当列车越过禁止信号时触发紧急制动。机车信号模式如图 5-19 所示。

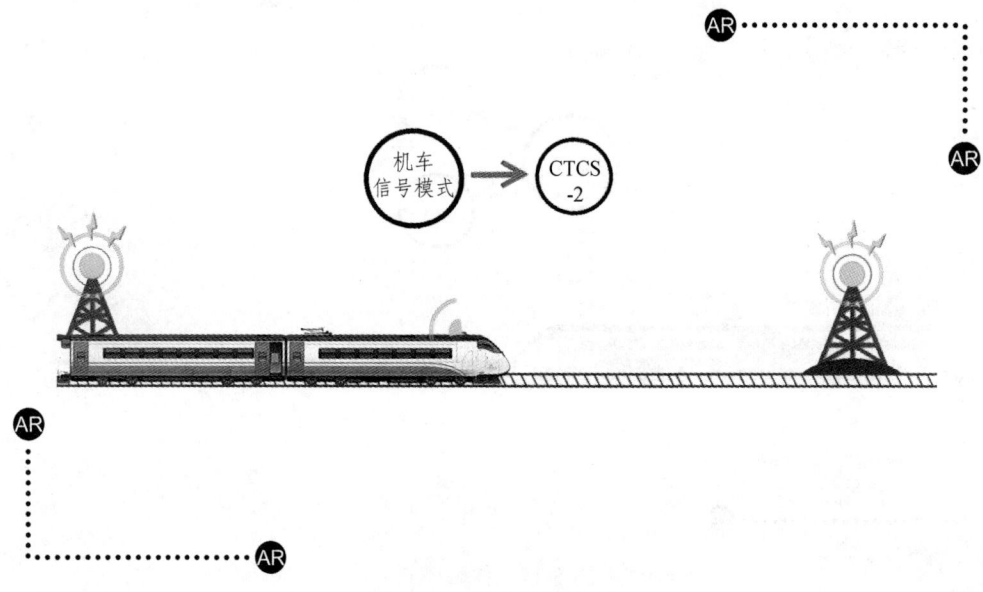

图 5-19　机车信号模式

第三节　信号机、道岔转辙设备

铁路信号基础设备是构成铁路信号系统的基础，他们的质量和可靠性直接影响着信号系统效能的发挥。为满足高速铁路信号系统的数字化、智能化、自动化要求，信号机、转辙机、轨道电路等信号基础设备也在不断更新和改造。

一、信号机

随着高速铁路列车运行速度的不断提高，信号显示的设计原则、控制方式、技术都发生了很大的变化。铁路信号从以车站联锁为中心向以列车运行控制系统为中心转化。列车运行调度指挥从调度员—车站值班员—司机 3 级管理向实现由调度员直接控制移动体（列车）转化。列车运行由以人为主确认信号和操作向实现车载设备的智能化转化。车地信息传输从小信息量到大信息量，线路数据从车上储存方式到地面实时上传方式。信号显示制式从进路式、速差式，发展为目标-距离式；信号机构从地面信号机为主，发展为车载信号为主，甚至取消了地面信号机。闭塞方式从三显示、四显示的固定闭塞，发展为准移动闭塞。

高速铁路信号机应按以下原则设置：

车站（含区间无配线站）应设进站、出站信号机。根据需要，作业量较大的车站可设进路信号机、调车信号机和复示信号机、作业较为单一的中间站、越行站列车进路上可设调车信号机。

动车段（所）宜设进站、出站及调车信号机。

车站进站信号机及接车进路信号机采用现行《铁路信号设计规范》规定的进站信号机机构。桥、隧地段信号机及高柱信号机构外缘与接触网带电部分不符合安全距离要求时可采用七位灯矮型信号机。

车站出站信号机及发车进路信号机采用"红、绿、白"三灯位矮型信号机，出站开放引导信号时，点亮红色灯光和月白色灯光。

调车信号机应采用现行《铁路信号设计规范》所规定的矮型调车信号机，尽头到发线上阻挡列车运行的调车信号机应采用出站信号机机构并封闭绿色灯光。

线路所应设通过信号机，其信号机构与进站信号机相同，开放引导信号时，点亮红色灯光和月白色灯光。

在区间闭塞分区的分界点线路左侧应设停车标志牌，标志牌宜安装在接触网支柱上。

车站进站信号机及防护区间道岔的通过信号机不设预告信号机，但应设置预告标志牌。预告标志牌应设置在进站信号机及防护区间道岔的通过信号机外方 900 m、1000 m、1100 m 处，预告标志牌宜就近安装在接触网支柱上。

车站及线路所列车信号机应常态灭灯，列车未安装列控车载设备或列控车载停用时，相应的列车信号机应经人工确认后转为点灯状态。

地面信号机显示允许信号时，仅表示允许列车或车列越过该信号机，出站信号不区分进路方向。

调车信号机及动车段（所）列车信号机应常态点灯。

信号机设置地点应符合下列规定：

（1）进站信号机的设置应符合现行《铁路技术管理规程》的相关规定。

（2）出站信号机应设在距警冲标不小于 55 m（含过走防护距离 50 m）的地点，或距最近的对向道岔尖轨尖端不小于 50 m 的地点。

（3）动车组运行径路上的调车信号机应设在距警冲标不小于 5 m 处。其他径路上的调车信号机应设在距警冲标不小于 3.5 m 处。没有调车危险应答器的调车信号机应尽量远离警冲标或防护道岔。

（4）进站信号机及区间闭塞分区标志牌，不应设置在电分相区及附近一定范围内。

同一方向相邻列车信号机之间的距离，应符合列车按规定速度安全停车制动距离的要求。站内列车信号机的显示关系还应符合下列规定：

（1）办理了接车进路，接车进路终端的出站或进路信号机应点亮红色灯光，若该信号红灯不能点亮时，防护接车进路的信号机则应点亮红色灯光。

（2）办理了通过进路，进路上的出站或进路信号机应点亮相应允许灯光，若允许灯光灯丝断丝，则前方信号机显示应相应降级。

CTCS-3 级列控区段的正反向进站处均设置五显示高柱进站信号灯，股道设置红、绿、白三显示出站信号机，信号机灯丝条件不纳入联锁检查，信号机灯丝电路不参与地面规定电路编码和 RBC 逻辑控制，灯丝断丝后不降级、不转移。CTCS-3 级列控系统内设置的调车信号采用传统调车信号机。

区间不设信号机，在闭塞分区分界处（尽量利用接触网杆）设置标志牌，站内信号机常态为灭灯，行车凭证为车载设备显示。

二、道岔转辙设备及融雪装置

转辙机是道岔转辙设备的核心和主体，除转辙机本身外还包括外锁闭装置和各类杆件、安装装置，它们共同完成道岔的转换和锁闭。转辙机的作用：转换并锁闭道岔；反映并监督道岔的位置。

1. 道岔转辙设备的技术要求

（1）对道岔转辙机的基本要求。

作为转换装置，应具有足够大的拉力，以带动尖轨直线往返运动；当尖轨受阻不能运动到底时，应随时通过操纵使尖轨回复原位。

作为锁闭装置，当尖轨和基本轨不密贴时，不应进行锁闭；一旦锁闭，应保证不致因车通过道岔时的震动而错误解锁。

作为监督装置，应能正确了反映道岔的状态。

道岔被挤后，在未修复前不应再使道岔转换。

（2）高速铁路道岔转换设备一般要求。

高速铁路道岔转换设备应保证道岔的正常转换、可靠锁闭和正确表示。

高速铁路道岔转换设备应设置外锁闭及密贴检查装置，采用多机牵引、分线控制、分动控制的方式，并实现挤岔监督报警功能。尖轨被挤时，安装装置应可靠传递挤岔力和切断转辙机表示所需的动程。联锁系统选排路应分时分组转换道岔。

高速铁路道岔转换设备安装应符合相关标准，绝缘件应满足不分解清扫的要求，转辙机和密贴检查器的安装应包含减震装置，转辙机个密贴检查器的杆件应设置防水罩，螺栓紧固件应采取防松措施。

2. 高速铁路道岔转辙设备组成

为满足高速、重载的铁路运输需求，道岔转换设备的技术性能和可靠性也在提高。主要表现为：锁闭方式由内锁闭改为外锁闭，提高转辙机功率，加大转换动程，改尖轨联动为分动，采用密贴检查器实现大号码道岔尖轨的密贴检查，对大号码道岔由单点牵引改为多点牵引，解决了可动心轨的牵引锁闭问题。我国高速铁路道岔转辙机主要采用 S700K、ZDJ9 和 ZYJ7 型电动转辙机，外锁闭装置主要采用 BGW 的 HRS 外锁闭装置和国产的钩形外锁闭装置。

（1）S700K 型电动转辙机（图 5-20）。

S700K 电动转辙机具有以下特点：采用三相交流电机；采用直径 32 mm 的滚珠丝杠作为驱动装置，延长了转辙机的使用寿命；采用簧式挤脱装置的保持联接器，从根本上解决了由于挤切销劳损造成的惯性故障，采用干式摩擦联接器。经过工厂调整加封，使用中无须再调整。

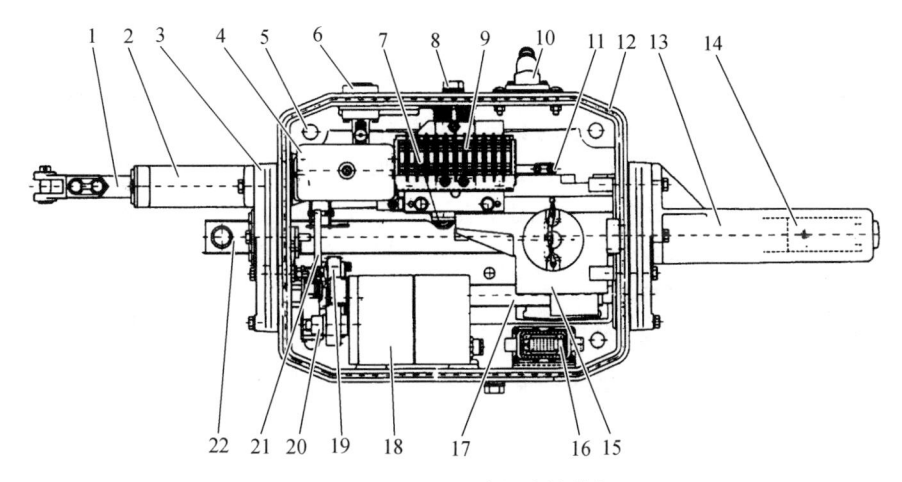

图 5-20 S700K 型电动转辙机

1—检测杆；2—导向套筒；3—导向法兰；4—遮断开关；5—地脚孔；6—开关锁；7—锁闭块；8—接地螺栓；
9—速动开关组；10—电缆密封装置；11—指示标；12—底壳；13—动作杆罩筒；14—止档片；
15—保持器；16—插座；17—滚珠丝杠；18—电机；19—摩擦联结器；
20—摇把齿轮；21—连杆；22—动作杆

S700K 电动转辙机的结构：

- 外壳：底壳、机盖、动作杆套筒、导向套筒、导向法兰；
- 动力传动机构：三相电机、齿轮组、摩擦联接器、滚珠丝杠、保持联接器、动作杆；
- 检测和锁闭机构：检测杆、叉型接头、速动开关组、锁闭块和锁舌、缺口指示标；
- 安全装置：开关锁、遮断开关、连杆、摇把孔档。

（2）ZDJ9 型电动转辙机（图 5-21）。

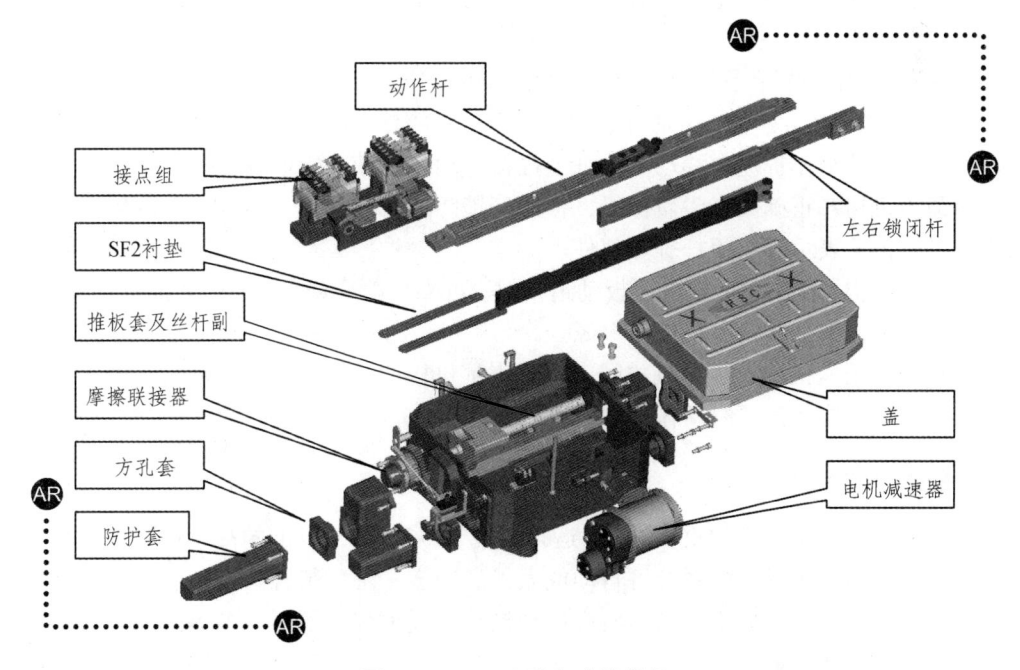

图 5-21 ZDJ9 型电动转辙机

ZD（J）9型系列电动转辙机是一种能适应交、直流电源的新型转辙机。它有着安全可靠的机内锁闭功能，因此既适用于联动内锁道岔，又适用于分动外锁道岔；既适用于单点牵引，又适用于多点牵引；安装时，既能角钢安装，又能托板安装。

ZD（J）9电转机主要由电动机、减速器、摩擦联结器、滚珠丝杠、推板套、动作板、锁块、锁闭铁、接点座组成、动作杆、锁闭（表示）杆等零部件组成，结构采用模块化设计，便于维护和维修。

（3）ZYJ7型电动液压转辙机。

ZYJ7型电动液压转辙机采用三相交流电机，整体采用了液压传动、溢流压力稳定易调整，不受气候、温度影响。具有双杆锁闭功能，机械锁闭，达到磨损小，寿命长，锁闭可靠。挤脱连接器采用了新型的环形弹簧，耐疲劳，寿命长。采用了专利技术的新型油泵，传动摩擦部位采用了复合减磨材料，提高了效率。两点间采用油管传输，可避免机械磨损和旷动，安装简便，维护工作量小，适用于多点牵引。采用两点式多点牵引时，SH6转换锁闭器与信号楼间不必铺设电缆，也不必增加控制电路和电源容量，投资较小。排故接点采用全封闭和圆弧接点不需清扫，适合中国的气候环境；采用铝合金壳体，使整机重量轻，机械强度高，便于施工安装。

ZY（J）7型电动液压转辙机结构主要分：动力机构、转换和锁闭机构、锁闭表示机构等组成。

动力机构即电机、油泵组，其作用是将电能变为液压能，主要由油箱盖组、左、右溢流板组、连轴器、油泵支架、电机、惯性轮组、安装底板、油箱磁钢组、油泵、油泵回油管（润滑油）组、溢流回油管组等组成。

AC三相380 V电机通过连轴器带动油泵顺时针或逆时针旋转，分别由上、下两侧高压油口输出油液。油通过门字型左、右油管，分别与空动缸两侧相连，分别给空动缸、主付机油缸。

转换锁闭机构：作用是转换并锁闭动作杆在定位或反位位置。动作杆锁闭后能承受100 kN的轴向锁闭力，它主要由油缸、动作杆组、锁闭铁等零件组成。液压油带动油缸向左或向右动作，带动动作杆左右移动。油缸上推板将动作杆锁在定或反位位置。

表示锁闭机构：正确反应尖轨位置，锁闭杆锁闭后，能承受30 kN以上的轴向力。主要包括接点组、锁（表示杆）闭杆等零部件。

手动安全机构：作用是手摇电机扳动道岔时，可靠切断启动电源后，才能够插入手摇把。且非经人工恢复，不能接通电机启动电源。

SH6转换锁闭器机构：与主机相同，挤脱表示机构的作用正确反应牵引点处尖轨位置，并有挤岔端表示功能，出厂时动作杆轴向挤脱力调至27.4～30.4 kN。

3. 道岔融雪系统

道岔融雪设备是防雪灾的重要设备，运行速度200 km/h及以上的高速铁路需安装电加热道岔融雪装置。当发生降雪时系统可自动或人工启动道岔融雪装置。高速铁路广泛采用RDI型电加热融雪设备，由安装于道岔钢轨旁的控制柜、隔离变压器、电加热元件、轨温传感器和车站控制终端设备构成。

道岔融雪装置控制柜模式开关可实现自动、手动、闭锁3种工作模式的转换，在自动模式下,加热电路处于自动加热状态,道岔融雪装置按照设定的启动和停止温度运行,在手动模式下,道岔融雪设备 12 个控制回路按照 6 路-6 路方式(其中延时 1~2 s)接通,加热电路一直处于加热状态,在闭锁模式下,所有分支回路的交流接触器均断开,切断输出电路,加热电路处于关闭状态,不对任何道岔加热元件供电。

第四节　电源系统及综合防雷

一、智能型铁路信号电源系统

高速铁路应用的智能型铁路信号电源系统指的是具有智能监测和管理功能的铁路信号电源设备。

智能型铁路信号电源系统具备智能化监测各种输入和输出的功能,可与信号集中监测系统实现数据传输。两路输入电源的转换时间不大于 0.15 s。在两路电源转换时间内,所以交直流电源不间断输出,当两路输入电源全部停电后,各车站信号电源系统具有 30 min 持续供电能力,各中继站具有 120 min 持续供电能力,系统的后备供电能力提高了系统容错能力,信号电源的两路外接交流电源经交流输入配电单元进入交、直流模块,模块的输出进入交、直流输出配电单元,分别给各类信号设备供电。

系统组成:

1)电源模块

根据模块输出的差别,系统的电源模块可分为 3 类:直流模块、25 Hz 交流模块、50 Hz 交流模块,各模块的外观结构基本相同,主要由前面板、散热器和盖板等部分组成,模块的前面板有电源指示灯(绿)、保护指示灯(黄)、故障指示灯(红)、模块通信地址拨码开关盒操作把手等。

2)监控模块

监控模块前面板有背光液晶显示屏、键盘、复位键、指示灯、把手等;后面板上有通信接口、输出干接点和电源接口等。

3)直流屏配电

(1)交流输入配电。

包括两路交流输入的自动切换控制和系统的输入防雷等功能。正面有交流输入空气开关、C 级防雷器(含防雷空气开关)、D 级防雷盒、直流模块输入空气开关、接地汇流排和零线汇流端子排等;背面有两组机械联锁接触器、配电监控板、配电监控转接板、交流电流采样板、两路交流线汇流端子排等。

(2)直流输出配电。

直流输出配电完成两路电源的输入及转接、交流输入电流采样、系统直流电源输出和防雷、空开状态采集。

4）交流屏配电

交流屏模块输入配电完成交流模块的输入、交流输出防雷和 25 Hz 轨道电源负载短路切除等功能。

交流输出配电完成系统的交流输出。

二、高速铁路信号综合防雷

（一）信号系统的防雷原理

在高速铁路信号设备中，大量采用了计算机、网络、通信等电子设备，对雷电的侵害，干扰非常敏感，遭受雷击后系统瘫痪等事故频繁发生，雷害对高速铁路行车的影响也越来越大，凸显出信号系统防雷工作的重要性和紧迫性，雷电侵入信号设备的主要途径有空间电磁感应、供电电源、信号传输线，以及地位反击。

1. **空间电磁感应**

雷电击中装有信号设备的建筑物或击中信号楼附近的地面、物体时，雷电电磁脉冲在信号设备系统内产生过电压和过电流，对设备造成损害。此种雷电侵入方式对信号设备的影响具有较大的不确定性，它与电磁感应的强弱、方向持续时间，以及信号设备所处的位置都直接有关。

对于空间电磁感应的防护现采用铁质材料的厢式机房、在机械室周围安设环形楼地装置、法拉第笼、避雷针等，防止在遭受空间电磁感应过电压、过电流时，造成部分器材、元件的损坏或熔断器熔断等导致大面积故障甚至安全设备的瘫痪。

2. **由供电电源侵入**

电力高压变压器的高压侧遭受雷击时，如果雷电压很高，就会击穿变压器初、次缓绕组间的绝缘，直接侵入 380 V 或 220 V 低压电源，对信号设备造成破坏，而在更多情况下雷电压不足以击穿绝缘，但可以通过绕组间分布电容的耦合侵入低压电路。

高铁设备均采用智能电源屏，由于智能屏的组成机构抗雷电的能力较弱，所有对电源的雷电防护采用多级防雷保安器进行防护。第Ⅰ级设在户外交流电源馈线引入处，由供电部门设置；第Ⅱ级设在电源屏电源引入侧；第Ⅲ级设在微电子设备（微计算机终端电源稳压器或 UPS 电源前，电源屏内部设置）。

3. **由信号传输线侵入**

信号传输线是指信号系统中用于电源与设备、设备与设备相互连续的电缆线路。信号防雷工作需要重点考虑的主要是通过室外线路构成的连续，如轨道电路、信号点灯同路、道岔控制同路。

1）由轨道电路侵入

作为轨道电路传输通道的钢轨，虽然所处的位置不高，但在站内、区间的分布很广，因此成为雷电侵入信号设备的重要途径之一。雷电在钢轨上产生的高压,经引接线可直接损坏发送器、接收器,对轨道电路的雷电防护采用电缆护套单端对地连接,入口处使用防雷模拟网络、低转移系数防雷变压器、空芯线圈,中点侧配向防雷的接地连接使用等。

2)由信号点灯电路侵入

连续信号机的电缆线路遭受雷击时,瞬间产生的高压可以向继电器室和信号机两个方向传递,雷电波进入继电器室造成的雷害,较为常见的有断路器开路、灯丝继电器整流堆击穿等;信号机一端常会造成信号灯泡断双丝,灯泡被击碎或损坏点灯装置。

3)由道岔控制电路侵入

道岔控制电路连接室内外的电缆遭遇雷击,雷击波同样也会向两端传递,由于道岔启动回路平时处于断路状态,一般不会因雷击造成损坏,相对而言道岔表示回路的雷害故障比较常见,在继电器室一端可能造成表示电源熔断器熔断,更多故障发生在室外转辙机一端,经常造成道岔表示二极管被击穿。

4. 地电位反击

发生雷击时,雷电大电流通过接地装置泄入大地,在接地装置及周围局部土壤中形成瞬间的高电位,通过引线传送到室内,与相关线路之间形成很高的电位差,造成相关设备损坏,此种雷电侵入途径被称为地电位反击

大地可视为一个能够无限吸纳电荷、电位稳定的载体,但在极短暂时间内从大地某一点吸纳大量的电荷后,则需要一定的扩散时间。因此雷电流入大地时,即使接地装置的接地电阻很小,但在通过几十千安的大电流时,导致电位的升高也将十分可观。

地电位反击产生的反击电压有时间高达数万伏,且波形陡峭,对于计算机的电子设备可能造成致命伤害,应该引起充分重视。

5. 横向过电压与纵向过电压

无论经由哪种途径侵入的雷电,从一开始作用到信号设备上都是以过电压的形式出现,雷击造成两线间的过电压称为横向过电压,造成线对地的过电压称为纵向过电压。但有时两线间的阻抗、对地绝缘存在差异,防雷元件的特性不一致等,有可能出现横向过电压与纵向过电压同时并存,在一定条件下还会相互转换。

(二)综合接地

为了达到更好的防雷效果,接地装置的作用十分重要,接地电阻值越小对防雷越有利,高速铁路的接地采用综合接地方式,信号设备防雷的接地是综合接地系统的一部分,综合接地系统以道线两侧分别敷设的贯通地线为主干,充分利用沿线桥梁、隧道、路基地段构筑物设施内的接地装置作为接地体,形成等电位综合接地平台,通过贯通地线将铁路沿线建筑物、构筑物的防雷措施,强弱电设备的工作接地、保护措施、防过电压接地、防静电接地、屏蔽接地装置等电位连接起来,以确保人身安全和设备安全,综合接地系统由综合贯通地线、接地极、接地端子及接地连接线构成。

综合贯通地线采用耐腐蚀并符合环保要求的导电高分子钢缆，钢截面为 70 mm²。桥梁地段的综合贯通地线敷设在电缆槽内。贯通地线均应在梁体端部通过接地端子与梁体接地槽连接一次，隧道地段的贯通地线应每间隔约 100 m，通过接地端子与隧道接地极一次，路基地段的贯通地线敷设在线路两侧的电缆槽下方，综合接地端子采用不锈钢材质，并直接注在混凝土制品中，综合接地系统遵循等电位连接的原则，接地系统接地电阻值应不大于 1 Ω。

接触网带电体 5 m 范围内的铁路电气设备和金属构件应接入综合接地系统。线路两端 20 m 范围以内的铁路建（构）筑物的接地装置应纳入综合接地系统，避雷针的接地应独立设置接地装置。当接地装置与贯通电线的距离小于 15 m 时，应接入综合接地系统，其接入点与通信、信号及其他电子设备的接地连续点的间距大于 15 m，有困难时应大于 10 m。信号设备的安全地线、屏蔽地线和防雷地线接入综合接地系统。

第五节　CTC 系统及信号数据网络

一、分散自律调度集中系统（CTC）

1. CTC 简介

调度集中是调度中心（调度员）对区段内的信号设备实行集中控制，直接指挥列车运行、管理技术装备。武广客运专线采用的是分散自律的调度集中系统（FZK-CTC），即调度中心与各车站之间各自独立，由高可靠的双环网络联结在一起。一方面调度中心可以远程查看车站的各种信息，并且可以远程控制车站设备的操作。另一方面车站子系统可以在调度中心的远程控制下工作，也可在设备与调度中心断开的情况下，根据车站的站细规则和实际行车状态自我检查约束。分散自律调度集中系统综合了计算机技术、网络技术、通信技术和现代控制技术，具有两种控制模式，即分散自律控制模式和非常站控模式。在分散自律控制模式下，调度中心以自动控制为基本模式，同时具备调度中心、车站人工操作控制的能力；非常站控模式是指当调度集中设备故障、发生危及行车安全的情况或设备天窗维修、施工时，车站脱离调度中心控制转为传统人工控制的模式。

1）CTC 系统结构

CTC 系统由调度中心系统、车站子系统以及网络通信系统三部分组成，结构如图 5-22。调度中心子系统包括数据库服务器、应用服务器（或中心 PRC）、通信前置服务器、大屏幕投影系统（或表示墙系统）、网络设备、电源设备、防雷设备、网管工作站、系统维护工作站、调度员工作站、助理调度员工作站、值班主任工作站、控制工作站、计划员工作站、综合维修工作站等，根据需要也可为其他调度台设置相应显示终端。

车站子系统主要设备包括车站自律机、车务终端、综合维修终端、电务维护终端、网络设备、电源设备、防雷设备、联锁系统接口设备和无线系统接口设备等，如图 5-23 所示。

网络子系统是由网络通信设备和传输通道构成双环自愈网络，采用迂回、环状、冗余等方式提高其可靠性。

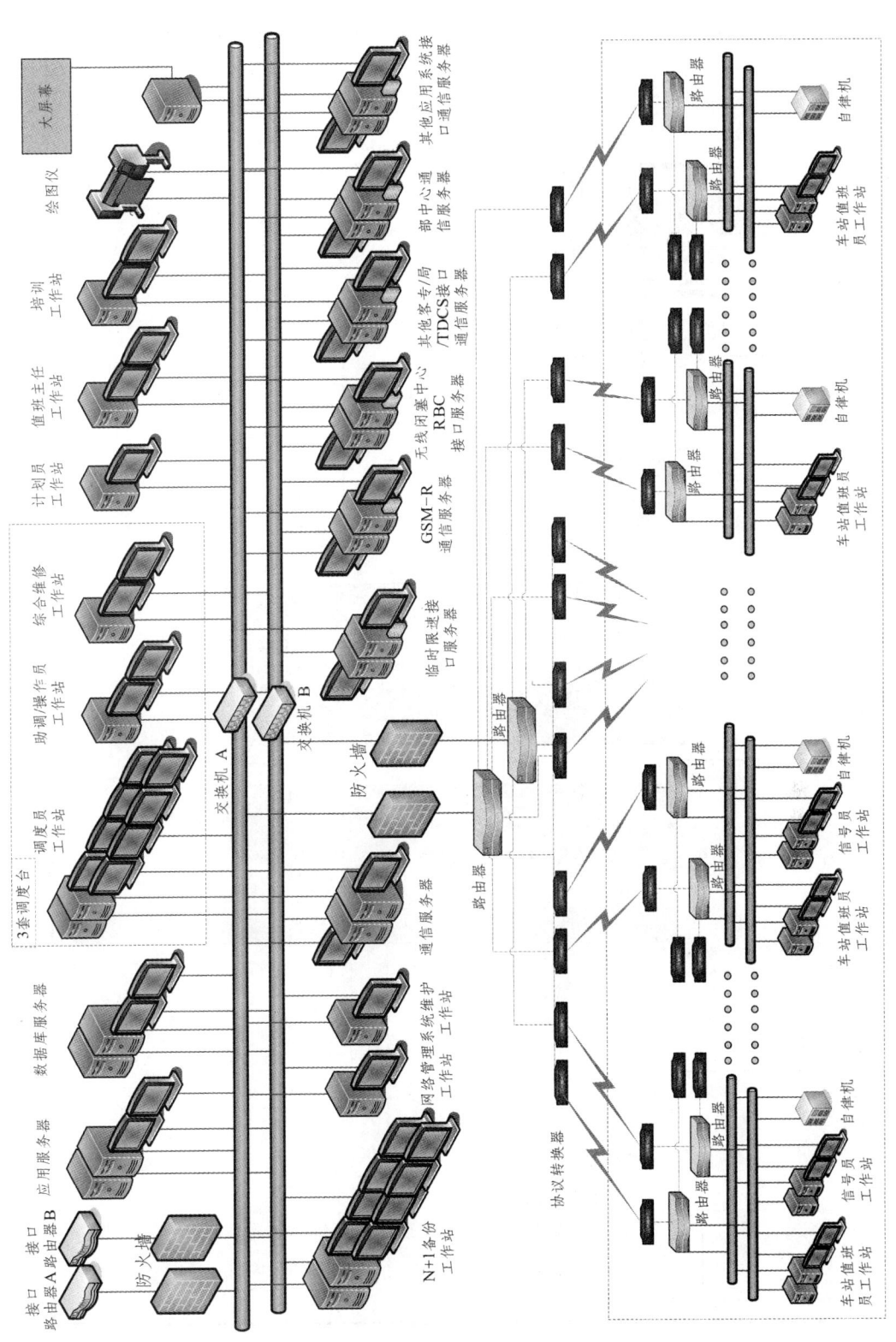

图 5-22 CTC 系统结构图

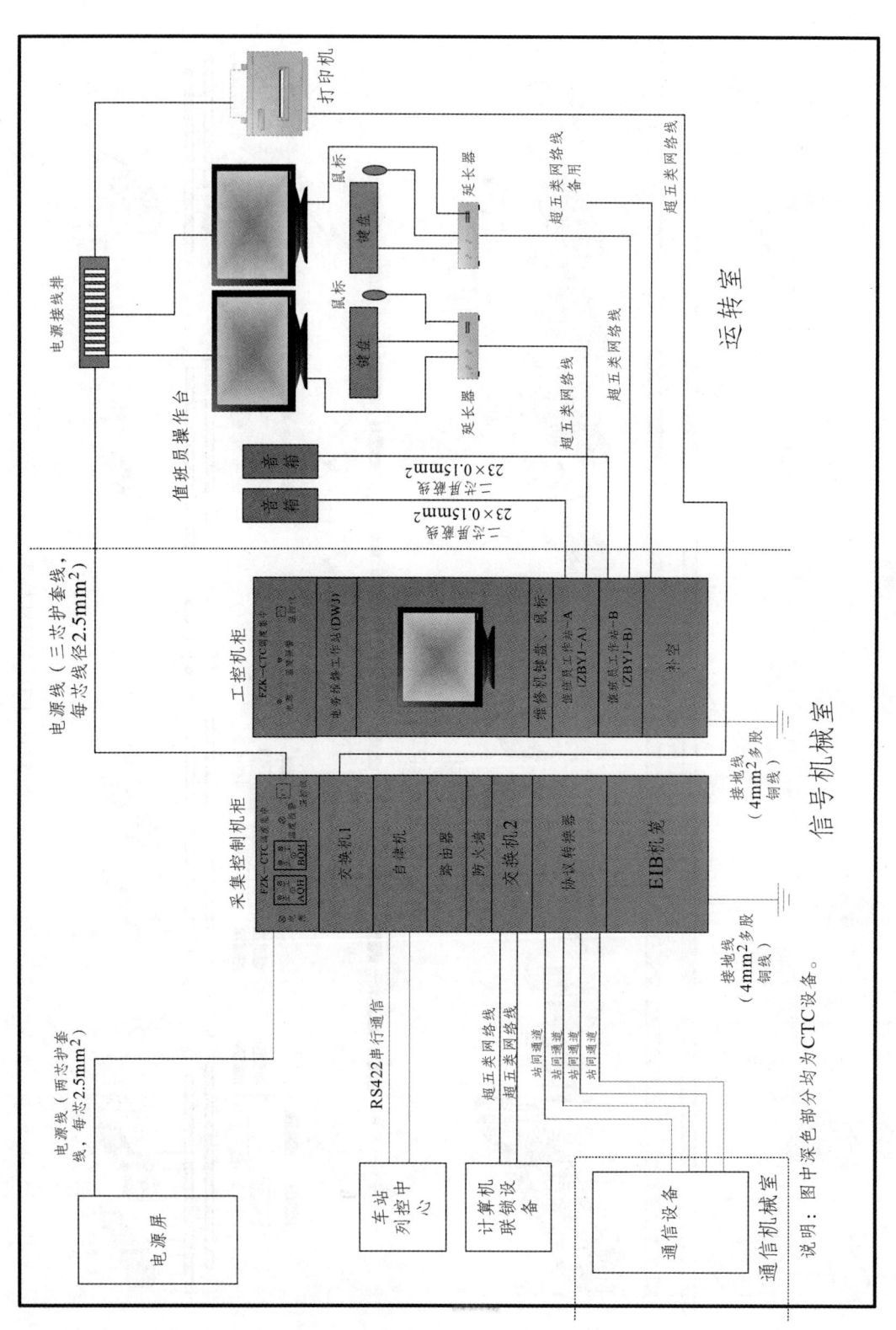

图 5-23 CTC 车站子系统

2）CTC 系统功能

行车调度功能：计算机铺画列车运行图、网络下达行车计划、自动生成实际运行图等。

列车计划和列车进路控制功能：当车站的"列车按图排列状态"激活时，自律机能按阶段计划自动排列列车进路。同时，系统还为调度中心操作员和车站操作员提供人工排列进路的功能。

CTC 显示功能：显示车站信号设备（信号机、道岔、进路等）的状态、信号设备报警的状态、控制模式状态等信息。

系统模拟仿真与培训功能。

系统维护功能：系统基础数据的维护、系统设备运行状态监督等

3）系统故障降级处理措施

当车站自律机与中心子系统网络通信中断后，应立即向调度员或车站值班员自动报警。

在双线自动闭塞区段的无人值守车站通信中断后，车站自律机应按原列车运行调整计划继续自动执行。列车运行调整计划执行完毕后，通信仍未恢复正常时，系统应设置为自动通过状态。

站间闭塞正常工作情况下，无人值守车站通信中断时，车站自律机应按原列车运行调整计划继续自动执行。列车运行调整计划执行完毕后，通信仍未恢复正常时，系统应将本站正线道岔自动锁闭为正向直股状态，司机凭调度命令行车。

二、信号数据通信网

信号数据通信网络由 RBC、联锁、临时限速服务器、TCC 的安全数据通信以太网，CTC 数据通信以太信号集中监测数据通信以太网构成，实现联锁与 TCC、CTC、信号集中监测系统及系统间的安全数据通信和非安全数据通信。

1. 信号安全数据网

信号安全数据网采用工业以太网网络设备构成冗余双环网，网络设备间采用专用单模光纤连接。两环网设备间互联光纤采用不同物理路径；同一环网络设备间互联光纤与迂回通道使用光纤采用不同物理路径。连接相邻网络设备光纤长度不应超过 70 km，光纤长度不符合要求时增加中继器设备。每一独立环网中接入的交换机、中继器等网络设备超过 40 个或铁路线长度超过 600 km 时，应将网络环路分割成不同子环网。各相邻子环网间采用三层工业以太网交换机进行连接。

2. CTC 系统数据通信网

CTC 系统独立组网，分别采用通信数据网提供广域传输通道，用于调度所 CTC 中心系统与车站系统之间的信息传输。调度所与车站之间的广域网采用双机双通道组网方式，采用不同物理路径专用链路的数据网进行组网。CTC 系统数据通信网根据现场实际情况可采用星型、环型或星型与环型相结合的结构。CTC 系统数据通信网采用环型结构时，应每隔 5~10 个信源点，增加一条迂回通道与调度所相连。

CTC 系统数据通信网设计为双网，包括调度所 CTC 中心的双局域网，车站的双局域网、调度所 CTC 中心与车站之间的双 2M 数字通道环，以及抽头站与调度所 CTC 中心的 2M 数字通道。

调度所 CTC 中心配置路由器设备、防火墙设备，以及局域网交换机设备；车站（含抽头站）配置路由器设备、局域网交换机设备。

CTC 系统数据通信网的网络通信结构如图 5-24 所示。

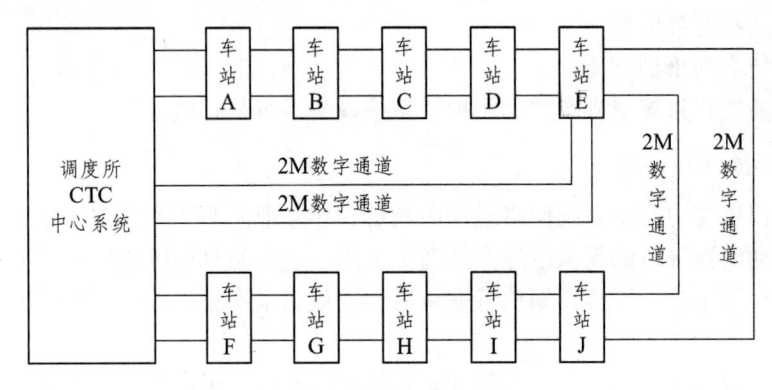

图 5-24 CTC 系统网络通信示意图

3. 信号集中监测数据通信网

信号集中监测数据通信网采用通信系统 MSTP 多业务传输平台提供的 2M 专用数字通道构建环状网络，用于集中监测系统的信息传输，传输速率不应低于 2 Mbit/s。传输通道采用迂回、环状、抽头等冗余方式。传输通道采用环型结构时，应每隔 8~15 个信源点增加一条迂回通道与监测服务器相连。

信号集中监测数据通信网独立组网，设计为单网，包括调度所的监测终端局域网，电务维护部门的监测中心局域网，综合维修工区的监测终端局域网，车站、中继站内的局域网、车站、中继站至电务维护部门至调度所监测中心的 2M 数字通道网络，以及铁路局电务部门之间的 2M 数字通道。各车站、中继站配置路由器和协议转换器，构成车站、中继站至电务部门的数据传输通道。综合维修工区的终端系统配置路由器和协议转换器，构成终端与相关车站数据传输通道。电务维护部门配置路由器和协议转换器，构成电务维护部门与调度所监测中心的数据传输通道。信号集中监测系统采用基于 TCP/IP 协议的广域网络模式。IP 地址和域名由中国铁路总公司统一分配。

复习思考题

1. E132-JD 型计算机联锁系统有哪些功能？
2. DS6-K5B 型计算机联锁系统有哪些功能？
3. CTCS 系统的应用等级是怎样划分的？
4. 简述 CTCS 2 系统设备组成。
5. CTCS 3 系统车载模式有那几种？

6. 高速铁路信号机按哪些原则设置？
7. 高速铁路道岔转辙设备技术有哪些要求？
8. S700K 电动转辙机具有哪些特点？
9. 简述 ZY（J）7 型电动液压转辙机结构。
10. 简述智能型铁路信号电源系统组成。
11. 简述高速铁路信号综合防雷信号系统的防雷原理。
12. 简述 CTC 系统结构。
13. 简述 CTC 系统功能。

第六章　GSM-R 无线通信技术

近年来我国铁路得到了大规模的发展，重载运输、电气化改造、既有线提速、青藏线、武广高铁的开通等一系列的技术进步，推动了铁路通信信号的发展。截至 2014 年底，全国铁路营业里程达 11.2 万千米，位居世界第二；其中高速铁路 1.6 万千米，占世界高铁营业里程的 50% 以上，位居世界第一。在这样庞大的铁路交通运输网中，要想大幅度提高铁路复线率、电气化率、自动闭塞比重，实现主要繁忙干线客货分线运输，只能选择一种新的铁路数字移动通信技术。铁路提速和客运专线网络化、智能化、综合化的行车调度指挥系统更需要高度可靠、高度安全、快速接入的综合移动通信系统，以及透明、双向、大容量的车–地安全和调度指挥的信息传输通道。

既有线提速、客运专线、青藏线建设和高速铁路研究，对通信信号技术的发展提供了新的发展机遇。我国铁路发展移动通信网络的总体目标是建立语音数据综合业务的移动通信系统平台，形成现代化的调度通信、公务移动、信息传输、列车控制一体化的通信系统，并向社会实时提供铁路客货运及其他服务的信息。铁路综合数字移动通信网络的形成是一项十分艰巨、需要持续发展的系统工程，与铁路运输组织、控制、生产、安全密切相关。它应该充分考虑世界移动通信技术的发展方向特别是第三代移动通信技术，以及世界铁路市场规律和运输技术装备趋势，结合铁路运输的具体情况进行开发，形成一张覆盖铁路干线的巨大网络，以达到为铁路运输提供高质量服务的目的。

我国铁路 GSM-R 网络的发展目标是在全路建立一张移动通信网络，利用通信的手段实现铁路移动设施和固定设施的无缝连接，确保列车平稳、高速、安全地运行。同时，在我国《中长期铁路网规划》中，主要繁忙干线实现客货分线复线率和电化率均达到 50%，运输能力满足国民经济和社会发展需要，主要技术装备达到或接近国际先进水平，为 GSM-R 在中国的发展提供了宽广的发展空间。

GSM-R 进入中国已有十余年的历程，经过理论研究、技术之争、政策审核、网络建设、施工验收等层层考验，最终在 GSM-R 工程方面取得了骄人的成绩。初步建设了分别代表高原、重载和繁忙干线的青藏线、大秦线、胶济线三条 GSM-R 线路，武广专线也于 2009 年 12 月 26 日开通，客运专线的建设也已进入实施阶段。其中，青藏线是一条集多种领先技术于一身的往返于"世界屋脊"的铁路；大秦线是使中国步入重载领域先进行列的标志性工程，突破性地实现了年运量 2 亿吨的目标，现在技术还在不断创新，预计年运量将达到 4 亿吨；胶济线的建设是对 GSM-R 技术应用于具有中国特色环境的一个尝试，它的成功与否影响着 GSM-R 技术在速度为 200 km/h 铁路线路的普及率。

与此同时，GSM-R 也面临着新的挑战。在技术、工程上仍然存在未攻克的难点，如 GPRS 技术能否应用于列控和高速铁路，如何解决与中国移动间的共用带宽干扰问题等。GSM-R 目前仅满足了铁路运输业务的基本需求，增值业务还未纳入发展规划。

第一节　GSM-R 系统结构及设备组成

一、概述

当今的无线通信系统是有线网络和无线网络的结合体。在整个通信体系中，移动蜂窝网络既是一个独立的通信系统，也可以看作是公共电话网络（PSTN）或 ISDN 的扩展部分。在蜂窝移动网络中，基站与移动台之间是无线连接，基站与交换机之间，交换机之间，都是有线连接。一个移动用户要想与另一个移动/固定用户进行通信，必须经过无线和有线两种传输过程。移动网络与固定网络之间的互连实现了用户在任何时间、任何地点与任何人进行通信的目标。蜂窝系统的组成如图 6-1 所示。

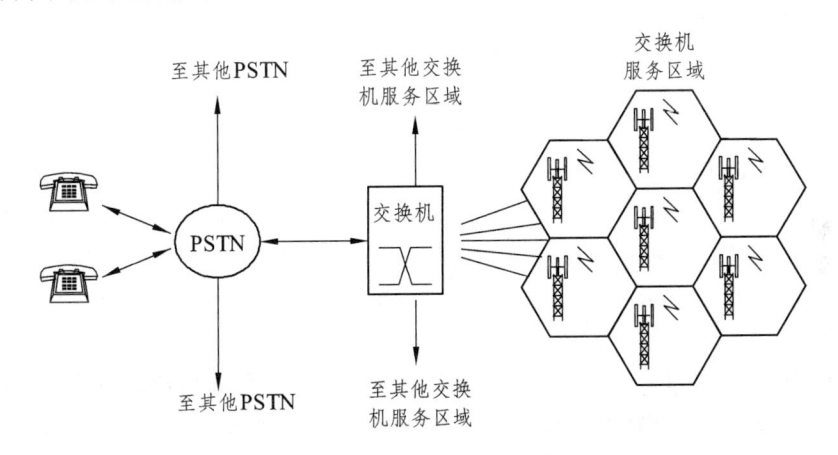

图 6-1　蜂窝系统的组成

GSM-R 陆地移动网络是由一个管理者或专门的机构组织建立并执行操作的，它的目的是为铁路提供陆地移动通信的各种业务。GSM-R 陆地网络可以看作是某个固定网络的扩展，如 ISDN；或者是一个采用统一编号方案的 MSC 的集合。MSC 作为陆地移动网络和固定网络的接入单元。作为铁路专用的网络，GSM-R 可以有限地、有条件地与地面的公众或专用网络进行互连。

一个 GSM-R 陆地移动系统由若干个功能实体组成，这些功能实体所实现的功能的集合就是网络能够提供给用户的所有基本业务和补充业务，以及对于用户数据和移动性的操作和管理。GSM-R 陆地移动网络由 3 个子系统组成，其基本结构如图 6-2 所示。

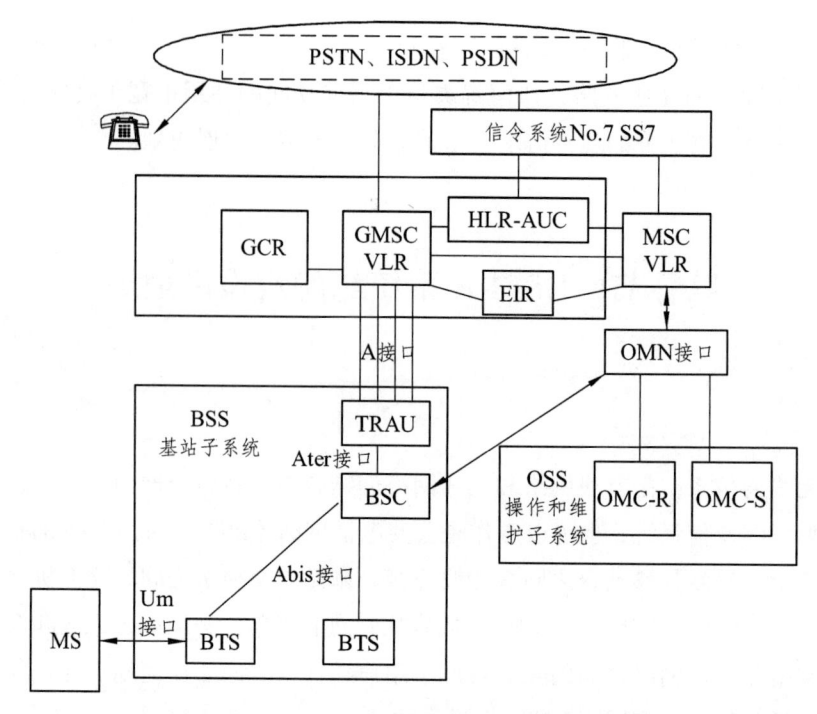

图 6-2　GSM-R 陆地移动网络的基本结构

　　移动台是接入 GSM-R 网络的用户设备，包括移动终端（ME）和终端设备（TE），或通过终端适配器与 ME 连接的 TE。移动台除了具有通过无线接口（Um）接入 GSM-R 系统的一般处理功能外，还为移动用户提供了人机接口。

　　基站子系统（BSS）由一个基站控制器（BSC）和若干个基站收发信机（BTS）组成，BTS 主要负责与一定覆盖区域内的移动台（MS）进行通信，并对空中接口进行管理。BSC 用来管理 BTS 与 MSC 之间的信息流。BTS 与 BSC 之间通过 Abis 接口通信。BSS 中还可能存在编码速率适配单元（TRAU），它实现了 GSM-R 编码速率向标准的 PSTN 或 ISDN 速率的转换。TRAU 与 BSC 通过 Ater 接口连接。

　　网络子系统（NSS）建立在移动交换中心（MSC）上，负责端到端的呼叫、用户数据管理、移动性管理和与固定网络的连接。NSS 通过 A 接口连接 BSS，与固定网络的接口决定于互联网络的类型。

　　操作和维护子系统（OSS）是相对独立的子系统，为 GSM-R 网络提供管理和维护功能。它的具体功能由操作维护中心（OMC）来完成，其中 OMC-R 负责管理 BSS，OMC-S 负责管理 NSS。OSS 主要提供移动用户管理、移动设备管理、网络操作和控制三类功能。

　　任何 GSM-R 陆地移动通信网络都必须与固定网络连接，一同完成移动用户与移动用户之间、移动用户与固定用户之间的通信。

　　组成 GSM-R 网络的各个子系统之间、BSS 与移动台之间、与固定网络之间的互连都有标准的接口。网络中的不同设备可以通过标准的接口来实现移动业务的本地和国际互连。GSM-R 网络的信令系统采用 NO.7 信令网传送呼叫控制信息和其他信令信息。

　　GSM-R 网络为支持基本业务提供以下功能：
- 呼叫处理；

- 用户身份的鉴权；
- 紧急呼叫；
- 语音组呼和语音广播；
- 短消息业务；
- 信令信息的加密。

除此之外，GSM-R 网络还为支持各种补充业务提供了相应的功能。

为支持蜂窝系统的操作提供以下功能：

- 位置登记；
- 切换；
- 呼叫重新建立。

GSM-R 网络还具有网络管理功能和一些附加功能，如呼叫处理的排队、安全功能、不连续发送和接收（DTX/DTR）等。

与 GSM 网追求最大用户系统容量不同，GSM-R 系统更侧重于系统的有效性，这是铁路特殊的需求，因此 GSM-R 在网络覆盖上有更多的重叠，网络设施也采用冗余备份。可选择将 GSM 系统的 MSC、VLR、EIR、GCR、SSP、HLR、AUC 置于一个网元中，且随着网络的增长而分散到多个网元中，这样可以形成一个经济、便于维护的网络结构。

典型的基于 GSM/GSM-R 的铁路通信网与普通的 GSM PLMN 并无大的区别，在其网络的网元、标准接口和连接的扩展上也无大的区别。在公网的基础上引入一系列的新技术，即可用于铁路部门。铁路网与公网的主要区别在于由铁路网特殊需求引起的网络结构和规划上的区别。

二、BSS 结构和功能

BSS 是 GSM-R 系统网络中最基本的组成部分。它有两种基本组成设备，分别是基站收发信机（BTS）和基站控制器（BSC）。一台 BSC 可以管理多达几十个 BTS。此外，还有一种可选择设备——速率适配单元（TRAU）。BSS 的总体结构如图 6-3 所示。

从功能上看，BSS 通过无线接口直接与移动台相连，负责无线发送接收和无线资源管理；通过 A 接口与 NSS 相连，实现移动用户之间或移动用户与固定网用户之间的通信连接，并且传送系统信令和用户信息等。

在 BSS 中，BTS 主要负责无线传输；BSC 主要负责控制和管理；如果加入了 TRAU，主要为了减少 PCM 链路的数量。

1. BTS 结构和功能

BTS 是网络中固定部分与无线部分之间的中继，移动用户通过空中接口与 BTS 连接。BTS 由天线、耦合系统、收发信机（TRX）及基站公共功能（BCF）组成。可以把它看成一个复杂的无线调制解调器。BTS 的结构如图 6-4 所示：

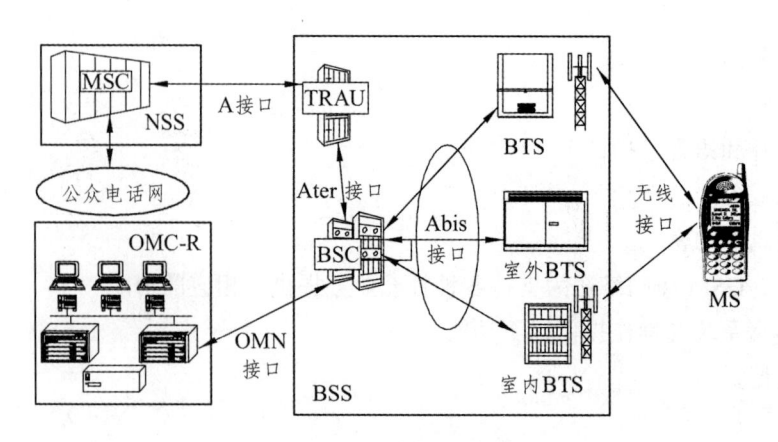

图 6-3 BSS 的总体结构

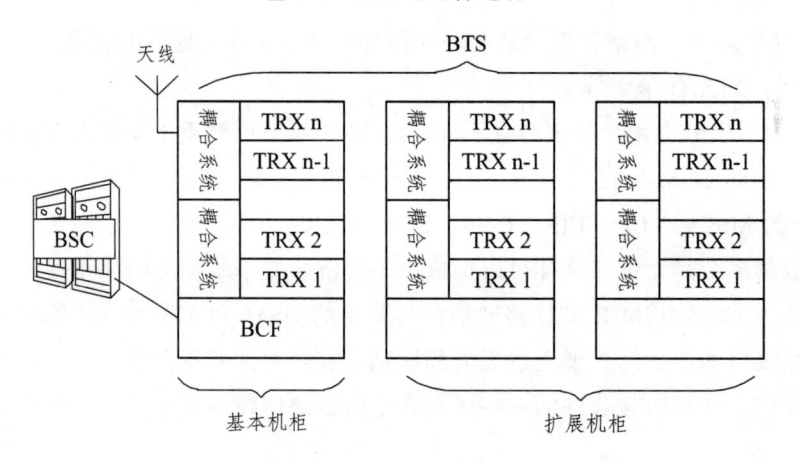

图 6-4 BTS 的结构

耦合系统是天线与每个小区的收发信机之间的接口。

TRX 是 BTS 中最主要的设备。一台 TRX 管理着一个 TDMA 帧，也就是管理 8 个物理信道。TRX 的功能有：进行编码、加密、调制，然后将射频信号馈送给天线；将信号解密、均衡、然后解调；移动呼叫检测；上行链路信道测量；定时提前量的测量、跳频。

BCF 通过 Abis 接口与 BSC 相连，它的功能是将语音和用户数据信道合成以后发送给 BSC 和将信令信道合成以后发送给 BSC。此外，BCF 还具有以下功能：Abis 接口管理，时隙分配，外部警报，操作与维护，利用其主要单元的冗余进行自我防御，信令的压缩与释放。

总的来说，BTS 的功能包括：

- 进行语音、数据和短消息的传输；
- 在无线接口上表现的功能：信号的处理（调制/解调，均衡；加密/解密；编译码，交织/解交织），跳频，系统的连接，第一层管理（无线测量预处理、切换、功率控制、呼叫清除）；
- 链路和基站的优化功能：基站的管理、摘下与插入技术、远程译码（A 接口和 Abis 接口的尺寸优化）、信令信道的集中；
- 自我保护功能，主要方法是对一些模块进行复制。

2. BSC 结构和功能

BSC 的结构主要包括：一个处理单元，一个交换矩阵单元和中继控制单元（PCM 和 X.25）。BSC 一面与移动交换中心（MSC）连接，另一面与 BTS 连接。BSC 与 OMC-R 的连接有两种途径。一种是通过 X.25 数据网络与 OMC-R 相连。另一种是 BSC 先与 TRAU 相连，然后通过 MSC 再与 OMC-R 连接。BSC 通过处理单元和 X.25 控制器从运营管理与维（O&M）中心下载新的软件并释放。反过来，在周期性询问或传送时，BSC 将所有关于 O&M 的数据缓冲并转送到 O&M 中心。

BSC 的结构如图 3-5 所示：

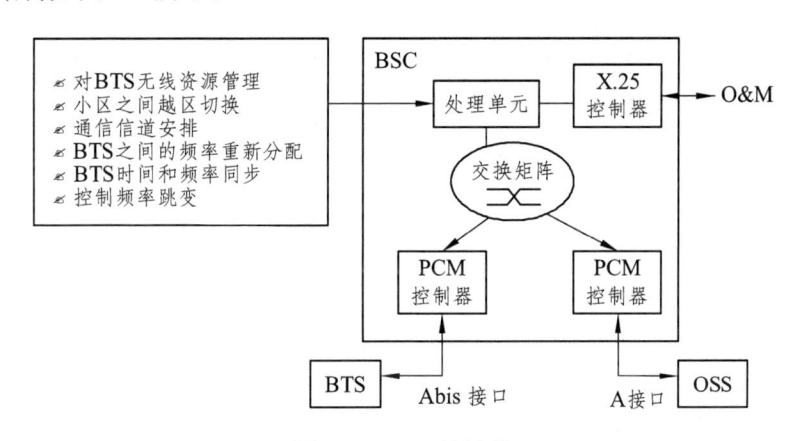

图 6-5　BSC 的结构

BSC 的基本功能包括：
- 无线呼叫处理：建立与释放无线链路和进行 MSC 和 BTS 之间的信道交换；
- 无线资源管理：无线接入处理，无线信道分配（业务和信令），无线信道监控；
- 业务集中管理：可以减少传送费用；
- 短消息业务（小区广播管理）：向 OMC-R 所规定的目标小区广播短消息。

BSC 的主要 O&M 功能包括：
- OSS 接口管理：与 OMC-R 的链路管理，提供 OMC-R 所需求的业务，存储 BSS 配置数据（软件存储和在 BSS 各种实体中的分配）；
- BTS 和 TCU 管理：初始化，分配与再分配，软件下载，监控和观测。
- BSC 自我防御：主要通过冗余和重起机制来实现。

BSC 的执行功能包括：
- 对其所控制的小区执行无线资源（RR）管理。并且为其所控制区域内的所有移动台（MS）分配和释放频点；
- 执行 MS 在其所控制区域内的两个 BTS 之间的切换；
- 执行在高峰时刻或特殊事件期间，为满足地区性的高需求而重新分配其控制区域内的 BTS 的频率；
- 执行其控制区域内 BTS 和 MS 的发射功率控制；
- 提供时间和频率同步的参考信号，并向每个 BTS 广播。

3. TRAU 结构及功能

TRAU 由编译码器，控制器和外部 PCM 接口组成。它通过 Ater 接口与 BSC 相连，通过 A 接口与 MSC 相连。TRAU 的结构如图 6-6 所示。

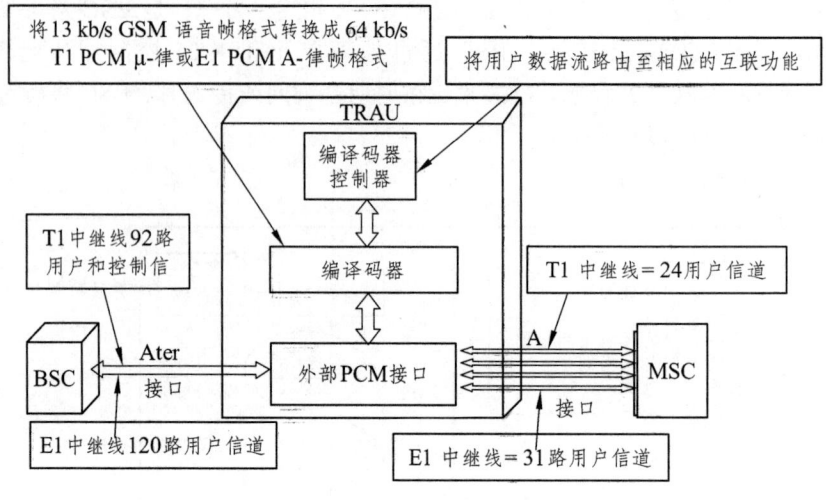

图 6-6 TRAU 的结构

TRAU 能够将 13 kbit/s 话音（或数据）复用成两路传输，即转换成标准的 64 kbit/s 数据。在 BTS 中，13 kbit/s 话音（或数据）通过插入附加同步数据，使其和较低速率数据不同，插入数据后的速率变为 16 kbit/s。TRAU 将 13 kbit/s 语音转化成 64 kbit/s 的 T1 的 U 律 PCM 时隙或者 E1 的 A 律 PCM 时隙。接下来，TRAU 将用户数据流路由到一种适合的设备上，这种设备是指具有互连互通功能的接收方调制解调器。

值得注意的是，TRAU 在 Ater 接口上，有四个业务信道是在 64 kbit/s PCM 电路上复用，一个 T1 中继线携带多达 92 个用户和控制信道，一个 E1 中继线携带多达 120 个用户和控制信道。

三、NSS 结构和功能

1. NSS 的基本结构和功能

GSM-R 系统的网络子系统（NSS）提供了处理建立、维持和清除呼叫的所有信令协议的功能，以及为移动环境下通信提供的特定功能。NSS 提供的主要功能如下：

- 为用户移动特征提供的特定功能，如寻呼；
- 呼叫过程中对无线资源的管理；
- 管理与 BSS 之间的信令协议；
- 位置登记，即 VLR 之间的互连；
- 切换过程；
- 查询 HLR 获得 MS 的漫游号码；
- 与其他的移动功能实体交换信令信息；

- 管理语音组呼、语音广播、增强多优先级与强拆的呼叫建立；
- 用户的鉴权。

基本的 NSS 由六个功能实体组成，分别是：移动交换中心（MSC），归属位置寄存器（HLR），拜访位置寄存器（VLR），设备识别寄存器（EIR）和互连功能单元（IWF），如图 6-7 所示。另外，NSS 中还可以有实现语音组呼和语音广播的实体（GCR），用于短消息业务的短消息服务中心（SMS-SC）和统计服务器，这些功能实体可以根据具体的需要进行选择。

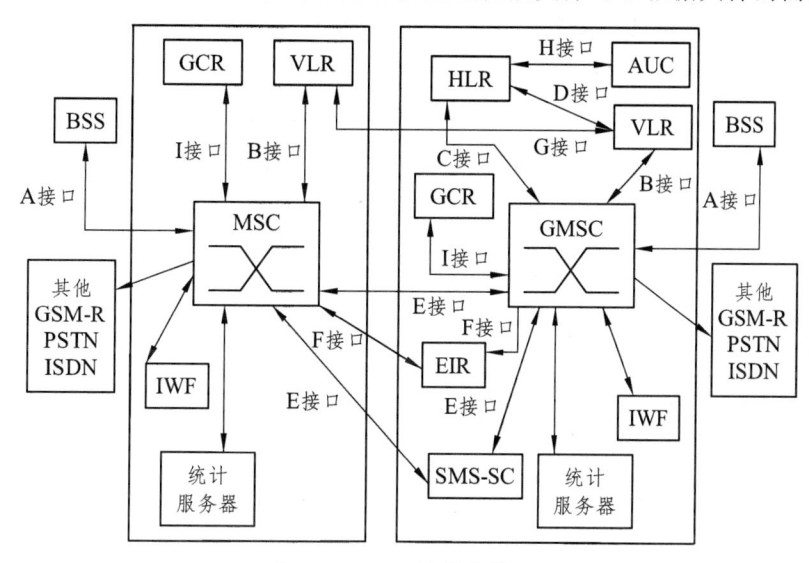

图 6-7 NSS 结构和接口

1）移动交换中心（MSC）

移动交换中心（MSC）是 NSS 的核心，它包含了 MSC 区的所有交换功能。MSC 考虑了用户的移动性，管理一些特殊的过程，如位置登记和更新，越区切换，它还负责对无线资源进行管理，这些是它与固定网络交换机的主要差别。MSC 用于建立业务信道和在 MSC 之间或与其他网络之间交换信令信息。MSC 的主要功能归类如下：

- 处理用户呼叫的交换功能；
- 协调自己所辖区域的呼叫，特别是寻呼移动台的功能；
- 与 BSS 协作动态分配接入资源；
- 监督 BSS 与 MS 之间的无线连接；
- 进行呼叫的统计；
- 将来自 VLR 的无线接口的加密信息传送给 BSS；
- 作为短消息网关，连接用户与短消息服务中心。

通常把移动用户进行初始注册的 MSC 称为归属 MSC（HMSC），其他的 MSC 称作拜访 MSC（VMSC）。如果 GSM-R 网络收到的一个呼叫不能查询 HLR，这时将此呼叫路由到一个特定的 MSC，由此 MSC 在相应的 HLR 中进行查询，找到被叫移动台所在的位置。这种具有路由功能的 MSC 就称作网关 MSC（GMSC），它通常还作为固定网络和移动网络之间的一个接入单元，提供业务和功能的接入。网络可以在全部 MSC 中选出一些 MSC 做为 GMSC。如果一个 GMSC 与短消息服务中心连接，负责向移动台传送短消息，那么这个 MSC 就成为短消息网关 MSC。可见，MSC 根据在网络中的不同位置实现不同性质的交换功能。

MSC 的内部结构如图 6-8 所示，MSC 的核心是交换功能，除此之外，MSC 要提供与 NO.7 信令网、其他固定网络、BSS 和一些外部设备的连接。MSC 与其他网络互连时可以采用 E1 中继线，提供 31 路用户信道，或采用 T1 中继线，提供 24 路用户信道。在 MSC 中为了克服回波干扰，采用回波消除器。回波干扰是指当有用信号的反射信号有一定的时延和足够的强度时，就能产生一种与有用信号相区别的有害干扰。回波消除器用来消除或减少回波对有用信号的干扰。GSM-R 的回波消除器插接在 MSC/VLR 与固定网络（PSTN）之间的 E1 口数据流中，对数字信道进行操作而不改变传输信号的质量。

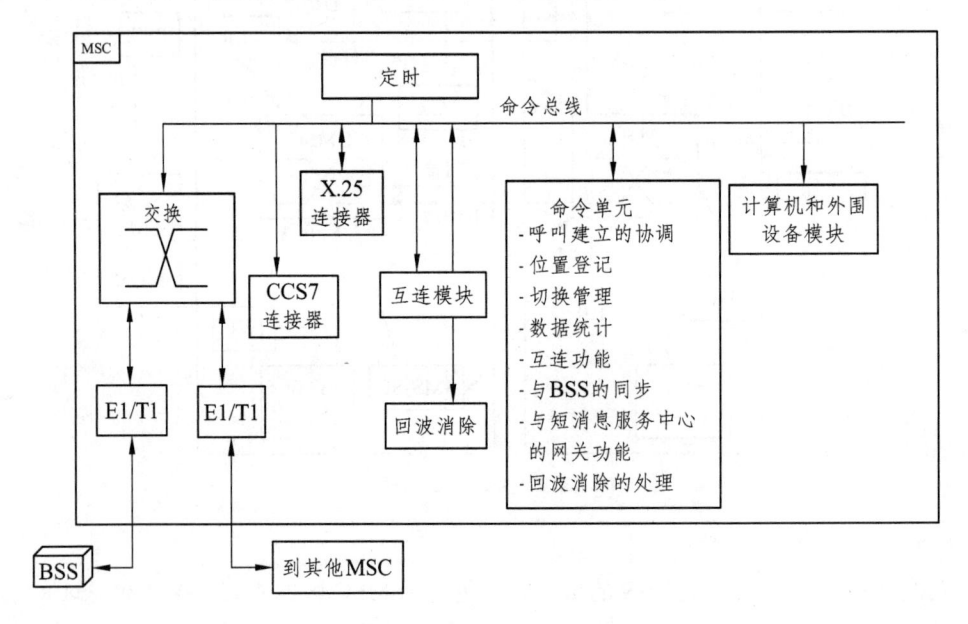

图 6-8 MSC 的内部结构

2）归属位置寄存器（HLR）

归属位置寄存器（HLR）是 NSS 四个重要的数据库之一，实现对移动用户的管理。一个 GSM-R 网络中可以有不只一个 HLR，它的数量决定于用户的数量、设备的容量和网络的组织结构。HLR 中存储的是在网络中永久注册的移动用户的静态数据信息和一些临时动态数据信息。HLR 中存储的信息通常有以下几类：

- 用户信息；
- 位置信息：在移动台登记的区域内，这些位置信息可以提供统计数字和寻找 MSC 的路由（如 MS 的漫游号，VLR 号，MSC 号和 MS 位置识别号）；
- 移动用户的 IMSI 号和 MSISDN 号：常作为移动用户接入数据库的信息；
- 承载业务和终端业务的定制信息；
- 业务限制信息：如漫游限制；
- 语音组呼（VGCS）和语音广播（VBS）用户的组 ID；
- 补充业务信息；
- 与 AUC 之间的信息交换。

3）拜访位置寄存器（VLR）

拜访位置寄存器（VLR）管理在一个 MSC 区（非归属 MSC 区）漫游移动用户的动态数据信息。当一个 MS 进入新的位置区时首先要进行位置登记，这一区域的 MSC 注意到这一登记的信息后，就把 MS 所在位置区的识别信息传送给 VLR。如果 MS 没有进行登记，漫游区的 VLR 就会从 MS 的 HLR 获取信息以使呼叫能够处理。当用户离开当前 VLR 控制区后，用户的临时数据信息将从 VLR 中清除。一个 VLR 可以管理一个或多个 MSC。由于 VLR 于 MSC 之间有大量的数据需要存取，为了提高移动管理和呼叫建立的速度，VLR 总是于 MSC 实现功能综合，作为 NSS 的一个物理实体。

VLR 中包含的是关于处理登记后 MS 呼叫建立和接收的信息，它包含以下内容：

- 移动用户的 IMSI 号和 MSISDN 号；
- 移动用户的漫游号（MSRN）；
- 移动用户的临时身份识别号（TMSI）；
- 移动用户的位置识别号（LMSI）；
- 移动台登记的位置区；
- MS 的前一时刻位置和初始位置；
- 来自于移动用户 HLR 的补充业务参数；
- 从 HLR 向 BSS 传递 AUC 的加密密钥；
- 支持寻呼功能；
- 跟踪移动台在本区域的状态。

4）鉴权中心（AUC）

鉴权中心（AUC）有两个功能：一是对用户的 IMSI 号进行鉴权；二是为移动台和网络之间在无线路径上的通信进行加密。1 个 AUC 对应于 1 个 HLR，存储与 HLR 中数据有关的鉴权算法和加密信息，AUC 通过 HLR 将鉴权和加密的信息传递给 VLR。一旦用户在 HLR 中进行了登记，AUC 就开始产生安全参数。参数 3 个一组：RAND（随机数）、SRES 和 Kc（无线接口加密密钥），这 3 个参数称为"三参数组"。每次提供 6 个"三参数组"，如果 VMSC 需要"三参数组"进行鉴权和加密，每次向 HLR/AUC 提供 5 个"三参数组"。鉴权和加密的信息还会存储在用户移动台的 SIM 卡里。

5）设备识别寄存器（EIR）

设备识别寄存器（EIR）是 NSS 中的一个逻辑实体，它包含一个或几个数据库，用来存储移动设备识别号（IMEI）。这些 IMEI 号被分为三类：白名单、黑名单和灰名单。有效的 IMEI 号在"白名单"上，异常的 IMEI 号在"灰名单"上，被禁止使用的 IMEI 号在"黑名单"上（如被偷窃盗用的 IMEI 号）。一个 IMEI 号也有可能不在任何名单上。网络根据用户的 IMEI 号所在的名单来决定是否为用户提供服务。EIR 中的名单与服务如表 6-1 所示。

表 6-1 EIR 中的名单与服务

名　单			进行服务
黑名单	灰名单	白名单	
×		×	否
	×	×	是
		×	是
			否

6）互连功能（IWF）

互连功能（IWF）是与 MSC 有关的一个功能实体，提供 GSM-R 网络与其他固定网络的互连。IWF 的具体功能决定于互连的业务和网络类型，它能够提供不同网络与 GSM-R 网络之间的协议转换，如图 6-9 所示。针对移动用户所在的不同网络，IWF 又分为归属 IWF 和拜访 IWF，在互连时，IWF 还提供速率适配的功能。在 GSM-R 网络和固定网络的数据终端（DTE）之间，IWF 能够提供数据速率和协议的转换。对于 V 系列的终端，IWF 还可以提供调制解调器的选择功能。IWF 常与 MSC 在同一物理设备中实现。

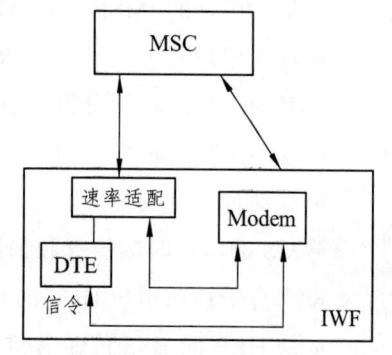

图 6-9 IWF 的功能

7）短消息服务中心（SMS-SC）

短消息服务中心（SMS-SC）作为一个独立的实体存在于 NSS 中，它负责向 MSC 传送短消息信息。SMS-SC 不包含在 MSC 设备中。SMS-SC 与移动用户进行通信时，通过 SMS- GMSC 接入。

8）组呼寄存器（GCR）

组呼寄存器（GCR）用于存储移动用户的组 ID、移动台利用语音组呼（VGCS）参考和语音广播（VBS）参考发起呼叫的小区信息、以及发起呼叫的 MSC 是否负责处理呼叫的指示。如果发起呼叫的 MSC 不负责处理呼叫，那么 GCR 将利用存储的路由信息寻找处理呼叫的 MSC。一个 GCR 管理一个或多个 MSC，当 MSC 处理语音组呼叫和语音广播时要利用语音组呼和语音广播呼叫参考从 GCR 中获取相应的属性。MSC 从 GCR 获取的内容有：

- MSC 区所有小区的列表；
- 呼叫会被发送到的所有 MSC 列表；
- 建立专用链路的调度识别列表；
- 语音组呼/语音广播初始化和中止的调度识别列表；
- 语音组呼结束之前检测未激活的时间长度；
- 使用 eMLPP 补充业务时语音组呼和语音广播的默认先级。

2. NSS 内部功能实体间的接口

NSS 中各实体间信息流的交换通过一系列标准或非标准的接口，各接口的位置如图 6-7

所示,以下分别介绍各接口的特性和功能。

1) B 接口

B 接口位于 MSC 与 VLR 之间。VLR 存储移动用户在非归属 MSC 区漫游的数据,MSC 要想知道某一移动台在自己管辖的区域内当前的位置可以随时向 VLR 查询。当一个移动台完成了位置更新的初始化过程时,MSC 就会告知 VLR 开始存储移动台的数据信息。如果用户在漫游的 MSC 中需要激活一项新的业务或更改用户数据时,该 MSC 通过 VLR 告知用户的 HLR 做具体的数据资料变化。在 B 接口上的信令是非标准化的。

2) C 接口

C 接口位于 GMSC 与 HLR 之间。GMSC 通过 C 接口向 HLR 查询用户的呼叫或短消息的路由信息。这一接口上的信令使用移动应用部分(MAP)。

3) D 接口

D 接口位于 HLR 和 VLR 之间,用来交换移动台的位置信息和管理用户数据。在整个业务域中,为移动用户提供的主要业务是建立和接收呼叫的能力。为了支持这一业务,位置寄存器之间必须要交换数据,VLR 要告知 HLR 所辖移动台的位置,同时在位置更新或呼叫建立时还要向 HLR 提供移动台的漫游号码。HLR 要将移动用户定制的所有业务信息告知 VLR,以便用户在其他 MSC 区漫游时也能获得各种已定制电信业务。当移动用户漫游到新的区域时,HLR 还要通知前一个 VLR 注销用户的临时数据信息。HLR 和 VLR 之间的数据交换通常发生在用户开始使用某种业务时,或出于管理上的原因需要修改用户数据时。在这一接口上的信令使用 MAP。

4) E 接口

当移动台在通话进行的过程中从一个 MSC 区移动到另一个 MSC 区时,要保证切换过程中通信的连续性,就要求两个 MSC 之间在切换的初始化和结束过程中通过 E 接口交换数据。

当移动台之间进行短消息通信时,必须由 MSC 与 SMS-SC 进行交流。这时 MSC 与 SMS-SC 之间也通过 E 接口进行数据交换。在这一接口上的信令使用 MAP。

5) F 接口

F 接口用于 MSC 和 EIR 之间交换数据。EIR 要先验证移动台的 IMEI 号的有效性,然后 MSC 才能根据结果决定是否提供服务。在这一接口上的信令使用 MAP。

6) G 接口

当移动台从一个 VLR 区移动到另一个 VLR 区时,需要进行位置登记,这时两个 VLR 之间需要进行数据交换。在位置登记的过程中,新的 VLR 将从旧的 VLR 中获取移动台的 IMSI 号和鉴权参数。在这一接口上的信令使用 MAP。

7) H 接口

H 接口位于 HLR 和 AUC 之间。移动用户先向 HLR 发起请求获取加密和鉴权信息,HLR 再向 AUC 请求获取数据,HLR 中不保留从 AUC 来的数据。这一接口上使用的协议是非标准化的。

8）I 接口

I 接口位于 GCR 和 MSC 之间。当有语音组呼或语音广播的需求时，MSC 向 GCR 查询相应的语音组呼和语音广播呼叫参考的数据。这一接口上使用的协议是非标准化的。

四、OSS 结构和功能

OSS 可以分为两部分：对应 BSS 的操作与维护中心（OMC-R）和对应 NSS 的操作与维护中心（OMC-S）。OMC-R 与 BSC 的连接有两种途径：一种是直接通过 X.25 数据网络与 BSC 相连；另一种是 BSC 先与 TRAU 相连，然后通过 MSC 再与 OMC-R 连接。OMC-S 通过 OMN 接口与 MSC 相连。

OSS 是操作人员与系统设备之间的中介，它实现了系统的集中操作与维护，完成了包括移动用户管理、移动设备管理及网络操作维护等功能。它的一侧与设备相连（不包括 BTS，对 BTS 的操作维护是经过 BSC 进行管理），另一侧是作为人机接口的计算机工作站。这些专门用于操作维护的设备被称为操作维护中心 OMC。系统的每个组成部分都可以通过特有的网络连接至 OMC，从而实现集中维护。

五、接口协议

GSM-R 系统是由多个功能单元通过接口互联构成的。接口就是各组成单元之间物理上和逻辑上遵守一定协议的连接。在 GSM-R 系统中主要的接口有：无线（Um）接口、Abis 接口、Ater 接口、A 接口、PSTN/ISDN/PSDN 接口，下面将具体介绍每个接口的情况。

1. Um 接口协议

Um 接口位于 MS 和 BTS 之间，是二者的通信接口，用于移动台与系统固定部分之间的通信，其物理连接通过无线链路实现。它的特性是完全标准化，也就是说来自不同厂商所生产的 MS 和 BTS 之间都可以通过标准化的 Um 接口连接。Um 接口上的协议如图 6-10 所示：

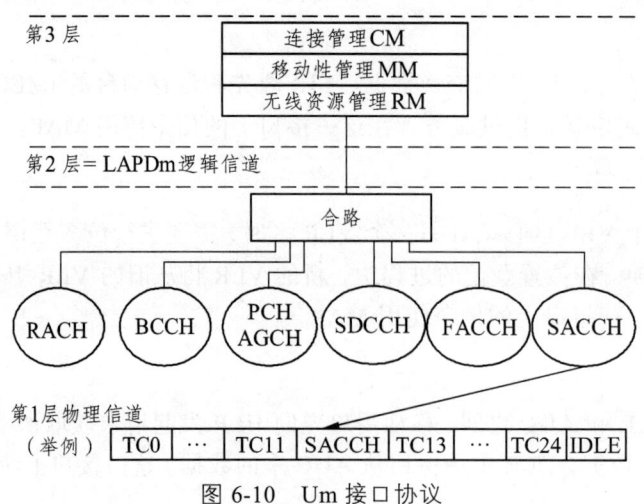

图 6-10　Um 接口协议

Um 接口上的协议可以分为三层。第一层是物理支持：TDMA 帧、FDMA 和逻辑信道复用。第二层是 LAPDm 协议（由 LAPD 定义）：没有标志，由于实时的限制（窗口 = 1）没有错误重发机制。第三层是无线接口层（RIL3），其中又包括三个子层：无线资源管理（RR）子层：寻呼、功率控制，加密，切换；移动性管理（MM）子层：安全，定位，IMSI 附加/分离；连接管理（CM）子层：呼叫控制（CC），补充业务（SS），短消息业务（SMS），双音多频（DTMF）设备。

2. Abis 接口协议

Abis 接口是 BSS 系统的两个功能实体 BSC 与 BTS 之间的通信接口，用于 BTS 和 BSC 之间的远端互连方式。Abis 接口支持系统向移动台提供的所有服务，并支持对 BTS 无线设备的控制和无线频率的分配。它的特性是：部分标准化，也就是说当前不存在专有的互操作性。

BTS 和 BSC 之间交换的消息包括：业务交换；呼叫建立和 BTS 操作与维护的信令交换。BTS 和 BSC 之间的物理接入有：2.048 Mbit/s（E1）或者 1.544 Mbit/s（T1）的 PCM 数字链路，也就是由 32 路或 24 路 64 kbit/s 话路组成。

话音以每时隙 4×16 kbit/s 的速率传输（远端译码）。数据以每时隙 4×16 kbit/s 的速率传输。如果是初始用户，速率也可能是将 300 kbit/s、1200 kbit/s、1200/75 kbit/s、2400 kbit/s、4800 kbit/s、9600 kbit/s 或者 14 400 bit/s 调整到 16 kbit/s。

Abis 接口上的协议如图 6-11 所示。

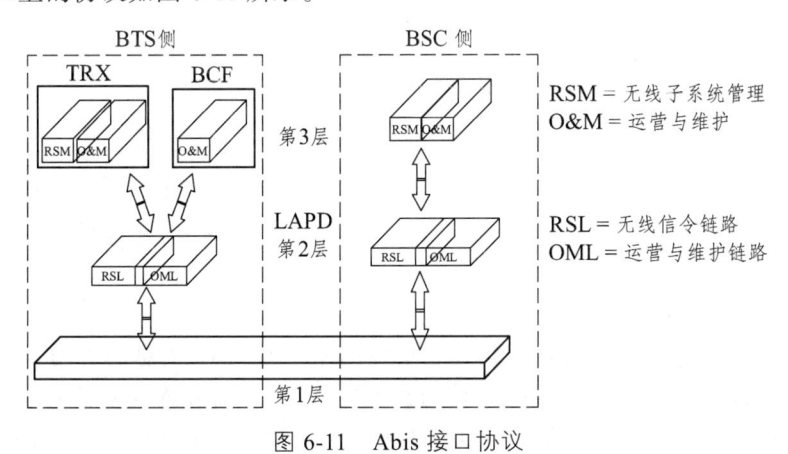

图 6-11 Abis 接口协议

Abis 接口上的协议可以分为三层：第一层是 PCM 传输层（E1 或 T1）：对于语音，其编码速率是 16 kbit/s，复用后在 64 kbit/s 的时隙上传输；对于数据，其速率是同步的并可以调节；第二层是 LAPDm 协议：标准的 HDLC 过程，包括无线信令链路（RSL）和操作与维护链路（OML）；第三层应用协议，包括无线子系统管理（RSM）和操作与维护过程（O&M）。

3. Ater 接口协议

Ater 接口位于处理 BSC 和 TRAU 之间。它的特性包括：以 1.544 Mbit/s 或者 2.048 Mbit/s（24 或者 32 时隙 64 kbit/s/时隙）的速率物理接入，并携带以下的消息：
- 根据 CCITT No.7（CCS7）保留的信令信道；
- 语音和数据信道（16kbit/s）；

- BSC 与 TRAU 之间的信令链路（LAPD）；
- 通过 MSC（只通过网络）到 OMC-R（X.25）的 O&M 数据。

Ater 接口上的协议如图 6-12 所示。

具体时隙（TS）上所携带的信令消息：BSC 和 TRAU 之间的 LAPD 信令 TS1；BSC 和 MSC 之间的 SS7 TS；为特殊配置保留的 X.25 TS2。

保留的 TS1 是用来携带 LAPD 协议和 BSC 与 TRAU 之间的管理消息。它被 BSC 用作：
- TRAU 监控（混音器，PCM 接口，译码和控制单元，LAPD 信令终端等）；
- TRAU 配置（BSC-TRAU 信令链路，A 接口 PCM，标志通道，A 接口电路，同步与译码功能）；

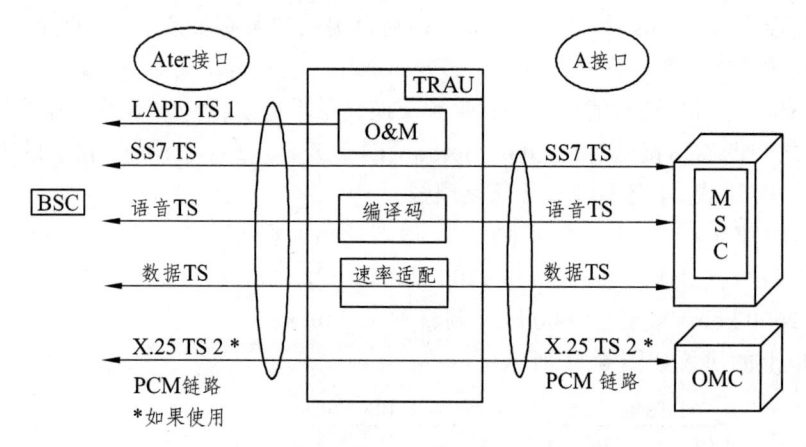

图 6-12 Ater 接口协议

- TRAU 初始化；
- TRAU 软件下载；
- A 和 Ater 接口管理；
- 同步管理；
- 译码管理。

SS7 TS 经常用于 BSC 与 MSC 链路，它也专门用于 BSSAP 消息的传输。

如果 O&M 数据通过 PCM 链路 TS 传送到 OMC-R，并且由 A 接口管理，则保留 TS2。如果保留了 SS7 TS 和 TS2，那么在 LAPD TS1 上的信令消息只由 TRAU.SS7 TS 和 TS2 处理，这些消息由 TRAU 转换但它们对 TRAU 保持透明。

4. A 接口协议

A 接口位于 MSC 与 BSS（TRAU）之间。它的特性是：完全标准化，即任何厂商的设备可以互连。

在 A 接口上面所交换的消息：用户业务（语音和数据）和信令。用户业务的传输，在无线接口上每个时隙映射成一个业务信道，64kbit/s 的语音速率调整（A 律或 μ 律）和 64 kbit/s 的数据速率调整在 TRAU 中执行。信令的传输，遵循 CCITT 信令系统 7（SS7），有两个部分组成：消息转移部分（MTP）和信令连接控制部分（SCCP）。

A 接口上的协议如图 6-13 所示。

MTP 为所有的 CCS7 信令消息提供了基本的运输系统，并且负责信令网络管理和信令消息处理。它也可以分为三层：第一层为 64 kbit/s 信令数据链路定义物理特性；第二层通过提供差错检测和纠正，信令链路校正和差错监控来确保安全；第三层确保信令消息通过网络以正确的序列且无丢失地传送，即使在连接失败的情况下，也能将信令消息复制出来并再次进行连接。

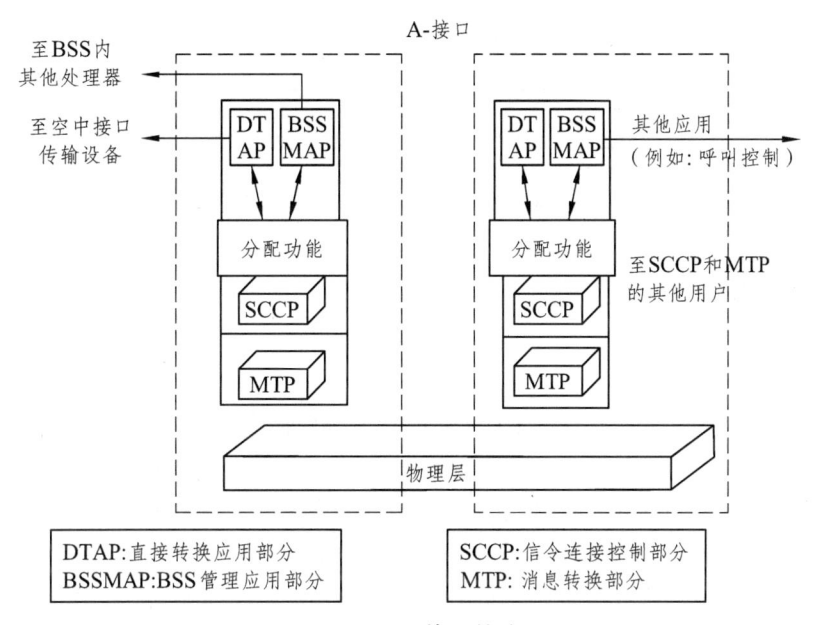

图 6-13 A 接口协议

因此，MTP 发现目的信令点后，SCCP 将传送消息。SCCP 寻址允许路由到同一个网络的申请（通过地址），或者通过连接模式 class 0 和连接定向模式 class 2 路由到外部网络（通过全球转换）。为了区分 BSSMAP 与 DTAP，在 SCCP 的顶端增加了一种分配功能。

BSS AP 处理包括 MS，BSS 和 MSC 的信令。BSSAP 可分为两个部分：由 MSC 或 BSC 处理的消息组成的 BSSMAP（RR）以及由对于 BSS 透明传输的消息组成的 DTAP（MM，CM）。

5. PSTN/ISDN/PSDN 接口协议

PSTN/ISDN/PSDN 接口是 MSC、公共交换电话网络（PSTN）、综合业务数字网络（ISDN）和分组交换公共的数字网络（PSDN）之间的接口。接口的规范经过不断的使用和改进后，由国家制定出来，各国家之间的接口应具有一定的互联互通能力。PSTN/ISDN/PSDN 接口上的协议如图 6-14 所示。

用户部分是建立在 MTP 业务上的。因为考虑到由于 SCCP 功能，它在 A 接口是定向连接的，那么它应该提供一些无连接信令，这些信令的作用是建立、监控和清除 PSTN 接口上的呼叫语音或数据。用户部分可以传送连接在同一个网络中两个用户之间信令消息。为拓宽网络，使某些网络业务透明化，它提供了信令容量的中继。根据应用，用户部分的协议主要有三个方面：电话用户部分（TUP），PSTN 网络接口；ISDN 用户部分（ISUP），ISDN 网络接口；数据用户部分（DUP），PSDN 网络上的 PAD 接口。

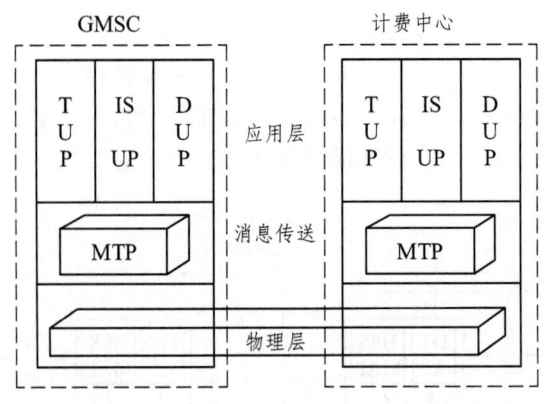

图 6-14 PSTN/ISDN/PSDN 接口协议

六、GSM-R 网络的互连

1. 互联类型

一个 GSM-R 网络可以与其他的 GSM-R 网络或固定网络进行互联，互联功能（包括物理层连接、电气状态和协议映射）由互联功能单元（IWF）来提供。GSM-R 网络的互联如图 6-15 所示，终端网络可以是 GSM-R 网络或其他的固定网络，中间网络的类型也可以是各种固定网络，但通常情况下都采用 ISDN 网络。终端 TE 与 GSM-R 网络之间接入参考点可以是 S 或 R（采用终端适配器时为 R 参考点）。各个网络之间的接口或参考点决定于网络的类型。

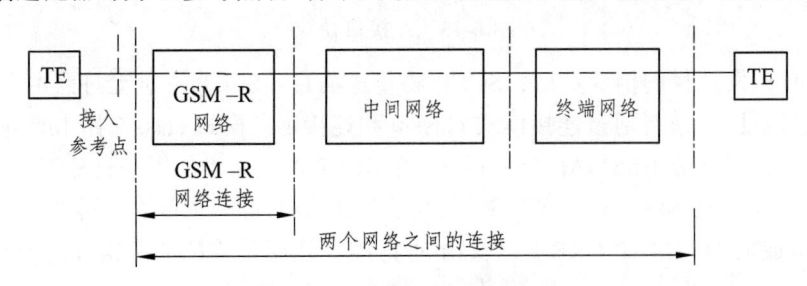

图 6-15 GSM-R 网络的互连

互联有两种类型：网络互联和业务互连。网络互联指在 GSM-R 网络之间，GSM-R 网络和非 GSM-R 网络之间建立端到端的连接。GSM-R 网络支持以下连接：

- GSM-R 网络与公共电话交换网（PSTN）的连接；
- GSM-R 网络与电路交换公共数据网（CSPDN）的连接；
- GSM-R 网络与 ISDN 的连接；
- GSM-R 网络之间的连接。

网络之间的互联要求对信令进行具体的定义，各种呼叫控制的信令都会存在，如：7 号信令系统、ISDN 用户部分（ISUP）及电话用户部分（TUP）。当移动台在不同的 GSM-R 网络之间漫游时，信令系统还要支持移动应用部分（MAP）的消息传递。

GSM-R 网络与 PSTN 和 ISDN 网络的承载业务互联如表 6-2 所示。对于终端业务的互联，主叫和被叫终端有不同的要求。对于补充业务，如果双方都支持这项补充业务，并且能够提供相应的承载能力,就可以实现补充业务的互联。互联时要检查互联网络的低层承载能力(LLC)和高层承载能力(HLC)。

表 6-2 承载业务互联

GSM-R 网络的承载业务类	ISDN 的承载业务	PSTN 的承载业务
电路模式无限制数据业务(透明和非透明)	电路模式 64 kbit/s 无限制数据业务	无应用
电路模式无限制数据业务(非透明分组业务)	分组业务	无应用
3.1 kHz 音频业务(透明和非透明)	3.1 kHz 音频业务	3.1 kHz 音频业务
电路模式无限制 3.1 kHz 音频业务(数据和话音交替)	3.1 kHz 音频业务	3.1 kHz 音频业务

2. 互联方式

本节以 GSM-R 网络与 PSTN 和 ISDN 的互联为例,说明网络互联的方式。

1)与 PSTN 的互联

GSM-R 网络与 PSTN 的互联方式如图 6-16 所示。当从 GSM-R 网络向 PSTN 发起呼叫时,IWF 实体提供速率适配、调制解调器选择和信令格式转换的功能,通过 3.1 kHz 的音频承载业务与 PSTN 进行互联。在呼叫建立的信息里要包含"调制解调器的类型""承载能力信息"等信息。这时针对呼叫失败或异常的各种带外提示音不能使用,只能使用带内铃音和提示。

图 6-16 GSM-R 网络与 PSTN 的互联

当从 PSTN 向 GSM-R 网络发起呼叫时,由于 PSTN 不具备 ISDN 的信令能力,不能提供承载能力的兼容性信息,因此将由 HLR 对其中存储的关于移动用户承载业务的数据信息进行检查来判断兼容性。对于 PSTN 发起的呼叫,GSM-R 网络可能会采用"单一拨号方案"或"多拨号方案"两种方法来分配移动台的 MSISDN 号。

对于透明传输,在呼叫建立和证实的消息里将包含调制解调器的选择信息和基于承载能力的速率信息,同时还要建立端到端的同步。透明传输还要求提供网络独立锁闭功能(NIC),以保证信息的透明传输。对于非透明传输,网络将对用户的信息进行一些处理,包括速率的变换、数据的重组、带内/带外信令的映射、数据的缓冲和压缩、业务级别的升降等。

2)与 ISDN 的互连

由于 GSM-R 网络可以看作是 ISDN 网络的一个扩展网络,因此两个网络之间本身就存在很多兼容性。当移动网络向 ISDN 网络发起呼叫时,移动用户的 MSISDN 号完全可以表述呼叫的地址信息。如果 ISDN 用户采用了多号码的编号方案,这时只有基本的 MSISDN 是有效的。在与 ISDN 的呼叫中，互连功能处理的内容主要集中在"承载能力""低层一致性（LLC）"和"高层一致性（HLC）"这三类信息元中。

在由移动网络发起的呼叫中，ISDN 主要进行 LLC 的检查，根据呼叫的参数选择匹配的承载业务。如果定义了端到端的能力，还要进行进一步的兼容性检查（如 HLC 的检查）和用户对业务定制状态的检查。如果是 ISDN 网络发起的呼叫，GSM-R 网络首先会由 GMSC 接收兼容性的参数，然后将这些参数映射到 HLR 中，做 LLC 的检查，并选择匹配的基本业务。与此同时，还要进行用户业务定制状态的检查。ISDN 发起的呼叫一般不可能对移动用户提供具体的能力信息，如透明/非透明，全速率/半速率，这些参数由 IWF 选择一些默认的设置来匹配。

在与 PSTN 和 ISDN 网络互联时，还有一个重要的问题就是帧同步，即要保证 MSC/IWF 与 BSS 之间链路和 MSC/IWF 与 PSTN/ISDN 之间链路上的帧同步。

GSM-R 网络与固定网络的接口基于 ISDN 与其他网络的交换。对于呼叫控制，与 ISDN 有同样的接口；对于信令，采用 NO.7 信令系统电话用户部分（TUP）和 ISDN 用户部分（ISUP）。

3. 信令协议

GSM-R 采用的 NO.7 信令系统，是一种公共信令方式。NO.7 信令系统遵守 OSI 体系模型，它的一个简单的分层模型如图 6-17 所示。

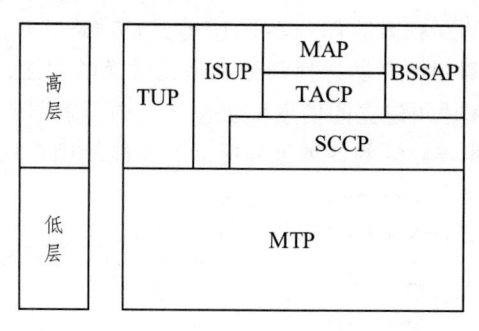

图 6-17 GSM-R 系统的 7 号信令协议层

TCP—电话用户部分；BSSAP—BSS 应用部分；ISUP—ISDN 用户部分；SCCP—信令连接控制部分；
MAP—移动应用部分；MTP—消息传递部分；TCAP—事务处理应用部分

消息传递部分（MTP）处在信令协议模型的下三层，其功能是在信令节点之间为用户提供可靠的信令传输能力。信令连接控制部分（SCCP）用于传送电路交换控制以外的信令和数据，如与操作维护中心之间的信令，智能节点间的信令等。事务处理应用部分（TCAP）与 SCCP 配合，为用户与用户之间提供快速有效的传送数据协议的能力，支持增加新业务，也可支持远端用户操作并提供应答等。移动应用部分（MAP）属于高层应用部分，应用于 NSS 中各功能实体间接口的通信，支持位置登记和删除、用户数据管理、漫游和越区切换、鉴权加密等功能。BSS 应用部分（BSSAP）为 MSC 与 BSS 之间提供信令连接，包含对 BSS 的管理和 MSC 与 MS 之间透明传输两大功能。

GSM-R 网络主要接口的信令协议模型如图 6-18 所示。GSM-R 网络的高层功能有：

- 连接管理（CM）功能；
- 移动性管理（MM）功能；

- 无线资源管理功能（RR）。

RR 层负责呼叫的建立、释放、重建、切换，以及业务信道（TCH）模式的变换。MM 层负责 MS 的登记、位置管理以及鉴权。CM 层提供各种补充业务、呼叫控制和短消息服务。MS 和 NSS 之间端到端的信息传递依靠低层协议完成。在以上三类功能里又包括一些具体的子功能。

CM 层功能和 MM 层功能对于 BSS 是透明的，BSS 只负责 MS 与 NSS 这部分数据的透明传输。在与 MS 进行连接时，CM 层首先向 MM 层发出请求，MM 层再向 RR 层请求分配无线资源。

低层是数据链路层和物理层。数据链路层主要包括两种协议：LAPDm 和 LAPD。LAPDm 的主要功能是确定帧格式、编址格式、纠错编码和交织的要求。LAPD 用于 Abis 接口进行帧的处理。物理层是基于 PCM 的传输通道，提供 32 路或 24 路的 64 kbit/s 的传输通道。各层的具体功能在接口和协议部分详细描述。

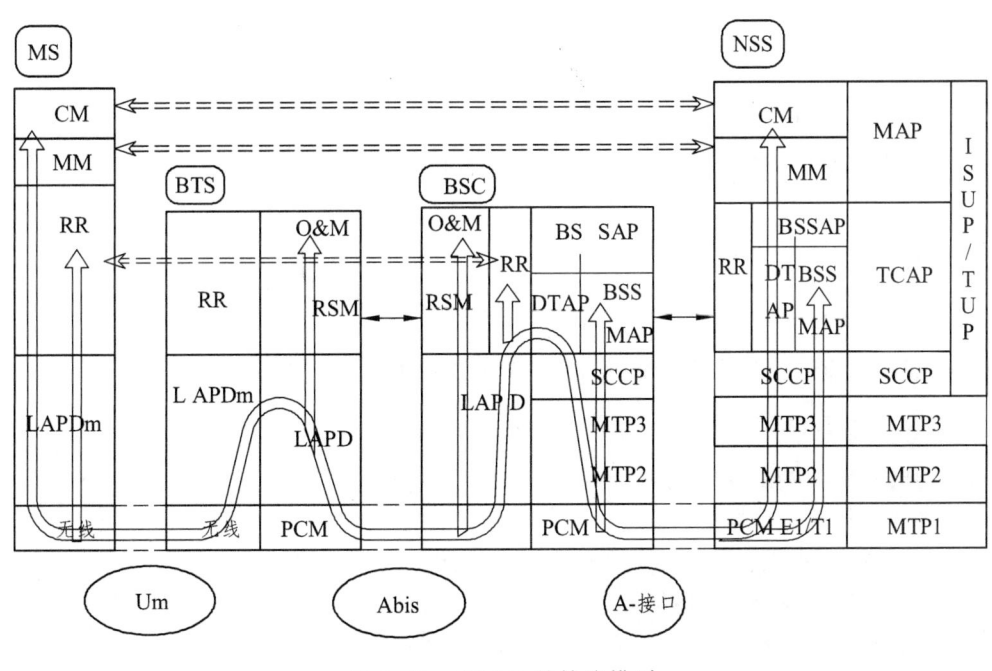

图 6-18 GSM-R 的协议模型

七、用户数据管理

1. 用户数据类型

用户数据是指与用户有关的所有信息，包括业务提供、身份识别、鉴权、呼叫处理、路由、统计、操作和维护的所有信息。用户数据按照用途可以分为两类：永久数据（主要用于管理）和临时数据（主要用于操作）。

在 GSM-R 网络中，用户数据的主要载体是 HLR、VLR、AuC 和 EIR 四大数据库。HLR 主要存储永久用户信息和与用户登记的永久信息相关的临时信息；VLR 主要存储呼叫处理和与位置有关的临时信息。在鉴权中心（AuC）中存储的用户鉴权参数 Ki、鉴权算法 A3、加密参数 Kc、加密算法 A8 也是一类用户信息，这些用户信息同时还存储在移动台的 SIM 卡中。EIR 中存储移动设备信息。组呼寄存器（GCR）也可以作为用户数据的存储单元，它主要存储语音组呼和语音广播的配置和呼叫建立信息。

以下对主要的几类用户数据进行简要描述：

1）与移动台有关的数据

（1）国际移动用户身份识别号（IMSI）。

IMSI 号唯一地标识一个移动用户，它同时存储在 HLR、VLR 和用户的 SIM 卡中。IMSI 号是所有用户数据中最根本的数据信息，用于位置登记、位置更新、呼叫建立和 GSM-R 网络的所有信令中。

（2）用户的 ISDN 号（MSISDN）。

MSISDN 号是呼叫移动用户时拨打的号码，存储在 HLR 和 VLR 中。当使用多号码方案时，MSISDN 号的两个参数 MSISDN-indicator 和 MSISDN-alert 作为 MSISDN 的标志，也存储在 HLR 中。

（3）临时移动用户身份识别号（TMSI）。

当用户在 VMSC 区内漫游时，用 TMSI 号来识别用户，作为临时数据，TMSI 存储在 VLR 中。

（4）本地移动台识别号（LMSI）。

LMSI 是临时数据，既可以存储在 VLR 中，也可以存储在 HLR 中。

（5）国际移动设备识别号（IMEI）。

IMEI 唯一地标识一个移动终端设备，存储在 EIR 中。

2）加密和鉴权数据

（1）随机号码（RAND），符号响应（SRES）和加密密钥（Kc）。

此三参数组构成一个向量，用于鉴权和加密。这一向量在 AuC 中进行计算，再提供给 HLR。HLR 向 VLR 提供时，五个这样的向量为一组。

（2）加密密钥序列号（CKSN）。

CKSN 用来确保加密密钥 Kc 在移动台和 VLR 之间的一致性。

3）与漫游有关的数据

（1）移动台的漫游号（MSRN）。

移动台在漫游时使用的短期临时数据，每个 IMSI 号可以对应多个 MSRN 号，MSRN 存储在 VLR 中。

（2）位置区识别码（LAI）。

LAI 用来标识一个位置区，是临时数据，存储在 VLR 中。

（3）VLR 号。

用户漫游时的 VLR 的号码作为临时数据存储在 HLR 中。

（4）MSC 号。

在缺少 VLR 号时，MSC 号可以替代 VLR 号存储在 HLR 中。

（5）HLR 号。

HLR 号在位置更新时作为一个可选参数存储在 VLR 中。当 HLR 进行复位后，需要重新获得这一号码。

4）定制禁止信息和业务禁止信息

定制禁止信息规定了用户接受服务的地理范围，业务禁止信息规定了用户使用业务的种类。这两类信息都存储在 HLR 中。

5）全球小区识别码（CGID）和业务域识别码（SAID）

作为小区和业务域的标识，这类数据与移动台当前的状态有关，存储在 VLR 中。

6）与基本业务相关的数据

（1）承载业务数据。

网络向用户提供的承载业务数据以参数"承载业务提供"的形式存储在 HLR 和 VLR 中。

（2）终端业务数据。

网络向用户提供的终端业务数据以参数"终端业务提供"的形式存储在 HLR 和 VLR 中。

（3）承载能力分配数据。

移动用户的归属 GSM-R 网络会为每个移动用户提供一个支持承载业务和终端业务的承载能力分配清单，MS 只能在清单允许的范围内建立连接。这一数据存储在 HLR 和 VLR 中。

7）与补充业务相关的数据

由于补充业务种类繁多，所以具体的数据视网络支持的具体补充业务而定。

8）移动台状态数据

（1）IMSI 分离标识符。

当移动用户不可到达时，会将 MS 与 IMSI 号进行分离；可以到达时，再进行连接。IMSI 分离标识符是标识分离状态的参数，是临时数据，存储在 VLR 中。

（2）复位标识符。

当 VLR 或 HLR 发生错误导致运行失败时，要进行复位，重新装载用户数据。复位标识符用来指示复位状态。

9）与切换有关的数据

该数据主要是切换号码，存储在 VLR 中。

10）与短消息有关的数据

（1）消息等待数据。

（2）存储器溢出标识符。

这两类数据都存储在 VLR 中。

11）语音组呼和语音广播数据

这类数据主要有 VGCS 成员列表和 VBS 成员列表，存储在 HLR 和 VLR 中。

2. 用户数据管理

用户数据的管理主要是指在几个数据库之间的数据操作。这其中包括几个主要的部分：
- 数据的创建；
- 数据的更新；
- 寄存器复位；
- 网络对数据的修改；
- 用户对移动台存储数据的修改。

一般来说，用户数据的创建是在用户第一次接入网络时完成的。有些数据是事先就已经存在于网络中的，用户入网时需要激活这些数据，如 MSISDN。最初创建的数据只要满足网络提供服务的最小属性集合就可以了，其他的数据可以在用户使用某种服务时再创建或激活。

VLR 中存储的数据是 HLR 中的一个子集，在进行数据更新时，要保证数据的可用性和与 HLR 的一致性。数据更新和修改有两种操作类型：

（1）集中操作：在位置更新或复位的过程中，将共享数据以一个集合的形式完全插入 VLR 中。这种操作在 HLR 和 VLR 的一次对话中完成。

（2）单独操作：对 HLR 中的数据可以随时进行增加、删除或修改，这时对于 VLR 的共享数据来说就是部分的进行变动。

在 HLR 和 VLR 之间传递的消息中，信息是按一定的顺序组织的。对于任意一个接收方都必须按顺序处理信息流，这样不仅可以保证 HLR 与 VLR 中的数据不会发生重叠错误，而且保证了 HLR 与 VLR 共享数据的一致性。如果在接收信息时破坏了固定的顺序，VLR 可以拒绝接受所有的消息，或者接收出错的消息并对它进行处理。存储在 HLR 和 VLR 中的共享用户数据的组织符合树状的结构，具有层次关系，图 6-19 给出了 HLR 和 VLR 中共享数据的一般组织形式。由这个树状结构图可以看出，在 HLR 和 VLR 中寻址数据必须要具备用户的 IMSI 号或者 IMSI 号和 MSISDN 号。因此 IMSI 号是标识关于一个用户所有信息的源头。

补充业务数据的处理具有一定的特殊性。规定补充业务数据必须与一定的基本业务相对应。定义一组基本业务为一个基本业务组（BSG），由必选基本业务组成的 BSG 称为基本 BSG（EBSG）。存储在 HLR 和 VLR 中 EBSG 和相关的信令数据必须遵循以下规则：
- EBSG 中至少要有一项基本业务；
- 一项补充业务至少要与 EBSG 中的一项基本业务对应；
- 用户至少要定制一项 EBSG 中的基本业务。

用户在 AuC 中存储的数据用于鉴权和加密。在 AuC 建立第一个移动用户之前，首先要设定 AuC/HLR 识别码，

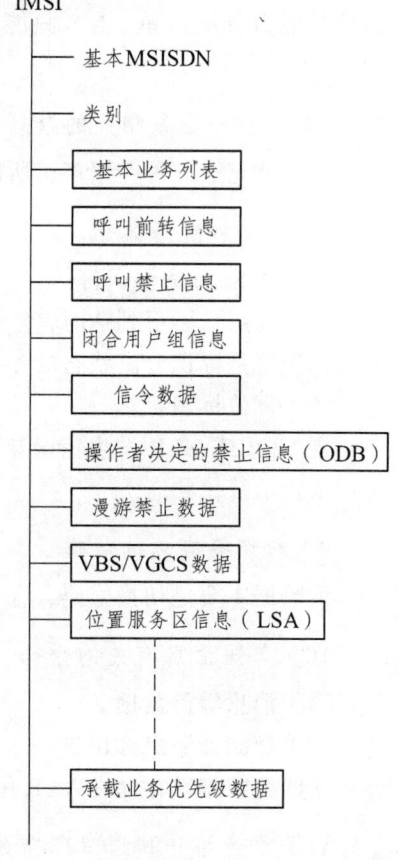

图 6-19　HLR 和 VLR 中共享用户数据的一般组织形式

该识别码由 1~3 位数字组成，作为用户 IMSI 号的一部分。AuC 中创建的用户数据必须与 SIM 卡中的对应数据保持一致。用户每次进行位置登记、呼叫建立、或执行某些补充业务前需要鉴权。AuC 产生的三参数组存储在 HLR 中，鉴权时，VLR 首先向 HLR 请求获取鉴权信息，获取后 VLR 向 MS 发送 RAND，MS 使用该 RAND 和 SIM 卡中存储的与 AuC 内相同的鉴权参数 Ki 和鉴权算法 A3 计算出 SRES，SIM 卡计算出的 SRES 与 AUC 三参数组中的 SRES 比较，以验证用户的合法性。这一过程叫作向 AuC 进行查询。当用户的数据从 HLR 中删除时，AuC 也会将用户的相关数据删除。

对 EIR 中存储的移动设备识别号（IMEI）的管理相对简单。IMEI 号由网络运营方存储在 EIR 中，当用户接入网络时将 IMEI 发给 VLR，VLR 向 EIR 查询 IMEI 号的合法性。EIR 中只能有三类名单（白名单、灰名单和黑名单），不能增加和删除名单，只能改变名单的内容。每一类名单按照 IMEI 号的范围划分入口，查询时根据 IMEI 号所在的范围进入名单查询。

八、移动性管理

移动性管理（MM）的主要功能是支持用户终端的移动性，例如向网络通知它当前的位置和为用户提供身份验证。MM 进一步的功能是为上层连接管理的不同实体提供连接管理业务。

根据 MM 连接是开始的原因，可以分为三种 MM 过程：

第一种：常规 MM 过程，它总是在 RR 连接存在的情况下开始。包括以下过程：

（1）由网络发起的。

- TMSI 重新分配过程；
- 确认过程；
- 鉴别过程；
- MM 通知过程；
- 中断过程。

其中，中断过程只在 MM 连接建立或已经建立时使用。在 MM 特殊过程或 IMSI 分离过程中不使用中断过程。

（2）由移动台发起的。

- IMSI 分离过程。

第二种：特殊 MM 过程，它只在无其他特殊 MM 过程运行时或无 MM 连接存在时开始。包括以下过程：

- 标准的位置更新过程；
- 周期性的位置更新过程；
- IMSI 附着过程。

第三种：MM 连接管理过程。

这三种过程是用来建立、维护和释放在 MS 和网络之间的 MM 连接。只有在没有 MM 特殊过程运行时，才能建立 MM 连接。在同一时刻允许激活多个 MM 连接。

接下来将分别介绍 MM 的三个主要方面：位置更新，切换和漫游。

1. 位置更新

MS 从一个位置区移到另一位置区时，必须进行登记，也就是说一旦 MS 发现其存储器中的位置区识别码（LAI）与接收到的 LAI 发生了变化，便执行登记。这个过程就叫"位置更新"。位置更新过程总是由 MS 开始，它有三种主要目的：常规位置更新、周期性位置更新和 IMSI 附着。

常规更新过程是用来对 MS 在网络中实际位置区域注册的更新。使用常规更新过程的条件是 MS 处于 MM 空闲模式。如果网络在作为 MM 连接建立请求的响应中指示 MS 在未知的 VLR 中，这时也可以开始常规更新过程。

周期性位置可以用做移动台向网络实时的周期性通知，它是通过位置更新过程执行的。使用周期性位置更新过程的条件也是 MS 处于 MM 空闲模式。

IMSI 附着过程用来补充 IMSI 分离过程。它指示 IMSI 在网络中已经激活。如果网络需要分离/附着过程并且 MS 已经将 IMSI 激活，就要调用 IMSI 附着过程。

2. 切换

将一个正处于呼叫建立状态或忙状态的 MS 转换到新的业务信道上的过程称为切换。切换是由网络决定的，一般在下述两种情况下要进行切换：一种是正在通话的客户从一个小区移向另一个小区；另一种是 MS 在两个小区覆盖的重叠区进行通话时，当前小区的 TCH 处于满负荷状态，这时 BSC 通知 MS 测试它邻近小区的信号强度、信道质量，决定将它切换到另一个小区，这就由业务平衡的需求导致的切换。

切换的产生是 BTS 首先要通知 MS 将其周围小区 BTS 的有关信息及 BCCH 载频、信号强度进行测量，同时还要测量它所占用的 TCH 的信号强度和传输质量，再将测量结果发送给 BSC，BSC 根据这些信息对周围小区进行比较排队，最后由 BSC 做出是否需要切换的决定。另外，BSC 还需判断在什么时候进行切换，切换到哪个 BTS。

有如下三种不同的切换：

第一种：在同一个 BSS 的物理信道之间的切换。这种切换用于以下的情况：

- 当用于呼叫的物理信道受到干扰或者其他影响的情况；
- 当用于呼叫的物理信道或者信道设备由于需要维护或者其他原因而退出服务的情况。

第二种：在同一个 MSC 的 BSS 之间的切换。

第三种：在同一个 GSM-R 网络内，不同 MSC 的 BSS 之间的切换。

第二种和第三种情况是在 MS 从一个 BSS 区域移动到的另一个 BSS 区域时，用来确保连接的连续性。

在第三种情况中定义了两个过程：

① 基本切换过程：呼叫从呼叫最初建立时的主控 MSC（MSC-A）切换到 MS 使用基本切换所到达的另一个 MSC（MSC-B）；

② 中继切换过程：呼叫从 MSC-B 又切换到 MSC-A 或者切换到 MS 使用中继切换所到达的第三个 MSC（MSC-B）。

3. 漫游

漫游就是指在归属 GSM-R 网络外的其他 GSM-R 网络（拜访 GSM-R 网络）中使用移动

业务。漫游者就是指在拜访 GSM-R 网络中寻找服务或获得服务的 MS。在两个 GSM-R 网络间管理漫游的一系列标准称为漫游协议。

漫游的方案可以分为两种：标准的 GSM-R 网络内部漫游（或基本漫游）和较复杂级别的国家漫游。

1）基本漫游

这种漫游的相互连接只与相关网络间三个相互连接的系统有关：
- SS7-MAP 将归属网络的 HLR 与拜访网络的 VLR 连接；
- 对于传送语音或者相关网络间电路交换数据在国际电路交换之间的连接；
- 国际分组交换的相互连接。

提供给漫游用户的业务是由两方面决定的。一方面是拜访网络对于漫游者的技术限制。另一方面是从归属网络的 HLR 中传送来的用户数据。由于这些限制，基本漫游有如下的局限性：
- 在两个不同的网络中不能实现越区切换；
- 由拜访网络决定用户业务。

2）区域性的国家漫游

在这种漫游情况下，当拜访 GSM-R 网络和归属 GSM-R 网络属于同一个国家，为了实现只接入拜访网络的一部分（区域漫游）需要增加特殊的设备。

九、无线资源管理

无线资源管理过程具有一般传输资源管理的功能，如控制通道上物理信道和数据链路的连接。

无线资源管理的目的是：建立、维护和释放 RR 连接，所谓 RR 连接就是允许网络和 MS 之间点到点的通话。它包括小区选择/重选和切换过程。此外，当没有 RR 连接建立时，无线资源管理过程还包括接收单向的 BCCH 和 CCCH 信道，它允许自动小区选择/重选。

在 GSM-R 系统中，由于 VGCS 听者和 VBS 听者角色的增加，无线资源管理还要包括分别接收语音组呼信道和语音广播信道的功能，并且包括组接收模式下 MS 的自动小区重选。而由于 VGCS 讲者角色的增加，无线资源管理要包括抢占和释放语音组呼信道的功能。

无线资源管理向上层提供的业务有：

1）空闲模式

空闲模式就是没有为 MS 分配任何专用信道，此时 MS 只能收到 CCCH 和 BCCH 信道上的消息。在空闲模式时，没有 RR 连接存在。此时，上层能够要求建立 RR 连接。

在 MS 一端，RR 过程包括自动小区选择/重选。RR 实体向上层表明 BCCH/CCCH 信道有效和由 RR 实体决定的小区改变。当选择了一个新的小区时，上层获得 BCCH 信道上的广播信息。当 BCCH 信道上的广播信息相关部分改变时，上层还能够收到新的 BCCH 信道上的广播信息。

2）专用模式

专用模式就是指为 MS 至少分配两个专用信道，其中只能有一个是 SACCH 信道。

在专用模式时，RR 连接是物理上点对点的双向连接，它包括在主 DCCH 信道上以复帧方式操作的 SAPI0 数据链路连接。如果建立了专用模式，那么 RR 过程提供如下的业务：

- 建立/释放复帧模式，此模式存在于数据链路层连接上而不是 SAPI0 上，或者存在于主 DCCH 信道上，或者存在于存放主信道信令的信道相关的 SACCH 上；
- 传送在任何数据链路层连接上的消息；
- 指示暂时性的有效传输（延迟，恢复）；
- 指示 RR 连接的丢失；
- 为维持 RR 连接的自动小区选择和切换；
- 设置/变换在物理信道上的传输模式，包括信道类型的变化，编码/解码/译码模式的变化和密码的设置；
- 附加信道的分配/释放（TCH/H + TCH/H 结构）；
- 复时隙操作的附加信道的分配/释放。

3）组接收模式

组接收模式：（只适用于支持具有 VGCS 听者或者 VBS 听者功能的 MS）在这种模式下，没有为 MS 分配与网络连接的专用信道；它接收分配给小区的语音广播信道或者语音组呼信道下行链路的消息。这种模式下，在 MS 一端 RR 过程提供的业务有（只适用于支持具有 VGCS 听者或者 VBS 听者功能的 MS）：

- 与语音广播信道或语音组呼信道的本地连接；
- 在没有确认的情况下接收消息；
- 组接收模式下 MS 的自动小区重选；
- 断开当前正在进行的语音广播信道或语音组呼。

对于既支持 VGCS 聆听又支持 VGCS 讲话的 MS，还要额外加入建立 RR 连接的上行链路接入过程。

4）组发送模式

组发送模式：（只适用于支持具有 VGCS 讲话功能的 MS）在这种模式下，为语音组呼的 MS 分配两个专用信道。这两个信道可以同时分配给一个 MS，但是在语音组呼期间，也可以分配给不同的 MS。在组发送模式下，RR 连接是物理上点对点的双向连接，它包括在主 DCCH 信道上以复帧方式操作的 SAPI0 数据链路连接。如果建立了组传送模式，那么 RR 过程提供如下的业务：

- 传送数据链路层连接上 SAPI0 的消息；
- 指示 RR 连接的丢失；
- 为维持 RR 连接的自动小区选择和切换；
- 设置物理的传输方式，信道类型的变换和加密；
- 释放 RR 连接。

无线资源管理子层可以使用数据链路层提供的业务也可以直接使用物理层为其提供的业务。

十、连接管理

连接管理功能（CM）是 GSM-R 协议模型中最高层的管理功能，它主要包括几个独立的协议实体，如呼叫控制（CC）、短消息（SMS）。CM 功能主要提供对基本呼叫控制、补充业务的呼叫控制和短消息的连接管理功能。

1. 基本呼叫控制

基本呼叫分为移动用户发起呼叫（MO）和移动用户接收呼叫（MT）两种类型。

移动用户为呼叫发起方的模型如图 6-20 所示。当 MS 发起呼叫时，通过无线接口的信令与 BSS 建立起无线连接，并发送包含被叫方地址的信息。VMSC 向 VLR 请求获取呼出呼叫发送的消息来处理呼叫，如果 VLR 认为呼出呼叫合法，就会发给 VMSC 一个"完成呼叫"的响应。收到 VLR 响应的 VMSC 将完成以下操作：建立与 MS 之间的业务信道；建立一个 ISUP 的初始地址消息，并将它发送给目的端的交换机。图 6-21 是描述 MO 呼叫的 MSC 图，在呼叫建立过程中必须要经过鉴权和启动安全性管理。

移动用户接收呼叫（MT）的模型如图 6-22 所示。当移动台为被叫方时，要经过以下的处理步骤：第一步，GMSC 收到一个 ISUP 的初始化地址消息。GMCS 用 MAP 协议向 HLR 请求获取寻找 MS 的路由信息，HLR 收到后用 MAP 协议向 VLR 查询 MS 的漫游号码，查询成功后，VLR 向 HLR 发送一个漫游号码确认消息，HLR 将漫游号码放在路由请求的确认消息中发给 GMSC。第二步，GMSC 在将漫游号码重新构造一个 ISUP 的初始化地址消息送到 VMSC，VMSC 收到这个消息后，向 VLR 发送呼入呼叫消息。如果 VLR 允许呼入呼叫，VMSC 就开始通过 BSS 寻呼 MS。如果 MS 有响应，VMSC 会向 VLR 发送寻呼确认消息，表示找到了被叫的 MS。这时，VLR 将向 VMSC 发送一个完成呼叫的消息，标志着呼叫建立成功。图 6-23 为 MT 呼叫的 MSC 图。

2. 补充业务呼叫控制

正如补充业务是建立在基本业务的基础上，补充业务的呼叫控制也是建立在基本业务的呼叫控制上。补充业务的实现相当于在网络基本呼叫控制的实体上又添加了独立的处理补充业务的实体，由这些实体在基本业务的呼叫控制消息中加入关于补充业务的信息。如果网络不支持某项补充业务，即使处理补充业务的实体存在，网络也不会通过此实体进行处理。由于补充业务种类繁多，其呼叫控制的原理与基本呼叫类似，这里就不再详述。

3. 短消息

短消息业务提供了 MS 和短消息服务中心（SMS-SC）之间的短消息交换服务。类似于基本业务，短消息的呼叫也可以分为移动台发起（SM MO）和移动台接收（SM MT）两种类型。SM MO 描述的是 MS 通过 SMS-SC 向短消息实体发送短消息，SM MT 是 SMS-SC 向 MS 发送短消息。图 6-24 和图 6-25 描述了这两种类型的呼叫。

处于激活状态的移动台可以在任何时候发送或接收短消息，即使通话或者数据传输正在进行也不会受到影响。如果 SC 收到短消息，会发给 MS 一个证实的消息；如果 SC 不能完成短消息的传送，也会给 MS 发送一个报告的消息。需要注意的是，如果 MS 正在进行状态转换,如从忙状态转到空闲状态、从空闲转入忙状态或处于切换中,这种情况下网络将会放弃短消息的操作。

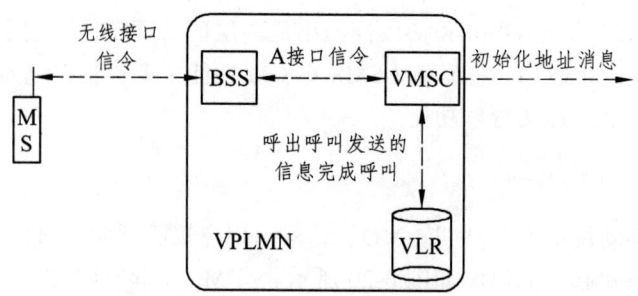

图 6-20 MO 呼叫模型

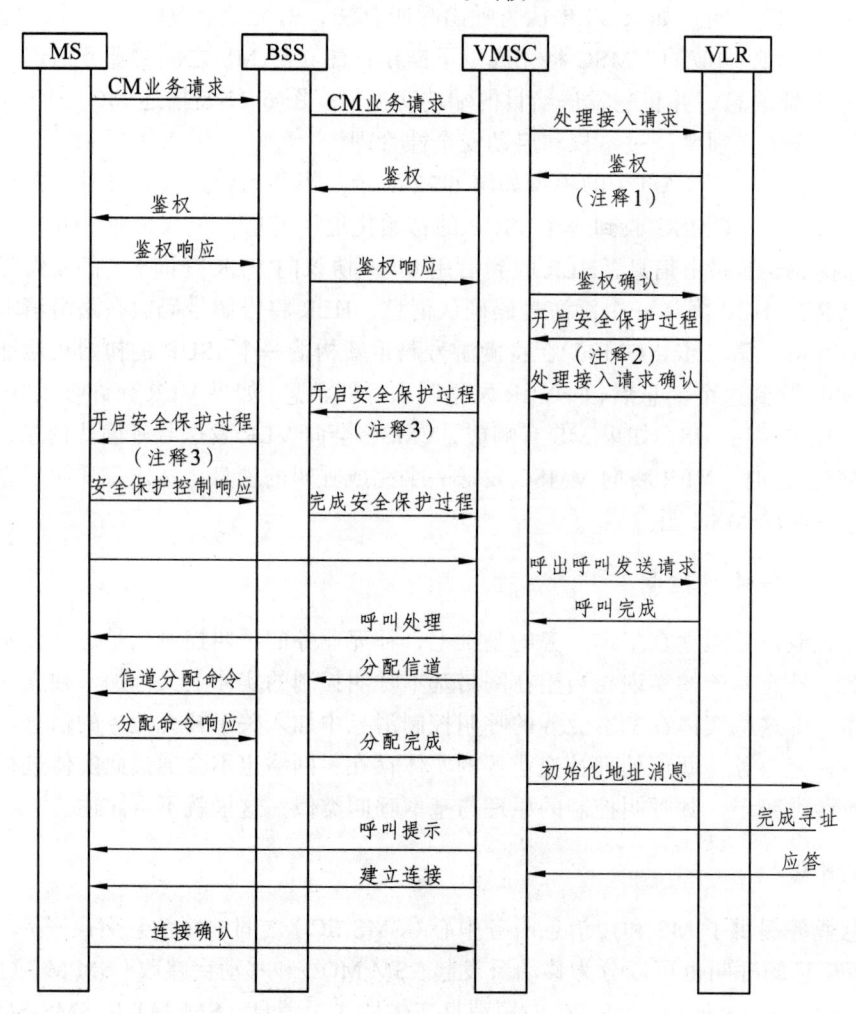

图 6-21 MO 呼叫控制 MSC 图

注释:
1. 鉴权的过程可以发生在呼叫建立的任何阶段。
2. 安全保护的功能必须在鉴权过程完成之后。
3. 如果不需要加密,MSC 可以直接向 MS 发送一个 CM 业务接收指示。

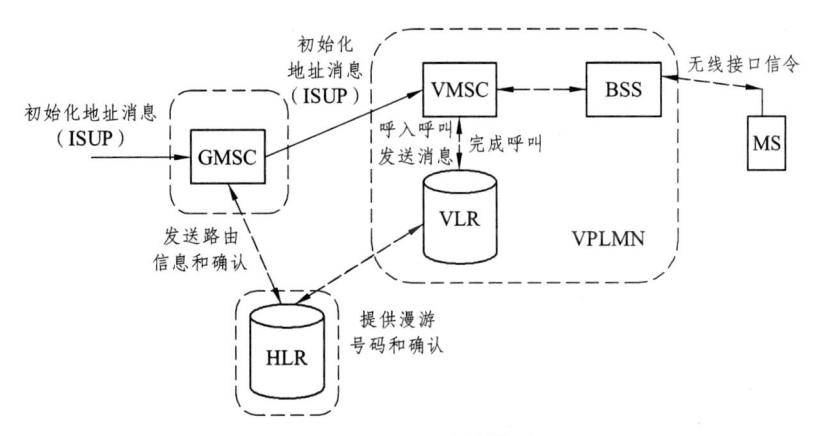

图 6-22 MT 呼叫模型

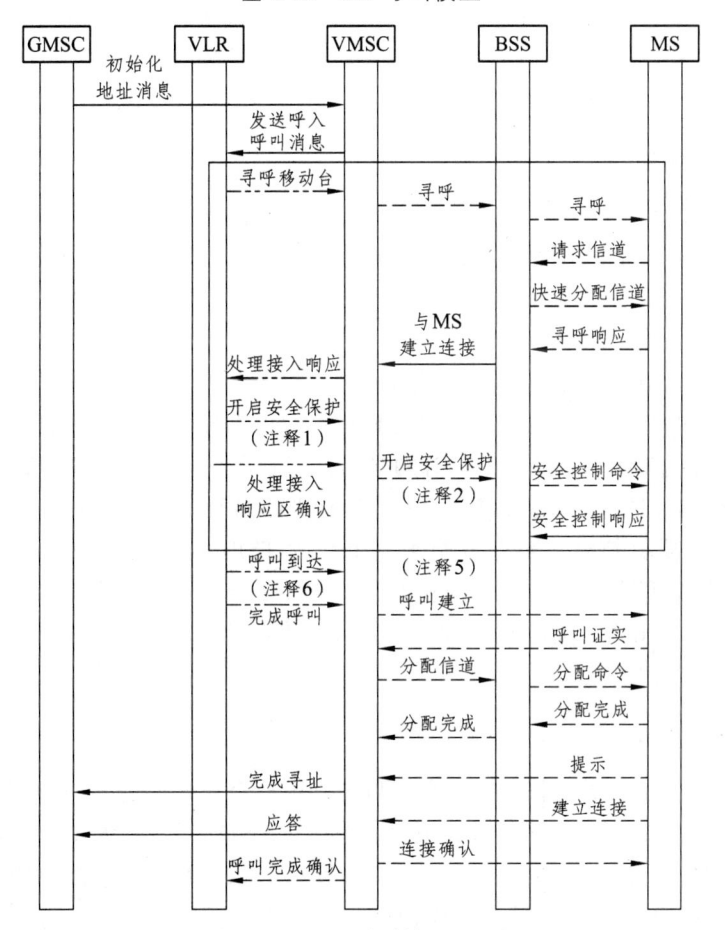

图 6-23 MT 呼叫的 MSC 图

注释：
（1）安全过程可以发生在网络接收到寻呼响应的任何阶段。
（2）如果不需要安全过程，可由 MSC 发出指示。
（3）图中标识的是 MS 已经进行了鉴权过程的情况。否则，要在 MS 发出寻呼响应后开始鉴权。
（4）网络可以在 MS 响应寻呼后的任何阶段向移动台请求获取 IMEI 号。
（5）如果 MS 与 MSC 之间的连接在寻呼前已经存在，方框中的部分可以省略。
（6）如果 MS 与 MSC 之间的连接在寻呼前已经存在，VLR 将发出命令停止释放连接的定时保护。

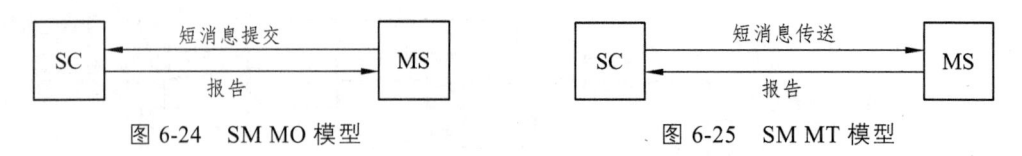

图 6-24　SM MO 模型　　　　　　图 6-25　SM MT 模型

十一、安全性管理

与网络的业务和功能相关的安全性管理主要涉及三方面：
- 用户身份的加密；
- 用户身份的鉴权；
- 信令信息的加密和物理连接上数据的加密。

在用户身份的加密和鉴权上，GSM-R 网络采用了与固定网络不同的加密和鉴权算法；对于信令的安全性，要能够保证在信令失败的情况下具有自我恢复的机制。这些安全性保证了网络在运行时具有最小的风险。

1. 用户身份加密

用户身份加密的目的是为了防止网络的入侵者通过侦听无线路径上的信令交换获取用户使用无线资源（如业务信道和信令资源的占用）的情况。这使得用户的数据和信令具有高加密优先级可以防止被跟踪和监视。由于表明用户身份最基本的数据是用户的 IMSI 号，因此在无线路径上不能直接传输 IMSI 号，通常也不能用 IMSI 号作为寻址的信息。如果信令允许，对无线路径上所有的用户身份信息都应该加密。

用户身份加密的基本思想是利用用户的临时身份识别号（TMSI）代替 IMSI 在无线路径上的直接传送。由于 TMSI 号是一个临时的号码，随着用户位置区改变，TMSI 号也会改变，因此 TMSI 号被侦听到的概率就会减小，为了具有更高的安全性，对 TMSI 号也要进行加密。用户在每次进行位置更新时，都会分配到一个新的 TMSI 号，这个 TMSI 号采用与前一个 TMSI 号不同的加密密钥进行加密。在获得新的 TMSI 号后，前一个 TMSI 号就会被注销。只有当 TMSI 号与 IMSI 号无法完成对应，并且与当前的 VLR 无法建立联系时，才需要从 MS 获得 IMSI 号。

2. 用户身份鉴权

鉴权的过程发生在加密之前，网络必须事先知道所有用户的身份。鉴权的过程发生在网络与移动台之间，如图 6-26 所示。首先网络将参数 RAND 传送给 MS，MS 根据自己在 SIM 卡中存储的鉴权参数 Ki，利用鉴权算法 A3 计算出参数 SRES，再将 SRES 送至鉴权中心 AuC，与 AuC 中的 SRES 比较，二者一致表明用户合法，否则拒绝接入。鉴权参数 Ki 与 IMSI 在注册时一起分配给用户。

3. 信息加密和用户信息加密

信令加密中对 TMSI 号的加密与用户身份的加密方法一致，这里主要介绍物理连接上对用户信息的加密。物理层上的用户信息流在业务信道（TCH）和专用控制信道（DCCH）上传输，这些数据采用对每比特进行加密的方法，加密算法是 A5，加密密钥是 Kc。

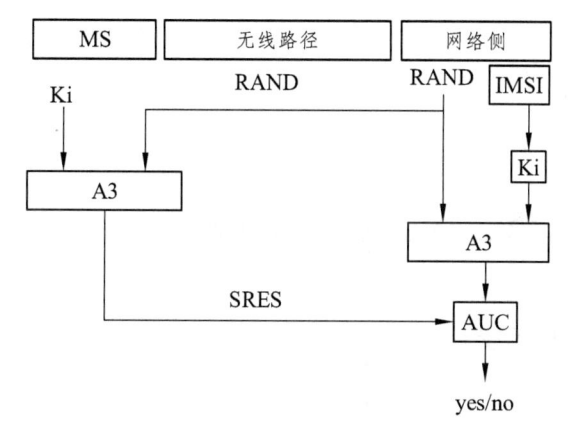

图 6-26 鉴权过程

1）密钥 Kc 的设置

密钥 Kc 在移动台和网络中都要进行设置。密钥的设置过程由鉴权过程来触发，通常是由网络运营方来完成。Kc 设置在 DCCH 中，在用户的身份得到网络的确认后开始进行加密。

密钥设置的过程描述如下：首先网络向移动台发送 RAND 参数开始鉴权过程，这时密钥的设置过程被触发，密钥 Kc 就包含在 RAND 参数中。在 MS 一端，MS 通过 A8 算法和鉴权参数 Ki 从 RAND 参数中计算出 Kc。同时，SRES 参数也被计算出来。计算出来的 Kc 储存在 SIM 卡中，直到下一次鉴权过程开始才会被更新。

与 Kc 一同存储在移动台和网络中的还有用来标识密钥的密钥序列号（CKSN）。密钥设置过程如图 6-27 所示。

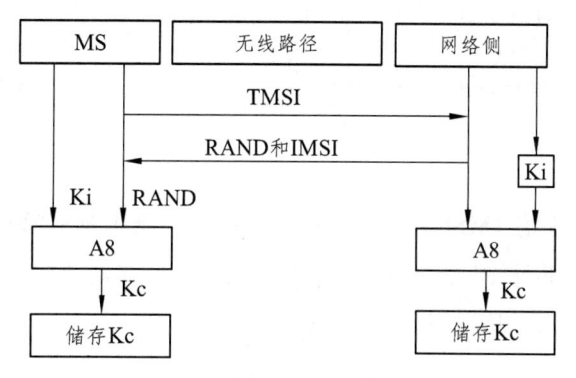

图 6-27 密钥设置过程

2）加密和解密过程

在 DCCH 和 TCH 开始加密和解密时，MS 和 BSS 必须保持同步。DCCH 在鉴权完成之后，Kc 对于 BSS 有效时开始启动加密过程。首先，BSS 进入解密状态，然后向 MS 发出"开始加密"的指令，MS 接到指令后开始加密和解密过程。BSS 收到从 MS 来的第一个经过正确解密的消息后，才开始加密。TCH 信道上的加密在 DCCH 完成呼叫建立后开始。

3）A5 算法

A5 算法有至少 7 个版本，在 MS 与网络建立连接时，先要向网络指示 A5 算法的版本。

如果网络没有与 MS 相同的 A5 算法版本，网络将释放加密连接，重新建立一条不加密的连接；如果网络与 MS 之间有不止一个相同版本，网络将会选择一个可用的版本。

第二节　GSM-R 工程组网技术

1. 全路 GSM-R 移动交换网规划

GSM-R 移动交换网规划图如图 6-28 所示，整个构架采用二级网络结构：

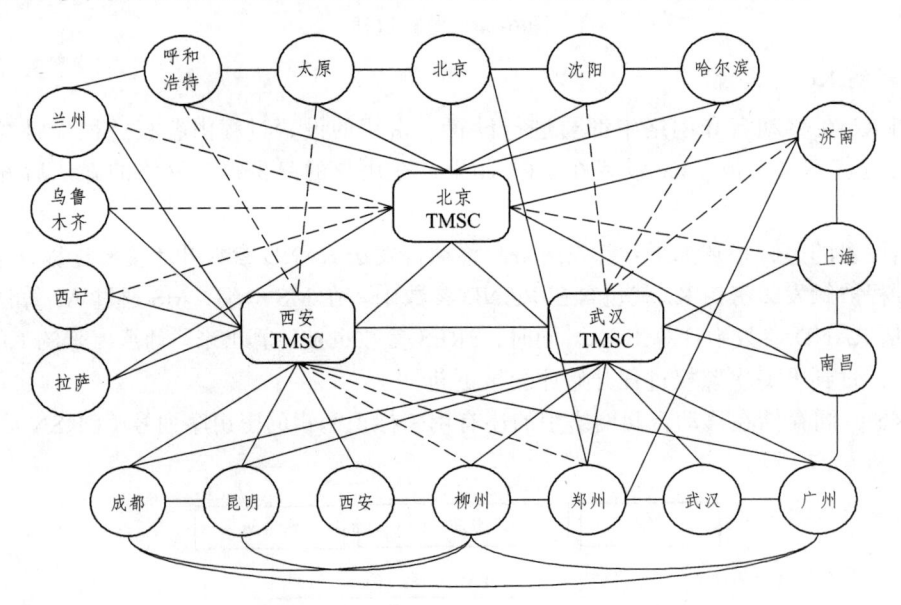

图 6-28　GSM-R 移动交换网规划图

（1）移动汇接网：3 个 TMSC，北京、武汉、西安，兼作 MSC 和 GMSC；

（2）移动本地网：共计 19 个 MSC，在 18 个铁路局所在地及拉萨设置 MSC。

TMSC、MSC 设置及汇接情况如表 6-3 所示。

表 6-3　TMSC、MSC 设置及汇接情况

大区汇接中心 TMSC（3 个）	汇接的移动业务本地网端局 MSC（19 个）
北京	北京、沈阳、太原、呼和浩特、哈尔滨、济南
武汉	武汉、上海、南昌、广州、郑州、柳州
西安	西安、昆明、成都、拉萨、西宁、兰州、乌鲁木齐

2. 全路 GSM-R 智能网网络规划

在北京、武汉各设置 1 套智能网设备；主、备工作方式。

3. 全路 GPRS 网络规划

GPRS 网络建设包括 GPRS 数据网和 GPRS 节点两部分。

GSM-R 的 GPRS 系统接入铁路综合 IP 数据网。

GPRS 节点的设置：北京、武汉各设置一套全网 DNS 和 RADIUS 服务器，全路共享。

在铁路局所在地及拉萨等地新设 19 个 GPRS 节点（GGSN、SGSN）。

4. GSM-R 无线网络规划

1）BSS 网络结构

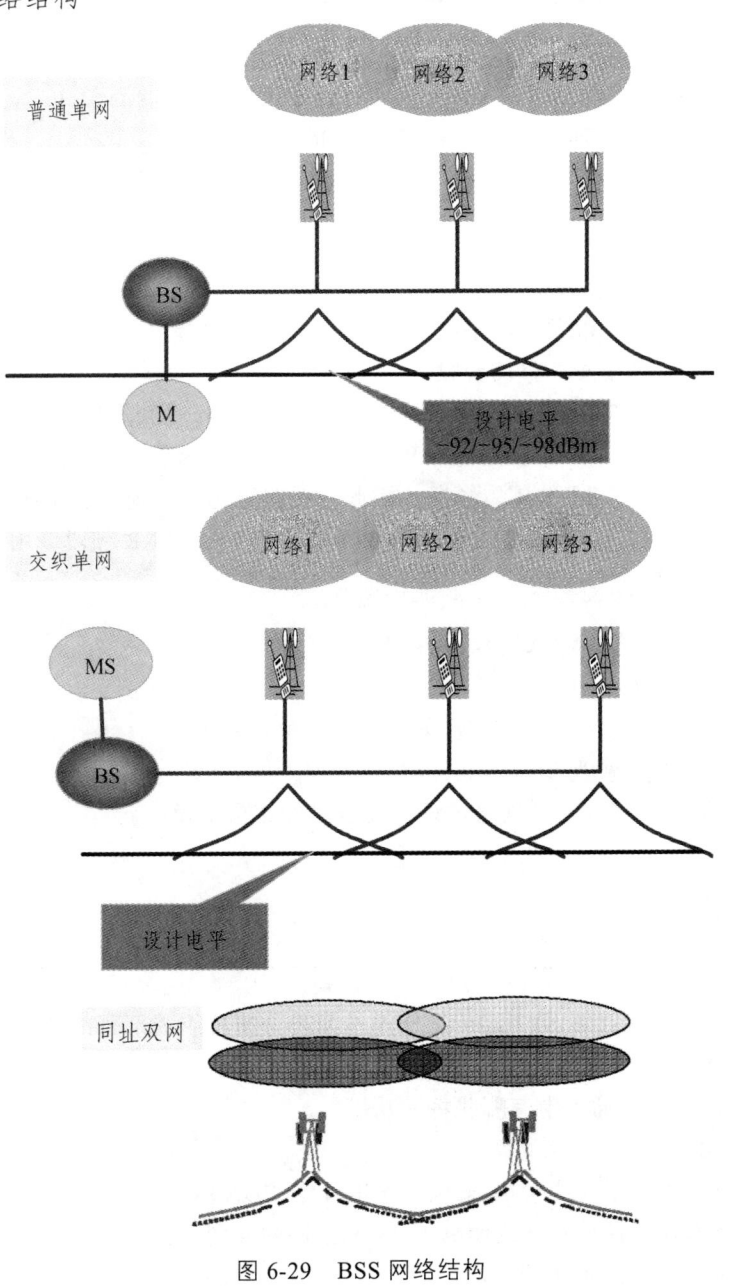

图 6-29　BSS 网络结构

2）无线覆盖-覆盖指标（表6-4）

表6-4　无线覆盖-覆盖指标

终端种类	业务种类	接收天线位置	终端速度（km/h）	覆盖概率	Prmin（dBm）
列调机车台	话音及调度数据	机车顶部	未限定	95%	－98
列控机车台	列控数据	机车顶部	$v \leqslant 220$	95%	－95
			$220 < v \leqslant 280$	95%	－95～－92
			$280 < v$	95%	－92

无线覆盖-小区重叠距离：

小区重叠距离＝列车最高时速×2次切换时间（可按8～10 s计算）

高速铁路：350×（1000 m/h）×10 s/3600 s/h＝972 m

普速铁路：200×（1000 m/h）×10 s/3600 s/h＝555 m

3）无线覆盖-基站容量规划（使用频率）

我国 GSM-R 共 4 MHz 频率带宽：

885－889 MHz（移动台发，基站收）；

930－934 MHz（基站发，移动台收）。

双工收发频率间隔 45 MHz，相邻频道间隔为 200 kHz。按等间隔频道配置的方法，共有 21 个载频。频道序号从 999～1019，扣除低端 999 和高端 1019 做为隔离保护，实际可用频道 19 个。

此频段为中国移动 GSM 的扩展频段，因此在线路穿越繁华地市时干扰严重（胶济线）。信产部（2007）136 号文件已下发，自 2009 年年底，铁路 GSM-R 频段专用。

4）无线覆盖－基站容量规划（频率规划）

话务模型和用户分布决定基站容量

（1）语音业务：0.015erl。

（2）电路域数据：列控：1 信道/列车；

同步操控：3－4 信道/列车。

（3）分组域数据：列尾、车次号、调度命令，约 2 个信道。

复习思考题

1. 试说明 GSM-R 网络的系统结构与常用设备。
2. 基站子系统 BSS 在 G 网中起什么作用？简要分析各组成部分的功能。
3. 说明 TRAU 的主要功能。
4. GSM-R 网在调度通信中有哪些特殊功能？
5. GSM-R 网如何与外网互联？
6. 连接管理功能包括哪些？试描述 G 网如何与 ISDN 网连接。
7. G 网主要有哪些接口？请说明 A 口与 Ater 口的异同。
8. G 网中漫游是如何实现的？

第七章　高速铁路牵引供电系统

将电能从电力系统传送给电力机车的电力装置的总称叫电气化铁路的供电系统，又称牵引供电系统。其主要由牵引变电所和接触网两大部分组成。牵引变电所将电力系统输电线路电压从 110 kV（或 220 kV）降到 27.5 kV，经馈电线将电能送至接触网；接触网沿铁路上空架设，电力机车升弓后便可从其取得电能，最终起到牵引电力机车运动的作用。

目前世界高速铁路技术迅猛发展，我国投入运营的高速铁路已达到 6800 多千米。为了满足高速列车运行的运能大、安全好、占地少、节省能源的要求，高速铁路牵引供电系统必须采用更为高效、可靠的供电设备和施工技术，才能为高速铁路的正常运行提供更有效的供电质量和运行基础。本章将从高速铁路牵引供电系统的供电方式，牵引变电所，高速铁路接触网，牵引供电系统 SCADA 系统以及牵引变电所综合自动化技术等方面详细介绍高速铁路牵引供电系统。

第一节　高速铁路牵引供电系统供电方式

一、牵引供电回路

电力牵引供变电系统是指从电力系统接受电能，通过变压，分相后，向电力机车供电的系统。牵引供电回路是由牵引变电所、馈电线、接触网、电力机车、钢轨和地、回流线构成。另外还有分区亭、开闭所、自耦变压器站等组成（图 7-1、7-2）。

1. 牵引变电所

牵引变电所沿电气化铁道分部，每一个牵引变电所负责两侧接触网的供电。牵引变电所的左、右两侧接触网称为供电臂或供电分区，一个供电臂的长度对应线路的区间数约为 1～5 个。

牵引变电所的作用是降压和分相。它将电力系统的三相高压电转换为两个单相电，通过馈电线分别供给两侧的接触网。

2. 牵引网

牵引网由馈电线、接触网、钢轨和大地、回流线等组成。

馈电线是连接牵引变电所牵引母线和接触网的架空线。馈电线除直接向接触网送电外，还要向附近车站、机务折返段、开闭所等送电，所以馈电线的数目较多，距离也可能较长。

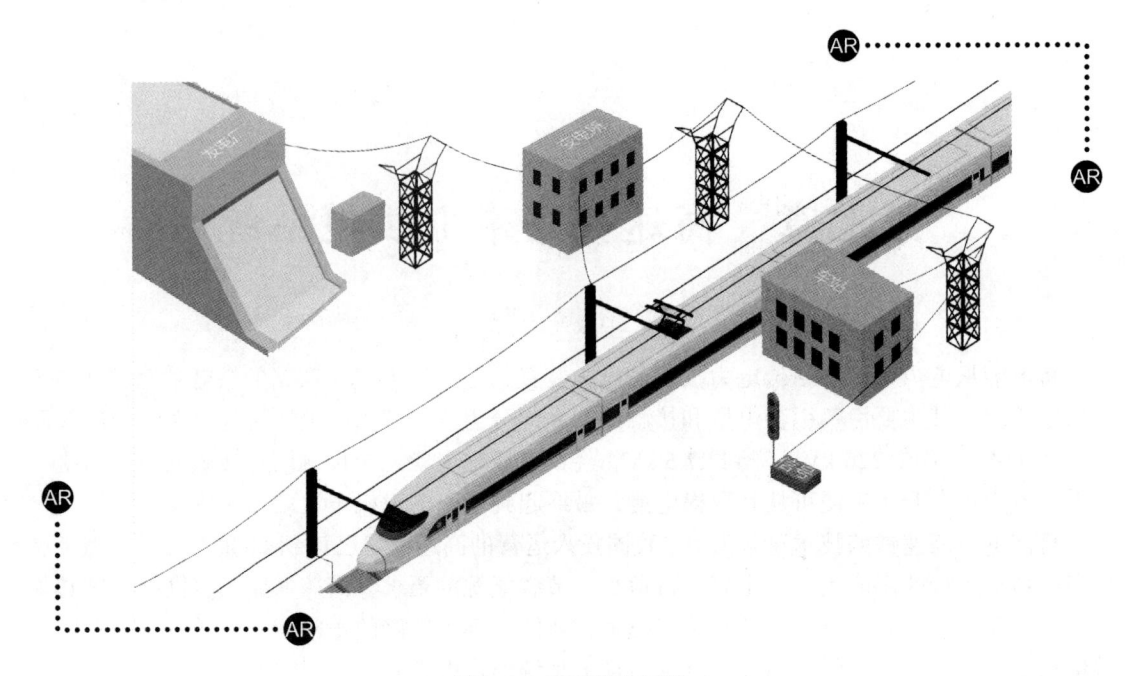

图 7-1 牵引供电回路

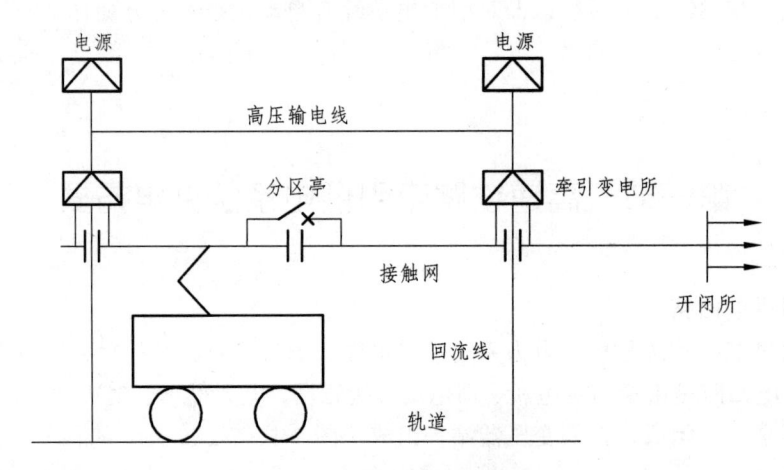

图 7-2 牵引供电回路图

接触网是牵引网的主体，由于接触网分布广、结构复杂、运行条件差，所以不仅日常维修工作量大，故障也较多，对牵引供电的可靠性影响极大。

流过电力机车的负荷电流经钢轨和地、回流线流回到牵引变电所。由于钢轨与地不绝缘，所以部分电流沿大地返回，形成地中电流。

3. 分区亭

为了提高供电的灵活性和可靠性，在两个相邻牵引变电所的接触网末端通常设置分区亭。

分区亭主要作用是当相邻牵引变电所发生故障而不能继续供电时，可以闭合分区所内的断路器，由非故障牵引变电所实行越区供电。

4. 开闭所

开闭所实际上是开关站，多设于铁路枢纽，一般两路进线、多路馈线，进线和馈线都经过断路器，可灵活地对各分区接触网停、供电，用以实现对站场各股道群的分别供电控制，从而缩小事故停电范围。

5. 自耦变压器站

自耦变压器站是自耦变压器供电系统中除变电所、分区所和开闭所外，在牵引网上放置自耦变压器的场所，工频单相交流电气化股道每隔 10~15 km 设置一台自耦变压器。

二、牵引供电系统的供电方式

我国电气化铁路均采用单边供电方式，即牵引变电所向接触网供电时，每一个供电臂的接触网只能从一端的牵引变电所获得电能。复线区段可通过分区亭将上下行接触网连接，实现"并联供电"，可适当提高末端电压。当某一牵引变电所发生故障无法供电时，通过分区亭道闸操作，使相邻变电所通过分区亭实现"越区供电"，此时供电距离增加，网压降低，通常应减少列车对数或牵引定数，以维持运行。

牵引供电系统的供电方式主要有直接供电方式、带回流线的直接供电方式、吸流变压器供电方式、自耦变压器供电方式、同轴电缆供电方式 5 种。

1. 直接供电方式（图 7-4）

直接供电方式也称 DN 供电方式，其原理电路如图 7-3 所示。

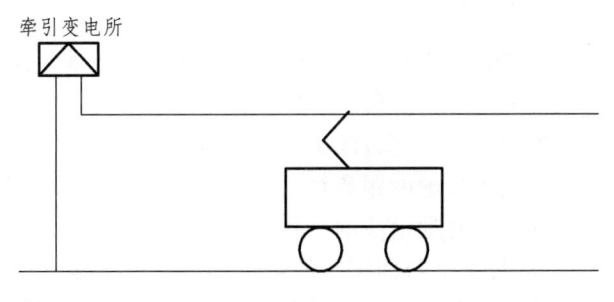

图 7-3 直接供电方式原理图

直接供电方式的牵引网结构最简单，投资最小，但钢轨电位较高，流过电力机车的回流电流全部通过阻抗较大钢轨及大地完成，能量损失较大，同时流过工频单相交流电的接触网产生的交变磁场缺乏补偿，其对通信线的干扰最大。这种供电方式主要适用于通信线路（主要是明线）较少或很易将受扰通信线迁改径路的场合。基本型直接供电方式在法国、英国、前苏联广泛应用。

2. 带回流线的直接供电方式（图 7-6）

带回流线的直接供电方式简称 DN 供电方式，其原理电路如图 7-5 所示。

图 7-4　直接供电方式

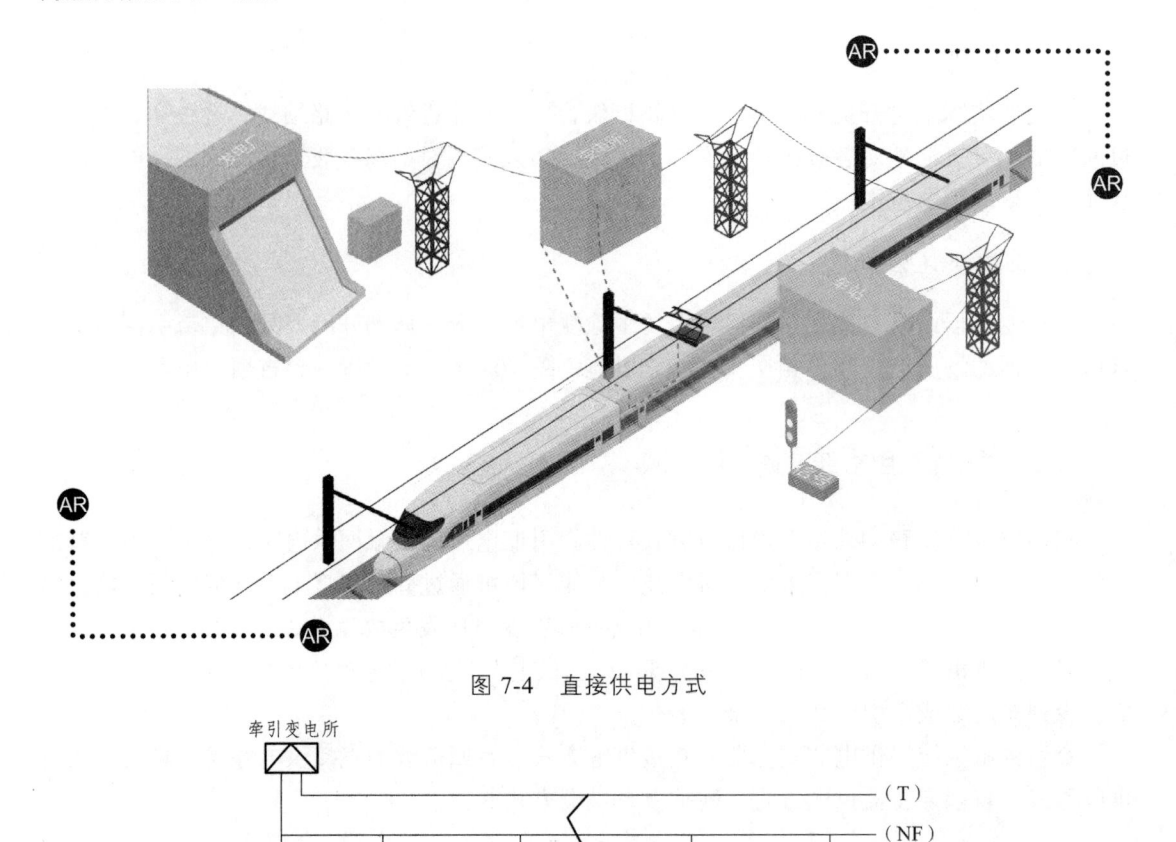

图 7-5　带回流线的直接供电方式原理图

带回流线的直接供电方式是在直接供电方式的基础之上的改良，为了克服回流电流全部通过钢轨和大地回流造成的缺陷，在钢轨上并联架空回流线（又称为负馈线）。增加了回流线后，原来流经轨道、大地的回流，大部分改由架空回流线流回牵引变电所，其方向与接触网中电流方向相反，架空回流线与接触网距离较近，因此相当于对邻近通信线路增加了屏蔽效果；另外，钢轨电位大为降低，对通信线的干扰得到较好抑制。同时还能降低牵引网阻抗，使供电臂延长 30% 以上。从技术上带回流线的直接供电方式能够很好的满足 300 km/h 及以上高速铁路需求，德国、意大利和西班牙等国采用带回流线的直接供电方式，我国部分高铁线路也采用这种供电方式。

3. 吸流变压器供电方式

在牵引供电系统中加装吸流变压器-回流线装置的供电方式，称为吸流变压器供电方式，简称 BT（Booster Transformer）供电方式。

吸流变压器-回流线装置是在牵引网中，每相距 1.5~4 km，设置一台变比为 1∶1 的吸流变压器，其一次线圈串接入接触网，二次线圈串接在回流线中，（即吸流变压器—回流线方式，简称吸-回方式），如图 7-7 所示，或串接在轨道中（即吸流变压器-轨道方式，简称吸-轨方式），如图 7-8 所示。

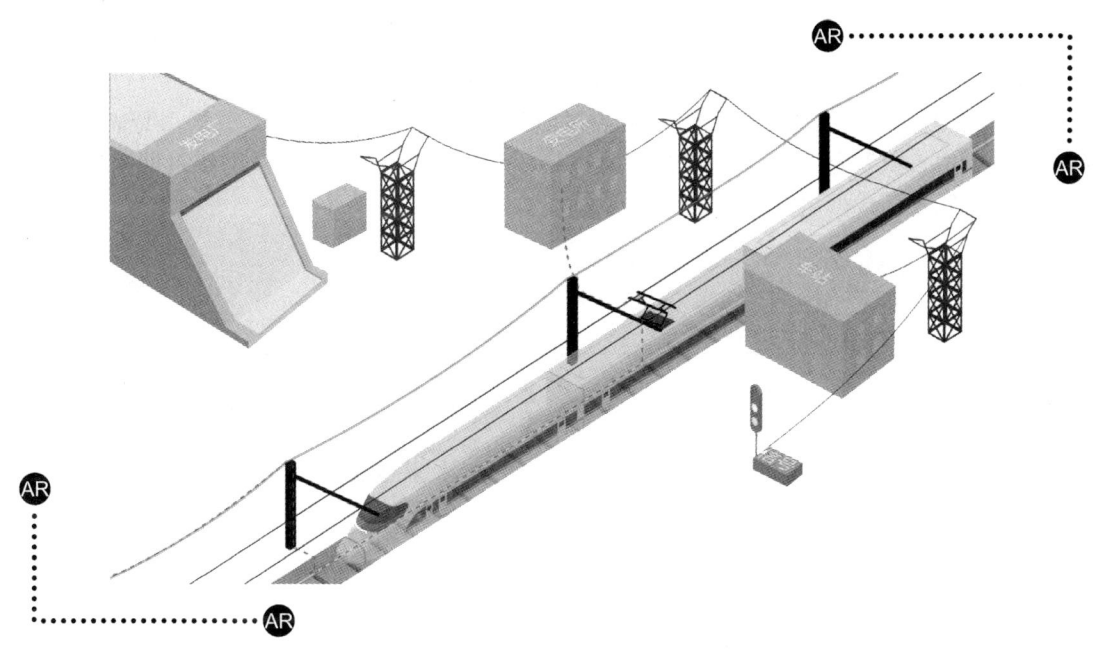

图 7-6　带回流线的直接供电方式

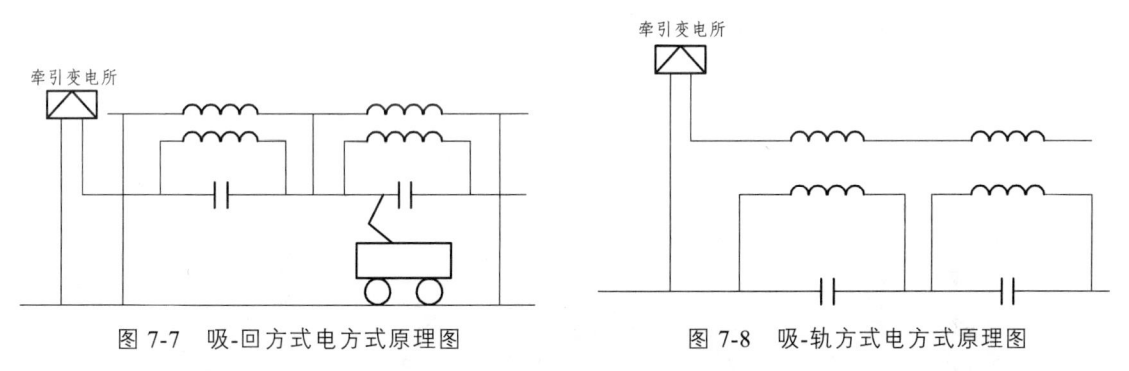

图 7-7　吸-回方式电方式原理图　　　　图 7-8　吸-轨方式电方式原理图

吸-回方式比吸-轨方式抑制通信干扰的效果好。我国采用的 BT 方式均为吸-回方式，日本东海道新干线也如此，而英国、法国、瑞典两种方式都有应用，挪威只用 BT-钢轨方式。

吸流变压器采用变比为 1∶1 的特殊变压器，迫使由轨道回路和大地返回牵引变电所的回流电流电流的绝大部分经由回流线路流回牵引变电所，而不经由轨道和大地。从而把本来距离很大的接触网—轨道大地回路，改变为距离相对很小的接触网—回流线线路。而且，回流线中流回的电流与接触网内流过的牵引电流大小基本相等，方向相反，它们形成的电磁场相互抵消，这样就达到了牵引供电回路比较对称的目的，显著的消弱了接触网和回流线周围空间的交变磁场，使牵引电流在邻近的通信线路中的电磁感应影响大大的减小。

BT 方式牵引网结构复杂，造价较高，由于吸流变压器串入接触网，使得牵引网阻抗变大，供电臂长度将减小；因存在 BT 分段（火花间隙），不利于高速、重载等大电流运行；但 BT 方式的钢轨电位低，抑制通信干扰的效果很好。

4. 自耦变压器供电方式（图 7-10）

AT 供电方式又称为自耦变压器供电方式（图 7-9）。自耦变压器（Auto-Transformer）是一种电力变压器，它并接与接触网、钢轨和正馈线之中。这种方式由接触网、钢轨、正馈线和自耦变压器组成供电回路，并在接触网和正馈线之间每隔 10~15 km 并入一台自耦变压器，其中心抽头与钢轨连接，正馈线与接触悬挂同杆架设，架设于接触网支柱的田野侧。在 AT 牵引变电所中，牵引变压器将 110 kV 三相电降压成单相 55 kV，则钢轨与接触网间的电压正好是自耦变压器两端的电压的一半即 27.5 kV。

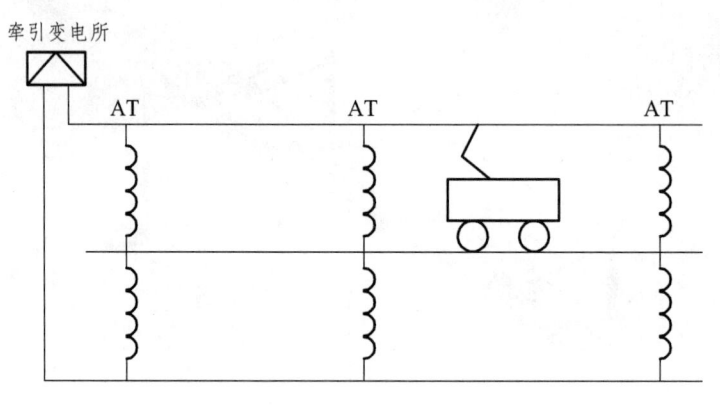

图 7-9 自耦变压器供电方式原理图

AT 方式与 BT 方式相比，在机车取流相同情况下，从变电所至最靠近机车的 AT 间，接触网与正馈线上电流只有机车电流的一半，对通信明线干扰将大大减弱。另外，在机车取流的两个 AT 间的区段内，机车电流总是由左右两侧接触网双边供给，方向相反，对通信明线的干扰互相抵消，因此具有更好的防护效果。

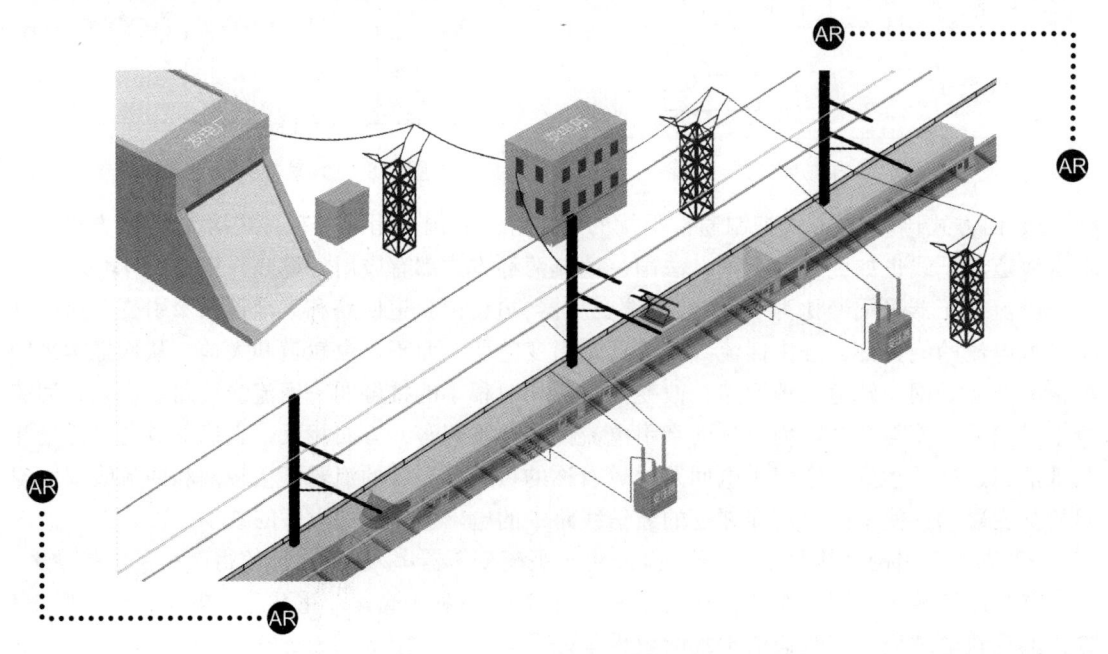

图 7-10 自耦变压器供电方式

实际的 AT 供电方式往往还增加一根接地保护线 PW。当绝缘子发生闪络时，短路电流可通过保护线作回路而不经信号轨道电路。提高了信号电路工作的可靠性。保护线又是随接触网支柱架空悬挂的，相当于架空地线，对接触网起屏蔽作用，减小对架空通信线的干扰，同时也起到避雷线的作用。在钢轨对地泄漏电阻和机车取流较大的情况下，为降低钢轨电位，还可在 AT 区段中部加横向连接线 CPW，将钢轨与保护线并接。

AT 并联于牵引网中，克服了 BT 串入网中 BT 分段的缺陷，使供电电压成倍提高，牵引网阻抗小，供电距离长（改为直接供电方式的 170%~200%），网上压损和能损都小，是一种适于高速、重载等大电流牵引的供电方式。日本、法国高速铁路采用 AT 供电方式，我国高速铁路也广泛使用这种供电方式，比如，京沪高速铁路牵引供电优先采用 AT 供电方式。

5. 同轴电缆供电方式

同轴电缆供电方式也称为 CC 供电方式，其原理电路如图 7-11 所示。

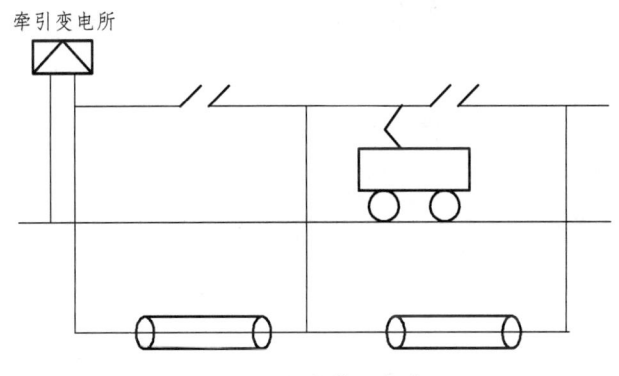

图 7-11　同轴电缆供电方式原理图

同轴电缆内外导体间的互感系数很大，吸流效果和抑制通信干扰的效果均好于 BT 和 AT 供电方式。CC 供电牵引网阻抗和供电距离与 AT 方式相近，钢轨电位较低，接触网结构较简单，对净空要求低，宜于重载、高速等大电流运行。但同轴电缆的造价太高，限制了它的广泛应用，一般只在铁路城市、桥隧的低净空地段等特殊场合采用。日本已在局部电气化区段使用，我国还在研究和试验。

第二节　牵引变电所

我国电气化铁路采用工频单相交流制，取于电力系统。牵引变电所作为电力系统和电气化铁路牵引网的联接，向电力机车输送合格的电能。我国现行的牵引变电所供电方式绝大多数为三相-两相制，即其原边取自电力系统的 110 kV 或 220 kV 三相电压，次边向两个单相供电臂馈电，其母线额定电压为 27.5 kV。

随着电气化铁路运输速度的不断提高，供电质量的要求也不断提高，这为牵引变电所也提出了更高的要求。本节主要介绍牵引变电所内主要结构和技术点。

一、牵引变电所主接线

牵引变电所的作用是从电力系统接受电能,并以不同的电压向牵引负荷、区域负荷分配供应电能,现场如图 7-12 所示。电气主接线又称主电路,就是表示牵引变电所电气设备及元件相互的连接顺序,并用以表明汇集和分配电能。按照一定要求安设、联结,用来接受和分配电能的总体装置,称配电装置,如图 7-13 所示。

图 7-12 牵引变电所现场图

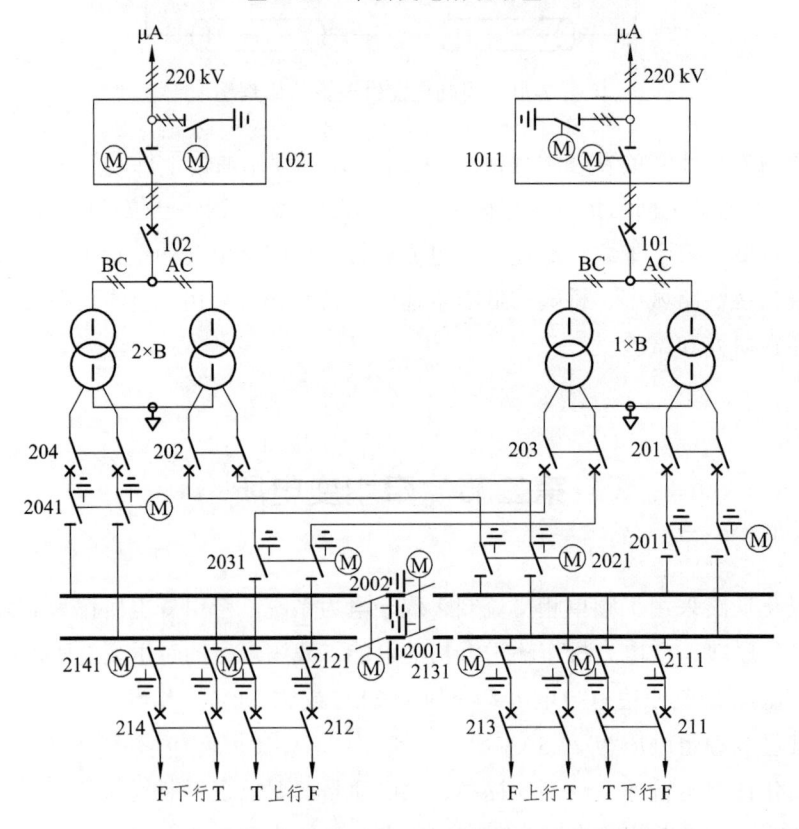

图 7-13 武广客运专线牵引变电所典型主接线原理图

主电路的设备和构成,将决定着牵引变电所的主要技术经济指标和运营质量,并对一次供电系统运行有一定影响。因此,主电路的设计应全面综合考虑各种因素,使得供电可靠、技术合理、结构简单、操作灵活、维修方便、运营经济。

牵引负荷属于一级负荷,必须保证供电的可靠性。为了提高供电的可能性,在技术上需采用相应措施,如将主电路分成几部分,正常时互联工作,当其中一部分发生故障时,就自行切断,使其余部分继续工作。另外,对主电路中某些元件需设置备用件。

主电路应具足够的灵活性,以适应各种工作状态,如在正常情况下由双电源供电。当一路电源检修或发生故障时,另一路电源任能保证两台变压器运行。对于主电路在投入线路时,应先投入母线隔离开关,然后投入线路隔离开关,最后投入断路器。在切除电路时,其操作程序与上述相反。

二、牵引变压器

牵引变压器是将电力系统的三相高压电降压、分相,供电力机车使用,现场如图 7-14 所示。

图 7-14 牵引变压器现场图

为了提高牵引供电的可靠性,牵引变电所一般设置两台牵引变压器,每台牵引变压器都能单独承担全部负荷。正常运行时,一台工作,另一台作为检修或者故障时的备用。

牵引变压器的额定电压,原边为 110 kV(或 220 kV);次边为 27.5 kV,比接触网额定电压 25 kV 高 10%;AT 供电方式的牵引变压器次边额定电压为 55 kV 或 2×27.5 kV。

牵引变压器是牵引供电系统中最重要的设备。它对牵引供电系统和工程投资起决定性的影响,不同类型的牵引变压器对电力系统产生不同的不平衡影响。

日本采用斯科特接线和变形伍德桥接线三相变压器。法国、德国、意大利和西班牙采用单相变压器。单相变压器的优点是变压器容量大、利用率高、经济效果好,最适合在高速铁路上应用。我国京沪高速铁路应优先采用单相变压器。

1. 单相牵引变压器

1）纯单相接线牵引变压器

电力机车是单相交流负荷，显然，牵引变电所采用单相变压器最为直观、简单，单相牵引变压器和一般的单相变压器不同，一般单相变压器，都是一端接高压，另一端接地或接中性点，故可采用分级绝缘，而单相牵引变压器的高压绕组两端都接高压，故对地的绝缘要求相同，故采用全绝缘。原理电路如图7-15所示。

纯单相接线的主要优点是变压器的容量利用率为100%，且变电所的主接线简单，设备少、占地面积小，缺点是在三相系统形成较大的负序电流，为了减少负序电流对系统的影响，各变电所变压器高压绕组所结相序依次轮换，即所谓换相连接。纯单相接线的另一个缺点是不能实现双边供电，并且变电所无三相电源，变电所的所用电须由附近地方电网引入。我国的哈尔滨—大连线全部采用纯单相接线。

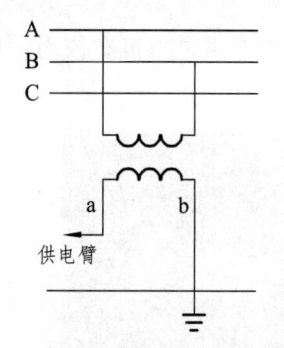

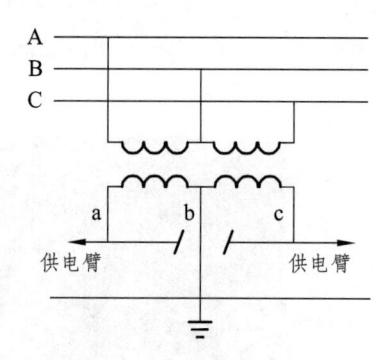

图 7-15　纯单相接线牵引变压器原理图　　图 7-16　单相 V，v 接线变压器原理图

2）单相 V，v 接线变压器

单相 V，v 接线与纯单相接线的区别是两台变压器分别接不同的两个线电压，两高压绕组有公用端子，故而构成 V 型。两个低压绕组也有一个公共端子，接到钢轨和地网，低压绕组的另外两个端子分别接变电所的两个供电臂，两臂电压均为 27.5 kV，构成 60° 接线。结构原理如图 7-16 所示。

单相 V，v 接线变压器的优点是容量利用率为 100%，而且可以供给所用电电能，对牵引网还可实现双边供电。变电所内设备也相对较少，这种接线在阳平关—安康线路应用。

3）三相 V，v 接线变压器

电力机车是单相交流负荷，现在普遍采用三相 V，v 接线牵引变压器。这种变电所内装设两台三相 V，v 接线牵引变压器，结构原理如图 7-17。其内部接线类似两台纯单相接线变压器的组合。

三相 V，v 接线变压器不但保持了单相 V，v 接线的主要优点，而且完全克服了单相 V，v 接线的缺点，最可取的是解决了单相 V，v 接线不便于采用固定备用和自动投入的问题，为牵引变压器的选型提供了一种新的接线形式。

2. 三相牵引变压器

三相 YN，d11 接线牵引变电所简称三相牵引变电所。三相牵引变电所是我国电气化铁道采用较多的一类。目前在三相牵引变电所中采用的是 110 kV 油浸风冷式变压器，该牵引变压器的接线采用标准联结组，即 YN，d11，必要时原边中性点可大电流接地，其原理结构如图 7-18 所示。

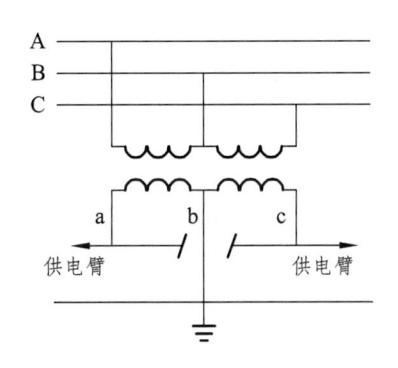

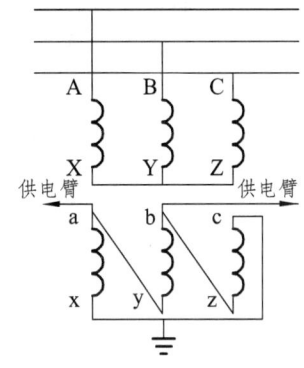

图 7-17　三相 V，v 接线变压器原理图　　图 7-18　三相牵引变压器原理图

三相牵引变压器原边采用 YN 接线，中性点引出接地方式与高压电网相适应。结构相对简单，变压器造价较低。同时，该种变压器运用技术成熟，供电安全可靠性好，不但所用电可靠，必要时还可向地方供应电能。但是，三相牵引变压器的容量不能充分利用，输出容量最大只能达到 84%，并且和单相接线牵引变电所相比，主接线比较复杂，设备多，占地面积大，工程投资大，设备的维护和检修的工作量也相应增大。

3. 三相-两相牵引变压器

采用三相-两相牵引变压器的目的，是使得电力系统的三相负荷对称，消除或减弱由牵引负荷在电力系统中所产生的负序电流。

我国电气化铁道牵引变压器所采用的三相-两相牵引变压器，主要有斯科特接线变压器和阻抗匹配平衡变压器 2 种。图 7-19 为斯科特接线变压器电路原理图。

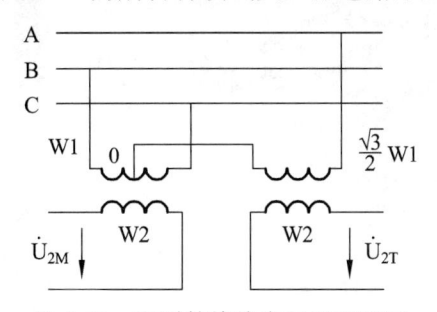

图 7-19　斯科特接线变压器原理图

三相-两相牵引变压器可以在两供电臂负荷相同的情况下消除负序电流，虽然两相电无法供给所内三相电源要求，但通过逆斯科特接线变压器可以重新把两相电变为三相电供所内三相设备使用，同时，牵引网可以实行双边供电。所以，该形式变压器用在了北京—秦皇岛，郑州—武昌等繁忙干线上。

但是，这种变压器制造工艺复杂，造价较高。同时，在电分相位置电压较大，提高了电分相的绝缘要求。

三、牵引变电所主要高压电气设备

在高压系统中，用来对电路进行开、合操作，切除和隔离事故区域，对电路进行运行情况监视、保护及数值测量的测量设备，统称为高压设备。

按照用途，高压设备可以分为如下几类：

（1）开关电器，用来开关电路的电器。主要包括：断路器、隔离开关、熔断器、负荷开关。

（2）限制电器，用来限制电路中电压或电流的电器。主要包括：电抗器、避雷器。

（3）变换电器，用来变换电路总的电压和电流，使之便于检测的电器。主要包括：电压互感器、电流互感器。

（4）组合电器。将上述某几种电器，按一定线路装配成一个整体的电器组合。

1. 高压断路器

高压断路器是电力系统的最重要的工作和保护设备，它对维持电力系统的安全、经济和可靠运行起着非常重要的作用。高压断路器带有灭弧装置，在负荷投入或转移时，它应该准确地开、合并消除电弧。在设备（如发电机、变压器、电动机等）出现故障或母线、输配电线路出现故障时，它能自动地将故障切除，保证非故障点的安全连续运行。

断路器主要依据它使用的灭弧介质来分，主要包括真空断路器、油断路器、空气断路器、六氟化硫断路器等，如图 7-20、7-21 所示。

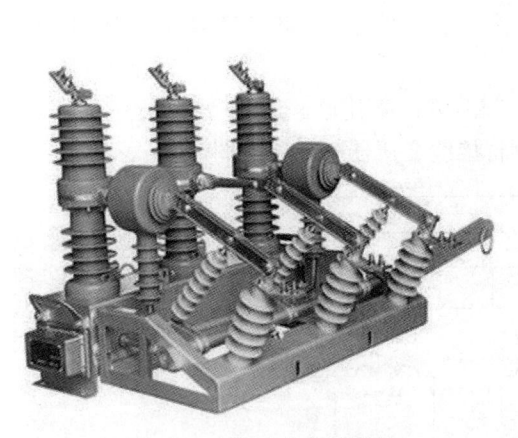

图 7-20　高压真空断路器　　　　图 7-21　六氟化硫断路器

2. 高压隔离开关

隔离开关虽然是高压开关的较简单的一种，但它的用量很大，约为断路器用量的 3~4 倍。隔离开关的作用是在线路上基本没有电流时，将电气设备和高压电源隔开或接通，如图 7-22 所示。

图 7-22 高压隔离开关

在高压电网中，隔离开关的主要功能是，当断路器断开电路后，由于隔离开关的断开，使有电与无电部分造成明显的断开点，起辅助断路器的作用。由于断路器触头位置的外部指示器既缺乏直观，又不能绝对保证它的指示与触头的实际位置相一致，所以用隔离开关把有电与无电部分明显隔离是非常必要的。有的隔离开关在刀闸打开后能自动接地（一端或二端），以确保检修人员的安全。

此外，隔离开关具有一定的自然灭弧能力，常用在电压互感器与避雷器等电流很小的设备投入和断开上，以及一个断路器与几个设备的连接处，使断路器经过隔离开关的倒换更为灵活方便。

3. 互感器

运行的输变电设备往往电压很高，电流很大，且电压、电流的变化范围大，无法用电气仪表直接进行测量，这时必须采用互感器。互感器能按一定的比例将高电压和大电流降低，以便用一般电气仪表直接进行测量。这样既可以统一电气仪表的品种和规格，提高准确度，又可以使仪表和工作人员避免接触高压回路，保证安全，如图 7-23、7-24 所示。

图 7-23 电压互感器　　　　　图 7-24 电流互感器

互感器除了用于测量外，还可以作为各种继电保护装置的电源。互感器分为电压互感器和电流互感器两种。

电流互感器能将电力系统中的大电流变换成标准小电流（5 A 或 1 A）。电压互感器能将电力系统的高电压变换成标准的低电压（100 V 或 $100/\sqrt{3}$ V），供测量仪表和继电器使用。

4. 避雷器

避雷器是用来限制过电压，保护电气设备绝缘的电器。通常将它接于导线和地之间，与被保护设备并联。

在通常情况下，避雷器中无电流通过。一旦线路上传来危及被保护设备绝缘的过电压时，避雷器立即击穿动作，使过电压电荷释放泄入大地，将过电压限制在一定的水平。过电压作用消失后，避雷器又能自动恢复，使电力系统恢复正常工作。

避雷器的类型主要有保护间隙避雷器，管型避雷器、阀型避雷器、氧化锌避雷器等。氧化锌避雷器结构如图 7-25。

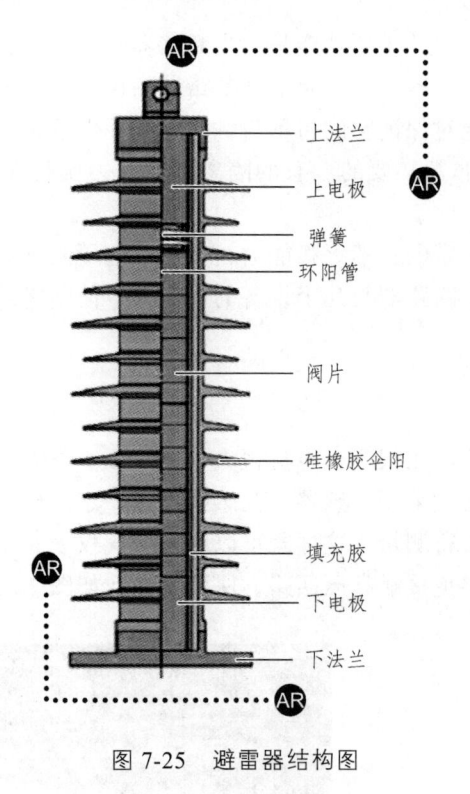

图 7-25 避雷器结构图

第三节 高速铁路接触网

接触网是电气化铁道所特有的、沿铁道沿线架设的、为电力机车或动车组提供电能的特殊供电线路，是电气化铁道牵引供电系统的重要组成部分。

随着高速铁路的发展，高速列车可达到的试验运行速度不断刷新纪录，接触网技术对于列车的高速受流起到至关重要的作用。

本节将介绍高速铁路接触网的基本结构及高速铁路接触网的特点。

一、高速铁路接触网的组成（图 7-26）

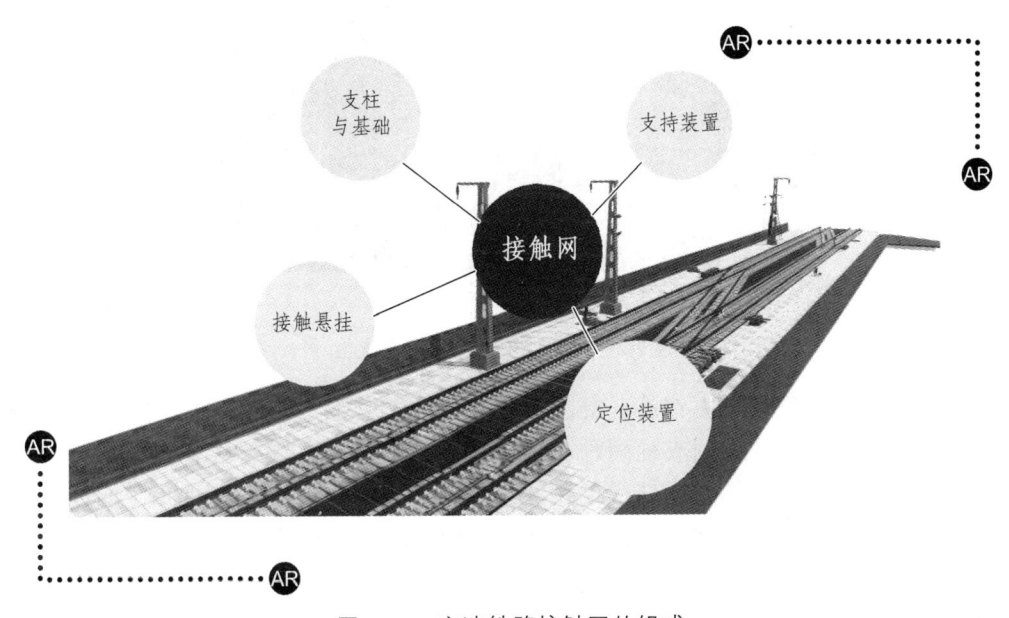

图 7-26　高速铁路接触网的组成

接触网是由支柱与基础、支持装置、定位装置、接触悬挂等几个部分组成，如图 7-27 所示。

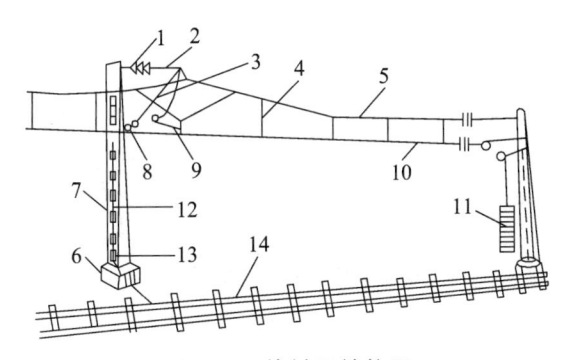

图 7-27　接触网结构图

1—悬式绝缘子；2—拉杆；3—腕臂；4—吊弦；5—承力索；6—基础；7—支柱；8—棒式绝缘子；9—定位器；10—接触线；11—坠陀；12—接地线；13—火花间隙

（一）支柱及其基础

支柱与基础用以承受接触悬挂、支持装置和定位装置的全部重量，并将接触悬挂固定在规定的位置和高度上，如图 7-28 所示。

图 7-28　预应力钢筋混凝土支柱

我国接触网中采用预应力钢筋混凝土支柱和钢柱，其中钢筋混凝土支柱又可按外观形态上分为矩形横腹杆和等颈圆支柱两种。预应力钢筋辊凝土支柱与基础整体制成，下端直接埋入地下。钢支柱通过焊接或螺栓连接等方式固定在地下用钢筋混凝土制成的基础上。基础承受支柱传给的全部荷载，将荷载传递并分散到地基土层中，以保证整个支柱的安全和稳定性。

支柱按其在接触网中的作用可分为中间支柱、转换支柱、中心支柱、锚柱、定位支柱、道岔支柱、软横跨支柱、硬横跨支柱及桥梁支柱等几种。图 7-29 为以上各种支柱安设位置图。

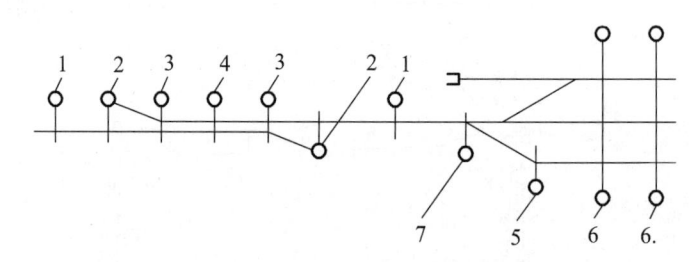

图 7-29　支柱平面布置图

1—中间柱；2—锚柱；3—转换柱；4—中心柱；5—定位柱；6—软横跨支柱；7—道岔支柱

（二）支持装置

支持装置用以支持接触悬挂，并将其负荷传给支柱或其他悬挂的全部设备。根据接触网所在区间、站场和大型建筑物而有所不同。支持装置包括腕臂、水平拉杆、悬式绝缘子串、捧式绝缘子、软横跨、硬横跨及其他建筑物上的特殊支持设备。支持装置结构应能适应各种场所，尽量轻巧耐用，有足够的机械强度，方便施工和检修。图 7-30、图 7-31、图 7-32 分别为为腕臂、软横跨，硬横跨示意图或现场图片。

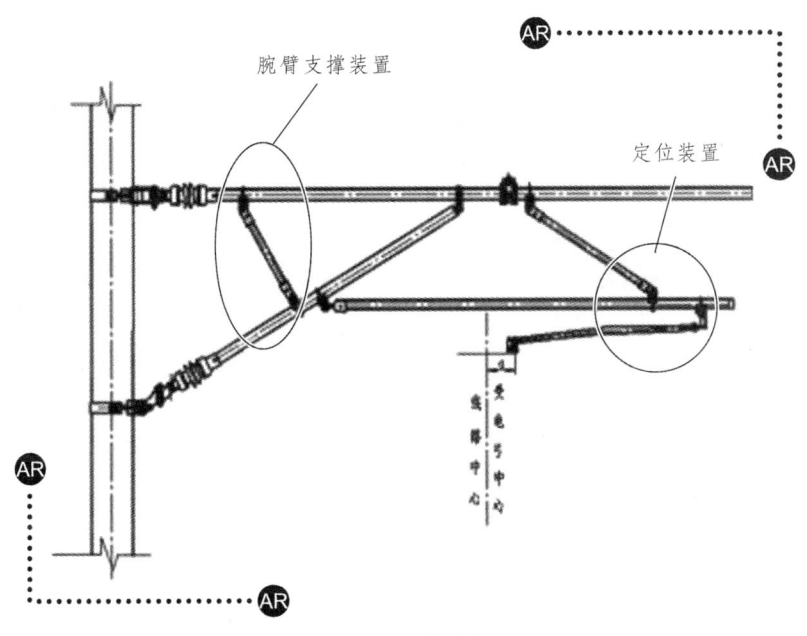

图 7-30 腕臂结构图

图 7-31 软横跨结构图

图 7-32 硬横跨结构图

（三）定位装置

定位装置其作用是固定接触线的位置，在受电弓滑板运行轨迹范围内，保证接触线与受电弓不脱离，使接触线磨耗均匀，同时将接触线的水平负荷传给支柱。如图 7-33，定位装置包括定位管、定位器、支持器及其连接零件。

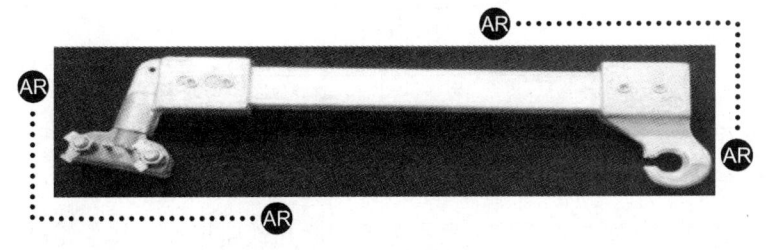

图 7-33 组合定位器

（四）接触网的悬挂装置

接触悬挂是通过支持装置架设在支柱上的供电装置，它将牵引变电所获得的电能输送给电力机车。电力机车运行时，受电弓顶部的滑板紧贴接触线摩擦滑行取流。因此，要求接触线弹性均匀，弛度变化小，保证在任何条件下都能不间断地给机车供电。接触悬挂包括接触网导线（接触线）、吊弦、承力索等。

接触悬挂的弹性是其质量优劣的主要标志。接触悬挂的弹性是指悬挂中某一点在受电弓的压力下，每单位垂直力使接触线升高的程度。

衡量接触悬挂的弹性有两个指标：一是弹性的大小，取决于接触线的张力；二是弹性的均匀程度，取决于接触悬挂的结构。

日本、德国、法国的高速接触网悬挂形式是在不断改进中发展起来的，主要有三种悬挂形式：简单链形悬挂、弹性链形悬挂、复链形悬挂。各国对这三种悬挂形式有不同的认识和侧重，根据各自的国情发展自己的悬挂形式。日本的高速线路如：东海道新干线、山阳新干线、东北新干线、上越新干线均采用复链形悬挂，近几年来，日本高速铁路又采用了简单链形悬挂；法国的巴黎—里昂的东南线采用弹性链形悬挂，巴黎—勒芒/图尔的大西洋线采用接触线带预留弛度的简单链形悬挂；德国在行车速度低于 160 km/h 的线路采用简单链形悬挂，在 160 km/h 及以上的线路采用弹性链形悬挂。下面分别介绍简单链形悬挂、弹性链形悬挂和复链形悬挂三种形式的结构和技术性能。

1. 简单链型悬挂

以法国为代表的高速铁路采用此种类型，在 1990 年开通的速度为 300 km/h 的大西洋新干线上采用，而且认为该悬挂类型完全可以满足 330~350 km/h，简单链形悬挂维修简单造价低，有多年成熟的运行经验。结构如图 7-34 所示。

性能特点：结构简单、安全可靠、安装调整维修方便，适应于高速受流。定位点处弹性小，跨中弹性大，造成受电弓在跨中抬升量大，跨中采用预留弛度，受电弓在跨中的抬升量可降低；定位点处易形成。相对硬点，磨耗大。如果选择结构形式合理、性能优良的定位器，则可消除这方面的不足。

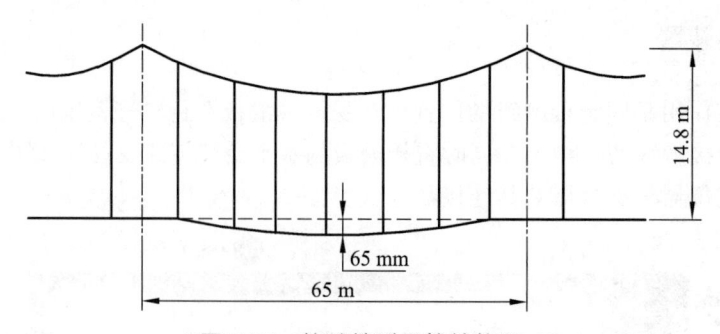

图 7-34　简单链型悬挂结构图

2. 弹性链形悬挂

德国开发的高速接触网普遍采用，并作为德国联邦铁路标准，其主要出发点是降低接触网弹性不均匀度，在 80 年代末修建的曼海姆到斯图加特高速铁路（250 km/h）上采用，并在柏林至汉诺威间（300~400 km/h）采用。弹性链形悬挂比简单链形悬挂弹性好，但造价较高。弹性链形悬挂的结构形式图如图 7-35 所示。

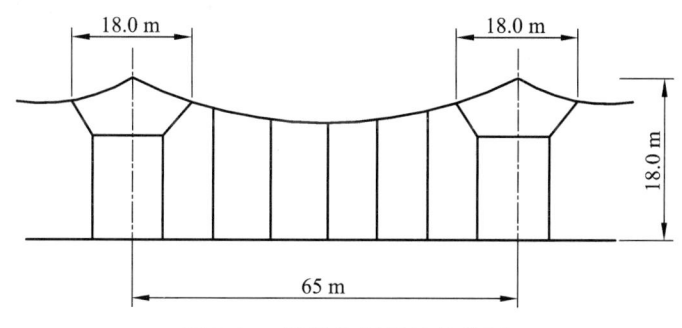

图 7-35 弹性链型悬挂结构图

在结构上，相对于简单链形悬挂在定位点处装设弹性吊索，主要有两种形式："π"形和"Y"形。弹性吊索的材质一般与承力索相同，其线胀系数与承力索相匹配。

性能特点：结构比较简单，改善了定位点处的弹性，使得定位点处的弹性与跨中的弹性趋于一致，整个接触网的弹性均匀，受流性能好。其缺点是弹性吊索调整维修比较复杂，定位点处导线抬升量大，对定位器的安装坡度要求也较严格。

3. 复链形悬挂

在 1964 年 10 月建成的日本东海道新干线上采用，时速为 210 km/h，它是用带弹簧的吊弦合成复链形悬挂。日本研究部门认为它适用于多弓受流情况，在今后 300 km/h 高速线路上仍采用。复链形悬挂运行性能好，但造价高、设计复杂，施工和维修难度大，复链形悬挂结构形式如图 7-36 所示。在结构上，承力索和接触导线之间加了一根辅助承力索。

性能特点：接触网的张力大，弹性均匀，安装调整复杂、抗风能力强。

我国高速铁路普遍采用全补偿简单链形悬挂，根据国外经验和我国铁路路轨现状，通过科技人员论证，普遍认为采用全补偿简单链形悬挂较为合适，特别是在车速不高的情况下，有利于投资少见效快，完全能够适应 380 km/h 车速的要求。

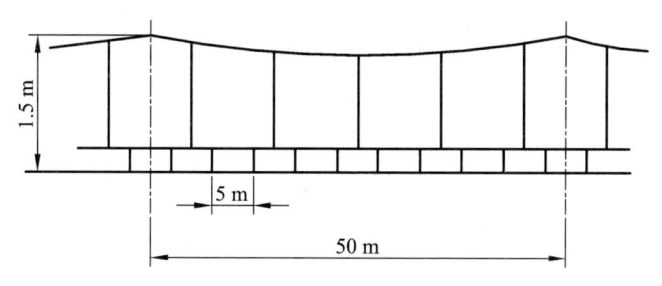

图 7-36 复链型悬挂结构图

（五）接触网的其他装置

1. 高速接触网的终端锚固类零部件

终端锚固类零部件包括：承力索终端锚固线夹、接触导线终端锚固线夹、张力补偿器、坠砣等。

张力补偿装置是调整承力索、接触导线张力，使它们保持恒定的自动装置，是接触网的关键部件。高速铁路接触网一般有滑轮组自动补偿装置和棘轮补偿装置两种，图 7-37 为滑轮补偿装置，图 7-38 为棘轮补偿装置。对张力补偿装置的要求是，传动效率高，达到 97% 以上；安全可靠；耐腐蚀性能好，少维修，寿命长，有断线制动装置。坠砣采用铁坠砣。

图 7-37　滑轮补偿装置

图 7-38　棘轮补偿装置

2. 锚段关节

为满足供电、机械方面的分段要求，将接触网分成若干一定长度且相互独立的分段，每一分段叫锚段。两个相邻锚段衔接部分称为锚段关节。根据锚段所起的作用可分为非绝缘锚段关节和绝缘锚段关节，非绝缘锚段关节只起机械分段作用，绝缘锚段关节既起电分段作用还起机械分段作用。

锚段关节又可以根据跨数不同分为三跨、四跨、五跨锚段关节。日本和法国高速铁路一般采用四跨锚段关节，如图 7-39 所示。德国高速铁路均采用五跨锚段关节，如图 7-40 所示。

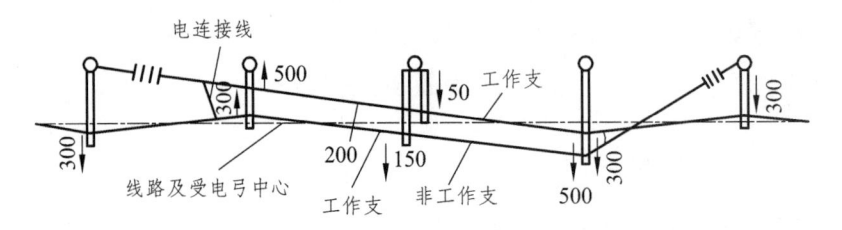

图 7-39　四跨锚段关节平面布置图

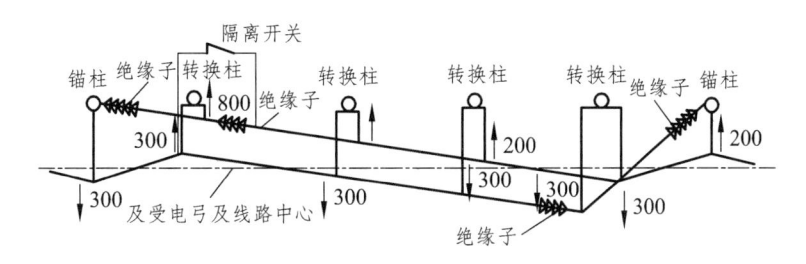

图 7-40 五跨锚段关节平面布置图

3. 高速接触网线岔

在站场上，站线、侧线、渡线、到发线总是并入正线的。如果线路设一个道岔，接触网就必须设一个线岔（也称架空转辙器）。

线岔的作用是保证电力机车受电弓，安全平滑地由一条接触线过渡至另一条接触线，达到转换线路的目的。

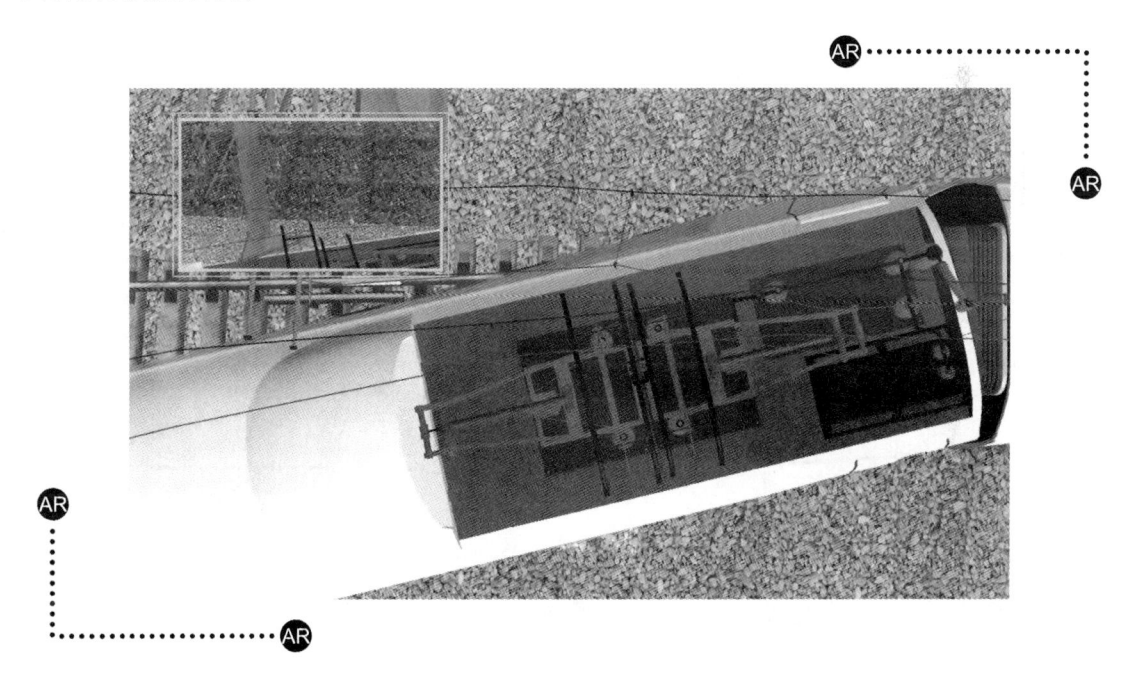

图 7-41 受电弓过无交叉线岔

接触网线岔分为交叉线岔和无交叉线岔，我国高速铁路接触网均采用无交叉线岔，受电弓经过无交叉线岔原理如图 7-42 所示。

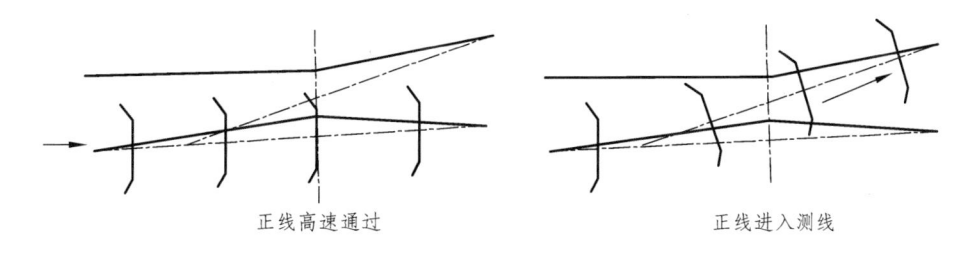

正线高速通过　　　　正线进入测线

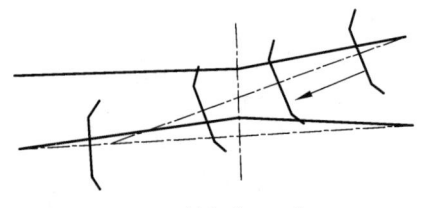

侧线进入正线

图 7-42 受电弓过无交叉线岔原理图

4. 高速接触网电分段

1) 电分段

分段绝缘器又称分区绝缘器，是接触网电气分段的常用设备。它安装在各车站装卸线、机车整备线、电力机车库线、专用线等处。在正常情况下，机车受电弓带电滑行通过。如图7-43 分段绝缘器现场示意图、图 7-44 菱形分段绝缘器结构示意图所示。

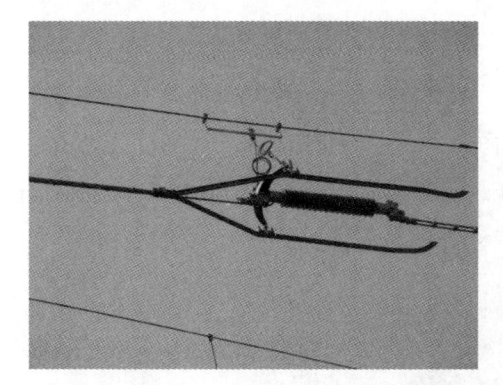

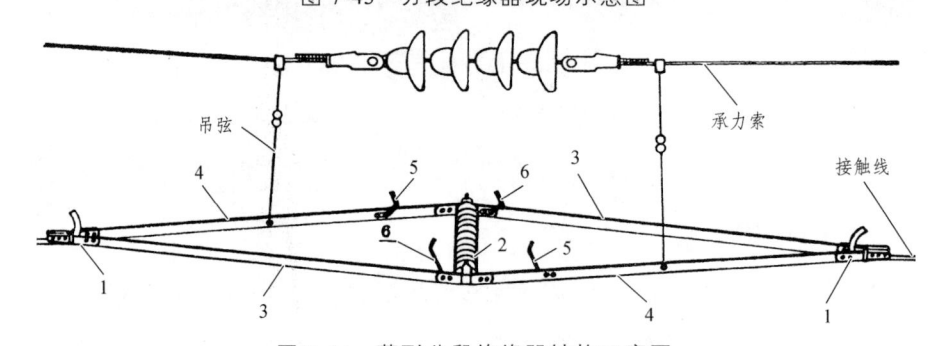

图 7-43 分段绝缘器现场示意图

图 7-44 菱形分段绝缘器结构示意图

2) 电分相

在牵引变电所和分区亭所在接触网设置电分相，用以保证供电臂之间电气绝缘。电分相分为器件式电分相和绝缘锚段关节式电分相，目前我国高速铁路均采用绝缘锚段关节式电分相。

根据跨数不同绝缘锚段关节式电分相有六跨、七跨、八跨、九跨等不同的类型。我国高速铁路接触网通常采用的关节式电分相有七跨式、八跨式和九跨式三种，在不同线路均有采用。图 7-45 为八跨绝缘锚段关节式电分相示意图。

（a）立面图

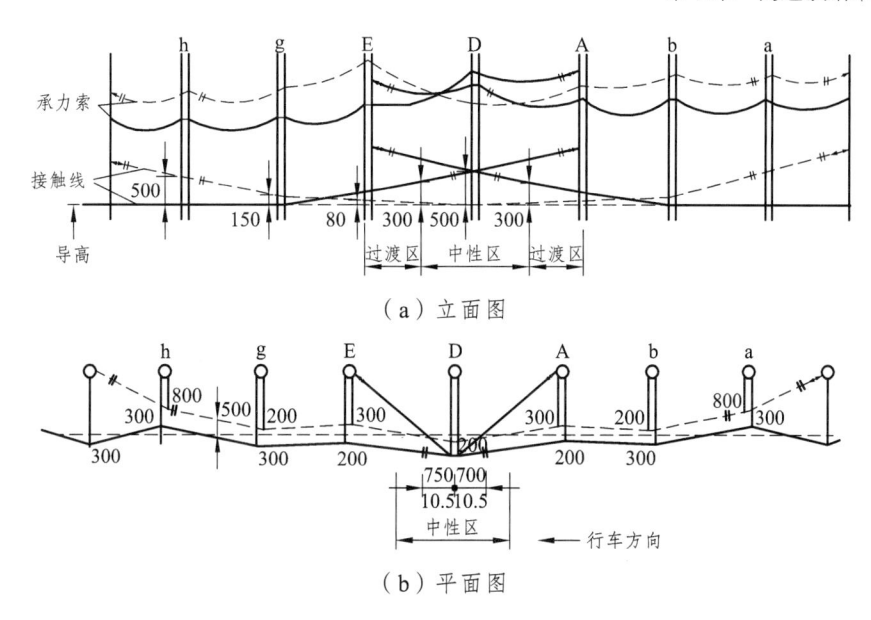

图 7-45　八跨电分相示意图

5. 接触网中心锚结

在链型悬挂的锚段中部，将接触线对承力索进行死固定，同时承力索对支柱进行死固定（全补偿），这种固定形式称为中心锚结。中心锚结可以使锚段两端补偿时防止补偿器向一侧滑动，特别是在具有坡度的线路上。并且当中心锚结的一侧接触线发生断线时，不致影响另一侧的接触网，且容易排除事故及易于恢复正常运行。图 7-46 为直线区段中心锚结安装示意图，图 7-47 为曲线区段中心锚结安装示意图，图 7-48 为半补偿中心锚结。

（a）平面图

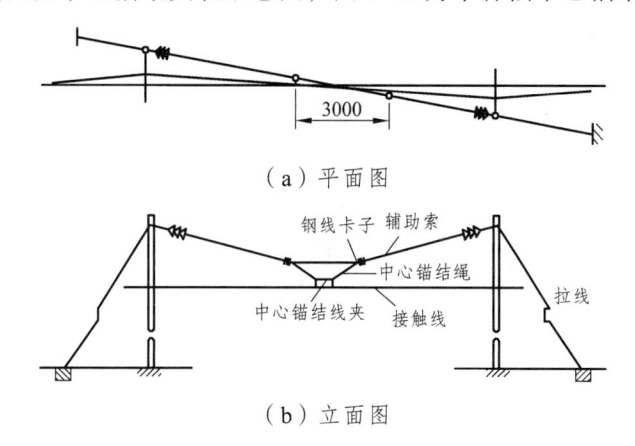

（b）立面图

图 7-46　直线区段中心锚结安装示意图

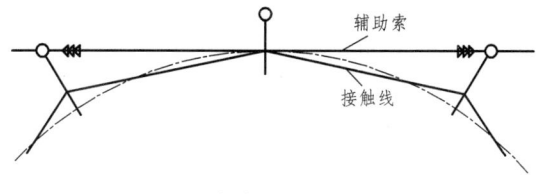

（a）平面图

（b）立面图

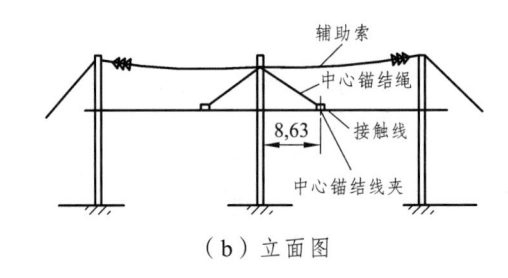

图 7-47 曲线区段中心锚结安装示意图

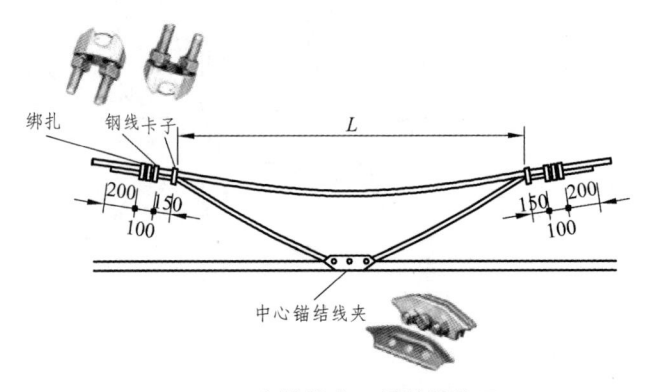

图 7-48 半补偿中心锚结结构图

6. 吊弦及吊弦线夹

它是接触网的悬吊类零件，在接触网中调节接触导线弛度，又可分流，属于面广量大的零件。正确选用悬吊类零件将有效地保证接触网的受流性能，又能减少其维修工作量。在高速接触网中，一般使用截面为 10 mm² 耐腐蚀镁铜合金软绞线支撑的整体吊弦，如图 7-49 所示。通常先经过现场测量，再计算出每跨中每根吊弦的长度。在工厂将吊弦线夹和吊弦制成一体后，到现场直接安装。

对吊弦及吊弦线夹的要求为：重量轻，体积小，耐腐蚀，安全可靠。

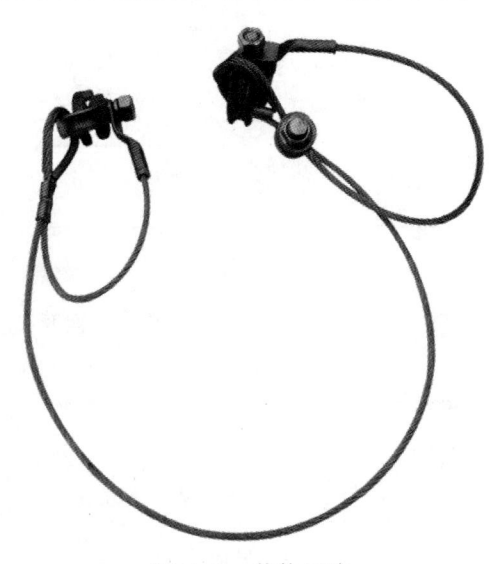

图 7-49 整体吊弦

二、高速铁路接触网的基本参数要求

1. 接触网线材

1）接触导线

接触导线是接触网中直接与机车受电弓作摩擦运动传递电能的线材,它对接触网-受电弓系统的受流性能的好坏产生至关重要的作用。

高速铁路对接触导线的基本要求如下：
① 机械强度高；
② 单位质量尽量小；
③ 导电性能好；
④ 良好的耐磨及耐腐蚀性能及高温软化特性，使用寿命长；
⑤ 摩擦性能与受电弓滑板相匹配。

我国高速铁路接触线一般采用 150 mm^2 的铜锡或铜镁合金线。

2）承力索

承力索是接触网承载接触导线，并传输电流的线材。

承力索的选用应符合下列条件：承力索的线胀系数与接触导线相匹配；机械强度高；耐疲劳、耐腐蚀性能好，耐温特性好；导电率高。我国高速铁路一般采用 120 mm^2 的镁铜合金绞线。

2. 导线高度

指接触导线距钢轨面的高度。

它的确定受多方面的因素制约，如：车辆限界、绝缘距离、车辆和线路振动、施工误差等。一般地，高速铁路接触导线的高度比常规电气化铁路的接触导线低，这主要因为：
① 高速铁路一般无超级超限列车通过，车辆限界为 4800 mm；
② 为了减少列车空气阻力及空气动态力对受电弓的影响,受电弓的底座沉于机车车顶顶面，受电弓的工作高度较小。所以，高速铁路接触导线的高度一般在 5300 mm 左右。

3. 结构高度

结构高度是指定位点处承力索距接触导线的距离。

它由所确定的最短吊弦长度决定的，吊弦长时，当承力索和导线材质不同时，因温度变化引起的吊弦斜度小，使锚段内的张力差小，有利于改善弓网受流特性；长吊弦的另一个优点是高速行车引起的导线振动时，吊弦弯度小，可以减少疲劳，延长使用寿命。

我国接触网的结构高度为 1.1~1.6 m。

4. 跨距和拉出值

考虑安全因素及对受电弓滑板的磨耗，我国高速铁路一般在保证跨中导线及定位点在最大风速下均不超过距受电弓中心 300 mm 的条件下，确定跨距长度和拉出值的大小。

5. 锚段长度

锚段长度的确定主要考虑接触导线和承力索的张力增量不宜超过 10%，且张力补偿器工作在有效工作范围内。高速铁路接触网的锚段长度与常规电气化铁路基本一样。

6. 吊弦分布和间距

吊弦间距指一跨内两相邻吊弦之间的距离，吊弦间距对接触网的受流性能有一定的影响，改变吊弦的间距可以调整接触网的弹性均匀度，但是，如果吊弦过密，将影响接触导线的波动速度，而对弹性改善效果不大，所以，确定吊弦间距时，既要考虑改善接触网的弹性，又要考虑经济因素。

吊弦分布有等距分布、对数分布、正弦分布等几种形式，为了设计、施工和维护的方便，吊弦分布一般采用最简单的等距分布。

7. 接触导线预留弛度

接触导线预留弛度指在接触导线安装时，使接触导线在跨内保持一定的弛度，以减少受电弓在跨中对接触导线的抬升量，改善弓网的振动。对高速接触网，简单链形悬挂设预留弛度，弹性链形悬挂一般不设预留弛度。

8. 接触导线的张力

提高接触导线的张力，可以增大波形传播速度，改善受流性能，同时增加了接触网的稳定性。导线张力的确定受导线的拉断力，接触网的安全系数等因素影响。

9. 承力索的张力

承力索的张力受接触网的稳定性、载流容量、结构高度、支柱容量等因素影响，提高承力索的张力可以增加接触网的稳定性，但对弓网受流性能影响不大。减少承力索的张力，有利于减少反射系数，承力索的张力受接触网的结构高度的限制，也就是在一定的结构高度上，要保持跨内最短吊弦的长度。

第四节 高速铁路牵引供电系统 SCADA 系统

一、SCADA 系统组成

SCADA（Supervisory Control and Data Acquisition）系统，即数据采集与监视控制系统。SCADA 的应用领域很广，它可以应用于电力系统、给水系统、石油、化工等领域的数据采集与监视控制以及过程控制等诸多领域。SCADA 系统是以计算机为基础的生产过程控制与调度自动化系统。它可以对现场的运行设备进行监视和控制，以实现数据采集、设备控制、测量、参数调节以及各类信号报警等各项功能。由于各个应用领域对 SCADA 的要求不同，所以不同应用领域的 SCADA 系统发展也不完全相同。在铁路牵引供电系统中使用的 SCADA 系统常称为远动系统。

所谓远动系统的一般定义为"用电气化手段通过一个或多个相互连接（或非连接）的通道，对远方处于分散状态的生产过程的集中监测，控制和集中管理"。牵引供电远动系统即是远动系统在铁道电气化方面的一个最典型的应用。远动系统中采用的远动技术已作为一门独立学科，它是建立在自动控制理论、计算机技术、现代通信理论和技术之上发展起来的一个交叉学科，并随着这些技术的日益发展而迅速发展。

牵引供电系统中使用的 SCADA 系统主要监控牵引供电系统沿线各变电所、分区所、开闭所的设备运行状态，完成遥控、遥测、遥信、遥调、遥视、保护及调度管理，辅助完成事故分析及处理等功能。牵引供电系统中 SCADA 系统有着信息完整、提高效率、正确掌握系统运行状态、加快决策、能帮助快速诊断出系统故障状态等优势，现已经成为牵引电力调度不可缺少的工具。它在保证牵引供电设备安全稳定运行，减轻调度员的负担，实现电力调度自动化与现代化，提高调度的效率和水平等方面起着重要的作用。

二、SCADA 系统的功能

SCADA 系统主要功能包括数据采集（遥测、遥信）、报警、状态监视、遥控、遥调、事件顺序记录、统计计算、趋势曲线、事故追忆、历史数据的存储和制表打印；非常规功能包括支持无人值班变电所的接口、实现馈线保护的远方投切，定值远方切换、线路动态着色、地理接线图与信息集成。

1. 数据的收集及监控

SCADA 系统对现场的运行设备进行监视和控制，以实现数据采集、设备控制、测量、参数以及各类信号报警等各项功能，对供电系统设备运行状态的实时监视和故障报警，实现对遥控对象的控制。遥控种类分选点式、选站式、选线式控制三种。

2. 数据处理

调度中心将各厂、站传输来的实时数据进行处理，并给出各种图表，CRT 画面显示潮流功率图、事故报警、统计报表，并可在模拟屏显示等。实现了对供电系统中主要运行参数的遥测。

3. 报表统计

根据分析的需要，对运行和故障记录信息进行分析统计，最终结果可通过 PC 机屏幕画面显示、模拟屏显示，或打印出来。

4. 人机处理

以友好的人机界面实现系统操作、管理和维护功能，实现系统自检功能，实现主/备通道的切换功能。

三、SCADA 系统结构

SCADA 系统分为四个子系统，基本结构如图 7-50 所示。
SCADA 系统由调度端、被控站及信道三大部分组成。

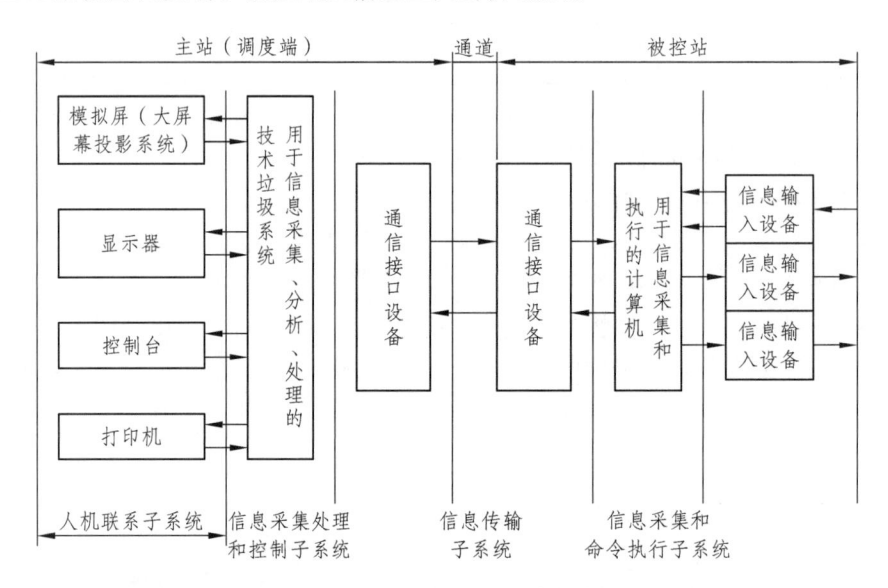

图 7-50　SCADA 系统基本结构图

1. 牵引供电 SCADA 系统调度端

调度端能正确和及时地掌握每时每刻都在变化着的牵引供电系统设备运行情况，处理影响整个牵引供电系统正常运行的事故和异常情况；对所有数据进行分析、处理、存储及打印，以友好人机界面向调度员显示，转发其他系统共享；调度中心（调度端）是 SCADA 系统的中枢（图 7-51）。

图 7-51　调度中心现场图

SCADA 系统调度端系统组成：数据库服务器，WEB 服务器，调度员工作站，维护工作站，分析员工作站，通信前置机，GPS以及模拟屏（大屏幕显示器），UPS，打印机等外设组成，基本结构图如图7-52所示。

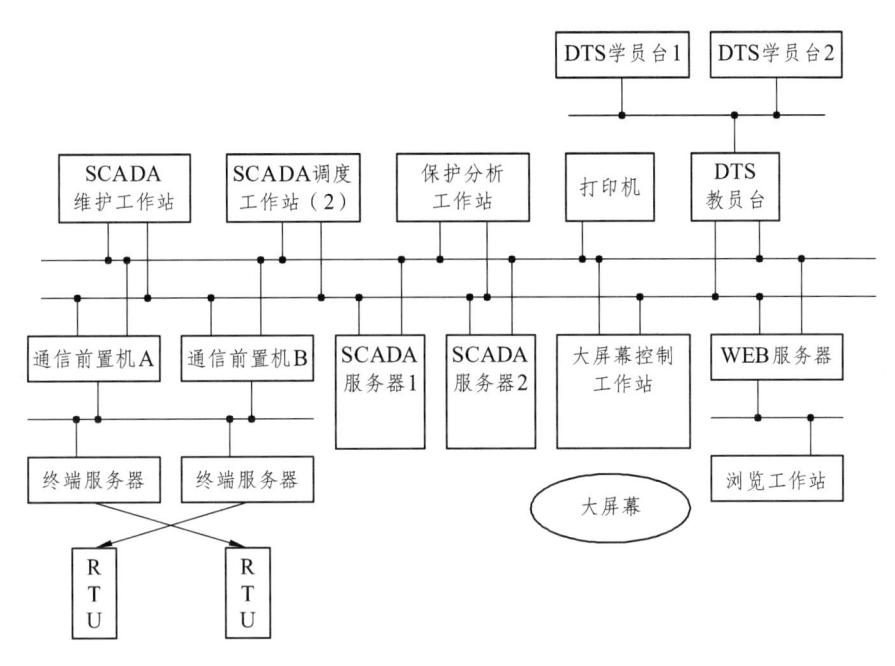

图7-52 调度段基本结构图

1）通信前置机系统

定义：系统的数据采集与处理子系统，习惯称为通信前置机系（FEP）。

功能：作为SCADA系统调度中心与被控站联系的枢纽，在SCADA系统中起着重要作用。它接受远方被控端传递来的数据，通过预处理后转发给主站中的服务器以及各工作站进行再作处理，接受主机和其他工作站传递过来的操作命令，传递给远方被控站执行。前置机系统是调度主站系统的重要子系统。

2）服务器系统

SCADA系统调度端服务器功能：

① SCADA应用服务器：遥控处理；遥信处理，遥测处理。

② 数据库服务器。

实时数据库服务器：保存并维护有关SCADA系统运行所需的全局数据，并对调度端客户机系统提供数据服务。

实时数据库包括有画面显示数据库、系统运行参数库、遥测数据库、遥信数据库、对象库以及各种实时报表、记录库。为了满足系统对实时响应时间的要求，实时数据库系统采用优化结构的自定义数据库，数据库访问高效快捷，并由实时数据库校验程序维护自身数据的一致性和正确性。

历史数据库服务器

历史数据库管理系统采用具有开放体系结构、基于客户/服务器模式的网络数据库系。

3）人机接口设备

操作员工作站：调度端调度员工作站是调度人员对电力系统进行监视和控制的人机联系设备。

人机接口设备主要功能包括：控制功能、遥控试验、复归操作、模拟操作、闭锁、解锁操作。此外还可以通过调度员工作站完成断路器及隔离开关正确控制，有载调压变压器分接头调节，其他可控点进行控制，如电容器远方投切、电抗器远方投切等。

4）遥信显示处理

正常运行状态监视：不论装置在何种状态下，所有牵引供电系统、电力变配电系统的被监控设备的分、合状态，线路带电状态以及被控站通信状态，调度主站设备状态均可以在显示器和投影系统上进行显示。

异常运行状态的监视：当牵引供电系统发生故障和事故时，变位信号优先送往调度所控制中心，在投影系统和显示器上将有相应提示。

显示和处理方式：在调度员工作站显示器及投影系统上能够实时显示牵引供电系统所、亭主接线图、站场线路图、设备及线路带电状态等动态画面。

5）分析员工作站

充分利用调度自动系统的各种现场数据，如整定，录波等数据以友好的人机界面提供多种结果。了解牵引供电调度监控系统的网络设备构成、对牵引供电系统及电力监控系统本身的设备档案及调度文档的管理、统计报表的生成制作、事故分析等。可分类显示各种主要设备参数、故障信息列表记录并可对系统设备维护进行记录。

系统功能：设备档案管理，调度文档的管理，统计报表的生成制作，事故分析，整定值设置及整定区切换。

6）DTS 工作站

运行 DTS 软件，通过软件模拟的方式，提供对调度员的培训。可以通过友好的人机界面，模拟实时现场数据与信息，调度员可以完成模拟操作及故障处理。

7）维护工作站

维护工作站完成整个系统的数据建立及修改、画面建立及修改、系统动态监视、环境参数设置。发布系统的一些重要命令、报表记录的查询转存珐数据维护等功能。

8）模拟屏（大屏幕投影仪）

模拟屏主要显示电力系统的全貌和最关键的开关状态和运行参数。它是调度人员监视电力系统运行的传统手段。模拟屏有不对位和灯光式两种。前者简单，适合小系统使用，后者可以不下位进行操作。

大屏幕投影墙显示方式特点：操作员对全线情况一目了然，方便操作，显示方式灵活干可以显示视屏等多种格式信息，画面修改后显示不受影响。

2. 牵引供电 SCADA 系统远方终端

置于发电厂或变电所一端的远动装置称为远方终端设备，一般设于沿线的变电所（或分区亭、开闭所)中。RTU 对需要进行检测的各物理量及状态量进行采集,由于信息传输距离远,RTU(远程终端单元)将采集后的信息进行抗干扰加工(称抗干扰编码),然后再变换成适合通道传送的信号形式,并按一定方式送入通道。RTU 的另一作用是接受由通道送来的遥控或遥调命令,并执行。图 7-53 所示为 RTU 结构框图。

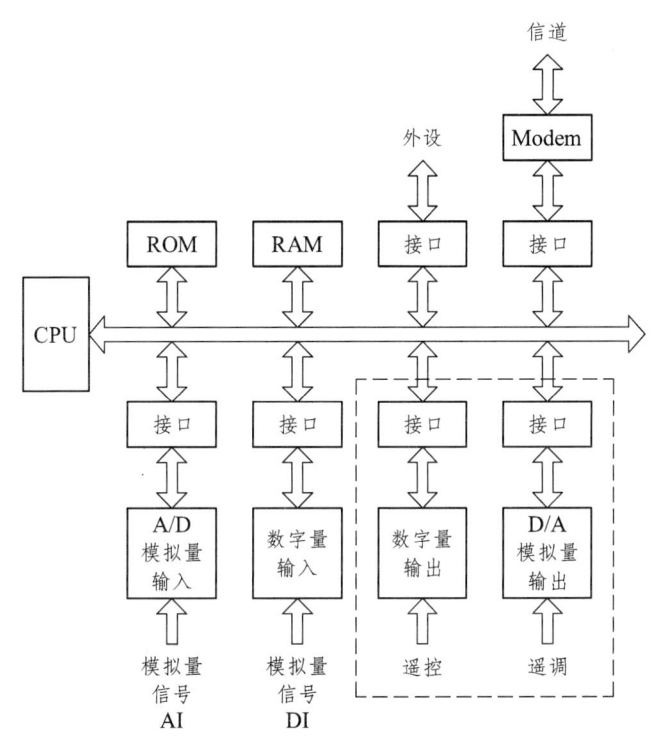

图 7-53 RTU 结构框图

3. 牵引供电 SCADA 通道

通道是连接调度端与执行端的通信网络,传输二者交换的命令与数据。通道并不是简单的几条导线,而是包括信号传输的加工设备。

如图 7-54 所示,通道两端设置有调制解调器(Modem)。由 RTU 送出的数字信号实际是经过 Modem 的调制器制成合适通道传送的形式(如高频正弦波信号或其他形式)再传送。调制过的信号经过通道传送后,再经过调度端的 Modem 中的解调器还原成原来的数字信号。广义的通道包括了两端的 Modem。

图 7-54 远动信息结构及信息传输示意图

四、牵引供电系统 SCADA 系统发展瞻望

SCADA 系统在牵引供电系统的应用技术上已经取得突破性进展,应用上也有迅猛的发

展。其技术在不断完善，不断发展。当今，随着电力系统以及牵引供电系统对 SCADA 系统需求的提高以及计算机技术的发展，为 SCADA 系统提出新的要求。

概括地说，有以下几点。

1. SCADA 系统与其他系统的广泛集成

SCADA 系统是电力系统自动化的实时数据源，为系统分析提供大量的实时数据。同时在模拟培训系统、EMIS 系统等系统中都需要用到系统实时数据，而没有牵引供电的实时数据信息，所有其他系统就不能得到牵引供电系统设备运行状态，无法真实的进行培训，EMIS 的调度指挥抢修功能也不能很好的实现。所以 SCADA 系统如何与其他非实时系统的连接成为 SCADA 研究的重要课题。现在 SCADA 系统已经成功实现与行车调度系统、EMIS 系统等的互联。牵引供电 SCADA 系统与 EMIS 系统、地理信息系统、电力、水调度自动化系统、调度生产自动化系统以及办公自动化系统的集成成为综合调度管理系统的一个发展方向。

2. 变电所综合自动化

SCADA 系统被控站以 RTU、微机保护装置为核心，将变电所的控制、信号、测量、计费等回路纳入计算机系统，取代传统的控制保护屏，能够降低变电所的占地面积和设备投资提高二次系统的可靠性。变电所的综合自动化系统目前已取代常规被控站测控 RTU 而成为电气化铁道牵引变电所自动化的主导产品。

3. 专家系统、模糊决策、神经网络等新技术研究与应用

利用这些新技术模拟牵引供电系统的各种运行状态，并开发出调度辅助软件和管理决策软件，由专家系统根据不同的实际情况推理出最优化的运行方式或处理故障的方法，以达到快速判定及分析处理故障的目的。

4. 面向对象技术、Internet 技术

面向对象技术（OOT）是网络数据库设计，将面向对象技术（OOT）运用于开放式 SCADA 系统是今后发展趋势。

第五节　高速铁路牵引变电所综合自动化技术

随着电气化铁路的规模的扩大和现代化水平的提高，对牵引变电所监控和保护系统的可靠性、安全行、经济性和可用性的要求越来越高。国外将牵引变电所监控和保护综合在一起（统称变电所综合自动化）的研究已经很久。该技术在我国也迅速得到了发展，促使牵引变电所综合自动化技术迅速推广和应用的原因主要有三点：① 常规牵引变电所二次系统存在诸多缺陷；② 电气化铁路对牵引变电所保护、监控等提出了更高的要求；③ 新技术的迅速发展为其奠定了技术基础。

十余年来，国内外都对牵引变电所综合自动化技术开展了讨论、研究。随着自动化技术、计算机技术和通信技术的发展，牵引变电所综合自动化技术得到迅速发展。有很多按新概念、新原理设计的牵引变电所综合自动化系统投入运行。展现了其极强的生命力，并成为我国电气化铁路牵引变电所推行技术进步的重点之一。

一、变电所综合自动化的基本概念

变电所综合自动化是自动化技术、计算机技术和通信技术等高科技在变电所领域的综合应用。变电所综合自动化系统可以采集到比较齐全的数据和信息，利用计算机的高速计算能力和逻辑判断能力，可方便的监视和控制变电所内各种设备的运行和操作。

变电所综合自动化是将变电所的二次设备（包括测量仪表、信号系统、继电保护、自动装置和远动装置等）经过功能的组合和优化设计，利用先进的计算机技术、现代电子技术、通信技术和信号处理技术，实现对全变电所的主要设备的自动监视、测量、自动控制和微机保护，以及与调度通信等综合性的自动化功能。

变电所综合自动化系统的基本配置如图7-55所示。

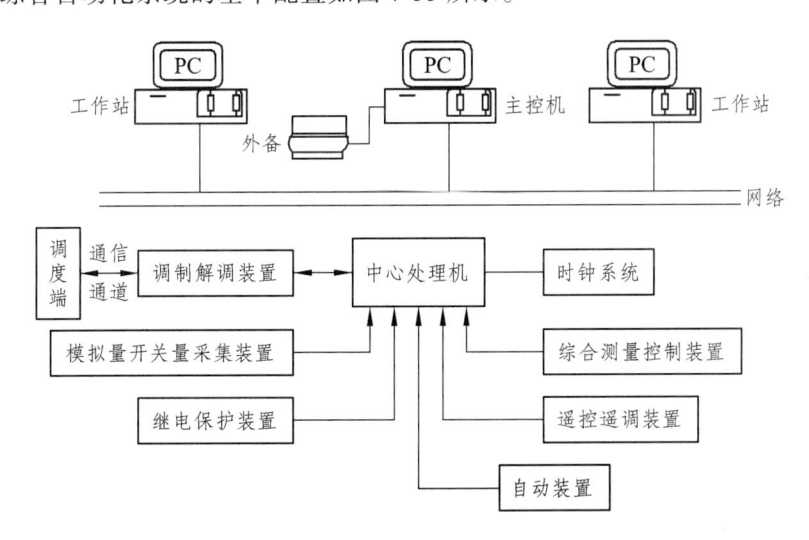

图 7-55 变电所综合自动化系统的配置图

二、变电所综合自动化的功能及信息量

（一）继电保护的功能

变电所综合自动化系统中的微机继电保护主要包括接触网线路保护、牵引变压器保护、母线保护、电容器保护、小电流接地系统自动选线、自动重合闸。

此外，附加功能包括：
（1）继电保护的通信功能及信息量。
（2）具有与系统统一时钟对时功能。

（3）存储各种保护整定值功能。
（4）当地显示与远方观察和授权远方修改保护整定值。
（5）设置保护管理机或通信控制机，负责对各保护单元的管理。
（6）故障自诊断、自闭锁和自恢复功能。
（7）自动重合闸功能。

（二）监视控制功能

（1）实时数据采集与处理。采集变电所牵引运行实时数据和设备运行状态，包括各种状态量、模拟量、脉冲量、数字量和保护信号，并将这些采集到的数据去伪存真后存于数据库供计算机处理之用。

（2）运行监视功能。主要是对变电所的运行工况和设备状态，进行自动监视，即对变电所各种状态量变位情况的监视和各种模拟量的数值监视。

（3）故障录波与测距功能。变电所的故障录波和测距可采用两种方法实现：①由微机保护装置兼作故障记录和测距，再将记录和测距的结果送监控机存储及打印输出或直接送调度主所，这种方法可节约投资，减少硬件设备，但故障记录的量有限；②采用专用的微机故障录波器，并且录波器应具有串行通信能力，可以与监控系统通信。

（4）事故顺序记录与事故追忆功能。事故记录当是对变电所内的继电保护、自动装置、断路器等在事故时动作的先后顺序自动记录；事故追忆是指变电所内的一些主要模拟量，如线路、主变压器各侧的电流、有功功率、主要母线电压等，在事故先后一段时间内作连续测量记录。

（5）控制及安全操作闭锁功能。操作人员可通过 CRT 屏幕对断路器、隔离开关进行分、合闸操作；对变压器分接头进行调节控制；对电容器进行投、切控制，同时要能接受遥控操作命令，进行远方操作，并且所有操作控制均能实现当地和远方控制，当地和远方切换相互闭锁，自动和手动相互闭锁。

（6）数据处理与记录功能。
（7）人机联系功能。
（8）打印功能。
（9）运行的技术管理功能。
① 历史数据处理、存档、检索。
② 统计值处理。
③ 累计值处理。
（10）谐波的分析和监视功能。
（11）自诊断、自恢复和自动切换功能。

（三）牵引变电所自动控制装置的功能

（1）无压、无功综合控制。利用有载调压变压器和母线无功补偿电容器及电抗器进行局部的电压及无功补偿的自动调节，使负荷侧母线电压偏差在规定范围内。

（2）备用电源自投控制。当工作电源因故障不能供电时，自动装置应能迅速将备用电源投入使用。典型的备用自投有变压器备投、进线备投。

（四）远动及数据通信功能

变电所综合自动化的通信功能包括系统内部的现场级间的通信和自动化系统与上级调度的通信两部分。

三、变电所综合自动化系统硬件结构

分散分布式与集中相结合的综合自动化系统结构是目前国内外最为流行、受到广大用户欢迎的一种综合自动化系统。它采用"面向对象"即面向电气一次回路或电气间隔的方法进行设计的，间隔层中各数据采集、控制单元和保护单元做在一起，设计在同一机箱中，并将这种机箱当地分散安装在开关柜上或其他一次设备附近，这样各间隔单元的设备相互独立，仅通过光纤或电缆网络由所控机对它们进行管理和交换信息，这是将功能分布和物理分散两者有机结合的结果。

（一）分散与集中相结合的变电所综合自动化系统结构框图。

如图 7-56 所示，将配电线路的保护和测控单元散发安装在开关柜内，而高压线路保护和主变压器保护装置等采用集中组屏的系统结构称为分散和集中相结合的结构，适合应用在各种电压等级的变电所中。

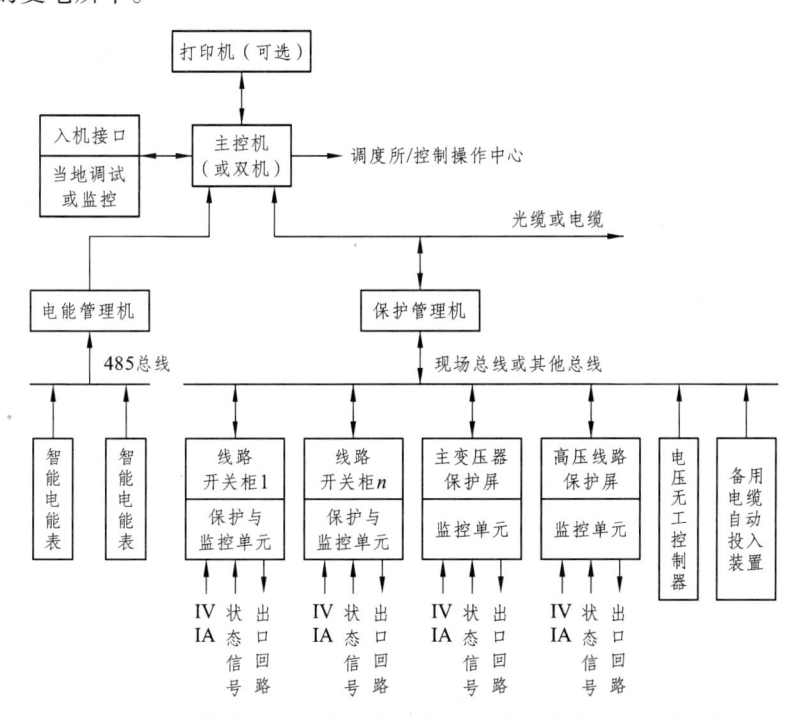

图 7-56 分散分布式与集中相结合的综合自动化系统结构框图

(二）结构特点

牵引变电所综合自动化系统一般采用集中组屏的系统结构。

（1）27.5 kV 馈线保护、110 kV 高压线路保护和变压器保护采用集中组屏结构，安装在控制室或保护室中，可靠性高。

（2）备用电源自投控制装置和电压无功综合控制装置采用集中组屏结构安装于控制室或保护室中。

（3）采用脉冲电能表或带串行通信接口的智能型电能计量表，保证电能计量的准确性。

（三）优越性

（1）简化了变电所二次部分的配置，缩小了主控室的面积，利于实现无人值班。
（2）减少了施工和设备安装工作量。
（3）简化了变电所二次设备之间的互连线，节省了电缆。
（4）分层分散式结构可靠性高，组态灵活，检修方便。

目前，变电所综合自动化系统的功能和结构都在不断地向前发展，全分散式的结构一定成为今后发展的方向，为变电所实现高水平、高可靠性和低造价的无人值班创造更有利的技术条件。

复习思考题

1. 简述牵引供电回路由那几部分组成，各部分分别起到什么作用？
2. 牵引供电系统的供电方式有哪些，各有什么优缺点？
3. 简述牵引变压器有哪些连接形式，各有什么特点。
4. 在牵引变电所中，高压设备按照用途可以分为几类，主要包括哪些？
5. 高速铁路接触网由哪些部分组成，各有什么作用？
6. 简述接触导线、导线高度、结构高度、跨距和拉出值、锚段长度的含义，这些参数在高速铁路中有什么特点？
7. 牵引供电系统 SCADA 系统的主要功能是什么？结构包括那几部分？
8. 简述牵引变电所综合自动化的基本功能。

第八章　高速铁路行车组织

第一节　行车闭塞法

所谓行车闭塞法，其实是行车组织的方式方法。在铁路上成百上千的列车在铁路线上运行，为保证这些列车安全有序的运行，就得设法把列车与列车在空间上分隔开来。目前世界上普遍采用的方法是隔离法。隔离法有两种形式：一种是空间间隔法，一种是时间间隔法。在正常情况下，列车运行一般采用空间间隔法。通过相邻车站、线路所、闭塞分区（含移动闭塞分区和虚拟分区）的设备或人为控制，使列车与列车相互保持一定的间隔，保证在同一个时间内，在同一个站间区间、所间区间或一个闭塞分区内只允许一列列车运行，以保证列车安全有序运行的行车方法，称为行车闭塞法，简称闭塞。

我国铁路行车基本闭塞法有半自动闭塞、自动闭塞和自动站间闭塞。电话闭塞法是当基本闭塞设备不能使用时，所采用的替代闭塞方法，又称代用闭塞法。

高速铁路车站均须装设基本闭塞设备，行车基本闭塞法采用下列二种：

（1）自动闭塞；

（2）自动站间闭塞。

在任何一个时刻，对于某个区间来说同一个时间内只能使用一种闭塞方式。目前，多数双线高速铁路正方向装设自动闭塞设备，反方向装设自动站间闭塞设备，当高速铁路基本闭塞法不能使用时，应改用电话闭塞法行车，此时，动车组列车司机应根据调度命令将列控车载设备转为 LKJ 方式运行，未装备 LKJ 的动车组列车转为隔离模式运行。

一、区间及闭塞分区的划分

1. 站间区间：车站与车站间

（1）在单线上，以进站信号机柱中心线为车站与区间的分界线，如图 8-1 所示。

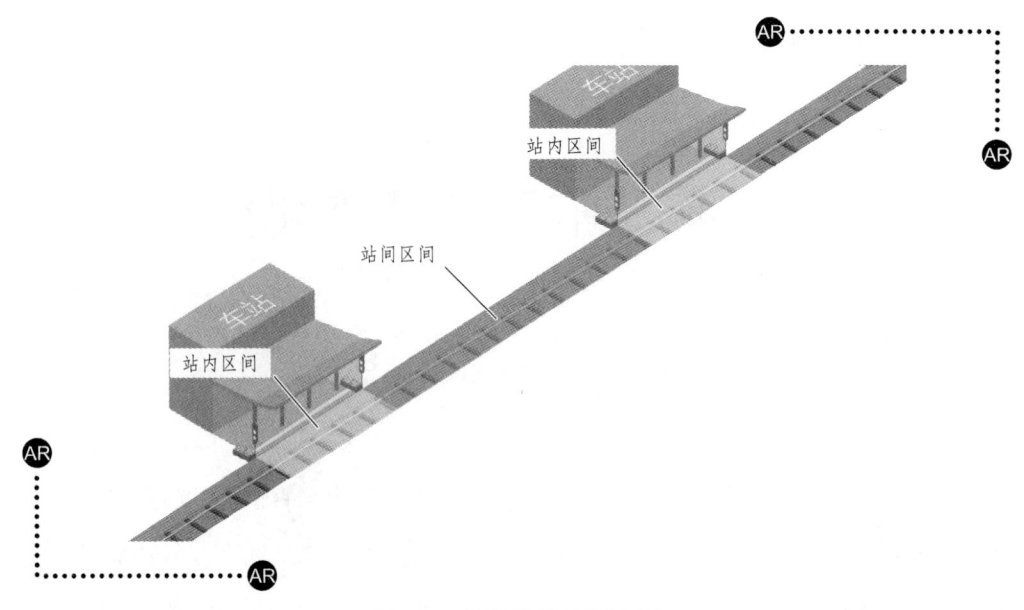

图 8-1　单线铁路站间区间

单线铁路站间区间平面图如图 8-2 所示。

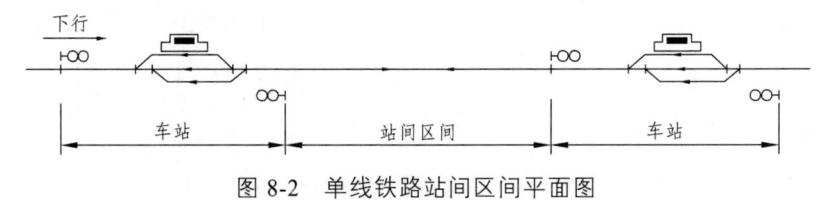

图 8-2　单线铁路站间区间平面图

（2）在双线或多线站间区间的各线上，分别以各该线的进站信号机柱或站界标的中心线为车站与区间的分界线，如图 8-3 所示。

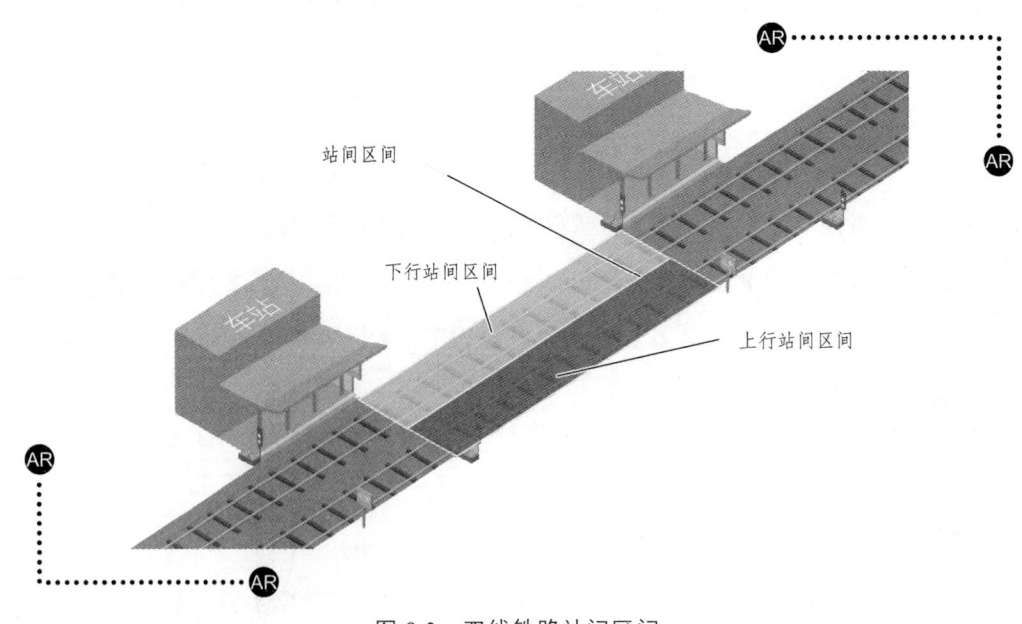

图 8-3　双线铁路站间区间

双线铁路站间区间平面图如图 8-4 所示。

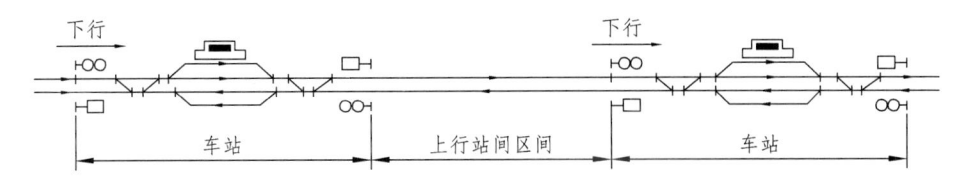

图 8-4 双线铁路站间区间平面图

2. 所间区间：两线路所间或线路所与车站间

以该线上的通过信号机柱的中心线为所间区间的分界线。设有进站信号机的线路所，所间区间的分界方法与站间区间相同，如图 8-5 所示。

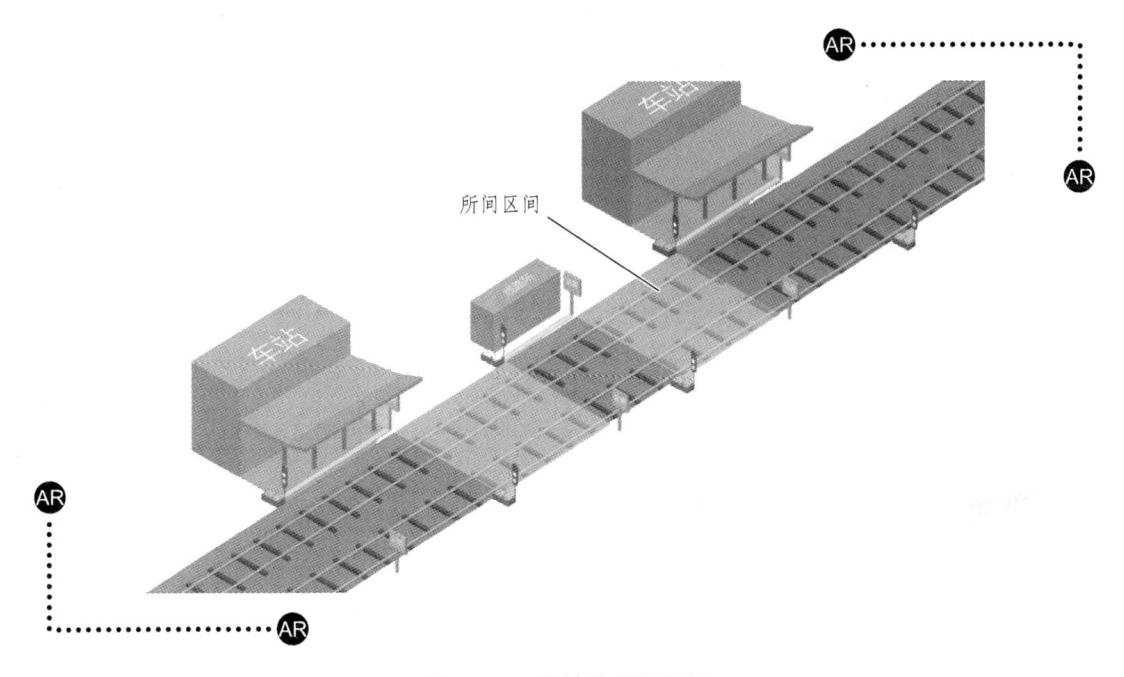

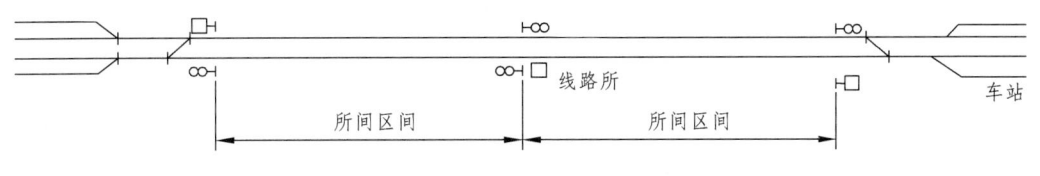

图 8-5 双线铁路所间区间

双线铁路所间区间平面图如图 8-6 所示。

图 8-6 双线铁路所间区间平面图

3. 闭塞分区

自动闭塞区间同方向相邻的两架色灯信号机间以该线上的通过信号机柱的中心线为闭塞分区的分界线，如图 8-7 所示。

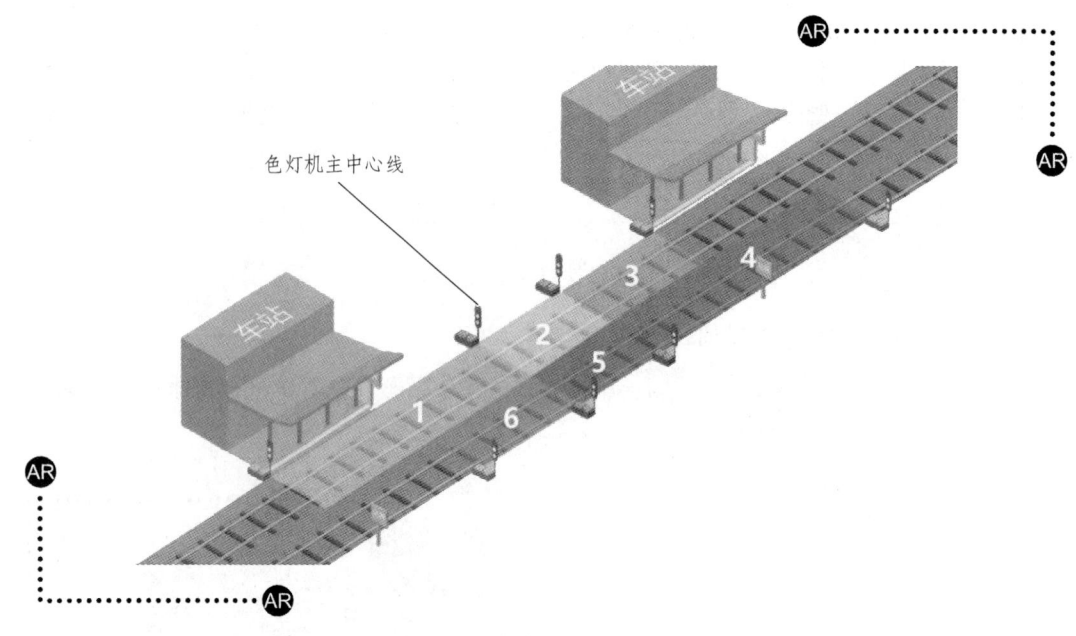

图 8-7 双线铁路自动闭塞分区

双线铁路自动闭塞分区平面图如图 8-8 所示。

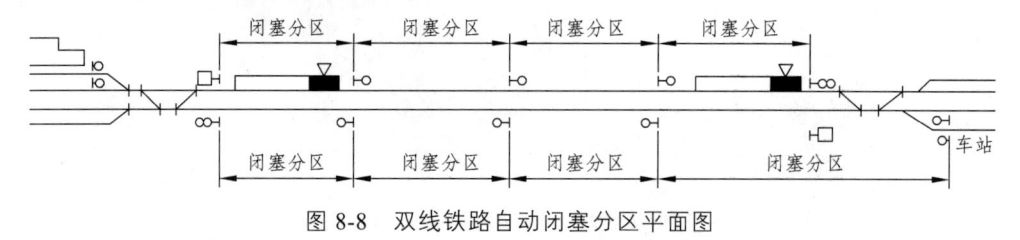

图 8-8 双线铁路自动闭塞分区平面图

二、半自动闭塞

1. 半自动闭塞的特点

半自动闭塞是将出站信号机与闭塞机及列车进路之间加以联锁，列车以出站或线路所通过信号机显示的进行信号作为列车进入区间的行车凭证。当出发的列车压上出站方向轨道电路区段时，出站信号机就会自动关闭，闭塞机同时锁闭；列车全部到达接车站，压上进站方面的轨道电路，并办理区间复原手续后，闭塞机解锁，从而保证了在同一个时间内同一个区间只有一列列车运行。

单线半自动闭塞区段必须在闭塞表示灯亮绿灯（计算机联锁是绿色箭头灯）后，发车站才能开放出站信号；双线半自动闭塞区段，当列车全部到达邻站，邻站值班员办理到达复原后，发车站才具备开放信号条件。

在电气集中联锁的车站仅用进站信号机内方（或出站方面）的无岔区段，作为半自动闭塞的轨道电路。列车压上轨道电路，车站闭塞机上的有关接发表示灯起变化，以此监督列车的出发或到达。当接车站接发表示灯都亮红灯后，才能办理区间复原手续，否则设备认定列车没有到达。

由于半自动闭塞区间不设轨道电路，接车表示灯与发车表示灯仅表示列车的到达与出发，区间是否空闲在设备上无法体现，需要由接车人员人工确认列车整列到达来判断区间空闲。判断区间空闲的办法主要是通过核对列车尾部安全防护装置（简称列尾装置）和列车尾部车号的方式来判定列车是否整列到达。

2. 列车进入区间的行车凭证

使用半自动闭塞法行车时，列车凭出站信导机或线路所通过信号机显示的进行信号进入区间。

遇超长列车头部越过出站信号机而未压上出站方面的轨道电路发车时，行车凭证为出站信号机显示的进行信号，并发给司机调度命令。发车站办理闭塞手续后，列车不能出发时，应将事由通知接车站后再取消闭塞。

三、自动站间闭塞

1. 自动站间闭塞的原理与特点

自动站间闭塞就是在有区间占用检查的条件下，自动办理闭塞手续，列车凭信号显示发车后，出站信号机自动关闭并能自动复原区间的闭塞方法。其特征为：有区间占用检查设备；站间或所间区间只准走行一列车；办理发车进路时自动办理闭塞手续；自动确认列车到达和自动恢复闭塞。

自动站间闭塞是在半自动闭塞基础上发展起来的新型闭塞方法，区间两端车站的出站信号机和轨道检查装置构成联锁关系，采用轨道检查装置自动检查区间空闲，列车以站间区间为间隔运行，通过办理发车进路和检查列车出清区间的方式，自动实现区间闭塞和区间开通。目前我国高速铁路反方向行车主要采用这种闭塞方式。自动站间闭塞法技术设计主要采用以下两种方式：

1）计轴装置

计轴设备通过设置在区间两端站的计轴磁头，对进入区间和车站的列车轴数进行记录，并经过传输线路将两端站所记录的轴数进行核对，当两端站记录的轴数一致时，即确认列车整列到达，区间空闲，自动开通区间。发出由区间返回的列车时，由发车站自行检查。当计轴设备记录进出区间的列车轴数不一致时，即判定区间占用。当计轴设备发生故障不能正常计轴或判定区间占用时，不能自动解除闭塞。

2）区间长轨道电路

由三部分组成，包括上、下行接近区段轨道电路（双线时为接近和发车区段轨道电路）和中间区段轨道电路，通过轨道电路对区间是否占用、线路是否良好进行检查。在这三段轨道电路都空闲时，排列发车进路，开放出站信号，自动完成闭塞；在列车到达前方站（返回发车站）三段轨道电路都空闲后，自动开通区间。当区间任何一段轨道电路处于占用状态时，不能开放出站信号机；列车虽已到达前方站（返回发车站），但不能解除闭塞开通区间。出站信号机开放后，如果区间轨道电路因故障等原因处于占用状态时，便自动关闭。

2. 高速铁路采用自动站间闭塞时的行车凭证

高速铁路使用自动站间闭塞法行车，动车组列车在完全监控、引导或部分监控模式下运行时，行车凭证为列控车载设备显示的允许运行的速度值。动车组列车按 LKJ 方式运行及动车组以外的列车，进入区间的行车凭证为出站信号机或线路所通过信号机显示的允许运行的信号（在信号机常态灭灯的区段，信号机应点灯）。

自动站间闭塞须与集中联锁设备结合使用，自动检查区间空闲，发车站（线路所）办理发车进路后即自动构成站间闭塞。列车到达接车站（线路所）或返回发车站（线路所）并出清区间后，自动解除闭塞。

人工办理发车进路前，须确认区间空闲、接车站（线路所）未办理同一区间的发车进路。

一个调度区段内可不办理发车预告手续。两相邻调度集中的调度区段间或调度集中区段车站（线路所）向非调度集中区段车站（线路所）发车时，应由系统自动办理发车预告，遇设备故障无法自动办理时，人工办理发车预告（相邻调度区段列车运行调整计划一致时可不办理发车预告）。非调度集中区段车站（线路所）向调度集中区段车站（线路所）发车时，车站值班员应向列车调度员（车站控制时为车站值班员）办理发车预告。

在信号机常态点灯的 CTCS-2 级自动站间闭塞区段，特殊情况下办理发车的行车凭证见图 8-9，其规定见表 8-1。

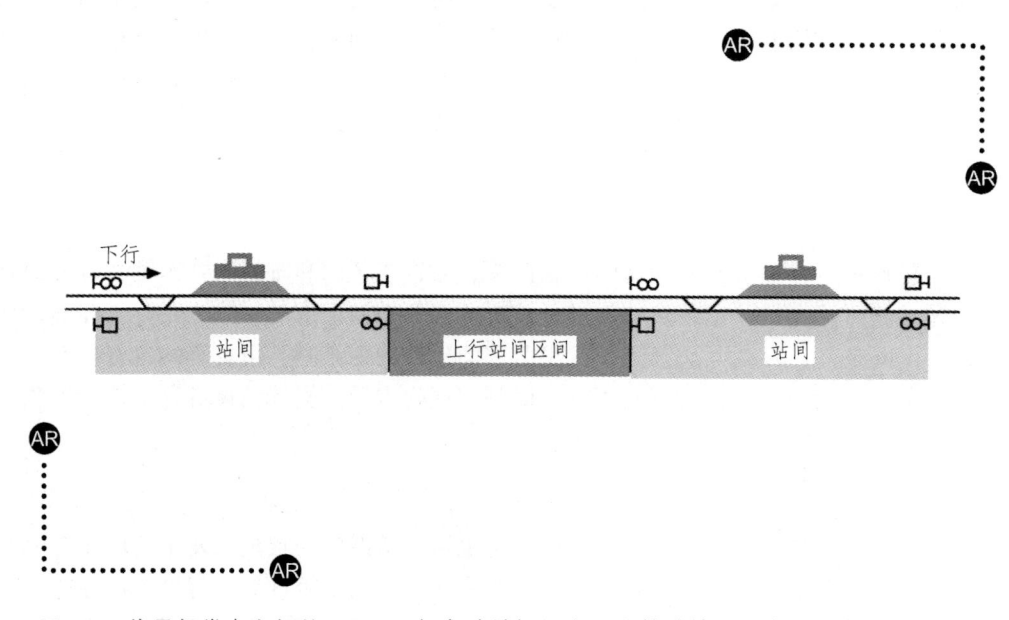

图 8-9 信号机常态点灯的 CTCS-2 级自动站间闭塞区段特殊情况下办理发车的行车凭证

CTCS-3 级以及信号机常态灭灯的 CTCS-2 级自动站间闭塞区段，特殊情况下办理发车的行车凭证规定见表 8-2。

表 8-1 信号机常态点灯的 CTCS-2 级自动站间闭塞区段特殊情况下办理发车的行车凭证表

序号	特殊情况	控车方式	行车凭证	发给行车凭证的依据	附带条件
1	出站信号机（线路所通过信号机）故障时发出列车	LKJ（GYK）控车	调度命令	1. 确认区间空闲 2. 确认道岔位置正确及进路空闲	以不超过 40 km/h 速度运行至前方站进站信号机（线路所通过信号机）
2		隔离模式运行			
3	发车进路信号机故障时发出列车	LKJ（GYK）控车	调度命令	1. 确认发车进路空闲 2. 确认道岔位置正确	以不超过 20 km/h（动车组列车为不超过 40 km/h）速度运行至次一信号机
4		隔离模式运行			以不超过 40 km/h 速度运行至次一信号机
5	反方向发出列车	CTCS-2 级控车	列控车载设备显示的允许运行的速度值	1. 确认区间空闲 2. 反方向行车的调度命令	
6		LKJ（GYK）控车	出站信号机（线路所通过信号机）显示的允许运行的信号		

表 8-2 CTCS-3 级以及信号机常态灭灯的 CTCS-2 级自动站间闭塞区段特殊情况下办理发车的行车凭证表

序号	特殊情况	控车方式	地面信号机状态	行车凭证	发给行车凭证的依据	附带条件
1	开放引导信号发出列车	CTCS-3 级控车 CTCS-2 级控车	灭灯	列控车载设备显示的允许运行的速度值	1. 确认区间空闲（发车进路信号机开放引导信号时，为确认至次一信号机间空闲） 2. 确认道岔位置正确及进路空闲	
2		LKJ（GYK）控车	点灯	出站信号机（发车进路信号机、线路所通过信号机）显示的允许运行的信号		
3	出站信号机（线路所通过信号机）故障且引导信号不能开放时发出列车	LKJ（GYK）控车	点灯	调度命令	1. 确认区间空闲 2. 确认道岔位置正确及进路空闲	以不超过 40 km/h 速度运行至前方站进站信号机（线路所通过信号机）
		隔离模式运行				

续表

序号	特殊情况	控车方式	地面信号机状态	行车凭证	发给行车凭证的依据	附带条件
5	发车进路信号机故障且引导信号不能开放时发出列车	LKJ（GYK）控车	点灯	调度命令	1. 确认发车进路空闲 2. 确认道岔位置正确	以不超过20 km/h（动车组列车为不超过40 km/h）速度运行至次一信号机
6		隔离模式运行				以不超过40 km/h速度运行至次一信号机
7	反方向发出列车	CTCS-3级控车 CTCS-2级控车	灭灯	列控车载设备显示的允许运行的速度值	1. 确认区间空闲 2. 反方向行车的调度命令	
8		LKJ（GYK）控车	点灯	出站信号机（线路所通过信号机）显示的允许运行的信号		

四、自动闭塞

1. 自动闭塞法的定义和特点

自动闭塞是把两站间区间划分为若干闭塞分区，每个闭塞分区在同一个时间内只允许一列车运行，因而不必等前行列车到达前方站，车站即可发出续行列车，列车密度大大增加，提高了通过能力。由于区间线路上全部装设了区间空闲检查设备，当有机车、车辆占用或钢轨折断时，都可以自动地使通过信号机显示停车信号，对列车在区间的运行安全有可靠的保证。

自动闭塞区段，正方向行车，列车按自动闭塞运行；反方向行车，列车按自动站间闭塞运行。

2. 行车凭证

使用自动闭塞法行车，动车组列车在完全监控、引导或部分监控模式下运行时，行车凭证为列控车载设备显示的允许运行的速度值。动车组列车按LKJ方式运行及动车组以外的列车，在信号机常态点灯的区段，进入闭塞分区的行车凭证为出站或通过信号机显示的允许运行的信号；在信号机常态灭灯的区段，进入区间的行车凭证为出站信号机或线路所通过信号机显示的允许运行的信号，信号机应点灯。

调度集中区段，一个调度区段内可不办理发车预告手续。两相邻调度集中的调度区段间或调度集中区段车站（线路所）向非调度集中区段车站（线路所）发车时，由系统自动办理发车预告，遇设备故障无法自动办理时，人工办理发车预告（相邻调度区段列车运行调整计划一致时可不办理发车预告）。非调度集中区段车站（线路所）向调度集中区段车站（线路所）发车时，车站值班员应向列车调度员（车站控制时为车站值班员）办理发车预告。

在信号机常态点灯的 CTCS-2 级自动闭塞区段,特殊情况下办理发车的行车凭证规定见表 8-3;CTCS-3 级以及信号机常态灭灯的 CTCS-2 级自动闭塞区段,特殊情况下办理发车的行车凭证规定见表 8-4。

表 8-3 信号机常态点灯的 CTCS-2 级自动闭塞区段特殊情况下办理发车的行车凭证表

序号	特殊情况	控车方式	行车凭证	发给行车凭证的依据	附带条件
1	出站信号机(线路所通过信号机)故障时发出列车	LKJ（GYK）控车	调度命令	1. 确认第一个闭塞分区空闲 2. 确认道岔位置正确及进路空闲	以不超过 20 km/h（动车组列车为不超过 40 km/h）速度运行至第一架通过信号机,按其显示的要求执行
2		隔离模式运行		1. 确认区间空闲 2. 确认道岔位置正确及进路空闲	以不超过 40 km/h 速度运行至前方站进站信号机(线路所通过信号机)
3	发车进路信号机故障时发出列车	LKJ（GYK）控车	调度命令	1. 确认发车进路空闲 2. 确认道岔位置正确	以不超过 20 km/h（动车组列车为不超过 40 km/h）速度运行至次一信号机
4	发车进路信号机故障时发出列车	隔离模式运行	调度命令	1. 确认发车进路空闲 2. 确认道岔位置正确	以不超过 40 km/h 速度运行至次一信号机
5	区间一架及以上通过信号机故障时发出列车	CTCS-2 级控车	列控车载设备显示的允许运行的速度值	确认区间空闲	
6		LKJ（GYK）控车	出站信号机(线路所通过信号机)显示的允许运行的信号		
7	反方向发出列车	CTCS-2 级控车	列控车载设备显示的允许运行的速度值	1. 确认区间空闲 2. 反方向行车的调度命令	
8		LKJ（GYK）控车	出站信号机(线路所通过信号机)显示的允许运行的信号		

- 215 -

表 8-4　CTCS-3 级以及信号机常态灭灯的 CTCS-2 级自动闭塞区段特殊情况下办理发车的行车凭证表

序号	特殊情况	控车方式	地面信号机状态	行车凭证	发给行车凭证的依据	附带条件
1	开放引导信号发出列车	CTCS-3 级控车 CTCS-2 级控车	灭灯	列控车载设备显示的允许运行的速度值	1. 确认第一个闭塞分区空闲（发车进路信号机开放引导信号时，为确认至次一信号机间空闲）2. 确认道岔位置正确及进路空闲	
2		LKJ（GYK）控车	点灯	出站信号机（发车进路信号机、线路所通过信号机）显示的允许运行的信号	1. 确认区间空闲（发车进路信号机开放引导信号时，为确认至次一信号机间空闲）2. 确认道岔位置正确及进路空闲	
3	出站信号机（线路所通过信号机）故障且引导信号不能开放时发出列车	LKJ（GYK）控车	点灯	调度命令	1. 确认区间空闲 2. 确认道岔位置正确及进路空闲	
4		隔离模式运行				以不超过 40 km/h 速度运行至前方站进站信号机（线路所通过信号机）
5	发车进路信号机故障且引导信号不能开放时发出列车	LKJ（GYK）控车	点灯	调度命令	1. 确认发车进路空闲 2. 确认道岔位置正确	以不超过 20 km/h（动车组列车为不超过 40 km/h）速度运行至次一信号机
6		隔离模式运行				以不超过 40 km/h 速度运行至次一信号机
7	区间一个及以上闭塞分区轨道电路红光带时发出列车	CTCS-3 级控车 CTCS-2 级控车	灭灯	列控车载设备显示的允许运行的速度值	确认区间空闲	
8		LKJ（GYK）控车	点灯	调度命令	1. 确认区间空闲 2. 确认道岔位置正确及进路空闲	
9	反方向发出列车	CTCS-3 级控车 CTCS-2 级控车	灭灯	列控车载设备显示的允许运行的速度值	1. 确认区间空闲 2. 反方向行车的调度命令	
10		LKJ（GYK）控车	点灯	出站信号机（线路所通过信号机）显示的允许运行的信号		

五、移动闭塞

1. 移动闭塞的特点

移动闭塞是一种新型的闭塞制式，它是相对于固定闭塞来说的。固定闭塞的追踪目标点为前行列车所占用闭塞分区的始端，后行列车从最高速开始制动的计算点为要求开始减速的闭塞分区的始端，这两个点都是固定的，空间间隔的长度也是固定的，所以称为固定闭塞。移动闭塞是不设固定闭塞区段，列车安全追踪间隔距离不预先设定，而是由列车在线路上的实际运行位置和运行状态确定，闭塞分区随着列车的行驶，不断地向前移动和调整，所以称为移动闭塞。

移动闭塞方式的列控系统采取目标距离控制模式。目标距离控制模式根据目标距离、目标速度及列车本身的性能确定列车制动曲线，采用一次制动方式。移动闭塞的追踪目标点是前行列车的尾部，并且留有一定的安全距离，后行列车从最高速开始制动的计算点是根据目标距离、目标速度及列车本身的性能计算决定的。目标点是前行列车的尾部，与前行列车的位置和速度有关，是随时变化的，而制动的起始点是随线路参数和列车本身性能不同而变化的，空间间隔的长度是不固定的。

一般来说，移动闭塞系统均采用无线通信系统实现各子系统间的通信，构成基于无线通信技术的移动闭塞。在移动闭塞方式中，取消轨道电路，区间不需设置信号机，是未来高速铁路闭塞方式的发展方向。在 CTCS-4 级列控系统中，将采用移动闭塞方式。

2. 移动闭塞要素

移动闭塞技术在设计和实现上与固定闭塞有比较大的区别。其中列车定位（Train Position）、安全距离（Safety Distance）和目标点（Target Point）是移动闭塞技术中最重要的三个概念，亦称为移动闭塞的三个基本要素。

列车定位：

在固定闭塞有轨道电路或计轴等设备检查闭塞分区占用状态，配以测速测距及应答器等设备，能粗略地进行列车定位和坐标校对。在移动闭塞中列车定位由地面设备和车载设备共同完成。列车定位信息的主要作用是：为保证列车间隔提供依据，计算距前行列车尾部距离并实施有效的速度控制。

安全距离：

安全距离是后续追踪列车的目标停车点与其前方障碍物之间的一个固定距离。障碍物可以是确认了的前行列车尾部位置或者无道岔表示（道岔故障）的道岔位置。该距离是计算机通过安全制动模型计算得到的一个附加制动距离，它保证追踪列车在最不利条件下能够安全地停止在前行列车的后方不发生追尾。所以，安全距离是移动闭塞系统设计的理论基础和安全依据。

如图所示，移动闭塞基本原理是：线路上的前行列车经车载设备将本车的实际位置，通过通信设备传送给轨旁的移动闭塞处理器，并将此信息处理生成后续列车的运行权限，传送给后续列车的车载设备。后续列车与前行列车总是保持一个"安全距离"。该安全距离是介于后车的目标停车点和确认的前车尾部之间的一个距离。在选择该距离时，已充分考虑了在一系列最坏情况下，列车仍能够被安全地分隔开来。

3. 列车运行的行车凭证

目标点是列车运行的行车凭证，如同传统固定闭塞系统中的允许信号，列车只有获得了目标点，才能够准许向前移动。目标点通常是设在列车前方一定距离的某个位置点，只要能够获得目标点，即表明列车可以安全运行至该点，但不能超过该点。移动闭塞系统就是通过不断前移列车的目标点，引导列车在线路上安全运行。安全距离示意图如图 8-10 所示。

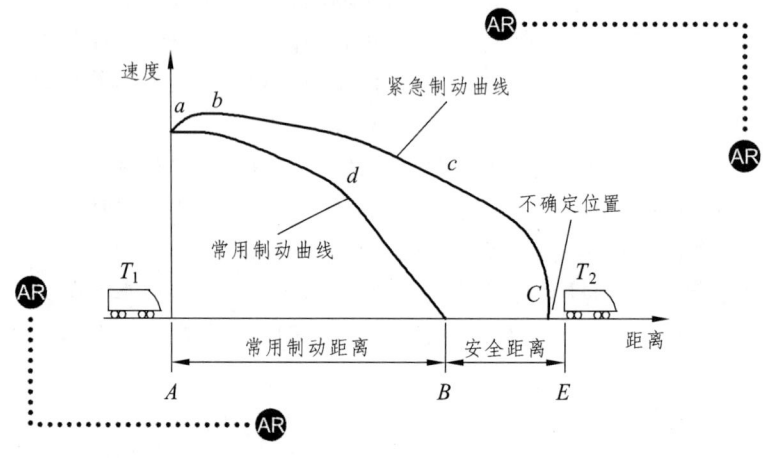

图 8-10 安全距离示意图

第二节 动车组列车接发

一、基本要求

车站应不间断地接发列车，严格按列车运行图行车。车站值班员办理接发列车（列车调度员人工办理接发列车）时，应亲自办理闭塞、布置进路（包括听取进路准备妥当的报告）、开闭信号、交接凭证。由于设备或业务量关系，车站值班员除布置进路（包括听取进路准备妥当的报告）外，其他各项工作可指派信号员或其他人员办理；列车调度员人工办理接发列车时，除办理闭塞、布置进路（包括听取进路准备妥当的报告）外，其他各项工作可指派车务应急值守人员或其他人员办理。

车站接发动车组列车时，列车长确认旅客上下完毕后，通知司机关闭车门；列车进站停车时，司机按动车组停车位置标停车，确认列车停稳、对准停车位置后开启车门。按钮不在司机操作台上的，由列车长通知随车机械师关闭车门；列车到站停稳后，由随车机械师开启车门。如自动开关门装置故障或特殊情况需单独开关车门时，由司机通知列车工作人员手动开关车门。

动车组列车在车站出发，动车组列车司机在确认行车凭证和开车时间，车门关闭后，即可起动列车。

动车组以外的其他列车在车站出发，司机确认行车凭证正确，发车条件完备后，直接起动列车；办理客运业务时，车站客运人员确认旅客乘降、上水、行包装卸完毕后，通过无线对讲设备通知司机，司机须得到车站客运人员的报告后，方可起动列车。

二、进路办理与信号开放

高速铁路车站在接发列车时，列车进路根据运行计划自动排列进路，当遇到特殊情况需要人工办理时，车站值守人员必须亲自或通过有关人员确认接车线路空闲、影响进路的调车作业已经停止后，方可准备进路、开放进站信号机，准备接车；人工办理进路发车前，确认影响进路的调车作业已经停止后，方可准备进路、开放出站信号机，交付行车凭证。

下达准备接发车进路命令时，必须简明清楚，正确及时，讲清车次和占用线路（一端有两个及以上列车运行方向或双线反方向行车时，应讲清方向、线别），并要受令人复诵，核对无误。人工准备进路时，应严格按照接发列车命令、调车作业计划执行。

在扳动道岔、操纵信号时，认真执行"一看、二扳（按）、三确认、四显示（呼唤）"制度；对进路上不该扳动的道岔，也应认真进行确认。其他人员接发列车进路准备完了后，应及时报告车站值班员或列车调度员（能从设备上确认的除外）。

高速铁路信号需要人工办理时，开放信号机的时机在各个铁路局高速铁路《行车组织细则》中规定。出站信号机已开放或行车凭证已交付，如需取消发车进路，列车调度员（车站控制时为车站值班员）应与司机联系，确认列车尚未起动，收回行车凭证后，再取消发车进路。

三、接发列车线路安排

与既有线的接发列车一样，在接发动车组列车时，应在正线或到发线上办理，并应遵守下列原则：

（1）动车组列车应接入规定线路。

（2）动车组列车在车站办理客运业务时，须固定股道、固定站台、固定停车位置。动车组列车遇特殊情况需变更办理客运业务的固定股道时，须经调度所值班主任（值班副主任）准许。

（3）通过列车原则上应在正线办理。原规定为通过的旅客列车由正线变更为到发线接车及动车组列车、特快旅客列车遇特殊情况必须变更基本进路时，须经列车调度员准许，并预告司机；如来不及预告时，应使列车在站外停车后，开放信号机，再接入站内。

（4）动车组列车按列控车载设备方式行车时，禁止在未设置列控信息的股道及进路上接发。

进站信号机外制动距离内，进站方向为超过6‰的下坡道，而接车线末端无隔开设备时，禁止办理相对方向同时接车和同方向同时发接列车（仅运行动车组列车的区段除外，因为动车组的制动性能足以保证列车运行安全）。

在接发列车的同时，接入列控车载设备及列车运行监控装置均故障的动车组列车、制动力部分切除的动车组列车、列车运行监控装置或轨道车运行控制设备故障的其他列车，而接车线末端无隔开设备时，禁止办理相对方向同时接车和同方向同时发接列车。相对方向不能同时接车时，应先接不适于在站外停车的列车、停车后起动困难的列车或后面有续行列车的列车。

遇两列车不能同时接发时，原则上应按列车运行计划顺序接发。

四、集中控制站转站控接发车

在非正常情况下，集控站转为车站控制时，车务应急值守人员应报告站段指派胜任人员赶赴现场，协助做好非正常行车工作。除因危及行车安全必须立即转换为非常站控外，列车调度员提出需转为非常站控时，须经调度所值班主任（值班副主任）准许。

转为非常站控时，车务应急值守人员和列车调度员须在《CTC 控制模式转换登记簿》内登记，记明转换的原因；车务应急值守人员与列车调度员核对设备状况、站内停留车情况、列车运行计划、邻站（线路所）控制模式及与本站（线路所）有关的调度命令等情况。转为非常站控后，应通知司机车站（线路所）转为非常站控。转为非常站控的原因消除后，双方在《CTC 控制模式转换登记簿》内登记，并及时转回。

第三节　动车组运行

一、运行限速

列车（动车组列车按列控车载设备方式行车时除外）运行限制速度规定见表 8-5。

表 8-5　列车运行限制速度表

项　目	速度/（km/h）
四显示自动闭塞区段通过显示绿黄色灯光的信号机	在前方第三架信号机前能停车的速度
通过显示黄色灯光的信号机	在次一架信号机前能停车的速度
通过显示一个黄色闪光灯光和一个黄色灯光的信号机	该信号机防护进路上道岔侧向的允许通过速度
通过减速地点标	标明的速度，未标明时为 25
推进	30
退行	15
接入站内尽头线，自进入该线起	30

动车组列车按隔离模式运行时，运行速度不超过 40 km/h。在越过接触网分相有困难的特殊情况下，列车调度员可根据司机请求发布调度命令，列车以不超过 80 km/h 的速度越过

接触网分相。动车组一般情况下不得通过半径小于 250 m 的曲线，通过曲线半径为 250 m 曲线时，限速 15 km/h；不得侧向通过小于 9 号的单开道岔和小于 6 号的对称双开道岔。

二、跨线运行

当未装备 LKJ 的动车组列车在 CTCS-0/1 级区段按机车信号模式运行时，列车按地面信号机显示运行，最高运行速度不超过 80 km/h。低于 80 km/h 的限速按调度命令执行，线路允许速度低于 80 km/h 的区段由司机控制列车运行速度。

动车组列车在 CTCS-2 级区段与 CTCS-0/1 级区段级间自动转换失败时，司机应立即报告列车调度员（车站值班员），并按下述规定办理：

由 CTCS-2 级区段向 CTCS-0/1 级区段运行时，停车后根据调度命令手动转换。

由 CTCS-0/1 级区段向 CTCS-2 级区段运行时，可维持按 LKJ 方式继续运行。

动车组列车在 CTCS-3 级区段与 CTCS-2 级区段级间自动转换失败时，司机应立即报告列车调度员（车站值班员），并按下述规定办理：

由 CTCS-3 级区段向 CTCS-2 级区段运行时，停车后手动转换。

由 CTCS-2 级区段向 CTCS-3 级区段运行时，维持 CTCS-2 级方式继续运行。

高速铁路车站（线路所）向衔接的其他线路车站（线路所）发出列车时，有关行车凭证按高速铁路规定执行；高速铁路衔接的其他线路车站（线路所）向高速铁路车站（线路所）发出列车时，有关行车凭证按其他线路规定执行。

三、非正常情况运行

1. 双线反方向行车

在双线区间，列车应按左侧单方向运行。仅限于整理列车运行时，方可使列车反方向运行；但旅客列车仅在正方向区间的线路封锁、发生自然灾害、因事故中断行车，以及正方向设备故障严重影响列车运行秩序而反方向自动站间闭塞设备良好等特殊情况下，经调度所值班主任（值班副主任）准许，方可反方向运行。

列车反方向运行时，列车调度员应发布调度命令。列车调度员（车站控制时为车站值班员）确认反方向区间空闲。动车组列车反方向运行时，在 CTCS-3 级区段，CTCS-3 级列控系统最高允许速度为 300 km/h，CTCS-2 级列控系统最高允许速度为 250 km/h；在 CTCS-2 级区段，在 250 km/h 线路上最高允许速度为 200 km/h，在 200 km/h 线路上最高允许速度为 160 km/h。

2. 动车组列车在区间退行、返回

在不得已情况下，列车必须在区间退行时，列车调度员须扣停后续列车，并确认退行距离内的闭塞分区空闲后通知司机允许退行。随车机械师（车辆乘务员）或指派的胜任人员应站在列车尾部注视运行前方，发现危及行车或人身安全时，应立即使用紧急制动装置（紧急制动阀）或通知司机，使列车停车。列车退行速度不得超过 15 km/h。

列车若需退行至站内，列车调度员还应确认列车至后方站间已空闲。列车调度员（车站控制时为车站值班员）根据线路占用情况，可开放进站信号机或按引导办法将列车接入站内。动车组列车若需退行至站内，列车调度员应发布调度命令。

动车组列车在区间被迫停车后须返回后方站时，列车调度员必须确认动车组列车至后方站间已空闲，方可发布调度命令。司机根据调度命令，在动车组列车运行方向（折返）前端操作，列车改按隔离模式返回，运行速度不得超过 40 km/h。

3. 列车运行晃车

运行途中列车司机发现晃车时，应立即减速运行并向列车调度员（车站值班员）报告晃车地点及晃车时列车运行速度，待本列无异常状况后恢复常速运行。车站值班员报告列车调度员。晃车时列车运行速度为 160 km/h 以下时，列车调度员（车站值班员）立即通知已进入区间的后续列车停车，不再向该区间放行列车，通知工务部门。列车调度员根据工务部门上道检查的申请，及时发布本线封锁、邻线限速 160 km/h 及以下的调度命令后，准许上道检查。工务检查设备后，根据现场具体情况，确定列车放行条件。

晃车时列车运行速度为 160 km/h 及以上时，列车调度员应向后续首列发布限速 120 km/h 的调度命令，限速位置按司机汇报的晃车地点前后各 1 km 确定。列车通过晃车地点后，司机应立即向列车调度员报告运行情况。若仍晃车，列车调度员立即通知已进入区间的后续列车停车，不再向该区间放行列车，通知工务部门，根据工务部门上道检查的申请，及时发布本线封锁、邻线限速 160 km/h 及以下的调度命令后，准许上道检查；工务检查设备后，根据现场具体情况，确定列车放行条件。若不再晃车，则按 160 km/h、250 km/h、常速逐级逐列提速。

在逐级逐列提速的过程中，再次发生晃车时，列车调度员应立即通知已进入区间的后续列车停车，不再向该区间放行列车，通知工务部门，根据工务部门上道检查的申请，及时发布本线封锁、邻线限速 160 km/h 及以下的调度命令后，准许上道检查。工务检查设备后，根据现场具体情况，确定列车放行条件。

4. 列车被迫停车后的处理

列车在区间被迫停车不能继续运行时，司机应立即使用列车无线调度通信设备通知列车调度员（两端站）及随车机械师（车辆乘务员），报告停车原因和停车位置，根据需要迅速请求救援。

列车被迫停车可能妨碍邻线时，司机应立即使用列车无线调度通信设备通知邻线上运行的列车和列车调度员（两端站），与随车机械师（车辆乘务员）分别在列车头部或尾部附近对邻线来车方向短路轨道电路，配备列车防护报警装置的列车应首先使用列车防护报警装置进行防护。司机应亲自或指派人员沿邻线一侧对列车进行检查，发现妨碍邻线时，应立即报告列车调度员（两端站）。如发现邻线有列车开来时，应鸣示紧急停车信号。列车调度员（车站值班员）接到列车被迫停车可能妨碍邻线的通知后，应立即通知邻线有关列车停车，在原因消除前不得向邻线放行列车。

列车在区间被迫停车后，根据下列规定防护：

（1）已请求救援时，从救援列车开来方面（不明时，从列车前后两方面），距离列车不小于 300 m 处放置响墩防护；在仅运行动车组列车的线路上，列车在区间被迫停车后已请求救援时，由随车机械师在救援列车开来方面，距离列车不小于 300 m 处人工进行防护，不再放置响墩防护。

（2）列车分部运行，机车进入区间挂取遗留车辆时，应从车列前方距离不小于 300 m 处放置响墩防护。

（3）防护人员设置的响墩在停车原因消除后，由防护人员撤除。

复习思考题

1. 我国铁路基本闭塞法有哪些？高速铁路采用哪种闭塞方式？
2. 说说自动闭塞法行车的特点。
3. 自动站间闭塞与半自动有什么区别？多数在什么情况下采用？
4. 动车组接发有何基本要求？
5. 接发动车组时对线路有什么规定？
6. 动车组跨线运行时有什么要求？
7. 动车组遇到线路故障需区间返回时该如何处理？

第九章　高速铁路客运组织与服务

第一节　高速铁路旅客运输计划

一、高速铁路旅客运输计划的种类

高速铁路旅客运输计划分长期计划、年度计划和日常计划。其中前两项计划由高铁计划部门负责编制，日常计划由客运部门编制。长期计划包括五年或更长时期，是纲领性的战略计划。它以国民经济和社会发展长期计划为依据，主要内容有：远期的高铁客运输量和旅客周转量，重大的技术政策和战略措施，新线建设、旧线改造，动车组购置等重大基本建设项目，投资规模，人才培养，劳动生产率、经济效益的增长速度等。年度计划是根据长期计划的要求和当年的具体情况制定的执行计划，是任务计划。日常计划是在年度计划指导下，进行高铁旅客运输作业的月、旬、日、班计划，是作业计划。计划（图 9-1）要正确反映客观经济规律的要求，切忌主观随意性。

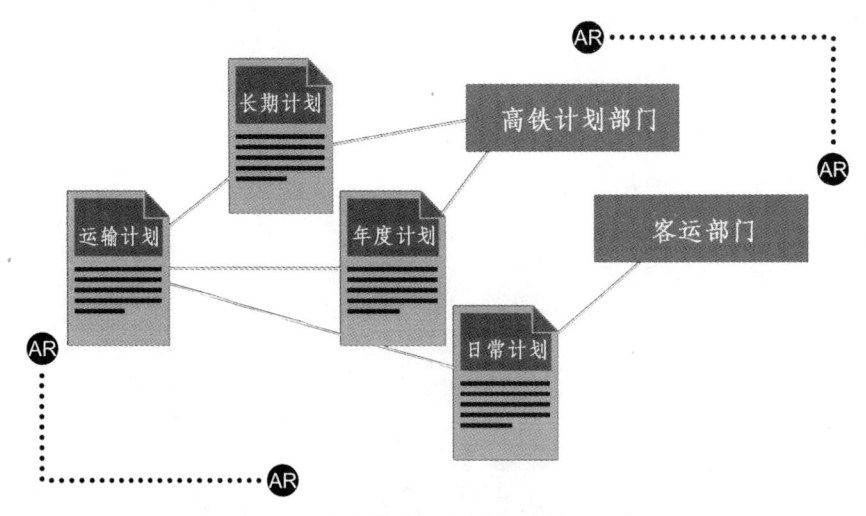

图 9-1　高速铁路旅客运输计划的种类

一般计划的内容用指标系列来描述，指标是计划内容的数值表示。各种计划中相互联系的指标，构成铁路客运计划的指标体系。一个完整的指标，由指标名称、计量单位、所属时间、所处空间、指标数值等部分组成。

年度旅客运输计划包括旅客运输量、平均行程、周转量等指标。长远计划的指标与年度计划基本相同。

客运量（旅客运输量的简称）是运输企业在一定时期内，始发、接运到达和接入通过的全部旅客人数。其中包括由国际联运铁路和新建铁路接运的旅客人数。全国铁路的旅客运输量等于全路各站或各铁路局始发的全部旅客人数；旅客平均行程是指计划期间每名旅客平均乘车的里程。计划时可按全局平均或按直通、管内、市郊运输分别估量。旅客周转量是指计划期内全路或一个铁路局完成的旅客人公里数。

二、高速铁路客流及车次分类

1. 高速铁路客流

旅客运输客流调查是编制旅客运输计划的基础。根据客流调查资料，可以掌握客运量的变化和发展情况。对于大批团体客流和节假日客流，可通过专门的客流调查直接确定流量和流向，从而为制定计划客流提供可靠的资料。

1) 高铁客流的形成及分类

客流是指铁路某一方向上、一定时间内旅客的流量和流向，它由旅客运输的数量、行程和方向构成。在我国，高铁客流主要由旅游休闲、探亲访友、商务、会议等旅客构成。我们以武广高速铁路为例，了解高铁旅客客流成分构成情况（以下数据通过对武广高铁客流抽样调查获取）。

从旅客成分调查情况看，高铁的主要客户具有如下特征：具有大专或本科学历（占64.44%），月收入2000~5000元（占58.07%），在企事业工作或是个体经营者（占51.23%），以旅游休闲、探亲访友、商务、会议为主要出行目的（62.6%）。

旅客的学历（图9-2）、收入水平（图9-3），呈现"两头尖、中间粗"的橄榄型结构，即两头的高学历（硕士及以上4.16%）、低学历（初中及以下6.31%），高收入（5000元以上22.46%）、低收入（1000元以下5.02%）所占比例较少，充分说明高铁面对的客户比较大众化，产品定位中等偏上，旅行目的以旅游休闲、探亲访友为主，商务、会议、公务为辅。据此可以解释高铁每逢节假日、周末客流出现火爆场面的原因。

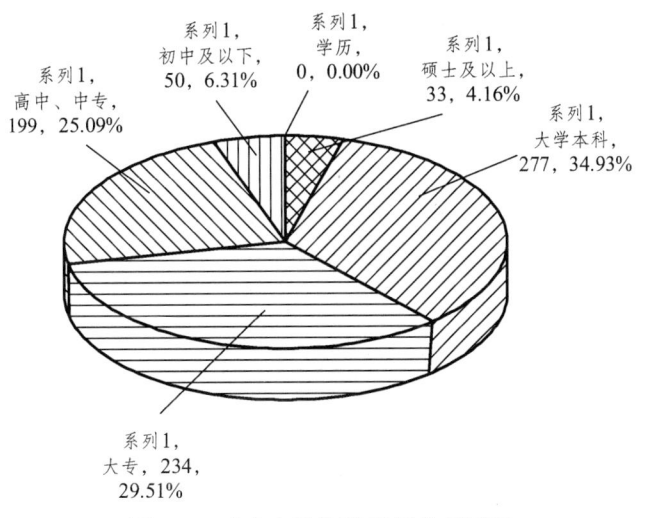

图 9-2 武广高铁旅客学历比例图示

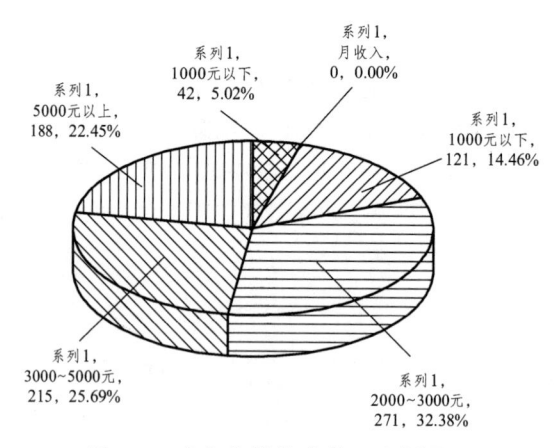

图 9-3　武广高铁旅客收入比例图示

从旅行目的看（图9-4），商务（12.24%）、会议（9.06%）、公务（8.12%）所占比例仍然偏低，与企事业管理人员（20.65%）、企事业一般员工（14.59%）、公务员（9.92%）的比例不相匹配（图9-5），说明高端的商务旅客比例仍然偏低，高铁营销在商务、会议、公务领域仍有广阔的开拓空间。

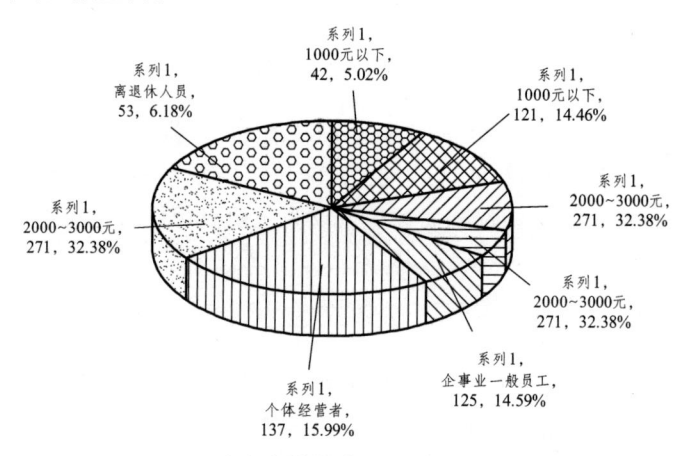

图 9-4　武广高铁旅客旅行目的比例图示

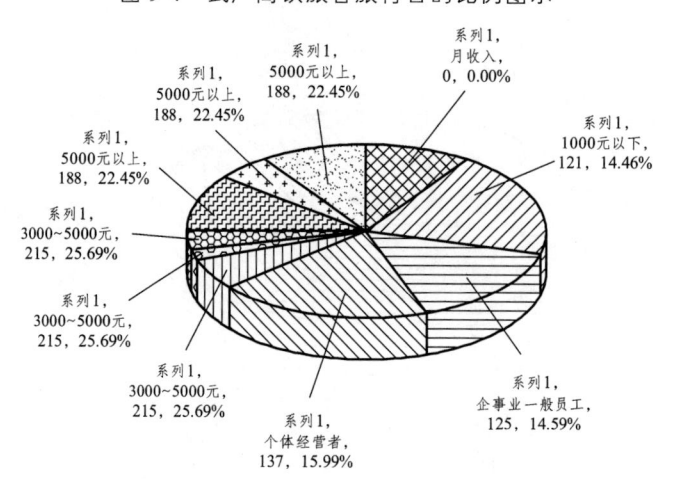

图 9-5　武广高铁旅客职业比例图示

2）高速铁路客流调查范围

高速铁路客流调查可以在动车组旅客列车上进行，也可以在沿线各高铁车站及其沿线的吸引区内进行。高速铁路车站的客流调查范围可分为直接吸引范围和间接吸引范围两种。前者是指高速铁路车站所在地及其附近地区被高速铁路车站直接吸引的城市和居民地点的总区域而言，这个区域可用垂直平分线划出它的大致范围，如图9-6所示，图上FGHI包围的地区就是D站的几何吸引范围。

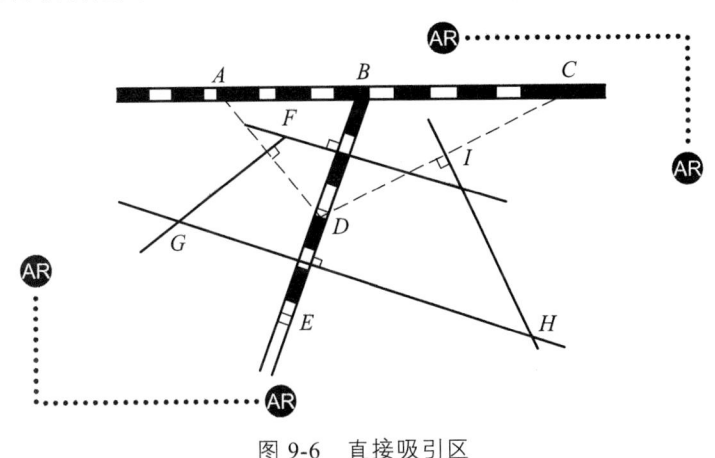

图 9-6 直接吸引区

用垂直平分线划出的吸引范围，还须考虑地形、地貌等条件，对旅客由各经济点、工业点、居民地至D站的距离、旅费、在途时间、方便程度等因素要进行具体分析，经过修正后，最后确定吸引区的边界。间接吸引范围是指高铁车站直接吸引范围以外，由其他交通工具的联系而被间接吸引的较远地区的城市和居民点的总体区域而言。间接吸引范围按最短通路原则划定。

另外，某种旅客选择出行交通工具时，往往会考虑出行旅行总时间（图9-7），而旅行总时间受旅行距离的影响。日本客运市场的统计资料表明，新干线铁路运输在运距400～1000 km时，客运市场占有率在50%以上，显示其强大的优势和生命力。在运距200～400 km和运距1000～1500 km时，分别与公路和航空互有竞争。

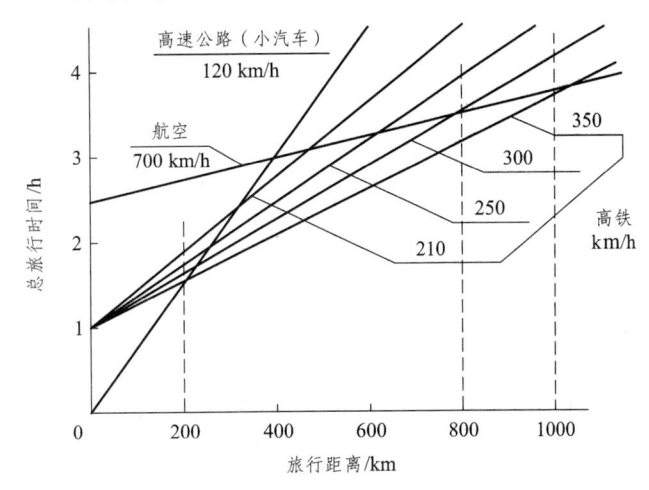

图 9-7 旅客出行旅行总时间比较

3）高速铁路客流调查方法

目前国内高铁客流调查常用的调查方法（图9-8）有综合调查、节假日调查、日常调查和专题调查等多种。全面的较大规模的客流调查，通常以高铁车站为单位，在本站吸引范围内进行。

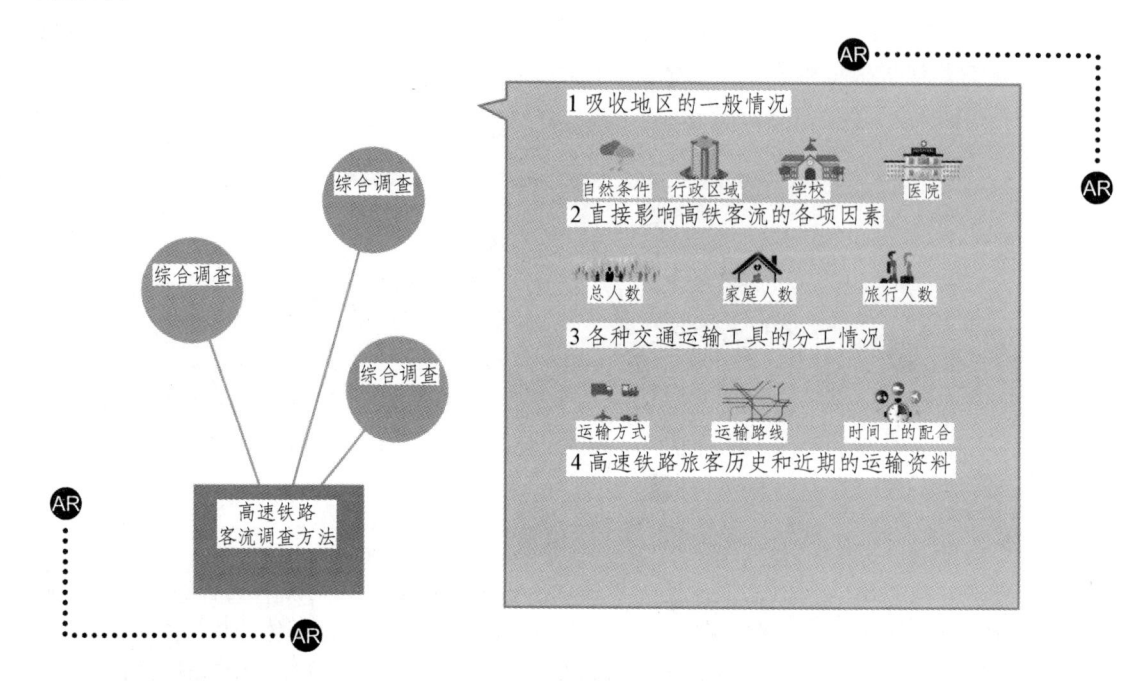

图 9-8　高速铁路客流调查方法

（1）综合调查。

综合调查的主要内容有：

① 吸引地区的一般情况。包括地区的自然条件（位置、地形、气候、雨量等）；行政区域的划分，城市人口的分布和增长情况；工矿企业、机关学校的分布和发展情况，工矿企业生产水平及与外地的供销联系；文教、卫生事业的发展和名胜古迹、医院，疗养院的分布及吸引旅客的情况；地区交通的一般情况。

② 直接影响高铁客流的各项因素。包括吸引地区的总人数，工矿企业、机关、学校等的人员及家属人数，休假制度，乘坐高速铁路旅行的人数、时间、去向及节假日探亲的情况；吸引范围可供外地人员疗养、休养的处所、开放时间、床位及其周转时间；吸引范围的名胜古迹、游览胜地及历年各月的旅游人数，特别是通过高速铁路旅行的有关人数。

③ 各种交通运输工具的分工情况。包括吸引范围内现有交通运输方式、运输能力、历年的运量，客流在时间上的变化情况以及今后的发展；各种交通工具的运行线路，并找出与高速铁路联运和分担的人数及其比重；高速铁路与各种交通工具在运行时间上的配合情况。

④ 高速铁路旅客运输资料。包括旅客发送、中转及到达人数，客流月、季度的波动情况及原因；历年客流变化及到达各区段的客流量；动车组旅客列车对数、运行区段、时间及平时和客运量最大时的运能和运量的适应情况；其他与编制客流计划、组织旅客运输有关的资料。

综合调查最好每年例行在规定的时间内进行，并将调查结果按客流分析说明表等汇总编制成该年度的高速铁路旅客运输客流调查资料。这样，逐年按期进行，可以系统地取得历年资料，在了解、分析、对比和研究客流变化规律上是有很大作用的。

（2）节假日调查。

按国家颁布的法令，主要节假日有"元旦、春节、清明、五一、端午、暑期、十一、中秋等节假日"。调查工作一般在节日运输前一个月左右进行。春节期间客流量大（学生的寒假和春节运输连在一起），影响客流变化的因素比较复杂，客流调查应在春节运输前 2~3 个月内进行，调查的主要内容包括：重点工矿企业、机关学校放假日期，社会活动及外地人口乘坐火车的流量流向；其他交通工具与高速铁路衔接运能运量的变化情况等。调查的方法是由各工矿企业、机关学校、部队等提出节假日旅行计划，包括乘车日期、车次、人数、到站以及返回日期等。由于旅客对春节乘车比较关心和重视，所以，一般春节提出的旅行计划比较可靠。

（3）日常调查。

日常调查是指高铁车站的有关客运人员与旅客在购票、候车、乘车过程的接触中，对客流变化的各项因素进行的调查了解。日常调查比较适宜在售票厅内进行，可利用旅客排队时间进行调查。动车组列车上的调查，时间比较充裕，旅客也愿意主动配合。调查内容一般包括旅行目的、到达地点、返回日期及该单位人数和乘车旅行情况，以便随时掌握客流变化情况，分析客流增减数量、变化原因和持续时间等。

4）高速铁路客流量预测方法

对于高速铁路因刚刚处于发展阶段，历史数据库不健全，常采用以下客流调查方法：乘车率法；动态关系法；Logit 模型等。

（1）乘车率法。

乘车率法又称固定比例法，指一定范围内旅客发送量与人口数的比值。在全国范围内，乘车率数为总客运量与全国人口的比值，在运输企业或车站范围内，为吸引范围内总客运量与其总人口的比值。

计算公式为：$y = Y/N$

其中 y ——乘车率；

Y ——高速铁路旅客发送量；

N ——吸引地区居民人数。

（2）动态关系法。

动态关系法又称比例增减法，按照各种因素的影响，推定铁路客运发送量的增长百分数。

计算公式为：$Y_{计} = Y(1+\beta)$

其中 $Y_{计}$ ——计划年度客运发送量；

Y ——上年度客运发送量；

β ——计划年度增长百分数。

例如，某站每年客流增长的基本因素是吸引区经济建设的迅速发展。车站附近大学城的建立，以及在计划期内还将有大型商业区、居民住宅区的投产、兴建，确定年度计划的增长百分数为 10%。如上年度旅客发送量完成 54 万人，则计划年度客运发送量应为 54 万人×（1 + 10%）= 59.4 万人。

（3）Logit 模型。

Logit 模型（Logit model，也译作"评定模型""分类评定模型"，又作 Logistic regression，"逻辑回归"）是确定若干交通方式客运量分担比例比较常用的模型之一。

Logit 模型的基本公式为：

$$P_i = \frac{\exp(U_i)}{\sum_{f=1}^{S}\exp(U_f)}$$

式中，P_i——交通方式 i 的客运量分担率；
U_i——交通方式 i 的效用函数；
U_f——交通方式 f 的效用函数；
S——交通方式的个数。

各种运输方式的供给水平（效用）主要包括：运价、服务频率、最快旅行时间及平均旅行时间、列车接续情况、舒适程度、往（返）机场或车站的时间，对飞机来讲，还要考虑机群变化趋势，飞机占有标准，机内服务水平、飞机耗油等，另外有关机场的资料如地理位置、开闭日期、机场税等也很重要。综合考虑这些因素后，a、b 起迄点之间的某种运输方式 i 的广义运输成本（运输阻力）为：

$$R_{ab}^i = \frac{C_{ab}}{V_{ab}} + t_{ab旅} + t_{ab候} + t'_{ab旅} + t_f$$

式中，Cab——旅行总成本（票价、附加费）；
Vab——旅客平均时间价值；
Tab 旅——旅行时间；
T'ab 旅——交通方式出发地到发站和到站到目的地所需时间和；
Tab 候——候车时间；
tf——其他附加时间。

这里可将运输阻力的负值设为等效效用函数值，那么 a、b 之间交通方式 i 的客运量分担比例如下：

$$P_{abi}^i = \frac{\exp(-R_{ab}^i)}{\sum_{f=1}^{S}\exp(-R_{ab}^f)}$$

从上面的模型可以看出，各种交通方式在不同的运输距离、不同经济发展水平的地区客运分担率是不同的，铁路、公路、航空各有其自身的技术经济优势，也就各有其最合适的客流吸引范围。而且随着社会经济的发展变化，旅客的时间价值也在变化，根据时间-价值模型，不同运输方式在不同时期最合适的客流吸引范围也会随之变化。各种运输方式要不断地调整自身的供给水平，适应这种变化，才能在激烈的运输市场竞争中保持应有的市场份额。

5）高速铁路客流计划的编制

高速铁路客流计划是高速铁路旅客运输的重要组成部分，是实现高速铁路旅客运输计划的技术计划,也是高速铁路旅客运输能力的分配计划和高速铁路旅客运输组织的工作计划。

高速铁路客流调查只是为编制高速铁路客流计划提供一定原始资料,还必须将调查来的情况进行科学分析,研究客流在各个时期是怎样依附于社会政治、经济、文化的发展。此外,还必须根据近几年来实际高速铁路的变化规律和和增长率及高速铁路客流统计资料,综合社会调查采取适当方式加以推算。高速铁路客流计划的编制工作是在铁道部的集中统一领导下,根据高速铁路客流资料,采取上下结合集中编制的方法进行。高速铁路客流计划的工作可分为以下步骤进行:下达任务、准备资料;编制高速铁路客流图和客流计划。

(1) 下达任务,准备资料。

在编制新的列车运行图确定动车组旅客列车开行方案前,一般首先要编制高速铁路客流计划。由铁道局(或高速铁路公司)指定用某月份(简称客流月)的客流统计资料,于客流月前下达编制高速铁路客流计划和高速铁路客流图的任务,同时公布全路高速铁路直通客流区段。管内高速铁路客流区段由各局统计和运输部门共同商定。这里所说的高速铁路客流区段是指高速客流的到达区段,其长度按客流密度的不同来划分。直通、管内都有自己的客流区段。凡高速铁路客流密度大致相同的地段,即可作为一个客流到达区段,密度不同的,则需分为两个或几个客流区段。如此划分,就能看出各区段客流密度的不同,从而可规定各客流区段应有的动车组列车对数。

各铁路局(或高速铁路公司)根据下达的任务,督促各站、段认真填写客票和表报单据,并及时完整地向统计部门传送。售票系统提报数据和各类表报单据是编制高速铁路客流计划最可靠的原始票据。

(2) 高速铁路客流图的编制。

为了对需要的高速铁路旅客运输量与运输能力进行平衡,进而确定计划动车组列车的工作量,应编制高速铁路客流图。

高速铁路客流图的编制一般是先作高速铁路客流斜线表,后编高速铁路客流图。

高速铁路客流斜线表见表9-1。

表9-1 高速铁路客流斜表

发站\到站	距离/km	甲	乙	丙	丁	戊	上行	下行	总计
甲			3545	2050	938	856	7389	—	7389
	250								
乙		3823		1436	770	501	2707	3823	6530
	263								
丙		1823	830		2622	865	3487	2653	6140
	350								
丁		920	900	1430		2493	2493	3250	5743
	450								
戊		780	1300	1170	1460		—	4710	4710
上行		—	3545	3486	4330	4715			16 076
下行		7346	3030	2600	1460	—			14 436
总计		7346	6575	6086	5790	4715	16 076	14 436	30 512

它将各大站及客流区段的发到旅客人数显示于表上。表内左边一列站名为发站，上边一行站名为到站。将发站发送的客流量按到站分列在同一行的相应栏内，表示出管内客流的流量和流向。表中斜线以上为上行，斜线以下为下行。

为使高速铁路客流斜线表所表示的客流计划更为明显、清晰，而且便于计算高速铁路旅客运输指标和确定动车组列车行驶区段与行车量，可将斜线表上的各项数字按一定的格式，用图案的形式绘制出管内高速铁路客流图，如图9-9（仅为上行部分）所示。

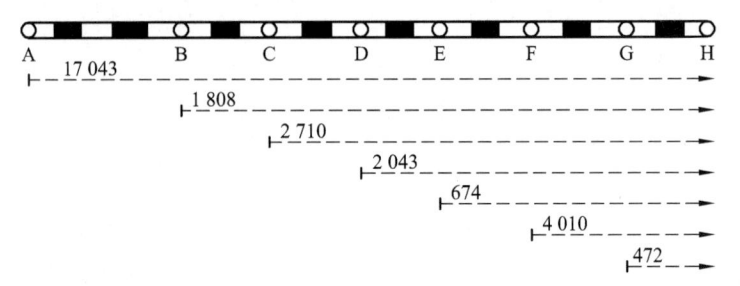

图 9-9　高速铁路客流图

各铁路局（或高速铁路公司）编好高速铁路客流图后，应提交铁道部备案，并汇总在按局别的全国高速铁路客流图上。各铁路局（或高速铁路公司）结合高速铁路客流调查和统计资料，利用各种预测方法推算出计划期内高速铁路客流可能的增长率或绝对数，据以编制高速铁路客流计划。最后把计划客流密度与现行运行图规定的动车组列车能力进行比较，即可提出编制新的客车运行图所需的资料。

三、动车组旅客列车车次

全国有几百组不同种类、性质的动车组列车运行在城际、高速高速铁路及其他改造后的既有线路上。为了便于旅客区分各种动车组的性质和种类，同时考虑到铁路行车部门组织列车运行和进行作业的需要，铁路部门将各种动车组旅客列车按其性质、种类和运行方向用一定数字编订车次。所以，车次是某一列车的简明代号，不仅能表示动车的种类还可以判明其去向——是上行还是下行，在我国以向首都北京、支线向干线或指定方向为上行，车次编定为双数，反之为下行，车次编定为单数。

目前动车组采用的车次代码方案为：高速动车组旅客列车、城际动车组旅客列车、动车组旅客列车由一位字母和1至4位数字组成。动车组客车车次编定如表9-2所示。

表 9-2　动车组旅客列车车次表

顺号\类别	列车车次		车次
1	高速动车组旅客列车	跨局	G1～G5998
		管内	G6001～G9998
2	城际动车组旅客列车	跨局	C1～C1998
		管内	C2001～C9998
3	动车组旅客列车	跨局	D1～D3998
		管内	D4001～D9998

第二节　高速铁路旅客列车开行方案编制

一、高速铁路旅客换乘作业

1. 我国高速铁路客流种类

高速铁路客流一般来说可以分为长途客流、中途客流、短途客流。由于目前高速铁路未能形成网络，更为实际的一种分类方法是按旅客换不换乘来分类，如图 9-10 所示。

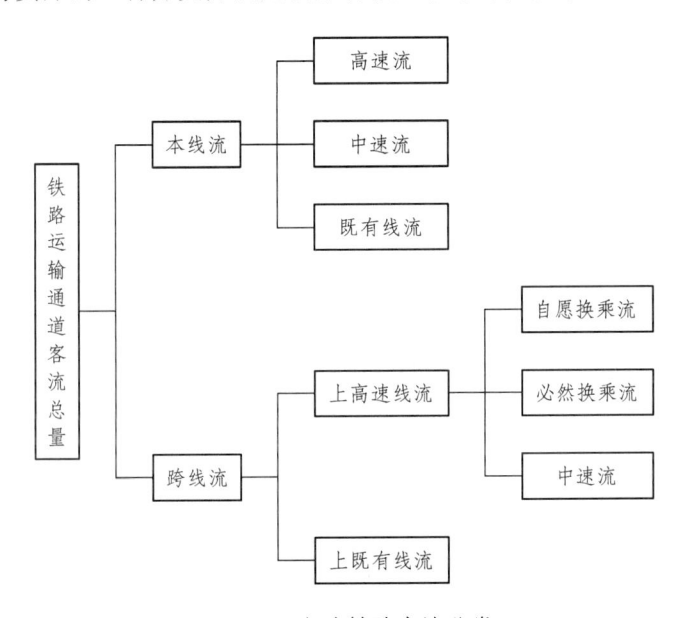

图 9-10　高速铁路客流分类

2. 跨线客流的输送方式

（1）高速铁路只开行高速旅客列车，跨线客流在衔接站换乘高速旅客列车。

（2）高速旅客列车除在高速铁路运行外还下到相邻线上运行，跨线客流由高速列车运送。

（3）高速列车只在高速铁路上运行，相邻线路上的中速列车上高速铁路运行跨线客流由中速列车运送。

采用上述方式，跨线列车将采用 200 km/h 以上的动车组，因此除相关既有线必须电气化外，其动车组必须适应高速铁路的技术条件，又适应相关既有线的技术条件。这种方式可以减少旅客换乘，与换乘方式相比可以更多地吸引客流，但高等级旅客列车与这种跨线列车速差较大，区间通过能力受到限制，行车组织复杂。

（4）跨线客流在衔接站选择公路等其他交通方式

无论采取什么样的换乘方式，都将增加旅客的不便，根据国外的经验和有关研究，一次换乘要损失客流 30% 以上。为此各国都在千方百计开行直达运输列车，减少旅客换乘，以吸引更多的客流。高速铁路上运行的都是高等级旅客列车，速度单一，区间通过能力利用较充分，行车组织较简单，但换乘客流组织较复杂。

3. 跨线列车的运行范围

判断某一跨线列车是否开行是一项复杂的工作，必须依据其客流强度、市场需求、高速铁路与既有线的技术条件和能力、跨线列车的运输组织模式及编制内容等因素，进行综合分析比较方可确定。

跨线客流强度的大小，是设置跨线列车的主要依据。高速铁路的本线客流主要有本线列车输送，跨线客流主要由跨线列车输送。跨线列车在高速铁路范围内的旅客上座率应不小于70%~75%，否则，不应开行跨线列车。对于跨线列车200 km/h列车，其运行范围还受到动车组整备、维修条件限制。

4. 跨线列车的运行速度

高速铁路运营初期，既有线已经过了第六次大提速，主要干线允许速度已经达到200 km/h，其他干线允许速度已经达到140~160 km/h。从经济、合理利用高速动车底和200 km/h的动车底出发，跨线高速列车，在有关的既有线的允许速度应达到200 km/h；跨线列车在高速铁路上最高速度应达到200 km/h。高速铁路上主要运行300 km/h及以上和200 km/h两种列车。

高速铁路将来形成网络后，高速列车最高运行速度可达到350 km/h，到时，大部分跨线列车已经是高速列车，且最高运行速度将在300 km/h左右，跨线列车在高速铁路上的最高运行速度将以300 km/h为主，在既有线上的运行速度根据具体线路的允许速度确定。

二、列车开行种类的确定

高速铁路上运行的列车根据其编组内容以及运行特性分为五类，即：高速短编组列车、高速长编组列车、200 km/h列车（中速列车）、高速卧铺车以及200 km/h卧铺车（中速列车）。具体内容如下表9-3：

表9-3 各类列车编组辆数及定员

列车种类	编组辆数/辆	列车定员/人	最高运行速度 km/h
高速短编组列车	8	600	300（远期350）
高速长编组列车	16	1200	300（远期350）
200 km/h 列车	16	1200	200
高速卧铺车	16	600	300（远期350）
200 km/h 卧铺车	16	900	200

三、高速铁路旅客列车开行方案的编制原则

本着全路整体利益最大化、兼顾高速列车和跨线列车开行、满足不同层次旅客需求、减少换乘、最大限度地方便旅客和加速旅客送达的原则，高速铁路运营初期将采用高速列车和普通跨线列车混跑，适当开行夕发朝至旅客列车的运输组织模式。高速铁路初期建设阶段，

设计速度目标值为：高速列车初期运行速度 300 km/h，远期运行速度 350 km/h，普通跨线列车运行速度 200 km/h 及以上。目前，为了进一步降低高铁票价，提高能源利用效率，铁路总公司提出"保在建、上必需、重配套"高速铁路旅客列车开行方案，对已建成线路实施混合运行模式，在时速 300 km 的高速铁路上，同时开行时速 200～250 km 动车组列车。确定铁路旅客列车开行方案的最基本原则即是按客流开车和实现经济效益，即根据客流数量、性质，以实现经济效益为目的，形成合理的铁路旅客列车开行方案。根据客流特点，以高效、有序地组织列车运行和提供方便、快捷、优质的服务为前提，安排高速和跨线列车运行，并充分考虑动车组运用、客流组织和旅客需求等因素，最大限度方便旅客出行和吸引客流。

列车开行方案总的原则为：

（1）以客运量为基础，客运站和动车段的布局为前提，并兼顾动车组的合理利用，需求全路整体效益最大化。

（2）新建高速铁路大部分与能力紧张的干线并行，在高速铁路建成初期，为缓解既有线能力紧张，尽量安排跨线列车上高速线运行。

（3）列车停站应本着以人为本、以旅客需求为导向、有效利用线路能力、提高列车运行速度和缩短旅行时间等原则进行设计。

（4）列车满员率的合理确定。

四、高速铁路旅客列车开行方案的编制方法

列车开行方案的确定是客运专线旅客运输组织工作中十分重要的内容。同样列车开行方案的设计非常复杂，首先要符合旅客出行规律，最大限度的方便旅客，提高服务频率、减少旅客等待时间，尽可能减少等待时间，提高席位利用率，还要充分利用运输能力，合理利用动车组，合理安排列车定员。影响列车开行方案编制的因素诸多，有社会经济的宏观因素，有旅客个人的微观因素，但是对于铁路部门而言，列车开行方案的编制力求是旅客总停站时间最少，列车虚糜最少，未满足旅客需求量最少，动车组闲置时间最少等几个目标达到最优化。

列车开行方案的编制都是以客流量为基础，按流开车，所有的列车开行方案的编制基本上都是在客流量的基础数据进行建模，确定目标函数和约束条件，最终通过一些算法得出目标函数的最优解或满意解的一个数学过程，编制步骤如图 9-11 所示。

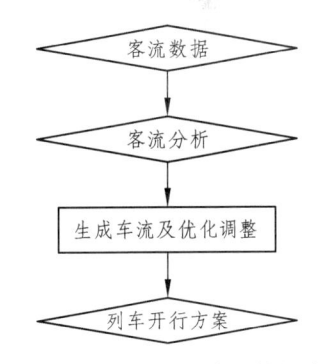

图 9-11 列车开行方案的编制步骤

五、列车开行方案的技术指标

列车开行方案编制好后，为了评价其编制质量的优劣，有必要对其主要指标进行分析计算。评价客运专线列车开行方案的主要技术指标包括社会经济的宏观因素，以及旅客运输企业的微观因素等诸多因素，以下主要是在客运站的服务频率、席位利用率和动车组使用数量上进行分析。

1. 客运站的服务频率

客运站的服务频率是指就某一方向，一日内提供给每位旅客乘车选择的列车次数，是反映旅客服务水平的重要指标，也是评价列车开行方案的重要因素。

服务频率越高，一日内提供给旅客选择的列车次数越多，旅客乘车就越方便，等待时间就越短，进而吸引的旅客就越多。

但过高的服务频率一方面增加了铁路的运营费用，另一方面又延长了长途旅客的停站等待时间，相关研究表明，当服务频率超过 18 趟/天后，运量随服务频率增加而增大的幅度越小。

客运站服务频率大小主要决定于列车开行数量。对于中间站而言，决定于始发列车数和通过列车中的停站列车数之和；对于无始发列车的中间站，主要决定于停站列车数。

2. 席位利用率

席位利用率，即上座率，满员率，是反映旅客列车满员程度的重要指标，过高的席位利用率会造成一些列车超员，影响旅客服务质量；席位利用率过低又会使旅客列车虚糜严重，影响旅客列车开行的经济效益。根据以往研究资料，我国旅客列车的席位利用率一般取 0.7~0.8 之间认为比较合理。

3. 动车组使用数量

由于动车组的造价费用过高，好的列车开行方案能够提高动车组利用率，节省动车组使用数量，进而减少建设成本。对于动车组需要数量的确定，图解法是最准确的，即在编制好列车运行图后，根据动车组使用方式和维修方式，直接勾画出动车组周转图，但对于新建的客运专线目前还没有详细的运行图作参考，只能够采用分析计算法得到粗略的动车组使用数量。

第三节　高速铁路客运站工作组织

客运站是指专门办理或主要办理大量客运业务的车站，与普通车站不同之处，高铁客运站只办理客运业务。客运站一般设置在具有特殊意义的大城市及客流比较集中的中小城市。

客运站是铁路与旅客之间联系的纽带，因为这里是旅客与铁路最先和最后接触的场所，双方当事人之间的权利义务关系在此产生或消失。客运站是铁路旅客运输的基层生产单位，是铁路的"窗口"，一系列旅行手续均在此办理，如旅客购票、上车 列车到发及作业等。客运站又是城市的大门，是城市建设的有机组成部分。因此，客运站的工作水平影响到旅客、铁路、城市三方面。

高速铁路客运站的主要任务是安全、迅速、有序地组织旅客上、下车；方便旅客办理一切旅行手续；为旅客提供舒适的候车环境；保证高速铁路与市内交通联系方便，便于旅客迅速集散。

本节主要介绍高速铁路客运站生产销售管理工作组织，包括售票、客运服务、自动化系统使用与管理等内容。

一、高铁客运站的作业特点及主要设备

1. 高速铁路车站的作业特点

1）国内高速铁路车站的作业特点

（1）车站作业单一，只办理客运业务，不办货运业务。

高速铁路运营初期能力上会存在一定富余，但由于技术上的原因一般不开行货物列车。如日本、法国等，德国虽客货混跑，但货车主要在夜间运行，车站办理的作业主要是通过作业。

我国高速铁路（高速铁路）大部分也设定为不办理货运，即使如石太等客货混跑线的车站也基本不办理货运作业。

（2）高速旅客列车不办理行包的邮件的装卸业务。

我国普通客车多挂有行李车和邮政车，高速铁路车站一般不办理行包和邮件的装卸作业。

国外的高速动车也均不办理行邮作业，解决行包的办法：一是设置较宽敞的行李架；二是开行单列的行包邮政列车。

我国高速铁路基本与既有线平行，行包运输问题可以考虑由既有线完成，故高速列车可不办理行邮业务。

（3）高速车站作业必须突出安全第一的思想。

不停站的高速列车通过车站的速度按设计要求应与区间相同，停站的列车进入咽喉区的速度也将达到 km/h。

在车站，人身安全、列车运行安全、车站员工的安全以及高速列车养护维修动车组列车调车作业的安全，都必须加以注意。

（4）高速车站作业组织要充分体现"以人为本、方便旅客"的宗旨。

车站是聚集大量旅客的场所，必须做到快速集散客流、尽量减少旅客步行距离、减少滞留时间提供安全方便的通道。

（5）高速车站的客运和行车工作组织要适应高效率快速作业要求。

高速列车停站作业时间很短，列车停站时间最短 1 min，立即折返的列车停站时间从国外经验看在 15~25 min，必须提高车站客运和行车组织工作水平，适应高速列车的高效、快速的作业要求。

2）国外高速铁路车站的作业特点

（1）东京车站管理。

东京站由 JR 东日本公司所管辖的部分，包括四条到发线，咽喉区有一个交叉渡线。4 股道接发列车达到 298 列/天。高峰期日接发列车 380 列如此高的利用率，其原因为：

接发车进路全部由 JR 东日本指令本部 COSMOS 系统的列车调度子系统自动办理，车站的运转室正常情况不办理任何接发车进路，只是起到监控和实时了解工作状态的作用。

（2）德国车站管理。

德国铁路车站全部实行完全开放的管理模式，没有安全检查和检票系统。

车站除设有问讯、售票、候车、小件寄存、行李推车等必需的服务设施外，大的客运站还设有商店、旅馆、餐厅、书店、银行、邮局等大量服务设施。相对非常发达的商业功能，车站候车功能十分弱化。

在管理方面，德铁客运车站由车站与服务公司负责。但车站公司实际上只提供问讯、旅客导向信息、小件行李寄存、清洁卫生及商业服务。

提供3S服务：即服务（SERVICE），安全（SICHERHEIT），清洁（SAUBERKEIT）。

建立3S服务中心，通过电视服务系统（即电视监控系统）、SOS求助设施和先进的通信手段等，随时为旅客提供服务。3S服务中心24小时监控行李寄存箱、电梯等服务设施和站容卫生，协调全站的生产服务工作，保证旅客和服务设施的安全、完好，保持站容整洁卫生。

当在电视服务系统中发现伤残人、老年人或不会使用自动售票机的旅客需要帮助时，可通过通信设备，通知服务在旅客当中的红帽子工作人员（头戴红帽子，流动免费为旅客服务，人数约占全站人员的一半），及时迅速地为旅客提供服务。旅客有困难，可以通过SOS设施得到3S服务中心的帮助和信息咨询服务。

3S服务中心可通过无线电话随时与运行中的列车联系，使站车服务一体化，实现了铁路服务全方位、全天候。3S服务中心实质上就是将电视监控系统的功能扩大到服务功能。（全程服务）

（3）法铁车站作业。

法铁实行站、票分离，车站业务主要有两部分，即客运服务和列车到发调车作业。（不负责售票）但设有自动售票机，经营不归车站。

既有线车站上，股道固定使用，车站值班员根据运行图安排接发列车和调车股道占用计划，有行车和客运作业人员在现场组织。

高速线车站上，不设行车人员接发列车，在站台上设客运服务人员接发列车。

2. 高速铁路车站的作业与主要设备

1）高速铁路客运站的作业

（1）客运服务作业，包括旅客进出站、安检、候车、问讯、小件行李寄存，以及为改善旅客候车环境而针对旅客文化生活、饮水、卫生等方面提供的服务。

（2）客运业务，主要是售票业务，包括自动售票机、窗口人工售票。

（3）技术作业，包括动车组接发、车列技术检查、动车组上水、餐料供应等。

2）高速铁路客运站的主要设备

客运站由站房、站场、及站前广场组成。

（1）站房。站房是客运站的主体，包括为旅客服务的各种用房，运营管理工作所需的各种技术办公用房。

站房应根据客运量设置为旅客服务和客运生产、管理、办公、生活及驻站单位使用的各类房舍和设施。如：售票厅、票库、问讯处、携带品暂存处等房舍。还应有阅览室、广播室、微机房、监控室、医务室、售货部、饮水处、厕所、工作人员间休室等文化、卫生和生活上的必要设施。还应为残疾旅客设置无障碍通道。较大车站上下通道应设置自动扶梯、电梯。另外，还可根据需要，设置贵宾室贵宾室、软席候车室、母婴、军人候车室和旅客餐厅。

（2）站场。站场是办理客运技术作业的场所，也是旅客的集散地点。站场内应具备各类站线、站台、雨棚、天桥、地道、照明、给排水、栅栏（围墙）、跨线设备（天桥、地道）和垃圾处理等设施。这些设施的布置应能满足安全需要，并合理地组织旅客流线。

（3）站前广场。站前广场是客运站与城市联系的"纽带"，应具备旅客和各种车辆集散、停留的场地，旅客活动地带和相应的绿化区域，并考虑远期规划用地。另外，站前广场应增设为旅客使用的各种服务性设施，如售货亭、餐厅和公共厕所等。

二、高速铁路客运站售票工作组织

1. 高速铁路客运站售票组织办法

1）车站及联网窗口售票

动车组列车车票（磁制车票除外）在全路计算机联网窗口通售（含代售点），办理异地票业务。动车组始发及中途站设专区和专售窗口，并设有明显引导和售票标志，方便旅客购票。

2）客票代售点

客票代售点对动车组车票营销工作起着推动作用，一般在市区人口出行量较大的区域设置客票代售点。车站应定期向社会公布客票代售点营业地址和时间，组织发售动车组列车车票。

3）专门售票窗口

动车组车票发售专窗可采用专用界面售票，对于开行密度大、同方向连发间隔时间短的列车，要求采取分车次、分时段、分线别、分到站等弹性开窗方法，减少旅客等候时间。

4）订票服务

可通过电话订票、网上订票等多种售票方式向旅客发售动车组列车车票。

5）优惠卡乘车

持CRH优惠卡购票乘车的旅客可享受相应票价折扣。

2. 动车组售票相关规定

1）用途及预售期

动车组列车票额全部投放全路范围"公用"用途，预售期根据实际需要适时调整。

2）票额管理

直通动车组列车票额集中存放始发局，按照能力利用最大化原则，始发局设专人负责票额日常管理和调整，中途局及时向始发局提供客流信息，做好售票组织工作，保证列车全程上座率。

直通动车组列车能力有剩余时，始发局应及时将票额向有客流需求的中途局(站)调整。始发局能力不足，须将中途局票额调回始发局时报铁道部批准。

乘车人数通知单

直通动车组列车由车站在开车前打印"乘车人数通知单"一式两份，一份交列车长，一份由列车长加盖姓名章（签字）后，车站留存备查。

"乘车人数通知单"开始打印之时，客票系统自动停止发售该车次车票，有条件的车站要在站台（候车室）配备高速打印机。

部分动车组列车停靠的车站，其"乘车人数通知单"是通过某些设备进行数据传输来递交列车的，不再传递纸质的"乘车人数通知单"。

3. 武广高速铁路自动售票作业组织

1）系统管理

自动售票系统相关业务纳入客票系统统一管理。

车站利用管理模块对自动售票管理人员权限、基本信息、运营设置、客票业务查询、自动售票交易和统计查询等内容进行管理。

2）权限及维护

自动售票机原则上只发售高速铁路列车的全价票和儿童票，不办理废票、退票、改签和其他减价票发售等业务。

车站要根据旅客购票需求，合理设定自动售票机的开设数量、安装位置和服务时间。

车站要充分利用自动售票机显示屏、LED等显示屏，准确、及时地向旅客发布购票信息。

车站要设置专窗处理旅客在自助购票过程中出现的各种问题。

车站要指定专人监控自动售票机的工作状态，按照规范程序及时更换钱箱、票卷、凭条纸和处理故障等。

3）收入管理

车站要加强自动售票机的结账管理，明确结账时间、流程等事项，并指定专人负责。

自动售票系统运营管理由点款员、操作员和设备维护员配合完成。点款员负责入钞箱的清点、找零箱的清点和补币；操作员负责更换钱箱、票卷、凭条纸，对自动售票机进行结账操作，处理故障凭条；设备维护员负责对设备进行维护和故障处理。

点款员在清点入钞箱、找零箱和补币时要求双人作业，强化自控互控，确保安全。

操作员更换钱箱、票卷时，必须有安保人员到场防护，确保现金、票据安全。

4）统计分析

自动售票系统在客票系统中设立单独的售票处，以独立的售票处汇总财收处理、统计分析等报表。

车站要以18点为界，每日对检票系统的信息进行汇总，打印出自动检票机作业日报表，并按月归档。

5）人员培训

自动售票系统的管理和使用人员要经过严格的培训、考试，相关培训内容要记入培训档案。

自动售票系统的管理、使用和维护人员必需完成以下培训内容：

自动售票系统应用软件使用；

自动售票系统管理办法及作业流程；

设备使用操作及日常维护；

常见故障分析和应急处理。

6）应急处理

车站要制定切实可行的应急预案，配备充足的应急设备，并定期组织预案演练。

自动售票系统发生故障时，工作人员要迅速赶到现场，立即引导旅客到人工窗口办理购票业务，同时通知设备维修单位及时处理。

4．自动售票机

1）自动售票业务。

自动售票机（图 9-12、图 9-13、图 9-14）原则上只发售动车组车票，打印一张磁介质车票的速度不超过 3.5 s，可储存 2 卷票卷（每卷 1000 张），并且具备自动切换功能。

2）自动售票机的使用步骤

第一步：按照显示屏信息，依次选择出发站、到达站、出行日期、出行车次、车票张数和席别；

第二步：如需购买返程票请直接点击"购返程票"键，选择所需车次及张数，一次购买；

图 9-12 自动售票机

图 9-13　自动售票机

图 9-14　触摸式自动售票机界面

第三步：根据票款提示，放入第四版或第五版纸币，一次交易最多只能接受 15 张，纸币单张逐一插入，当插入纸币不可识别时，识钞器会退出纸币，旅客要拿走纸币后，再插入新的纸币（目前自动售票机只接受纸币购票）；

第四步：购票成功后，在对应槽口取出车票和找零。

3）旅客信息查询系统（见图 9-15、图 9-16）

为方便旅客查询相关信息，高铁站在候车室、进、出站层、售票厅等安装了电子触摸信息查询系统，该系统有以下功能：

"票价查询"：查询列车途经站、里程和票价；

图 9-15　旅客触摸信息查询系统　　　　图 9-16　旅客触摸信息查询系统界面

"乘车"：查询车次和发车时间以及修改为"该车次具体候车区域"；

"站台"：查询"动车组列车停靠站台"；

"接站"：通过点击车次可查询"所接旅客的到达时刻及出站站台"。

"站内导航"：查询高铁沿线各大车站的结构、功能、运行情况和票价以及各车站的平面位置、基本情况。

"旅客之家"：包含"宾馆信息"、"商业网点"、"公交线路"等信息。

三、高速铁路客运站乘降工作组织

1. 候车及乘降组织规定

1）候车室的设置

较大车站应设置动车组旅客专用候车室，有动车组停靠的中间站应设专用候车区，高速铁路沿线候车室应按动车组旅客候车室标准设置。动车组旅客候车室设备设施和服务应符合软席候车室标准。

2）自动闸机的设置

车站设置自动检票闸机（图9-17），闸机的数量与布局应当与车站设施设备相协调。使用自动检票闸机的车站应同时留有人工通道。车站应加强进出站通道、站台的封闭管理，防止无票人员上车。自动检票闸机应保证每分钟至少15人的通过能力，处理每张磁性车票的时间不超过1 s，卡票率小于1/10 000，通行检测最小间隔不超过200 mm。

图9-17 自动检票闸机

3）动车组列车停车位置标

动车组列车在站台停靠时间短，对乘降组织要求高，在站台上应标出对门排队位置，以便组织旅客排队快速上下。高铁沿线各站都设置动车组列车停车位置标，（图9-18），8辆编组写有"8辆动车组停车位置"，16辆编组写有"16辆动车组停车位置"。

图9-18 停车位标志

4）动车验票工作

动车组车门验票不在车门验票，由车站负责。

- 244 -

2. 各岗位客运员工作职责

1）候车区域客运员工作职责

- 负责维持正常的候车秩序，引导旅客文明有序候车；
- 负责组织旅客检票进站上车；
- 负责本区域自动检票机的管理；
- 负责解答旅客问询，受理旅客投诉；
- 负责旅客遗失物品及药箱的管理；
- 负责处理本岗位的突发情况；
- 负责监督本岗位作业区域的保洁工作质量。

2）站台客运员工作职责

- 按规定接送动车组列车；
- 负责安全有序组织旅客乘降，并做好相关服务工作；
- 负责站台闲杂人员的清理；
- 负责做好站车交接工作和突发事件的应急处理；
- 负责解答旅客问询，受理旅客投诉；
- 负责监督本岗位作业区域的保洁、上水工作质量；

3）出站口客运员工作职责

- 负责组织旅客检票出站；
- 负责区域内闲杂人员的清理，做好旅客出站宣传工作，维持出站秩序；
- 负责办理旅客补票业务；
- 负责本区域自动检票机及补票机的管理；
- 按规定做好现金、票据及碳带的请领、使用、保管和交接工作；
- 严格执行交接制度，正确结算账目，并按规定填报有关报表；
- 负责解答旅客问询，受理旅客投诉；
- 负责处理本岗位的突发情况；
- 负责监督本岗位作业区域的保洁工作质量。

3. 各岗位客运员作业"作业内容及要求"

各岗位客运员交接班前应按规定统一着装，佩戴标识，做到仪容整洁，精神饱满；参加班前会，接受任务指示，了解动车组列车运行情况及重点事项，做到任务清楚、重点掌握；对岗交接，检查本岗位保洁质量、设备设施等情况，做到卫生达标，设备完好，备品定位。

四、高速铁路客运站旅客服务系统运用与管理

旅客服务系统是指采用信息采集、网络传输、广播、显示等设备，与列车调度指挥、客票发售和预订系统等接口，利用信息集成技术，为旅客进出车站、乘车等提供实时信息，并对各子系统设备进行集中监控和管理的信息系统。

旅客服务系统由集成管理平台（IMP）和导向揭示（PIS）、广播（PA）、监控（VM）、

时钟（CLK）、查询（IS）、求助（HP）、站台票发售（PT）、寄存（BLS）等子系统组成。

旅客服务系统采用"大站集中管理小站"的模式。

1. 旅客服务系统职责分工

1）客运处职责

- 负责旅服系统的规划建设、组织管理；
- 监督、检查和指导旅服系统的日常使用、维护管理，建立系统基础台帐；
- 负责设备的购置、更新和维修经费的管理；
- 负责设备维修保养方式的制定及费用支付审查；
- 协调组织有关单位做好操作人员上岗培训工作。

2）信息技术处职责

- 负责参与旅服系统的规划建设，提供技术支持和保障；
- 负责旅服系统的主机、存储、网络、机房等计算机设备和软件的专业技术管理、购置、更新、维护和升级工作；
- 参与审核设备更新、大修计划；
- 参与旅服系统设备故障的处理，指导维修单位进行设备日常维护；
- 配合使用单位、设备供应商做好操作人员的培训工作。

3）车站职责

- 负责制定旅服系统管理细则和作业流程，建立设备管理台帐；
- 负责旅服系统的使用、管理、报修，以及基础数据的提供、核对等工作，配合维修单位做好系统维护保养；
- 定期收集、分析旅服系统的使用情况信息，及时向有关部门反馈；
- 负责旅服系统操作人员的业务、技术培训工作。

4）维修单位职责

- 负责旅服系统设备日常维修、保养及定期检修工作；
- 对系统参数、基础数据进行创建、更新和维护；
- 助使用单位做好操作人员的培训工作。

2. 成管理平台

集成管理平台是旅服系统管理的核心，对导向揭示、广播、监控、求助、寄存等业务进行集成，与运调系统、票务系统连接，提供综合业务操作，实现信息共享和功能联动。在正常工作情况下，车站所有的广播、导向揭示、视频监控、求助、信息查询、信息发布、业务维护、设备监控等业务均在集成管理平台上完成，为车站客运组织工作提供综合信息。

1）列车到发管理

票务系统每天向集成管理平台发送车次目录和列车停靠站信息，运调系统每天定时向集成管理平台发送列车运行实时信息和预计列车到发信息；

操作人员确认列车到发信息后，集成管理平台根据票务系统和运调系统提供的信息自动生成或调整客运组织计划；

操作人员确认客运组织计划后，由集成管理平台自动生成或调整广播、导向和监控计划，并将客运组织计划发送给自动检票系统和到发通告终端。

2）广播管理

广播系统自动从集成管理平台获取广播信息，向旅客和工作人员发布。正常情况下进行列车到发信息广播、专题广播、编组广播或其他文字信息语音合成广播。广播系统中消防广播优先级最高；

操作人员对每日生成广播计划的自动执行情况进行监控，必要时进行人工广播、专题广播和文字转语音（TTS）的选区广播；

操作人员可以对广播区进行分组，可以选择人工话筒与其他形式的广播音源进行混音广播。

3）导向揭示管理

导向揭示系统自动从集成管理平台获取各类旅客服务信息，在旅客进站、购票、候车、检票、乘车、出站等各个环节为旅客提供及时准确的动、静态信息服务。

操作人员对每日生成的导向计划自动执行情况进行监控，必要时进行人工干预。

4）监控管理

监控系统实现对站区内的服务对象和服务设备设施的监控；操作人员、设备维护人员及相关管理人员可以在监控权限范围内浏览摄像机的实时图像信息；操作人员可根据监控操作权限，进行视频监控、录像回放、轮巡组配置、摄像机配置操作；按照优先级的高低，具有权限的相关人员可以锁定（解锁）、屏蔽（解除屏蔽）相关摄像机的内容。

5）求助管理

求助是指旅客在车站内使用求助系统的终端设备远程获得车站工作人员帮助的过程。

求助系统通过集成管理平台与监控系统有机配合，响应旅客的求助需要，使旅客及时获得车站工作人员的帮助。

当旅客按下求助按钮后，由值班人员进行首接，在条件允许的情况下，通过集成管理平台查看求助现场的视频图像。

值班人员对旅客进行帮助，无法自行处理时，根据实际情况通知相关岗位进行处理。

6）时钟管理

时钟系统主要由车站二级母钟、NTP 网络时间服务器、各类子钟及维护终端组成。

时钟系统从统一的时钟源获得标准时间，实现整个站区内各个子钟及相关系统与时钟源同步，具有自动校时、自动追时功能。

7）查询管理

查询系统主要以本地数据库和集成管理平台为主要数据源，采用触摸屏、计算机、多媒体、网络、接口等先进技术，为旅客提供列车、票价、席位、服务设施、站区环境等相关信息。

人工查询模块为车站工作人员提供信息查询，相关工作人员根据权限对信息进行编辑和修改。车站设置自助查询设备，用于旅客自助查询。

8）寄存管理

寄存系统通过集成管理平台实现对旅客以自助的方式存放小件物品的管理。

当集成管理平台收到寄存设备发生故障或外力破坏的信号时，自动通知设备维护人员和车站工作人员，并根据实际情况进行处置。

3. 统应用和维护

旅服系统实行统一的设备技术标准、配置规范和软件版本。旅服系统的集成软件由铁道部统一组织开发和更新，任何单位和个人不得擅自更换和修改。

在旅服系统开发、升级或改造完成验收时，开发商应提供工程设计文件和操作说明书等资料，并提供必要的培训及售后服务。

车站负责集成管理平台用户的增加、删除、修改及权限的设置。人员调整时，应立即变更用户名、权限、口令等相关事项。

4. 安全管理

第一步，车站应加强计算机病毒防范工作，主动配合信息技术分所对计算机系统进行升级、查杀病毒等工作，并做好相关记录。

第二步，车站应要确保旅服系统封闭运行，相关的计算机设备严禁与互联网等外部网络进行物理连接，不得与其他无关系统共用硬件或者网络设备；U盘、移动硬盘等脱机方式进行信息交换的存储介质只能在本单位系统内部使用，不得外借、存储私人资料，或带离单位使用，进入旅服系统前，必须查杀病毒。

第三步，综合控制室要按规定配备足够的灭火器材，室内不得存放任何强磁性物品和易燃、易爆、强腐蚀性等危险品，并实行24小时值班制度（指定车站除外），值班人员应有高度责任心和良好的业务素质，并明确值班电话，确保信息畅通。

第四步，综合控制室严禁无关人员进入，对因工作需要进入综合控制室的其他人员，应做好出入登记。

第五步，集成管理平台用户首次登录后必须修改密码，密码长度不能低于6位，须由英文字母和数字混合而成。密码至少每三个月更换一次。各操作人员应使用本人的工号和密码，严禁工号工号共享。

第六步，车站要制定切实可行的应急预案，定期组织演练，并建立设备故障分析、处理、追踪制度和详细的故障处理档案。

第七步，旅服系统发生故障时，相关操作、系统管理、设备维护人员应迅速处理。不能及时恢复的，要立即启动应急预案。

5. 设备维修保养

铁路局（集团公司、公司）客运处是旅服系统的归口管理部门，负责组织协调和监督检查设备维修保养工作；信息技术处是旅服系统的技术支持、保障和实施部门，负责旅服系统集成平台、网络和软件的日常管理、维护和升级；车站负责旅服系统的日常使用、管理和报修。

客运处委托管内多元系统具有资质的专业维修单位对旅服系统设备进行维修保养，及委托车站按照有关规定与维修单位签订设备维修合同。

旅服系统设备在保修期内，由保修单位负责设备定期巡检、技术支持和应急响应，并负责设备故障的及时修复。

维修单位要加强旅服系统的日常维护和检修，保证使用质量。在接到车站故障报修通知后，维修人员必须在规定时间内赶赴现场，迅速排除故障，恢复设备正常使用。

第四节　高速铁路旅客列车乘务组织

一、概述

1. 动车组列车乘务组组成

动车组列车乘务组由客运乘务人员、随车机械师、司机、公安乘警、随车保洁和餐饮服务人员组成，简称为"六乘人员"。六乘人员必须在列车长的统一领导下（除行车救援指挥外），分工负责，各司其职，共同做好旅客服务工作。

客运乘务组应采用轮乘制或包乘制，客运乘务组由1名列车长和2名列车员组成。动车组重联时，按两个乘务组安排人员；编组16辆的动车组按1名列车长和4名列车员配备。对运行时间较长的动车组可适当增加客运乘务人员。动车组司机实行单司机值乘制，随车机械师按每组1人配备。

2. 人员配备与隶属关系

1）动车组与运用所人员配备

动车组运行应配备本务司机、随车机械师、客运乘务人员和乘警；运用所应配备地勤司机、行安设备检修人员、地面检修维护人员、动车组车内保洁人员等。

2）司机隶属关系及上岗要求

动车组本务司机、地勤司机隶属机务段管理。司机须经铁路总公司组织的动车组司机理论培训，并经路局组织相应的实作培训，考核合格，持《铁路岗位培训合格证书（CRH）》上岗。

3）机械师隶属关系及上岗要求

随车机械师、存放点车辆调度、地勤机械师隶属车辆段管理。随车机械师、地勤机械师须经铁道部组织的动车组随车机械师或检修运用人员理论知识培训，并经路局组织相应的实作培训，考核合格，持《铁路岗位培训合格证书（CRH）》上岗。

4）客运乘务人员隶属关系及上岗要求

客运乘务人员（列车长、列车员）隶属客运段管理。客运乘务人员须经局组织的动车组设备使用培训，熟悉动车组车厢内上部服务设施的操作和设备操作注意事项，并考核合格，持《铁路岗位培训合格证书（CRH）》上岗。

5）公安乘警隶属关系及上岗要求

公安乘务民警隶属公安处乘警支队。值乘民警须熟悉动车组车厢内安全和消防设施、设备的操作及注意事项。

6）检修人员隶属关系及上岗要求

行车安全设备检修人员分别隶属既有专业体系管理。ATP、LKJ2000 检修人员隶属电务段，接触网检测设备检修人员隶属供电段，CIR 设备检修人员隶属铁通公司，各检修人员须经铁路局组织的动车组理论、实作培训，考核合格后，持《铁路岗位培训合格证书（CRH）》上岗。

7）保洁人员隶属关系及上岗要求

动车组保洁、吸污人员配备及作业分工：动车组车体外皮清洗（含人工清洗、洗车机操作）、库内吸污人员隶属车辆段管理；车内保洁、随车保洁人员隶属客运段管理；动车组司机室保洁隶属机务段管理；车站吸污人员隶属车站管理。

二、动车组列车管理

1. 客运乘务管理

1）客运乘务组管理工作

客运乘务组承担服务旅客、处理客运业务、检查督促列车卫生保洁、餐饮质量等工作。发生危及旅客安全情况时，客运乘务组应视情况，通报司机、随车机械师和公安乘警等相关人员，共同采取有效措施，确保旅客安全。

2）列车无线对讲设备

列车乘务组出乘时必须携带无线对讲设备。列车长使用 GSM-R 与司机、随车机械师和公安乘警进行通话联络，使用对讲机与客运乘务员、保洁和餐饮人员进行通话联络。

3）动车组始发前和中途停站工作

动车组始发前和中途停站时，列车长在 5 号车厢（重联时为 5 号和 13 号车厢）门口立岗，列车员在指定位置立岗。

4）动车组发车前工作

列车长与车站客运（值班）员办理完交接，动车组发车前，由列车长确认旅客乘降完毕后，根据不同车型要求应通知司机或随车机械师关闭车门。动车组重联运行时，由两组列车长相互确认旅客乘降完毕后，由运行前方第一组的列车长负责通知司机或随车机械师关闭车门。

5）动车组广播管理工作

运行时间在 3 小时以内的列车，列车广播一般只播迎送词、服务设备介绍、安全提示、站名和背景音乐。运行时间超过 3 个小时的列车，可在不干扰旅客休息的前提下，适当增加播放内容。列车旅客信息服务及影音播放系统播放的内容应由客运部门提供，由车辆部门录入。

6）动车乘务人员备品管理工作

客运乘务人员出乘时除携带乘务包、医药箱、电报、客运记录、票务处理等必要的设备、资料外，其他资料台帐均不得携带上车。动车组列车运行中遇上级检查时，列车长无须汇报。

7）列车多功能室管理工作

列车多功能室只能用于照顾伤、病旅客和存放少量服务备品，由客运乘务人员管理，其他人员不得占用或改作它用。

2. 餐饮管理

动车组列车餐饮经营必须坚持"以人为本、旅客至上"服务理念，运用全新的经营管理和服务模式，为旅客提供质优价廉、品种丰富的餐饮食品，满足不同层次旅客的需求，打造高速铁路动车组列车餐饮服务品牌。

1）基本要求

（1）动车组列车餐饮服务由专业餐饮经营单位承担。为动车组提供餐饮服务的单位必须通过 ISO9000 或 HACCP 质量认证。列车销售的食品、饮品应当为全国名优产品，并有"QS"标志。

（2）承担动车组列车餐饮服务的单位必须严格遵守国家食品安全法律法规以及铁道部、铁路局（集团公司）有关规定，建立健全食品采购、加工、运输、存储、销售等环节的管理和考核制度。客运段要加强对餐饮服务单位经营过程的监督管理，确保餐饮安全和质量。

（3）动车组列车上销售的食品和商品必须由餐饮经营单位统一采购、配送，实行明码标价、一货一签，并有"CRH"标记。餐饮经营单位销售人员应将上车食品和商品的出库单交列车长保管备查。

（4）车站要对餐饮经营单位配送工作提供便利，餐饮经营单位要按车站指定路径进出。加热后未售出的食品严格实行定时报废制度。在动车组列车上，报废的食品在未处理前应醒目标明"报废"字样存放。

（5）餐饮经营单位服务人员负责动车组运行中餐车的清洁卫生。餐车展示柜布置应当丰富美观，其他商品、备品存放不得侵占通道和影响安全。动车组列车到站、开车时，餐饮服务人员应当在餐车门内规定位置立岗迎送旅客。

（6）动车组列车供应的食品、饮品应当品种丰富，价格合理。餐饮经营单位应当经常征求旅客对饮食服务的意见，并根据旅客意见调整供应品种、品质，改善餐饮服务质量。

（7）动车组列车餐车内的餐饮相关设备由餐饮经营单位负责日常使用、保养，确保设备运用状态良好。

（8）动车组"六乘人员"的用餐由餐饮服务单位提供，按各局规定标准收费，乘务餐应当保证份量充足，营养搭配合理。

2）餐饮供应

（1）制订科学合理、营养健康、绿色环保的餐饮品种体系，针对不同区域、不同季节、不同时段、不同层次旅客的需求，提供规范标准的餐饮产品。

（2）餐饮品种应品类丰富，口味多样，方便快捷，能够根据旅客的要求及时调整。

（3）餐食成品的各项主辅料搭配要定量化，设置科学合理的上下限标准，并在外包装中标明。

（4）餐饮营养搭配合理，各种营养素含量符合国家有关标准。

（5）餐饮应质价相符、物有所值，满足旅客旅行中的基本餐饮需求。要充分考虑铁路票价和乘客的消费水平，提供高、中、低档不同的供应方案。对于旅客必需的餐食品种，要坚持保本微利原则。对于非必需的餐饮品种，可根据市场情况提供差异化服务。乘务餐不得高于成本价。

（6）餐食原料绿色化，不提供以野生保护动、植物为原料的食品。餐具环保化，一次性餐盒必须可降解或可回收。餐食应符合列车环境要求，禁止销售存在旅客人身安全隐患、影响列车环境卫生的食品。

3）食品要求

（1）实行烹调加工的配送食品，冷藏温度持续不高于 10 ℃，供餐前应经充分加热，加热后中心温度应持续不低于 60 ℃；无适当存放条件的，存放时间不得超过 2 h。

（2）预包装食品应标明生产厂名、厂址、生产时间、保质日期和食用方法，符合国家卫生标准。

（3）一次性餐、饮具必须符合《一次性可降解餐饮具通用技术条件》（GB18006.1—1999）标准，达到绿色环保要求；餐饮具必须洗净消毒，符合《食（饮）具消毒卫生标准》（GB14934—1994）。

（4）为旅客提供餐饮服务的动车组应配备必要的食品储存、加热、冷藏或热藏、水池、餐（饮）具消、保洁等设施、设备，并做到安全无害、清洁卫生。餐饮具、食品应定位存放，避免生熟混放、混用。

4）餐饮包装

（1）餐饮外包装必须标明餐饮成分、食用方法、保质期、生产日期、质量安全图示等标示。

（2）包装材料必须选择可重复使用、可回收利用或可降解的材料，确保印制或粘贴的标识标签无毒，且不直接接触食品。

（3）CRH 商标的使用要严格按《商标使用许可协议》施行，CRH 商标应印制在产品外包装的显著位置。未经许可，餐饮服务运营商不得标注自有商标/标识。

5）销售服务

（1）销售服务规范，销售方式新颖，销售工具先进，销售价格透明，服务态度温馨，就餐环境宜人。

（2）车上销售人员不少于 3 人，最多不得超过 5 人。

（3）销售人员聘用条件符合《动车组列车旅客管理办法》（铁运〔2007〕23号）的要求。餐饮配送和销售人员应经过铁路知识和专业技能培训，持证上岗。

（4）销售人员要树立活力、热情、文明、自信的专业形象，服装得体大方，语言文明礼貌。

（5）车上餐饮经营必须备有发票。

（6）移动售货在列车始发10分钟后方可开始，终到前10分钟停止。不得叫卖、兜售，不允许使用对讲系统，不干扰旅客，服务过程中主动避让旅客。售货小推车应印有CRH商标，具有良好的防撞、刹车性能，不得影响旅客侧身通行。

（7）餐车经营要确保环境整洁，秩序良好。餐饮宣传品摆放位置合适，不得粘贴。列车终到前，服务人员要及时整理餐车，恢复原貌。餐车备品符合国家环保要求，印有CRH商标。

（8）未经同意，不得在动车组列车上发布任何广告。

（9）运行途中的饮用桶装水由销售人员负责更换，折返站饮用桶装水由餐饮服务运营商负责配送。

（10）餐食垃圾必须采用专用回收工具和容器，及时分类回收，达到全密封，不渗漏，杜绝交叉污染。列车终到后将回收物交接到指定地点，进行集中处理。

3. 保洁管理

1）基本要求

（1）动车组列车保洁工作由与铁路局（集团公司）签订保洁合同的专业保洁公司承担。保洁公司应当具有ISO9000质量认证。

（2）保洁公司负责动车组列车的保洁工作，客运站段负责保洁质量的验收与考核。

（3）保洁作业应当爱护动车组列车设备，保洁使用的清洁剂类用品应当是经过认证机构认证的产品。客运、卫生监督、车辆等有关部门应当对保洁工作中涉及卫生环境质量和爱护站车设备等进行检查指导。

（4）动车组列车要通过广播、图形标志、电子显示屏、文字提示等形式向旅客广泛宣传环境保护和禁止吸烟规定，提示旅客不得随意丢弃杂物，爱护公共卫生。

（5）卫生防疫部门要按规定对动车组列车服务场所进行消毒、杀虫、灭鼠工作，客运部门、保洁公司要给予配合。

（6）餐饮、保洁单位应当遵守动车组列车有关管理制度，加强对现场服务质量的监督检查。餐饮、保洁单位管理人员登乘动车组监督检查时，应持有"动车组餐饮、保洁专用添乘证"供站车查验，监督检查应有检查记录。"动车组餐饮、保洁专用添乘证"由铁道部运输局填发，限登乘本公司担当的动车组。

2）动车组车厢卫生和防疫要求

① 车厢内微小气候、空气质量、噪声、照明符合国家《公共交通工具卫生标准》（GB 9673—1996），禁止吸烟；

② 空调通风设施应定期清洗消毒，定时强制通风，保持空气清洁

③ 车厢内公共卫生设施性能良好，能够正常使用，车内卫生清洁，无积尘、无积垢、无杂物，座椅头枕片定期更换。

④ 厕所通风良好、无臭味，达到便池便器清洁、无积便尿垢，座便器应配备一次性垫圈。

⑤ 动车组应达到无鼠蟑虫害的卫生要求，餐饮、食品售货场所需配备防鼠、防虫设施和药品。

⑥ 动车组必须取得公共场所卫生许可证，食品经营单位必须取得食品卫生许可证；动车组乘务人员、配送食品的从业人员及保洁人员均须持有效健康证明，并注明卫生知识培训合格。

⑦ 动车组应建立突发公共卫生事件处理预案和组织管理网络，配备急救药箱，保证药品器械齐全有效，做到专人保管，做好实用登记并及时补充药品器械；动车组应有兼职红十字卫生员，负责动车组运行途中身体异常旅客和乘务人员的现场急救处理。

⑧ 铁路卫生监督机构实行出库始发列车全项检查和折返始发、终到、中途重点检查制度。站车卫生监察进行现场监督检查，采取填写"旅客列车动车组卫生监督检查表"，进行符合率判定并提出监督意见的方法。对违反《旅客列车动车组卫生监督管理暂行办法》的行为，依据有关卫生法律法规规定的法律责任予以行政处罚。

3）动车组保洁工作模式

- 库内保洁：动车组在库内完成车体内外的全面保洁。
- 折返保洁：动车组在折返站停车期间实行折返保洁。
- 途中保洁：动车组运行途中由专业保洁人员随车开展保洁。

4）动车组保洁作业规定

- 动车组保洁作业应纳入动车运用检修作业计划统一管理，服从动车运用所调度指挥，在规定的时段内完成。保洁人员作业前应向动车运用调度接受作业计划，作业完毕及时报告并办理相关签认手续。
- 车体外部人工清洗时必须确认车顶接触网断电。应严格执行接触网断电作业制度，作业时由保洁人员提出断电申请，由动车运用所接触网供断电工负责断电操作。
- 车体外部人工清洗不得使用高压冲洗设备，并避免直接用水冲洗电气部件、转向架及车体裙摆散热隔栅。冲洗动车组外墙时，应确认动车组侧门关闭，避免门滑道进水。
- 采用自动清洗机作业时，应严格执行设备操作规程和安全规定。
- 在轨道桥及高架地沟线作业时，须经二层作业平台或移动作业平台上、下动车组。使用梯子等高清洁动车组外墙时，梯子端部必须包扎软质材料，避免碰伤动车组外墙。
- 严禁操作动车组配电柜、司机室驾驶设备等与保洁作业无关设备。
- 使用吸尘器等电器工具，应保证设备自身良好。使用客室外置电源插座，禁止擅自接电。保洁电器的技术规格须由运用所审核、备案，电器功率应控制在插座许用功率以内。
- 清洗剂应使用中性偏碱性（pH值7~8），不得含磷、硅、亚硝酸盐物质，具有良好的乳化、润湿和去污性能，对油漆无损伤。严禁使用强酸、强碱和不明化学性质的清洗剂。
- 保湿擦拭时应使用棉布等柔软材料，禁止使用钢丝球、刀片等锋利尖锐工具铲刮污垢。厕所便器、洗面盆等处污垢，可蘸少许清洁剂擦拭；客室内墙板、顶板、玻璃、门窗、小桌等，应使用半干半湿的软毛巾擦拭，污垢处可蘸少许清洁剂擦拭，清洁后及时消除残迹；洗面盆、冲便器、门等处的感应器外表面必须使用干燥的软布擦拭。

- 车内地面清洁时，原则上应采取吸尘器、墩布等清洁工具，地面垃圾较多时，方可使用扫帚清扫，使用墩布前应将水拧干，严禁用水直接冲刷地板、通过台、厕所墙板、密接风挡。
- 座椅和地毯等处纺织品上污垢的清洁，须在专业厂家指导下制定并执行专门的清洁工艺，使用专用的清洗剂。
- 禁止敲击动车组车门、内外墙板及各类设备设施。登高作业不得踩踏座椅、小桌、洗手盆等设备。
- 禁止向洗手盆及便器内投放杂物、排放污水。车上清扫出的垃圾，必须袋装化，在作业完毕后保洁部门统一运出处理，不得随意抛洒，不得遗留在动车所内。
- 保洁作业结束后必须将打开的各处盖板、小门复位、关闭，并检查、确认工具和设备已撤出车辆限界之外，确保动车组移动安全。
- 因保洁作业造成的外墙划伤、设备损坏等应由保洁部门承担相应的修复费用，动车运用所负责组织修复。

4. 动车组服务设备设施管理

1）动车组运用管理

（1）车辆（动车）段运用所按规定的修程、修制，完成动车组的运用检修，确保动车组出所时技术状态达到标准要求。

（2）机务段在动车运用所设派班室和待乘室，安排本务司机按计划出乘。本务司机在派班室出退勤。运用所应根据需要提供司机候班待乘室。动车组出入库作业由本务司机负责。

（3）动车组运行途中突发故障影响行车或安全时，值乘司机须及时向列车调度员和动车所调度汇报。同时与随车机械师依据车载信息系统提示处理方法排除故障。属司机独立处置的，处理完成后应及时将情况通报随车机械师；属司机与随车机械师协作处置的，在司机指挥下，共同处理；属随车机械师独立处置的，处理完成后及时将情况通报司机。

（4）动车组车门操作。

动车组发车前，列车长确认旅客上下完毕后，通知司机关闭车门；动车组到站停稳后，司机开启车门。按钮不在司机操作台上的，由列车长通知随车机械师关闭、开启车门。

如自动开关门装置故障时，由司机通知列车工作人员手动开关车门。

（5）动车组司机室门的管理。

运行中主控司机室隔断门的管理由司机负责，除随车机械师以外，其他人不得入内，因工作需要进入司机室的按铁道部《关于印发〈登乘动车组司机室管理办法〉的通知》（铁运函〔2007〕163号）文执行。非操纵端司机室隔断门由随车机械师负责锁闭，未经许可任何人不得入内。主控司机室侧门、侧窗由司机负责锁闭。

2）车内设备使用和管理

动车组出库前，客运段应安排质检人员参加动车基地（所）组织的出库联检，负责对车厢内服务设施设备状况、保洁质量进行检查确认，并办理交接手续。质检人员应熟悉动车组内与客运相关的安全、服务设施设备和客运整备、保洁标准，并经过培训合格，持证上岗。

动车组列车内配电柜、车载信息系统、旅客信息系统、车内空调及照明等设备由车辆部门负责管理和维修，使用时由随车机械师操作。客运服务设施设备在运行中发生故障时，客运乘务人员应及时通知随车机械师进行处理，并由列车长填写在乘务日志上，随车机械师与列车长共同确认，填写上部设施破损记录（客统-36），双方签字。

动车组车内自动播放装置管理及检修由车辆部门负责。播放内容由客运段负责，按规定要求录制，并可根据需要进行调整、更换，由车辆部门负责及时录入。

座椅转向、更换桶装水以及饮水机插座插拔，均由客运人员负责。餐车微波炉、移动座椅由客运人员负责使用和维护。

车上各设备和宣传装置未经车辆部门审批，任何单位不得对车辆设备进行任何改造或加装。

3）动车组的整备和保洁管理

动车组的外皮清洗、转向架异物清理、车顶设备保洁、吸污作业由车辆段负责。

动车组的客运整备和车内保洁由客运部门负责，动车组司机室内部保洁由机务段负责。

客运整备和车内保洁作业时，不得损害车辆板壁及外观，不得用水冲洗地板；信息显示和触摸屏不得使用坚硬或者湿抹布擦洗；不得在库内使用紧急开门装置；车上垃圾和污水不得在车上排放，必须集中收集到运用所指定的位置，防止脏堵边门、饮水机槽、厕所、洗脸池等装置各排水孔和管路；保洁人员必须对使用的保洁设备进行检查，确认设备状态良好后方准在车上使用；作业人员不得随意操作其他设备，如自动门、有关电器设备以及控制柜柜门等，其中动车组在库内停留时车内窗帘和自动门设备必须处于常开位。

库内吸污作业由车辆段负责，列车集便处理时间和地点由车辆部门确定，合理确定作业时间和地点，按照日检修计划下达任务，及时吸污，保证旅客正常使用。

4）动车组看守管理

进入运营使用状态的动车组由客运部门负责看管；在运用所库内检修、存放点的未进入使用状态的动车组（含检修、临修库、存放线）由公安部门负责看管，由车辆段负责每年与铁路公安处签订看守车协议。

动车组要指定存放，优先安排。动车组要存放整备库内或指定的股道，不得随意乱放。动车组到、发线及作业股道要相对稳定，优先考虑动车组进、出入库。遇有特殊情况时，车站、车辆段互相要及时联系。

第五节　高速铁路客运服务

礼仪是文明的象征、道德的范畴。礼仪是指人们在社会交往活动中形成的行为规范与准则，是礼节、礼貌、仪表、仪式等的总称。它是社会道德、习俗、宗教等方面人们行为的规范，是文明道德修养程度的一种外在表现形式。礼仪不是随便制定的，是以约定俗成的程序、方式表现的律己、敬人的过程，涉及穿着、交往、沟通、情商等内容。人类社会要发展，就必须弘扬、推行礼仪，这是因为礼仪具有重要的功能，既有助于个人，也有助于社会。

铁路客运服务礼仪，是指铁路车站、列车服务工作中向旅客表示敬意的仪式，是在服务工作中形成的得到共同认可的礼貌、礼节和仪式，是客运工作人员必须遵循的服务规范。掌握服务礼仪，做到礼貌待客，是做好铁路客运工作的先决条件。塑造铁路客运服务的礼仪礼貌，不仅是服务人员的工作需要，也是一个人文化修养的直接表现。

动车组列车与既有线客车相比，不仅在安全、快速、方便等方面有巨大的飞跃，同时先进的硬件设施，给旅客创造了更加舒适、人性化的旅行环境。客运人员只有不断提高自身文化修养，掌握丰富的专业知识和服务技巧，努力学习掌握不同旅客的不同服务需求及心理特点，努力做好本职工作才能为旅客提供优质的服务。

一、高速铁路客运服务的概念和特点

客运服务是指为了实现旅客位移而由一系列或多或少具有无形性的活动所构成的一种过程，该过程是在旅客与服务人员、硬件和软件的互动过程中进行的。铁路客运服务的实质是铁路企业最大限度的满足旅客的需求并为其创造价值。可见客运服务是站在消费者角度强调旅客在消费客运服务时的一种实际体验和体验的满足程度，侧重于服务的"过程性"和旅客的"满足感"。

服务与产品最本质的区别是服务具有过程性。铁路客运服务具有过程性，与过程性相伴而生的还有客运服务的无形性、生产与消费同步性、服务质量的异质性、服务的不可储存性，以及服务的不可转移性等特性。

铁路客运服务是铁路企业向社会提供的一种运输服务，这种服务既是满足社会需求的载体，也是运输企业生产经营的载体。铁路客运服务设计是在以市场需求为导向，以客运企业服务为指导，对铁路客运服务企业向旅客提供什么服务、怎样提供等方面内容的设计，也就是铁路客运服务包、服务流程和方法的设计。

1. 客运服务包

"服务包"是指为实现旅客期望的"利益"或"效用"必须向旅客提供的各种服务要素以及服务要素的组合。"服务包"设计的主要目的在于确定"向旅客提供什么"。

2. 服务流程和方法

服务流程和方法解决"服务包"怎样提供给旅客的问题，如各服务要素的提供顺序，以及各要素的提供方法等。

3. 方法设计

通俗地讲，"服务包"设计是确定向旅客提供的服务要素的组合，服务流程的设计是确定这些组合以怎样的顺序提供给旅客，也即旅客通过哪些环节得到服务包，而服务方法的设计则是具体每一环节以怎样的方式提供给旅客。可以看出，这三者是逐步细化的过程，它们作为一个整体提供给旅客。

二、学习客运服务礼仪的意义和要求

对于广大铁路客运服务人员来讲，提升自己的服务礼仪水平和质量，首先要加强爱岗敬业和职业道德教育，树立正确的人生观和价值观，形成讲奉献、比进取的良好氛围，其次要注重提高自己的服务意识，关注细节服务，掌握整个服务过程中旅客的需求。最后，要从服务形象、服务礼仪、服务姿态、服务用语等基础的技能培训着手，认识到服务意识是前提，服务技能是基础，不断改进服务工作、提升服务礼仪水平，树立铁路服务的良好窗口形象。

1. 学习客运服务礼仪的意义

为创建铁路客运优质服务、提高铁路客运职工的综合素质，学习服务礼仪有着十分重要的意义：

（1）铁路客运服务工作的特点是直接为旅客提供服务，良好的服务礼仪可以弥补某些客运设施条件的不足，会产生积极的社会效果，满足旅客的心理需求。

（2）铁路客运服务礼仪体现铁路企业的管理水平和服务水平。客运服务是铁路企业精神文明的窗口，员工的礼仪规范不单是个人形象问题，也反映了铁路的企业形象，同时还反映出国家和民族的道德水准、文明程度和精神面貌。

（3）学习铁路客运服务礼仪可以塑造铁路职工爱岗敬业的完美自我形象。每位站、车服务人员在工作中良好的礼仪和内在美，既是自尊自爱的表现，也是事业心、责任感、自豪感的具体反映。

2. 客运服务礼仪的具体要求

1）树立"以旅客为中心"的思想观念

走进铁路车站、列车的人，都是铁路的客人、朋友，是我们服务的对象。尊重旅客，树立以旅客为中心的观念，是提供优质服务的基础。以旅客为中心，就是在考虑问题时、提供服务时、安排工作时，都要想旅客之所想、急旅客之所急。在接待旅客的过程中，不仅要满足旅客在物质方面的需求，还应该通过服务人员的优质服务，使旅客心情愉快、得到精神上的满足，留下美好难忘的印象。具体说来，应做到如下几个方面：

① 主动服务，指在旅客开口之前提供服务，意味着客运服务人员有很强的感情投入，细心观察旅客的需求，为旅客提高个性化服务。

② 热情服务，指服务人员发自内心的满腔热情地向旅客提供良好服务，做到精神饱满、动作迅速、满面春风。

③ 周到服务，指在服务内容和项目上能细致入微，处处方便旅客，千方百计为旅客排忧解难。

2）时时处处见礼貌

每一位客运服务人员都是礼仪大使，在服务工作中都应承担服务大使的责任，以主人翁的精神，通过语言、动作、姿态、表情、仪表等体现对旅客的友好和敬意。同时也应注意各国各民族一些独特的礼节风俗习惯，灵活运用到服务接待中去，使旅客感受到服务的热情和真诚，赢得旅客的尊重。

在服务过程中,还应注意的是服务产品具有完整性。一个环节、一个时刻出现差错,就会损害铁路的整体形象,就难以使旅客获得愉快的感受,正是"100-1=0"这个礼仪服务公式所表达的含义。所以,讲究礼仪应自始至终,体现在服务过程的每一个细微之处。

3)旅客永远是对的

坚持"以人为本、宾客至上"的原则,已经成为服务行业的共识。旅客花钱到列车上来是为了买享受、买尊重,如果感到客运服务人员的怠慢无礼,就会觉得是花钱买罪受。客运服务人员应树立强烈的服务意识,遵循"旅客永远是对的"原则,妥善处理各类服务事项。即便遇到一些不讲理的旅客,也应该把"对"让给旅客,得理也应让人,这样,旅客就能感受到受尊重,从而"化干戈为玉帛"。

作为客运服务人员,首先要为旅客着想,不能从主观愿望去设想或要求旅客怎样,这样容易出现挑剔旅客、排斥旅客、冷落旅客、怠慢旅客的情形,不管旅客是什么身份,都要积极、主动、热情地接近对方,淡化彼此之间的冷漠和戒备,为服务打开方便之门。其次要学习和掌握服务技巧,处理问题时,语言表达应语气委婉、巧妙得体,尽量照顾旅客的面子,既解决了问题,又尊重了旅客。这样可以使旅客感到铁路的服务水平,展现了铁路的风貌。

三、客运服务质量标准

旅客乘坐铁路旅客列车的全过程,就是铁路客运部门的工作人员为旅客提供旅行服务的过程。为了安全、准确、迅速、便利、优质地运送旅客,树立良好的客运服务企业形象,在站、车的旅客服务工作中有必要为大量重复的工作内容、程序、方法、服务活动等制定统一的作业标准,实行标准化作业程序,以保证客运服务质量和提高作业效率。

1. 推行服务标准化的重要性

1)为提高服务质量提供充分的依据和明确的目标

比如,以"清扫"为例来说明这个问题。"清扫"在客运服务工作中是随时随地在进行的,从表现看很单纯,其实,并非如此,"扫到什么程度?达到怎样的质量要求?应当怎样清扫?"把这几个问题回答清楚,这就是"标准化作业"要解决的事情。如在对客运职工制定的礼貌标准中规定:"清扫时移动旅客物品要先行招呼;清扫工具不触及旅客衣服;麻烦旅客时道谢,失礼时道歉。"客运职工在卫生整容作业时,能认真地按照标准要求去做,就必然会实现卫生整容的质量标准,为旅客创造一个良好的环境,使广大旅客满意。

2)为考核服务质量提供最佳的尺度和检验手段

服务质量需要定时的、不定时的和经常性的考核。但是,客运部门的服务产品,不能用检测手段去检验。考核质量仅依靠旅客反映和评价也不合理,必须制定服务标准,以"标准"为依据,去衡量、考核和检查服务质量,这样既可以互检,还可以自检。

3)标准化是提高服务质量科学管理的方法和手段

标准化活动本身属于现代化管理企业的手段,因此在铁路客运部门推行标准化活动,实质上是具体地采用于科学管理方法和手段。

4）标准化能适应客运服务工作不断发展的需要

服务标准本身具有先进性、科学性。各级领导机关制定和发布的服务标准，必须是代表了所管辖范围内的先进水平，否则就失去了"标准"的意义。服务工作是动态的、无形的，又是无止境的。一方面，客运部门各站、车，在实际的服务工作中，认真按服务标准去做，就会把自身的原有服务水平提高到一个新的水平；另一方面，这些站、车，在服务实践中，又会不断涌现新的、先进的服务方法和经验，经过提炼和精选，再充实到现行的服务标准中去，使服务标准始终保持先进性。

2. 服务标准的概念和分类

1）概念

标准是对那些需要协调统一的重复性事物和概念所作的统一规定，它以科学技术和实践经验的综合成果为基础，经有关方面协调一致，由主管机构批准，以特定形式发布，作为共同遵守的准则和依据。

标准化是在经济、技术、科学及管理等实践中，对重复性事物和概念通过制定、发布和实施标准，达到统一，以获得最佳秩序和社会效益的全部活动过程。

服务标准就是针对客运服务工作中大量重复进行的作业、程序和方法，以现行规章为依据，利用科学原理，在深入调查研究、认真总结先进经验的基础上，遵循有关规定，为保证旅客安全运输和提高客运服务质量，而作出的统一规定和技术文件。

服务标准化是客运服务部门推行标准化活动的总称，是客运部门制定、发布服务标准，贯彻、落实、实施标准，不断完善服务标准的全过程。

2）分类

按照标准的级别可以分为：

（1）国家标准，即由国务院标准化行政部门制定，由国家技术监督局审查批准发布的，必须在全国统一执行的标准。

（2）行业标准，即由国务院有关主管部门制定，由中央各有关部门或专业化标准组织批准发布的，在该行业内执行的标准。

（3）地方标准，即由省、自治区、直辖市政府标准化行政部门制定并批准执行的标准。

（4）企业标准，即企业自己制定的标准。企业标准又分为三类，即技术标准、管理标准、工作标准。

3）服务标准的分类

铁路客运部门推行标准化活动，是以管理和组织工作为主，其工作重点应放在服务组织、作业和管理上。因此，客运部门的服务标准基本上分为三类，即工作标准、作业标准和管理标准。

这三个标准之间是互相联系、互相作用的。由于客运部门具有服务性强的特点，服务工作标准就是服务质量标准，工作标准是作业标准和管理标准制定、实施的主要依据和基础。客运部门通过贯彻、实施作业标准和管理制度来保证工作标准的实现，通过实现工作标准来提高服务质量，达到推行服务标准化的目的。

3. 制定服务质量标准的原则

高速铁路客运服务标准的制定需要满足下列五方面的原则：

1）明确性

指服务标准必须明确，如果规定"高速列车开车后，列车广播发放配餐"，就不够明确。明确的标准应该是这样的：开车 20 min 后列车广播发放配餐。

2）可衡量性

指服务标准定量化，主要是针对企业内部的。如铁路客运咨询与问询服务工作人员在接受问询时，应答、回复、处理率应达到 100%。这就是一个"明确的可衡量性的标准"。

3）可实现性

是指服务标准要合适，使员工感到他们有信心能实现这些标准。否则的话，他们是不会去努力尝试的。

4）与旅客的需求相吻合

是指铁路客运服务质量标准的"尺寸"和范围应该以旅客的需求为中心，这是铁路客运服务质量标准中最重要的特点。例如列车上的服务应该遵循旅客旅行的规律，在长途列车上提供休闲娱乐服务以消散旅客长途旅行的烦闷，夕发朝至列车上提供安静、舒适的休息环境。

5）及时性

是指对旅客服务要求的反应速度。优质服务不仅包括能否为旅客提供服务，它还包括服务人员能否及时地向旅客提供服务。旅客希望向服务人员提出服务请求后，他（或她）的问题马上就可以解决。但是如果他的服务请求经过整个旅途，快到目的地时才得以解决，那么旅客对客运服务质量的印象就会大打折扣。所以企业在制定服务标准时不仅要有目标，并且有明确的时间限制。

四、客运服务质量控制

铁路客运服务质量控制实质就是对客运服务的提供过程的服务质量进行控制，即铁路客运服务提供过程管理。服务提供过程是顾客参与服务的过程。

服务提供过程有两大基本特征：服务提供者与顾客之间的关系十分密切；服务生产过程和消费过程是同时的。

服务控制的目的是按照标准向旅客提供服务，使服务在旅客容忍域内。具体可以通过对服务前、后台，服务关键时刻的管理和服务补救等来实现对客运服务提供过程的控制。

1. 前、后台服务的管理

根据铁路客运服务提供过程模型（图 9-19），铁路客运服务的提供过程被视野分界线划分为两个部分，一部分是旅客可见的或接触到的前台服务，也即客运站、车服务；另一部分是旅客看不见的、但是服务提供过程不可或缺的后台服务，也即客运站、车旅客运输作业过程，以及车、机、工、电、辆等作业。

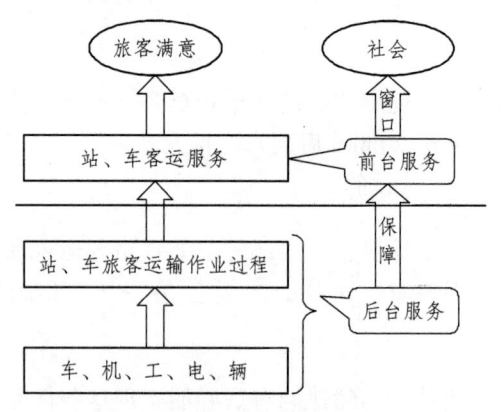

图 9-19　铁路客运服务提供过程模型

2. 高速铁路客运服务关键时刻管理

由服务提供过程模型可知（图 9-20），旅客对服务的感知来源于服务接触，所以在服务提供过程的管理中，服务接触部分的管理至关重要，而"关键时刻"管理就是对旅客接触中质量进行管理的有效手段。

"关键时刻"是旅客与服务企业各种资源相互接触的时刻，每个关键时刻都是服务企业将自己的服务质量展示给旅客的机会。铁路客运服务是由一系列的"关键时刻"组成的，如图 9-18 所示的铁路客运服务圈对旅客位移过程中"关键时刻"的描述。

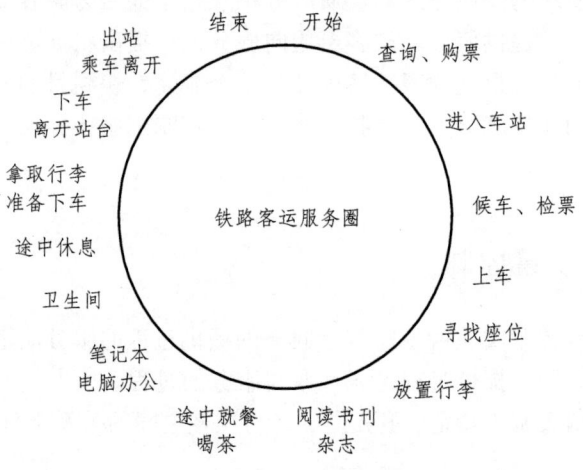

图 9-20　服务提供过程模型

旅客在客运系统从购票、进站、检票上车、乘车旅行、到站下车离站的整个活动过程中会经历多个"关键时刻"，对每个"关键时刻"按照前面制定的标准对其进行检查、考核，实现控制目的。如旅客问询服务，企业在服务人员着装、态度、效率等方面做出规定，并建立奖惩机制，企业可以通过检查、考核以及旅客的留言等措施对这个"关键时刻"进行管理控制，以保证服务质量。

此外，由于旅客的态度、价值观、需求、兴趣爱好等不同，有极少部分的关键时刻对旅客是特别重要的，应针对不同的服务群体，加强对其重要的关键时刻的管理和控制。如动车组列车上的商务旅客需要使用笔记本电脑办公，这一关键时刻对其是非常重要的。

3. 服务补救

尽管客运企业会不断加强对铁路客运服务提供过程的控制，但是由于服务人员、旅客的一些个性特征，不可避免存在旅客感知服务质量低于可接受服务的情况，也即发生服务失败，此时有些旅客会抱怨，这就需要企业及时采取措施进行服务补救，即使对没有抱怨的旅客，企业也应该在发现服务质量存在问题时主动提出服务补救措施。

服务补救是企业对服务质量控制的最后屏障，如果补救及时到位，旅客感知质量会提高，很有可能增加旅客的信任，挽回旅客。当然企业不应该寄所有希望于服务补救，因为补救不一定能成功，即使成功也需要企业付出相当的代价。从企业的长远发展看，企业应该致力于一次性提供优质服务，不需要服务补救是企业应该努力的方向。当然企业也不应该拒绝旅客抱怨，旅客抱怨是企业寻找自身存在问题的很好途径，也是防止此类事件再次发生的重要方法。

在旅客服务过程中，由于各种原因可能导致旅客投诉，对投诉的处理就是一中典型的服务补救。

旅客投诉是指旅客因需要未获满足，对铁路客运服务人员和监督部门进行批评，要求对消费者自己所感知的精神和物质损失进行赔偿的一种情绪状态和行为。旅客的需求和客运服务本就是一对矛盾。所以，不发生旅客投诉是不可能的。人们如果没有认识到这一点，就很容易产生一些不正确的看法。面对旅客的投诉，或恐惧、厌烦（真是怕什么来什么），或不予理睬，或给予足够的重视。怕是没用的，置之不理并不等于不存在，而唯一可取的办法就是对旅客的投诉给予足够的重视。

铁路客运各个部门都非常重视旅客的投诉，设有专门的投诉电话，有专人接听，执行首问负责制，做到对旅客的诉求耐心听取，妥善处置，件件答复，尽量取得旅客的谅解。

复习思考题

1. 高速铁路客运站有哪些主要设备？
2. 高速铁路客运站售票组织办法有哪些？
3. 动车组列车乘务组由哪些人员组成？
4. 动车组列车乘务组的工作制度有哪些？
5. 动车组列车餐饮工作的基本要求是什么？
6. 怎样做好动车组列车的餐饮销售服务？
7. 客运服务人员在服务中言谈举止应注意哪些方面？
8. 铁路客运服务标准有哪些？
9. 如何正确应对旅客服务投诉？
10. 如何做好客运服务工作？

附　录

附录一　高速铁路常用术语

1. 动车组：具有牵引动力、固定编组、在日常运用维修中不摘钩的一组列车。

2. 动车组走行线：出入动车段（所、场）专用的动车走行线路。

3. 综合接地系统：将铁路沿线的牵引供电、电力供电、通信、信号及其他电子信息系统、建筑物、轨道、车站、桥梁、隧道、声屏障等需接地的装置通过公用地线连成一体的接地系统。

4. CTCS-2：中国列车运行控制系统 2 级，Chinese train control system level 2；基于轨道传输信息的列控系统，由轨道电路结合应答器发送列控信息。

5. CTCS-3：中国列车运行控制系统 3 级，Chinese train control system level 3；基于无线传输信息并采用轨道电路等方式检查列车占用情况的列控系统。

6. 无线闭塞中心：Radio Block Center（RBC）；采用无线通信方式实现列车间隔控制的地面设备。系统接收所有列车的位置信息，向所有列车发出行车许可并提供列车间隔控制功能。

7. 列控中心：Train Control Center（TCC）；用于 CTCS-2 级列控系统的列车控制、产生进路命令、速度信息设备的总称。

8. 临时限速：临时情况下的速度限制。

9. 应答器：Balise；存储和发送报文的高速数据传输设备。

10. 无源应答器：Fixed Balise，发送已存储的固定报文的传输设备。

11. 有源应答器：Switchable Balise；通过专用电缆与地面电子单元（以下简称 LEU）连接，发送实时可变报文的传输设备。

12. 地面电子单元：[Line-Side Electric Unit（LEU）]；数据采集与处理单元，通过串行通信接口或其他接口方式与列控中心

13. 国家铁路：铁道部投资建设和管理的铁路，包括组建有内部综合性支线管理机构的铁路。

14. 合资铁路：铁道部与其他部委、地方政府、企业或其他投资者合资建设和经营的铁路，包括规范改制的铁路支线有限责任公司或股份有限公司。

15. 地方铁路：地方人民政府投资建设和管理的铁路。

16. 《铁路技术管理规程》：简称《技规》，是铁路进行技术管理和从事运输生产的基本法规。它的主要内容包括：铁路技术设备的基本要求和标准、行车组织工作应遵循的基本原则、

工作方法和作业程序、信号显示的要求和方法以及铁路运输工作人员的主要职责和必须具备的基本条件。分高速和普速两个部分。

17.《行车组织规则》：简称《行规》，它是各铁路局根据《技规》规定的原则，结合铁路局管内设备的具体条件所制定的行车组织的补充规则，是铁路局行车组织工作的基本法规。

18.《车站行车工作细则》：简称《站细》，它是根据《技规》和《行规》的有关规定，结合车站技术设备和作业条件等具体情况所制定的车站技术管理和作业组织的基本制度，凡参与车站作业的车务、机务、车辆、工务、电务、供电、给水等部门所有人员必须遵照执行。

19. 换算长度：以机车车辆前后两钩舌内侧距离按 11 m 为一换算单位，计算得出的比值表示其长度。

附录二 常用缩写词语

序号	缩写字母	中文名称
1	CBI	计算机联锁
2	CIR	机车综合无线通信设备
3	CTC	调度集中系统（调度集中设备）
4	CTCS	中国列车运行控制系统（列控系统）
5	DMI	列控车载设备人机界面
6	FAS	固定用户接入交换机
7	GPRS	通用分组无线业务
8	GSM-R	铁路数字移动通信系统
9	GYK	轨道车运行控制设备
10	LKJ	列车运行监控装置
11	RBC	无线闭塞中心
12	TAX	机车安全信息综合监测装置
13	TCC	列控中心
14	TDCS	列车调度指挥系统
15	TDMS	运输调度管理系统
16	TEDS	动车组运行故障动态图像检测系统
17	TSRS	临时限速服务器
18	UPS	不间断电源
19	ZPW	自动闭塞移频无绝缘轨道电路

附录三　高速铁路常用计量单位

km——千米；
m——米；
mm——毫米；
t——吨；
kg——千克；
h——（小）时；
min——分；
s——秒；
V——伏；
kV——千伏；
Pa——帕；
kPa——千帕；
kN——千牛；
kg/m——千克/米；
km/h——千米/小时。